ZHENGFU TOUZI LILUN YU ZHENGCE

政府投资理论与政策

刘立峰 著

山西出版集团
山西经济出版社

前 言

从2005年开始，我为中国社会科学院研究生院投资系开设了《政府投资学》课程。但是，一直苦于找不到规范的教材。相关研究成果多是从公共部门经济学或财政学的角度进行研究，与政府投资的范畴还有较大的差距。我只能在讲课过程中逐步积累素材。通过5~6年的教学实践，我对政府投资的理论体系、发展过程、运行模式有了更深的理解。总体来讲，政府投资涉及的学术领域较为宽泛，是从投资主体角度研究政府投资的规模、结构、分工、决策、方式、调控、效益的一门综合性的学科，很难用单一的学科体系进行描述。由于中国转轨时期经济体制的特殊性，政府投资领域的许多方面都是新的，探索的任务很艰巨，意义很大。

多年来，随着政府投资在基础设施建设和公共服务提供方面的作用不断提升，有关政府投资的研究越来越受到决策层的关注与重视。我先后承担了国家发展和改革委员会投资司和社会司、国家开发银行、国家发改委宏观经济研究院等部门10多项相关课题研究任务，涵盖了政府投资的规模与结构、政府投资管理体制、地方政府融资、社会事业投融资、财政资金与信贷资金的配合使用、主体功能区基本公共服务均等化政策、国债政策的可持续性、投资调控的方法与手段等诸多领域。这些课题成果直接服务于中央政府部门的投资决策，其中的一些内容成为本书的重要支撑。

2004年9月，我作为中共中央组织部、共青团中央博士服务团的一名成员，有幸到西部边远地区的一个地级市挂职近两年时间。在那里我接触到了中国经济发展与投资建设中的一些最基础、最本质的东西，完成了一系列的研究报告，内容涉及交通枢纽和物流中心建设、以工代赈和扶贫开发、小额贷款公司和村镇银行发展、欠发达地区的区域协作、统筹城乡的义务教育投入等方面的问题。同时，我也参与了部分项目策划和筹集资金的工作，深深体会到了地方同志工作的艰辛和不易，使我对中央和地方政府决策以及投融资活动的一般规律有了深刻的认识，也更直观地感觉到了政府投资体制中的弊端和缺陷。

“八五”时期以来，我先后参与了多个地区、企业的五年计划或规划的前期研究和编制工作。深刻体会到地方政府官员发展经济的迫切愿望，感觉到投资特别是政府投资在地方经济社会发展中的重要地位，以及地方政府扩张投资的冲动。有些地方急于改变经济发展的面貌，或者为了争取更多中央资金，没有充分考虑当地财力和群众的承受力，编制的规划目标过于超前，规模过大。应该说，这种投资冲动既可能成为政府投资规模扩大、结构调整和体制创新的动力，也可能导致政府投资行为扭曲，政绩工程层出不穷，重复建设屡禁不止，投资过热难以抑制以及社会和谐遭受破坏。政府已经到了从热衷招商引资、拆房卖地导致的虚假繁荣中清醒过来，认真反思其投资行为是否真正有利于保障和改善民生，有利于促进社会公平正义的时候了。

没有这些年政府的高强度投入及其引领作用，中国经济就不可能取得如此令世人瞩目的巨大成就。与成熟市场经济国家显著不同，我国的各级政府也是重要的市场竞争主体。正是由于各级政府的积极参与和主导，才使得中国经济一直保持旺盛的活力和竞争力。但是，这种政府对经济的强势干预又与社会主义市场经济发展的要求相背离，容易使人产生诸多的疑问：政府投资的性质到底是建设性的还是服务性的？怎样看待政府投资决策民主和决策效率的关系？如何充分发挥好政府投资的引导和杠杆作用？如何减少政府投资项目出现的中间损耗和腐败现象？投资调控的重点是调控产品的供求，还是政府投资行为？如果政府投融资扩张是以透支民众现实和未来幸福为代价，是不是应该受到约束？

同时，感谢我的父母把我领上了学术研究的道路，并鼓励我坚持到现在。是他们使我明白了这样的道理：只有认认真真地走好眼前的路，扎实做好当前的研究工作，才有可能最终真正实现人生的价值。感谢国家发改委宏观经济研究院、投资研究所以及中国社会科学院研究生院投资系的领导和同事，是他们给了我参与和主持课题研究以及为学生授课的机会，并为我提供了非常宽松的研究环境和条件，使我有了现在的知识积累。感谢在地方挂职时关心我的各级领导和朋友们，让我感受到像在家一样的温暖，没有他们的器重和信任，我就不可能对政府及其投资活动有现在这样直观和清晰的认识。本书的出版得到了山西经济出版社编辑部主任李慧平女士的大力支持，在此表示衷心的感谢！

刘立峰

2010年12月30日

目　录

第一章 导 论

内容提要：

政府投资是指政府为了实现其职能，满足社会公共需要，实现经济和社会发展战略，投入资金用以转化为实物资产的行为和过程，通常是一级政府利用财政预算内、预算外资金和上级政府补贴资金、社会捐款等政府财力所进行的固定资产投资行为，也包括一级政府利用其下属部门或直属公司最终依托财政担保而进行融资后开展的投资活动。政府投资关系到经济发展和国计民生的长远大计，关系到经济、政治、社会发展的深层问题，政府投资的重要性正在不断提高。但是，政府投资领域也存在着很多问题，政府投资研究具有现实的重要性和紧迫性。

一、研究政府投资的意义

当今社会，政府在人们的生活中扮演着越来越重要的角色，它的触角已经渗透到社会经济的各个领域。但是，如果缺乏好的制度规范，政府活动包括政府投资就会出现这样或那样的问题。

一方面，政府投资的重要性不断提高。随着经济的发展和收入的增加，人们对公共服务的需求越来越多，要求越来越高，这些领域私人不愿进或没有条件进，政府必须承担更多的责任，因而政府支出和政府投资规模不断扩大。19世纪80年代，德国经济学家瓦格纳在对许多国家公共支出的实证分析基础上，得出了著名的瓦格纳法则。即随着国家职能的扩大和经济的发展，要求保证行使这些国家职能的财政支出不断增加，即随着人均收入提高，财政支出相对规模相应提高。1890年，美国各级政府公共支出总额为8亿美元，90年以后，1980年上升为8690亿美元，1995年又上升到15907亿美元，增长了近2000倍。这一时期价格上涨了10倍，按不变价格计算，公共支出实际增长近200倍。2008年，美国政府财政总支出达到47403亿美元，占GDP（国内生产总值）的32.8%；其中，联邦财政支出29826亿美元，占GDP的20.7%，而1937年，联邦财政支出占GDP的比例只有8.6%。中国改革之初的1980年，财政支出只有1228亿元，而到2009年，中国财政支出已达7.6万亿元，占GDP的比重为22.6%，这是自1994年财税改革以来的最高水平。

另一方面，政府投资领域又存在很多问题。在经济发达的美国也是这样。有资料表明，美国公共住房的建设成本平均比私人的住房建设成本高出20%以上。美国政府投资的高成本，也是美国总统不得不关注的问题。① 日本的公共投资效率明显低于民间投资。一般认为，公共工程的成本平均比民间投资工程的成本高30%以上。以道路为例，1998年，日本道路投资额约为15万亿日元，其中仅有40%形成固定资本，浪费掉的资金达到4万亿~5万亿日元。更为严重的是，盲目建设造成大量无用和"胡子"工程。② 近年来，日本在政府工程建设领域屡屡爆出腐败案件。日本官僚、财团、企业互为一体，企业为了获得政府工程合同，大肆向官僚行贿、提供政治献金。在我国，政府投资领域中的问题更多、更严重。应该说，政府投资面临比私人投资更为严重的不完全信息问题，容易产生逆向选择和道德风险。与一般社会主体以利益最大化决定投资选择不同，政府投资负责人缺乏追求"价廉物美"工程的动力。不求有功、但求无过的心理促使工程负责人宁愿选择墨守成规，而不是运用智慧去削减支出。权力缺乏监督或监督不到位，使得政府的投资活动容易产生各类的寻租机会，容易成为滋生腐败的领域，导致宝贵公共资源的浪费。

政府投资关系到经济发展和国计民生的长远大计，关系到经济、政治、社会体制改革的深层问题，政府投资研究具有现实的重要性和紧迫性。

二、政府投资的基本概念

（一）政府的起源

从奴隶社会以来，代表不同阶级利益的哲学家和政治思想家们纷纷对政府的起源问题进行探讨和论证，得出了许多不同的结论。其中，"神权论"

①巴曙松：《"新加坡溢价"：政府投资如何会变成"高价投资"？》，www.china-review.com，2001-07-26。

②《日本公共投资的现状、问题及启示》，中国改革论坛，2002-08-27。

用天意或神的安排来解释国家和政府起源，并对国家和政府的权力作用进行了相应的神化。持这种观点的政治思想家,少数是古代奴隶社会奴隶主阶级的代表人物,大多数都是封建地主阶级的代言人。他们中的许多人均从教会信条出发,用基督教教义来解释国家和政府的起源,论证一切国家和政府的权力均来自于上帝，把封建社会的国家制度和国家机构说成是上帝创造的严格等级系统的一部分。我国封建专制时期的大多数思想家们也持此观点。在这个时期盛行把皇帝称为天子,就突出地显示了这一点。可见,"神权论"的政府起源观,是为封建专制国家中少数统治者服务的一种观点。

作为契约论的代表人物,英国学者洛克对政府的起源进行了论述。洛克的一个基本观点是:政府是一种社会契约的产物,是人民把本来属于每个人自己的权力拿出一部分,委托给政府来行使,以协调不同个体与群体之间的利益冲突。契约是政府合法性的唯一源泉,合理的社会契约应当是多数人同意的契约。一句话,政府权力的基石是个人的自由。在政府建立之前,人们自我统治、自我管理;政府权力的源泉是每一个成员所拥有的天赋政治权力,个人权力是政府权力的基石。可见,洛克政府起源理论渗透着自由主义的基本精神。后来,又经过西方学者不断发展,作为一种普遍的学说被不同国家认可,在近代以来西方国家意识形态中占有主流地位。

马克思主义政府起源论认为,国家不是从来就有的,而是人类社会分裂为阶级社会时的产物。这时,国家就成为从社会中产生但又凌驾于社会之上的力量,成为维护统治阶级利益、实施阶级压迫、控制阶级对抗的机器。政府作为国家机器的主要组成部分,是随着国家的产生而产生,随着国家性质的变化而变化,随着国家的发展而发展,随着国家的消亡而消亡。马克思主义认为,国家是在经济上占统治地位的阶级的国家,是统治阶级实行阶级统治和阶级专政的工具,这就是国家的本质。这样,作为主要的国家机构的政府,它在政治上的主要职能也就是维护统治阶级,实行阶级统治和阶级压迫。当然,就对外关系来说,政府还有一项基本政治职能,就是维护国家的独立和主权,防止和抵御外来的侵略。这是对国家和政府起源问题的科学解答。

(二)政府部门

一般来说，人类社会的经济活动是众多特定行为主体的资源配置行为。按照行为主体的产权基础、决策机制、交易机制的不同,可以把这些行为主体分为公共部门和私人部门。从产权基础看,私人部门的产权基础是私有产权，公共部门的产权基础是公有产权。由于界定产权需要成本，那些界定产权成本大于收益的项目，自然就是公有产权；从动力与约束机制看，私人部门的行为目的是私人利益最大化，公共部门是公共利益最大化；从决策方式看，私人部门决策分散、自主行使，公共部门决策通过公共决策机制集中行使；从交易方式看，私人部门经济活动的交易机制是市场机制，公共部门是非市场机制，一方面无偿地从私人部门取得资源，另一方面，无偿提供公共产品与服务。

政府部门是公共部门的一类组织，狭义的政府仅指行政机关。在现代国家，一般由宪法和法律规定政府的结构、组成和职权。一个国家的政府又可分为中央政府和地方政府。中央政府是管理一个国家全国事务的国家机构的总称，地方政府是管理一个国家内部行政区事务的政府组织的总称。由于国体和国家结构形式不同，地方政府的构成、职能、权力配置，以及地方政府与中央政府的关系等都存在较大的差异。在单一制国家，中央政府以下的地域性政府都属于地方政府；而在联邦制国家，联邦组成单位不属于地方政府，而是具有相对独立性的准中央政府。联邦组成单位以下的区域性政府才被视为地方政府。一般来说，地方政府的角色都具有双重性的特点。一方面，地方政府是中央政府以下的区域性政府，它代表辖区内民众的利益，为辖区内的民众提供公共产品，对辖区社会进行管理；另一方面，地方政府也是中央政府的代表（在中央集权型的单一制国家）或国家的代表（在联邦制国家和分权型的单一制国家），它必须依法维护国家的利益。高层地方政府要受制于国家或中央的法律，中层地方政府和基层地方政府既要受制于国家或中央的法律，也要受制于上级地方政府。虽然各国的地方政府由于权力的配置存在较大差异，中央政府与地方政府的关系也因此而存在各种不同的模式，但是，这两种角色基本上都是存在的。

（三）政府的经济职能

一般来说，从奴隶社会以来，政府都承担以下5项经济职能。一是作为国家主要组成部分的政府，要维护它赖以建立的经济基础。二是要改进或改革不适合经济基础需要的经济体制。三是作为全社会代表的政府，要承担人类社会发展所必需的社会公共事务，提供某些公共产品和服务。四是实现以上3项经济职能（还要加上前述的政治职能），政府必须征收税收，承担一定的国民收入再分配职能。五是为实现上述职能，政府还必须直接经营和管理某些产业。

到了资本主义社会,上述政府经济职能的结构和范围有了空前未有的变化和扩大。特别是在资本主义从古典的自由放任的市场经济发展到现代的有国家干预的市场经济以后,还产生了全新的政府经济职能,即主要通过立法和经济等间接手段干预经济。

在计划经济体制下,总的来说,政府经济职能也包括上述5项职能。但呈现出两个基本特点:一是政府主要依靠行政命令手段直接管理整个国民经济;二是国有经济在国民经济中占据主导地位。

在我国由计划经济体制向社会主义市场经济体制的转轨时期,政府经济职能的主要内容是:①维护社会主义公有制为主体、多种所有制经济共同发展的基本经济制度。②实现以建立社会主义市场经济体制为目标的经济体制改革。③要以科学发展观为指导,以发展为第一要务,实现社会主义现代化建设三步走的战略目标。④逐步实现主要依靠立法和经济等间接手段调控国民经济的发展。⑤要建立和实施公共财政。

这些政府经济职能表明:在我国经济转轨时期,政府投资具有特殊重要的意义。

(四)政府投资

2004年发布的《国务院关于投资体制改革的决定》指出,政府投资主要用于关系国家安全和市场不能有效配置资源的经济和社会领域,包括加强公益性和公共基础设施建设,保护和改善生态环境,促进欠发达地区的经济和社会发展,推进科技进步和高新技术产业化等。2010年国务院法制办公布的《政府投资条例(征求意见稿)》提出,政府投资是指使用财政预算内资金、各类专项建设基金、国家主权外债资金和其他政府性资金进行的固定资产投资活动。而在一些地方政府出台的政府投资管理办法中,政府投资则通常被定义为县级以上人民政府利用财政预算安排的建设资金、纳入财政预算管理的专项建设资金、政府融资以及利用国债的资金、土地使用权出让金、国有资产权益收入等政府资金所进行的固定资产投资。

可见,政府投资的定义基本上可以从投资主体、投入方向和资金来源3个方面进行界定。我们认为,政府投资就是指政府为了实现其职能,满足社会公共需要,实现经济和社会发展战略,投入资金用以转化为实物资产的行为和过程,通常是一级政府利用财政预算内、预算外资金和上级政府补贴资金、社会捐款等政府财力所进行的固定资产投资行为,也包括一级政府利用其下属部门或直属公司,最终依托财政担保而进行融资后开展的投资活动。政府投资与公共投资有区别,由于政府部门只是公共部门的一类组织,因此,政府投资的范围要比公共投资小,最起码国有企业和各类社团投资不属于政府投资。但是,政府投资又不简单是政府全额出资的概念,从广义的角度讲,凡是政府出资或补助达到一定规模或比例的项目都属于政府投资的范畴。投资又可根据行政结构和层级不同分为中央政府投资和地方政府投资。

三、本书的框架

政府投资主要涉及以下的问题:第一,政府为什么要投资,涉及公共需求、市场失灵、政府部门的职能要求;第二,政府投资应投向何处,涉及政府支出的方向;第三,中央政府和地方政府间的投资职责如何划分;第四,政府的投资决策机制是怎样形成的;第五,政府应该怎样投资,涉及政府投资的方式、方法;第六,政府投资应该如何融资;第七,政府应该怎样管理与调控投资,涉及政府管理、调控社会投资以及自身投资;第八,政府投资的效益如何评价与衡量。

本书将围绕上述内容展开讨论。第一章导证,研究政府投资的意义及概念,第二章研究政府投资的基本状况,第三章研究政府投资的规模与结构,第四章研究政府间投资分工,第五章研究政府的投资决策,第六章研究政府的投资方式,第七章研究政府的资金来源渠道,第八章研究地方政府融资,第九章研究政府投资调控及其政策,第十章研究政府投资的效益。另外还有若干附件,是对有关章节的进一步补充说明和背景资料。

第二章 政府投资的基本状况

内容提要：

我国政府投资的历史进程大致可以划分为起步阶段、拓展阶段、转轨阶段和深化阶段，在这4个阶段中，政府投资方向和目标越来越明确，投资方式和融资渠道逐渐多样化。总体来讲，政府投资取得了巨大成就，基础设施和公共服务得到了改善，产业园区成为工业化的动力，促进了经济的持续稳定增长，完善和拓展了投融资的制度和政策空间。我国当前的政府投资呈现出不同于传统计划经济时期，也不同于市场经济国家的特征。政府投资特征的形成有其深刻的政治、经济和社会背景，正确激励与合理引导能够形成对经济发展的推动力，反之，则可能演变为经济发展的障碍。

一、发展阶段

从改革与发展的基本路径和特征来看，我国政府投资的历史进程大致可以划分为4个阶段。由于影响因素的复杂性和多样性，这4个阶段难以分开；而对于不同地区来讲，由于发展水平和基础条件不一样，可能在同一时间处于不同阶段。

（一）起步阶段（1978~1984年）

这一时期，原有"统收统支"的财政体制被打破，政府基本建设投资由传统的财政无偿拨款方式向有偿使用方式过渡，政府投资项目的资金来源逐步拓宽。地方政府财权和事权都有所扩大，政府投资项目的融资方式仍以财政资金为主。

从1980年开始实行的"分灶吃饭"的财政体制，改变了新中国成立以来由中央政府"统收统支"的财政分配体制，出现了中央政府和地方政府两级利益主体。中央、地方的财政关系发生了很大的变化，财力分配由“条条”为主改为以“块块”为主，包括投资事权在内的两级事权得到初步划分。地方政府拥有了财政收入的“剩余索取权”，地方财政预算内统筹基本建设投资和机动财力等预算外收入，成为地方政府扩大基建投入的重要资金来源。以“分灶吃饭”为基本特征的财政体制安排第一次把地方政府放到了自主财政的基础上，在硬化财政约束的同时，事实上也造成了政府责任的地方化。从财政集中程度来看，地方财力比重逐年下降，由1978年的84.5%下降到1984年的59.5%。这一时期，地方财力仍然比较薄弱，地方财政缺乏稳固的收入机制。由于财政几乎集中了全部社会资金，银行仅有很少的资金并以向企业提供流动资金为主，因而在政府融资活动中，财政资金占据主导地位。

1979年8月，国务院批准国家计委、国家建委、财政部下发了《关于基本建设投资实行贷款办法的报告》及《基本建设贷款试行条例》，决定开始试行基本建设投资“拨改贷”，基本建设投资由传统的财政无偿拨款方式向有偿使用方式转变。即凡有还款能力的企业进行基本建设所需资金都可以贷款，贷款业务由中国人民建设银行负责办理，贷款基金由国家财政从当年基本建设预算拨款中拨给；地方财政用机动财力安排的基本建设贷款基金，由省、市、自治区在地方自筹基本建设资金中解决。1982~1984年间，“拨改贷”投资始终稳定在每年30亿元左右，投资比重则在10%上下浮动。“拨改贷”的意义，不仅在于用有偿的办法管理财政投资，更在于它还成为大规模运用信用工具参与固定资产投资的先声，是投资市场化改革的重要一步。但是，这一时期银行资金融通的中介作用基本上没有得到发挥，“拨改贷”的资金也基本来自于政府财政资金。这一时期，中、农、工、建四大专业银行逐步设立。专业银行的突出功能是承担了大量的国家政策性任务，银行主要是依靠贷款指令性计划对经济建设所需资金进行分配，保证资金使用的安全性，在这样的体制下，银行只是充当财政的会计出纳，贷款按指令计划行事，使得银行不具有风险管理的功能。

这一时期，国家为政府投资项目开始多渠道筹措建设资金。开征国家能源交通重点建设基金和建筑税。为了集中必要的资金，尽快解决能源交通的瓶颈制约，从1983年1月起，对国营企事业单位、机关团体、部队和地方政府的各项预算外资金，以及城镇集体企业缴纳所得税后的利润，按当年实际收入的10%（后提高到15%）征收国家能源交通重点建设基金，全部上缴中央财政。地方超额完成任务的部分，留给地方使用。从1983年11月起，对基本建设和更新改造项目的建筑工程征收建筑税，作为中央财政收入，用于重点建设。

（二）拓展阶段（1985~1992年）

这一时期，开始确立了中央和地方政府之间的投资合理分工，探索政府投资项目的分类管理并建立了资金保障机制。在政府投资中，开始注重发挥市场机制的作用。政府融资迅速发展，通过预算外渠道和各种财政信用方式进行的融资越来越多。国家对银行贷款规模实行指令性计划管理，信贷资金财政化现象比较严重。

1988年，国务院颁布了《关于投资管理体制的近期改革方案》。方案明确提出改革中央政府对重点建设包揽过多的做法，合理划分中央和地方政府的投资范围。基础工业和基础设施建设实行中央、省区市两级配置，两级调控。规定面向全国的重要的建设工程，以中央政府为主承担；区域性的重点建设工程和一般性的建设工程，由地方政府承担。中央政府投资或以中央政府为主投资的具体范围包括：关系国民经济全局的重大能源、原材料工业基地，跨地区的、面向全国的交通运输、邮电通信设施，大江大河治理的骨干工程，重要的科技和文教设施，国防工业建设等。地方政府投资的具体范围包括：农业、水利、地方交通运输、机电、轻纺工业、教育以及城市公用设施的建设。方案还将预算内基本建设投资分为经营性和非经营性两类管理，并建立了中央基本建设基金制。非经营性基本建设基金主要用于中央各部门直接举办的文化、教育、卫生等建设和大江大河治理；经营性基本建设基金，不再由行业管理部门直接管理，由国家计委通过计划下达给国家专业投资公司，主要用于计划内的基础设施和基础工业重点工程。地方政府也陆续参照中央政府的做法，设立所属的政府投资公司。

1985年实行了"划分税种、核定收支、分级包干"的财政体制，1988年又引入了财政包干制，地方政府支配自有财力的权限扩大。1985~1992年，地方财政收入占全部财政收入的比重由61.6%上升到71.9%，提高了10个百分点，这对拓展地方融资发挥了重要的作用。与此同时，中央政府也正式结束了为地方支出提供资金的责任。地方政府的职能从提供服务拓展到为服务筹措资金。[①] 由于地方政府担负起了地方社会的管理、地方社会事业、保障地方的社会福利和社会发展的重要职能，而且还肩负着辖区内相当庞大的

①黄佩华：《中国：国家发展与地方财政》，第30页，北京，中信出版社，2003。

国有资产所有者的职能,[①]因此,支出责任的调整在一定程度上超越了地方政府的财力和承受力。从而推动地方预算外资金规模迅速扩大。1985~1992年,地方预算外资金规模从1530亿元增至3855亿元,年均增长15.8%,预算外资金与预算内资金的比值由1.24上升到1.54。其中,行政事业性收费以及国有企业及主管部门收入膨胀的速度都比较快。行政事业性收费由233亿元增加到885亿元,国有企业及主管部门掌握的预算外资金由1253亿元增加到2878亿元。地方预算外资金增长对弥补政府资金的供求缺口、增加政府投入方面发挥了一定的促进作用,但是,预算外资金膨胀也造成了财政分配秩序混乱、资金严重分散、财经纪律松弛等严重问题。

这一时期的银行体系由四大国有专业银行为主导,四大国有银行还不是独立的经济实体,而是国家集中社会资金的金融机构,受到政府的严格管制。不仅中央政府通过对国有银行及其信贷计划的严格管理控制着银行的金融资源,并将信贷资金分配给国有企业,而且专业银行地方分支机构的广泛存在和地方性银行机构的大量设立,也为地方政府干预银行信贷活动提供了便利条件。各级政府有了金融控制诉求,整个金融市场变成了政府的"钱袋子",金融业替代了财政和税收制度的功能,"信贷资金财政化"现象严重。政府通过对金融资源的控制,使得财政能力通过上升的金融能力得以补充,银行信贷资金成为政府弥补财政投资资金不足的重要来源。20世纪80年代中后期,我国兴起各种形式的农村合作基金会,地方政府对这一与自身关系更为密切的区域性非银行金融组织表现出极大的热情,[②]经常违背资金营运的基本规律,强行要求合作基金会为修路、办学、建医院等公益事业借款。这部分资金基本不能偿还,在很大程度上导致合作基金会最终被清理关闭。[③]

(三)转轨阶段(1993~2003年)

这一时期,政府投资管理进一步明确了政府与市场、中央政府与地方政府之间的投资分工。为配合积极财政政策的实施,从1998年开始,中央财政连续发行长期建设性国债。随着财权与事权关系的调整,地方政府需要为自己负责的公共服务融通更多资金,土地财政开始成为地方政府融资的

---

① 樊丽明:《中国地方政府债务管理研究》,第32页,北京,经济科学出版社,2006。

② 李静:《关于农村合作基金会的研究综述》,《中国农村观察》,2002年第6期。

③ 1999年1月国务院发布3号文件,正式宣布全国统一取缔农村合作基金会。

重要依托，并不断探索多种市场化的融资方式。与此同时，商业银行改革进入加速发展阶段，政府融资的外部约束增强。

1993年，《中共中央关于建立社会主义市场经济体制若干问题的决定》中提出：要深化投资体制改革，将项目投资划分为竞争性、基础性和公益性3类，竞争性项目投资由企业自主决策、自担风险，所需贷款由商业银行自主决定、自负盈亏；用项目登记备案制代替行政审批制；基础性项目建设要鼓励和吸引各方投资参与；地方政府负责地区性的基础设施建设；国家重大建设项目，按照统一规划，由国有开发银行等政策性银行，通过财政投融资和金融债券等渠道筹资，采取控股、参股和政策性优惠贷款等多种形式进行；社会公益性项目建设，要广泛吸收社会各界资金，根据中央和地方事权划分，由政府通过财政统筹安排。决定还提出要建立政策性银行，实行政策性业务与商业性业务分离。1994年3月，国家开发银行正式成立，负责发放政策性固定资产投资贷款。与此同时，经国务院批准，对原有国家六大投资公司进行整顿和重组，正式成立国家开发投资公司。

1998年，我国开始实施积极财政政策，当年增发1000亿元国债，同时，配套增加1000亿元银行贷款，全部用于基础设施专项建设资金。国债资金主要投向农林水利、交通通信建设、城市基础设施建设、城乡电网改造、国家直属储备粮库建设等。1999年年初，中央财政继续发行500亿元长期国债，用于基础设施建设。1999年年中，根据经济发展需要，又进一步加大积极财政政策力度，增发了600亿元长期国债专项用于固定资产投资。其中，153亿元国债资金用于企业技术改造项目贴息。2000年，财政预算安排发行1000亿元长期建设国债，主要用于增加基础设施投入，支持国有企业技术改造，加大西部开发和生态环境建设，发展科技教育。2000年下半年，为了巩固经济运行出现的良好势头，中央财政又增发了500亿元长期建设国债，国债投资重点向中西部地区倾斜。2001年国债政策的重点，一是增发1000亿元建设国债，用于弥补前期基础设施在建项目的后续资金不足，一般不开工新项目；二是发行500亿元特种国债，用以支持西部开发。2002年，中央财政继续发行1500亿元长期建设国债，分别用于当年年底全部建成的项目、当年年底部分建成的项目、上年西部大开发的续建项目，以及当年新开工的项目。2003年，国债政策力度减弱，当年发行长期建设国债1400亿元，用于改善农村生产生活条件、重大基础设施项目、环境保护和生态建设、西部大开发项目、技术进步、产业升级和老工业基地改造以及防治“非典”等社会发展项目。

1993年年底，国务院发布了《关于实行分税制财政管理体制的决定》。实行分税制以后，在一定程度上规范了政府间的财政关系，改变了中央财政能力持续下降的趋势。但是，也由此带来新的问题，主要表现在财权与事权不对称，中央政府财权上收和事权下放。在财权方面，中央财政收入从1992年的28.1%，大幅度提高到2002年的54.6%；在事权方面，中央逐步把更多的事权下放给地方，经常让地方以自有财力为代价来完成中央的任务。随着支出责任的下放，地方政府的预算外和制度外融资快速增加。缺乏征税权，并且发现从上级政府获得的转移支付不可靠，于是地方政府开始积极地寻求扩大预算外收入。随着地方财力越来越难以满足支出需要，地方政府不得不开辟新的筹资渠道。于是，“土地财政”逐渐成为一些地方政府用来缓解财政收入不足和筹集城市建设发展资金的重要手段，土地收益占地方政府资金来源的比重越来越大。在一些地区，土地出让金收入占预算外收入的比例逐步上升，而土地直接税收和城市扩张带来的土地间接税收占地方财政收入的比例也达到较高水平。

1995年7月，《中华人民共和国商业银行法》开始实施，国有银行从专业银行开始向商业银行转变，实行自主经营、自担风险、自负盈亏和自我约束的经营机制。1997年，国有商业银行建立统一法人体制，加强了各总行信贷集中和资金调度，削弱了省分行权力，上收了县支行的信贷决策权限，改变了贷款分散决策局面，统一法人，统一风险管理。1995年《商业银行法》颁布实施，商业银行与中央银行完全分离，商业银行作为经济实体的独立性得到加强。1994年3月，国家开发银行正式成立，负责发放政策性固定资产投资贷款。国家开发银行成立后，建设项目的政策性固定资产投资信贷业务从专业银行的信贷业务中分离出来。建设银行、工商银行、中国银行、农业银行等国有专业银行开始逐步向商业银行过渡。在20世纪90年代中后期实施积极财政政策和宽松货币政策的惯性作用下，地方政府普遍依赖银行举债进行基础设施建设投资。1998年8月，国开行与安徽省签订了第一份金融合作协议。国开行率先采取以项目打捆、政府指定融资平台为统借统还借款法人的模式，对芜湖城市基础设施项目提供10.8亿元贷款。自此，国开行探索并建立了以“大额承诺，滚动计划，资金平台，融资拉动”为核心的开发性金融合作协议的基本模式。国开行通过这一模式，给大批城市注入授信额度。国开行搭建的这种信用平台，既有企业信用又有政府信用，两套信用保障成为减少不良贷款的有力手段。

这一时期，信托业成为政府筹集资金、发展地方事业、直接从事经济活动的一个重要途径。因为有政府的全方位支持和保护，信托企业在国内拓展业务十分方便；又因为有政府背景甚至信誉担保，也容易举借外债。信托企业的资金来源主要是中国人民银行的信贷资金和同业拆借，以及中国人民银行允许的信托和委托存款。政府通过自己的信托企业向其他信托企业、专业银行进行同业拆借，或者吸引他们直接投资、贷款。到1998年，全国有244家信托投资公司，资产达6183亿元。但是，官商性质的信托公司的发展并不健康，中国人民银行对其进行过多次整顿。1998年10月，中国广东省国际信托投资公司发生债务危机，最终导致公司破产清算。2001年4月，《中华人民共和国信托法》出台，使政府与信托投资公司的关系建立在平等的商业基础之上。2002年《信托投资公司资金信托管理暂行办法》实施后，资金信托业务得到快速、规范发展，很多基础设施项目通过资金信托计划获得融资，如5.5亿元的上海外环隧道项目建设信托计划、天津滨海新区3.5亿元基础设施建设信托等。

（四）深化阶段（2004年至今）

这一时期，政府投资进一步明确了其职责范围，简化了政府投资项目的审批程序，政府投资决策和管理制度逐步得到健全。在这一时期，地方政府发展经济的愿望十分强烈，在土地财政的支撑下，政府性融资平台大量吸收政府背景贷款成为地方政府融资的基本模式，也成为政府投资扩张的最有效途径。地方政府通过城投债、产业投资基金等方式进行直接融资发展迅速。

2004年7月，《国务院关于投资体制改革的决定》颁布，提出进一步改进和完善政府投资的管理制度。国有和国有控股企业投资项目要建立出资人制度、投资风险约束机制、科学民主的投资决策制度和重大投资责任追究制度，政府投资项目也要建立责任追究制度。规定政府投资主要用于关系国家安全和市场不能够有效配置资源的经济和社会领域，用于加强公益性和公共基础设施建设、保护和改善生态环境、促进欠发达地区的经济发展、推进科技进步和高新技术产业化。提出要简化政府投资项目的审批环节，对政府投资项目，只审批项目建议书、可行性研究报告和初步设计，除特殊情况外不再审批开工报告。项目单位和地方政府申请投资补助的项目以及使用中央统借、地方和企业自还国外贷款的项目只审批项目建议书和可行性研究报告。加快实行非经营性政府投资项目的代建制，通过招标等方式，选择专业化的项目建设管理单位负责建设实施，建成后移交使用单位。这些改革措施，使国家对政府投资的管理得以强化，有助于提高政府投资管理水平和投资效率。但是，由于责任追究制度缺乏具体的可操作的实施细则和管理办法，政府投资责任软约束的问题仍未得到有效解决。

《决定》提出要提高政府投资决策的科学化、民主化和规范化水平。坚持和完善科学的决策程序，所有政府投资项目都要经过符合资质要求的咨询机构评估论证，重大项目实行专家评议制度，逐步实行政府投资项目公示制度，充分利用社会智力资源和现代信息技术，增强透明度和公众参与度，接受公众监督。改变过去对政府投资重事前管理，轻视甚至忽视事中和事后管理的状况，进行政府投资项目的事前、事中和事后的全面监管。强调科学决策，按程序办事，并建立相应的政府投资责任追究制度；健全政府投资的制衡机制；完善重大项目稽查制度；建立政府投资项目后评价制度和政府投资的社会监督体系。但是，由于社会公众对政府投资决策的参与没有制度保障，政府投资决策主要在政府部门内部进行，社会公众和各级人大对政府投资决策过程的了解程度、参与程度很低，政府投资决策的民主化并未落实。同时，政府投资项目的咨询评估和专家论证往往流于形式，很多政府投资项目仍然是行政首长拍脑袋决定。

这一时期，各类政府性投资公司作为政府授权基础设施和公共服务建设与经营的机构，地方政府以财政性资金注入、土地收益、国有资产存量以及赋予特许经营权等方式进行扶持，代替政府行使投融资职能，成为经济建设的平台和载体。以各类城投公司为代表的地方政府融资平台在经济建设中发挥了积极的作用。以政府信用为背景的银行贷款成为地方政府主要的融资方式。政府背景贷款是通过以企业形式出现的、地方政府控制的融资平台向银行申请借款，并由政府提供直接或间接担保。各金融机构纷纷加大与政府的信用合作，建立政府授信平台，开展政府授信贷款、财政垫付性贷款等业务，以地方政府承诺，地方人大同意纳入地方财政预算确保还本付息的前提下，建立银政合作关系。这无疑给地方政府注入了一针强心剂。2006年年底，政府背景的基础设施新增贷款额为6500亿元，占新增中长期贷款的比重为37.6%。而到2009年年底，政府背景的基础设施新增贷款额达到4.2万亿元，占新增中长期贷款的85.6%，[①]规模和比重都大幅度上升。

① 中国人民银行：《中国货币政策执行报告》，2006年第4季度、2009年第4季度。

当然,这一时期,四大国有银行纷纷改制为股份制商业银行,国有银行的市场主体地位进一步增强。银行体系内部强化了垂直管理,同时上收了地方分支机构的贷款审批权限,银行分支机构信贷资金的规模、投向受到总行的严格控制,地方政府对分支机构进行干预的力度受到影响,很难通过行政干预获得银行信贷。即便地方政府仍然具有一定的能量对银行信贷进行干预,但是,银行也不再像过去那样完全给予配合,而是通过大量的限制性条款,如要求其他有效资产进行担保,要求投资项目必须具备一定的现金流,并以未来现金收入作为还款来源,要求地方政府提供财政性资金作为还款来源,要求地方财政甚至政府、人大出具担保承诺等,这些条件增加了地方干预的难度。

2009年,我国首次允许地方政府发行2000亿元人民币债券,债券期限为3年。发行地方政府债券主要是为了解决4万亿元投资刺激计划中新增中央投资地方配套资金困难的问题。考虑到中央公益性投资项目向中西部重点倾斜,而中西部地区政府财力普遍较为薄弱,因此,中西部地区分配到的债券规模较大。地方政府债券收入全额纳入省级财政预算管理,市、县级政府使用债券收入的,由省级财政转贷,纳入市、县级财政预算。地方政府债券到期后,由中央财政统一代办偿还。地方财政要及时向中央财政上缴地方政府债券本息、发行费等资金。对于未按时上缴的,中央财政将根据逾期情况计算罚息,并在办理中央与地方财政结算时如数扣缴。尽管这与地方政府自主发债还有一定距离,但是,毕竟是对地方政府融资方式的有益探索。

近年来,企业债发行规模迅速增加。2004年,全国企业债发行规模只有300亿元,2005年为600亿元,2007年已达到1709亿元,2008年为2366亿元。2009年企业债发展更快一些,全年发债规模达到4295亿元,企业债券余额将超过10000亿元。①越来越多的地方政府通过专业投资公司发行企业债的方式,为当地的一些重大基础设施项目建设融资,这些债券资金在解决地方项目建设配套资金不足的问题上起到了积极作用,具有市政债券的功能。应该说,在地方政府受《中华人民共和国预算法》约束,不具有发行债券权利的情况下,发行地方城投类债券,可以充分依托政府信用,筹集城市建设资金,加快市政项目建设。这也是地方政府拓展融资渠道的一个无奈的选择。

地方政府还通过建立产业基金的方式引导银行与社会资金的投入。

---

①《企业债对"扩内需、保增长"促进作用显现》,《上海证券报》,2009-05-25。

2006年12月，国家发改委批复成立了我国第一家产业投资基金——渤海产业投资基金；2007年，国家发改委又批准了广东核电新能源、上海金融、山西能源、四川绵阳高科、中新高科等5家产业投资基金。批复的6家产业投资基金的总金额达到760亿元人民币。其中，渤海产业投资基金总规模达到200亿元人民币，首期募集60.8亿元，按契约制形式设立。在各地酝酿的产业基金远不止这几家，而且，各地还有不少部门性质的私募股权基金也可以看作是产业投资基金。如果这样算，目前，各地以产业基金模式运作的资金至少有几十家。地方政府正是利用建立投资基金的方式为本地区经济发展吸引更多的投资的。

二、主要成就

政府投资在我国经济和社会发展中发挥了巨大的、积极的作用，这是有目共睹的。可以说，中国的政府是世界上最勤勉的政府，没有中央和地方各级政府的不懈努力和投资的强力推动，我国工业化、城市化和市场化进程就不会取得现在举世瞩目的成就。

（一）大幅度改善了基础设施条件

农林水利基础设施条件得到极大改善，增强了防洪、防涝、抵御自然灾害的能力。2008年，我国共有水库86353座，水库总库容6924亿立方米，分别比1990年增加2966座和2264亿立方米；水土流失治理面积由1990年的5300万公顷增加到2008年的10159万公顷；堤防长度由22万公里增加到28.7万公里，堤防保护面积由3200万公顷增加到4571万公顷；建设灌区由5363处增加到6414处，灌区有效灌溉面积由2123.1万公顷增加到2944万公顷。南水北调工程东线、中线和西线3条调水线路建设稳步推进，规划调水总规模448亿立方米，建成后将与长江、黄河、淮河和海河共同构成“四横三纵”的总体布局，实现全国水资源南北调配、东西互济的目标。

交通建设突飞猛进，综合交通运输网络四通八达。铁路营业里程由1978年的5.2万公里增至2009年的8.6万公里，增加了3.4万公里。这些新增里程大部分是采用先进技术和设备的电气化铁路营业里程。1978年，我国国家铁路电气化里程仅为1000公里。2009年，随着京九线北京西至乐化电气化工程和武广高速铁路的建成开通，我国电气化铁路总里程已达到3.2万公里，建成了上海磁悬浮、广深高速铁路等工程。北京奥运会开幕前夕，时速350公里的京津高速铁路客运专线正式通车，京沪高速铁路也已经开工建设。2009年,公路通车里程由1978年的89万公里增至386万公里,增长了3.3倍,其中高速公路由1988年的0.01万公里增至6.51万公里,增长了650倍。“五纵七横”国道主干线初步形成,公路等级明显提高,路况明显改善。

能源生产能力大幅度提高,主要能源产品供应保障能力显著增强。2008年,我国一次能源的生产能力已达27.4亿吨标准煤,是改革开放初期的6.2倍。其中:煤炭开采能力28亿吨,是改革开放初期的4.6倍,居世界第一位;石油开采能力1.92亿吨,是改革开放初期的近2倍;原油加工能力近4亿吨,是改革开放初期的3.8倍,居世界第二位;电力发电装机容量7.93亿千瓦,是改革开放初期的14倍,居世界第二位。在电力发电装机容量中,火电装机容量6.01亿千瓦,水电装机容量1.72亿千瓦,核电装机容量885万千瓦,风电装机容量894万千瓦。我国是世界上少数几个拥有完整核工业体系的国家之一。截至2008年,已建立浙江秦山、广东大亚湾、江苏田湾3个核电基地。我国太阳能利用在光伏产品制造、太阳能光伏发电和太阳能热利用等方面也取得了较大发展。2008年,我国多晶硅材料总产量超过6000吨;光伏电池产量达到200万千瓦,占全球产量的15%。我国电网建设进入大规模跨省跨区送电和全国互联的新阶段。总投资达5265亿元的西电东送工程,是在我国电力建设史上投资规模最大的电源、电网建设工程。

(二)不断提升基本公共服务水平

教育方面:随着“农村寄宿制学校建设工程”等一系列重大工程项目和政策的推进,我国教育面貌发生了深刻变化。到2009年年底,我国共有普通高等学校2305个,比1978年增加1707个;特殊教育学校1672所,比1978年增加1380所。普通中学、职业中学、普通小学数量虽然明显减少,但是,这与适龄人口减少、人口居住更加集中、优化办学资源有关。2003年以来,国家实施了农村中小学危房改造、农村寄宿制学校建设和农村中小学现代远程教育工程。5年来,支持2.2万多所农村中小学改造危房4800万平方米,建设7000多所寄宿制学校,远程教育已覆盖36万所农村中小学。实施职业教育基础能力建设工程,累计投入35亿元,支持1482所县级职教中心和中等职业学校建设。

卫生方面:到2009年年底,我国拥有卫生机构28.4万个,比1978年增加11.5万个;卫生机构床位441万张,比1978年增加237万张;疾病预防控制中心3534个,比1978年增加545个;专科疾病防治院所1310个,比1978年增加423个;妇幼保健院3011个,比1978年增加440个。2002年以来,国家共安排国债资金86.8亿元，基本建成全国疾病预防控制体系和突发公共卫生事件医疗救治体系。投入资金94亿元，改造和新建1.88万家乡镇卫生院、786所县医院，为1.17万个乡镇卫生院配置医疗设备。20世纪80年代以前，我国不仅医院的数量少，医疗服务的质量也急需提升。目前，医疗卫生机构的软硬件水平都实现了质的飞跃，各种先进检查仪器在稍大的医院已经普及，医疗技术发生了翻天覆地的变化。全国已拥有一批环境优美、设施先进、科室齐全、技术精湛的大型现代化医院和专科医院。

体育方面：根据第五次全国体育场地普查数据公报，到2003年年底，我国共有各类体育场地85万个，场地面积13.3亿平方米。平均每万人拥有体育场地6.58个，人均体育场地面积为1.03平方米。与1995年相比，全国体育场地面积共增加了5.5亿平方米，增长70.5%，人均体育场地面积增加了0.38平方米，增长58.4%，每万人拥有体育场地数增加了1.58个，增长31.6%。全民健身计划实施以来，中央和地方投入巨额资金，在公园、街道、居民小区和村镇建设了13批、11万多条方便、适用的“全民健身路径”和157个规模较大、功能齐全的“全民健身活动中心”；在经济欠发达地区实施“雪炭工程”，建设了318项小型公共体育场馆和设施；“农民体育健身工程” 列入了国家“十一五”规划，在全国7.7万个村庄建设了篮球场、乒乓球台等体育设施。

文化方面：2009年，我国共有省级和地市级文化馆361个，比1978年增加269个；县市级文化馆2862座，比1978年增加114座；公共图书馆2849个，比1978年增加1631个；博物馆2230个，比1978年增加1881个。到“十五”期末，“县县有图书馆文化馆”的目标基本实现。“十一五”期间，国家又实施乡镇综合文化站建设规划，投资39.5亿元，新建和扩建2.6万个农村乡镇综合文化站，到2010年将基本实现“乡乡有综合文化站”的建设目标。近年来，文化部和财政部联合实施了全国文化信息资源共享工程、送书下乡、流动舞台车工程等一些重大有影响的文化工程，为城乡基层提供了丰富的公共文化资源。2007~2010年，中央财政安排资金3亿元，为剧团和基层文化机构配备近1000辆流动舞台车，改善了剧团等文化机构的服务条件。为解决乡镇综合文化站设施“空壳”问题，财政部从2008年开始对中西部地区具备开展文化活动条件的达标乡镇文化站给予专项设备购置经费补助。

（三）促进产业园区功能不断完善

1988年，我国批准兴办了国家高新技术产业开发区——中关村科技园区。至今国家已批准了54个国家高新技术产业开发区。1990年，为了发展国际贸易，中央政府批准在沿海港口城市划出特定区域兴办15个保税区。1992年，为了推动中国边境地区经济发展和双边合作，在我国部分边境地区兴办了14个边境经济合作区。为了促进出口加工业的上规模上层次，国家从2000年开始陆续批建了58个出口加工区。上述开发区是中央政府批准兴建的，称为国家级开发区，至2006年年底，我国共有223个国家级开发区。另外，从1992年起，各省、自治区、直辖市政府为了发展当地经济，陆续批设了数量众多的工业园区、科技园区，称为省级开发区。至2006年年底，中国的省级开发区达到1345个。[①] 此外，各市县镇政府都设立了各种形式的工业集中区。工业园区成为吸收外商投资、扩大出口、增加就业的重要载体，推动地区经济增长的发动机和增长极，促进产业升级、转变发展方式的中坚力量，探索新型工业化和新型城市化的试验田。

除工业园区以外，其他类型的产业园区也不断涌现。目前全国在建和规划建设中的物流园区达400~500家，出现了货运服务、生产服务、商贸服务和综合服务等多种类型的物流园区，形成了不同物流需求与多种服务方式有机对接的平台。这些园区大多是地方政府牵头规划并投入一定资金，由企业或投资公司运作。一些已经投入运营的物流园区，在提高物流的组织化水平和集约化程度，转变物流运作模式和经济发展方式，调整优化经济结构和产业布局等方面都发挥了重要作用。近年来，我国文化创意产业园区迅速崛起，北京、上海、广州、成都等城市纷纷依托各自的人才、资源、区位优势，建设各具特色的文化创意产业园区。文化创意产业不仅在各城市形成集聚发展，在全国范围内也形成了具有特色的产业集群，包括以北京为主的首都创意产业集群、以上海为主辐射南京、杭州、苏州等地的长三角创意产业集群、以广州深圳为中心的珠三角创意产业集群、以昆明大理丽水为主的滇海创意产业集群、以西安重庆成都为首的川陕创意产业集群及以长沙为核心的中部创意产业集群。政府规划建设或大力推动并进行统一管理文化创意产业园区，是我国发展文化创意产业集群的重要方式。

（四）推动城乡面貌发生根本改观

经过30年的改革开放，我国的城市化水平显著提高，政府投资发挥了主导作用。1978年，我国的城市化率只有17.9%，到2009年已提升至46.6%。目前，中国有6.2亿人常年居住在城镇中，是世界上城市人口数量最多的国

① 唐华东：《中国开发区30年发展成就及未来发展思路》，《国际贸易》，2008年第9期。

家。就全国整体而言，我国的城市化进程正处于加速发展的中期阶段，部分城市化先行地区已经进入了城市化发展的后期，城市化率超过了60%。全国城市建成区面积由改革之初的6700平方公里增加到2009年的38107平方公里。2008年，我国城市道路长度25.9万公里，面积45.2亿平方米，较改革之初分别增长了9.6倍和20.5倍。自1969年北京地铁1号线开通以来，经过近40年的发展，截至2008年年底，我国已有10个城市拥有共29条城市轨道交通运营线路，运营里程达到776公里，年客运总量达22.1亿人次，城市轨道交通进入快速发展时期。目前，管道天然气广泛应用于居民生活、工业、商业、汽车等各个领域。2008年，全国天燃气供应总量达到368亿立方米，用气人口1.2亿，较改革初分别增加了776倍和507倍。1991~2008年，全国城市生活垃圾无害化处理设施已达500座，其中卫生填埋场406座，焚烧厂72座，堆肥厂13座，其他处理设施9座。日均生活垃圾处理量31万吨，无害化处理率达到66%。城市污水处理事业蓬勃发展，污水处理厂数量由1978年的37座，日处理能力64万立方米，发展到2008年年底的1529座，日处理能力8836万立方米。

十六届五中全会提出建设社会主义新农村以来，我国农村基础设施建设和社会事业发展方面的变化巨大，政府投资也发挥了关键作用。农村水、电、气、路、教育、文化、医疗等条件得到明显改善。“十一五”前4年，我国新改建农村公路156万公里，比“十五”末新增28万公里，农村公路通达水平和通畅程度大幅提高。目前，我国87%的行政村已经通达客运班车。除西藏地区，其他地区都已经在我国的两大电网的覆盖地域之内，大电网的电可以直接进村入户，这使电力在传输过程中的损耗大大降低，农村电网改造后，农村的电价基本上做到同网同价。2000年，全国农村饮水不安全农民总量是3.4亿人，经过这些年的治理，到2009年年底已经解决了其中的1.6亿人，争取到2012年可以全部解决这一问题。国家大力扶持农村发展清洁能源，“十一五”末，全国户用沼气将达到4000万户。使用沼气不仅燃料本身清洁安全可再生，最重要的是对改善农村的环境卫生条件非常有利。农村危房改造项目已经启动，截至2009年11月底，全国扩大农村危房改造试点任务开工率91.1%、竣工率64.9%。近几年来，我国致力于广播电视村村通工作，目前，大部分自然村已经实现目标，同时，进一步提高要求，要求能够收看10个以上的频道。实施了农村电影放映工程，部分地方建立了每月免费放一场电影的制度。现在又在推进各地农村建立农家书屋工程，每个村要建立一个小图书馆。

(五)保障了经济的持续快速增长

政府投资的及时、有效实施,有力地推动了我国经济持续稳定增长。国民经济不仅增长速度快,而且持续的时间长、稳定性好。1979~2009年,我国GDP年均增长9.9%,不仅明显高于1953~1978年年均增长6.1%的速度,而且也大大高于同期世界经济年均增长3%左右的速度,也略高于日本经济起飞阶段GDP年均增长9.2%和韩国经济起飞阶段年均增长8.5%的增长水平。①政府投资的拉动成为中国经济增长的主导性因素,成为稳定需求、完善供给的关键力量。

2003年以来,我国GDP实现了连续5年10%以上的增长速度。2003~2009年,GDP年度最高增幅与最低增幅仅相差5.1个百分点,经济在高位平稳运行。同期居民消费价格年平均上涨2.6%,涨幅最高的2007年,也仅上涨4.8%,在经济高速发展的同时保持了物价总水平的基本稳定。

经济总量连上几个大的标志性台阶。经济的快速增长使经济总量呈现加速扩张态势。国内生产总值由1978年的3645亿元迅速跃升至2009年的33.5万亿元。其中,从1978年上升到1986年的1万亿元用了8年时间,上升到1991年的2万亿元用了5年时间,此后10年平均每年上升近1万亿元,2001年超过10万亿元大关,2002~2006年进入高速增长期,平均每年增加2万亿元,2006年超过20万亿元,2008年超过30万亿元,仅用两年时间就增加了10万亿元。

经济总量居世界位次稳步提升。经济总量的加速扩张大大缩小了我国与世界主要发达国家的差距。1978年,我国经济总量占世界的比重较小,只有1.8%,位列世界第十位。改革开放以来,我国经济总量占世界的比重不断提高。2002年,GDP总量占世界的比重达到4.4%,居世界的第六位;2006年,比重提高到5.5%,列世界第四位;2007年提高到6%,位列世界第四位;2008年为6.4%,位居美国和日本之后,居世界第三位,相当于美国的27.2%、日本的78.6%。到2010年第二季度,日本GDP为1.288万亿美元,同期中国GDP总值为1.337万亿美元,中国实际上已是世界第二大经济体。

继2002年我国人均GDP首次超过1000美元,达到1100美元后,在短短的4年内又超过2000美元;到2006年,达到2010美元;2009年,我国人均GDP已达3687美元。按照世界银行的划分标准,我国由低收入国家步入了中等收

---

①《改革开放30年报告之一:大改革 大开放 大发展》,国家统计局网站,2008-10-27。

入国家的行列。

(六)实现了体制与机制的创新

政府投融资过程也是一个制度创新的过程。由于政府投资在全社会投资中的重要性,以及政府对经济的主导作用加强,政府投资体制改革实际上决定了全社会投资体制的方向。随着改革的深入,我国政府投资范围和边界有所明确,政府应该在公益性、基础性、战略性产业投入,逐步从经营性行业中退出已成为一种共识;中央和地方政府开始在投资过程中寻求有效的分工与合作机制,并在财力分配上予以重点保障,特别是考虑到地区和城乡发展的不平衡,中央和省级政府投入更多向西部地区、农村地区、贫困地区倾斜;从改革初期的主要依赖财政资金,到政策性银行和商业银行通过多种形式参与政府项目, 财政资金与信贷资金的配合越来越默契;政府投资方式从直接向项目注入资金,到通过资金补助和贷款贴息的方式吸引更多的社会资金进入,政府投资的引导作用有所增强;项目融资成为基础设施建设的主要方式, 早在20世纪80年代,BOT模式已经引入我国,PFI、ABS、TOD和融资租赁等项目融资模式都在逐步开展。控制“银根”和控制“地根”相结合,严把土地、节能、环保和货币四大闸门,成为现阶段我国政府投资和社会投资调控的一大特色。

地方政府投融资体制创新成为我国经济体制改革中最活跃的部分。地方政府的投融资方式和工具创新是被逼无奈和在夹缝中求发展的结果。在自有财力不足和法律法规限制的条件下,地方政府独辟蹊径,成立了集融资、建设、经营、债务偿还为一体的政府性投资公司作为融资平台,进行各种市场化融资,绕开了现行体制与政策的障碍,实现了政府的融资目标。正如监管部门提到的,“不能不说, 地方融资平台是地方政府天才般的创造,是在市场化融资正门不开的情况下,由地方政府创造出的一条路。相当于地方政府把一个(融资)小窗户弄成一扇(融资)门”①。 例如,自2002年开始,重庆市相继组建十大城市基础设施投资公司,实现了地方融资平台与开发性金融相对接,与土地经营相对接,与资本市场相对接。经过5年多的发展,政府投资集团的资产总额达到3200亿元,累计实现投资2000亿元。上海市城市建设投资开发总公司借助市场化运营反哺公共服务,以政府有限投资撬动社会大投入,从当初的10亿元注册资金,发展到现在204亿元注册

① 陈昆才、蒋云翔:《地方政府融资要“开正门”》,《21世纪经济报道》,2009-09-22。

资金、超过1900亿元总资产的规模，累计撬动社会资金超过2000多亿元。天津市城投集团公司2004年成立，注册资本160亿元，到2008年年底，集团总资产已达1443亿元。完成了总投资282亿元的城市快速路，总投资258亿元的地铁2、3号线，总投资196亿元的海河综合开发改造基础设施等天津市重大基础设施项目建设。全国其他城市政府也都采取了大致相同的融资模式。

三、基本特征

我国当前的政府投资呈现出不同于传统计划经济时期，也不同于成熟市场经济国家的特征。这些特征可以归纳为以下10个方面。

（一）热衷于经济建设，与职能要求不相符

尽管近年来，我国政府资金更多地向公共服务领域集中，但是，与公共服务职能要求相适应的政府投资格局仍未形成。而且，由于长期政府投资缺位，公共服务的供给缺口仍然较大，使得公共服务水平提高与经济增长和财富增加不相适应。由于政府职能转变还不到位，承担的经济建设事务仍然比较多，招商引资成为各级政府工作的重中之重，没有真正管好自己应该管好的事情，这使得政府的财力难以集中于基本公共服务这一政府核心职能领域。

（二）习惯于大拆大建，城市建设求新求大

与国外城市建筑历史悠久、文化底蕴深厚相比，我国的建筑寿命普遍较短。我国是世界上每年新建建筑量最大的国家，但是，建筑寿命却只有25~30年。而发达国家的平均建筑寿命远远超过中国，例如英国的建筑寿命平均达到了132年，美国建筑寿命也达到了74年。政府喜欢拆旧建新，一方面是由于旧的建筑功能较差，难以满足生活需要；但是，更大程度上是政府希望通过新建筑来展示成就，希望通过新区（新城）建设做大城市规模，吸纳更多的人流和物流，发展成区域性的中心城市或大都市。

（三）拥有大量公共资源，潜在融资能力强

国外相当部分的建设用地是私人的，而我国土地则全部是公有的。[①]地方政府代理国家行使土地的所有权，随着城市的发展，土地越来越值钱，政府的财力也就越来越雄厚。政府还拥有庞大的水电气路等基础设施，拥有

① 根据《中华人民共和国宪法》第十条规定，我国城市的土地属于国家所有。农村和城市郊区的土地，除由法律规定属于国家所有的以外，属于集体所有；宅基地和自留地、自留山，也属于集体所有。

数不尽的楼堂馆所。与国外政府相比,我国政府掌握的公共资源和国有资产要多得多,因此,潜在的融资能力就更强。

(四)政府间竞争激烈,彼此分工合作难

政府间竞争有其积极的意义,作为竞争主体的地方政府往往是制度创新的积极推动者,从而有利于改善政府决策能力,提高公共服务效率。但是,不良竞争和恶性冲突也产生许多问题。由于各地政府都追求自身利益最大化,导致跨地区性公共产品供给失灵。区域间基础设施重复建设十分严重,各地都要建,还都要建大的,缺少合理布局,没有规模效益。尽管我国区域性的经济协作组织很多,但是,真正能够发挥作用的却几乎没有,无法对区域间公共投资进行协调与优化。

(五)重视中心区域发展,外围普遍受到忽视

无论是中央政府还是地方政府,财政资金总是有意无意地向中心地区倾斜投入,严重违背基本公共服务均等化原则。北京、上海等超大城市集中了全国最便捷的基础设施条件、最优质的教育和医疗资源,省会城市其次,距离中心城市近的地区要好一些,越往边远地区,基础设施和公共服务水平越糟糕。根据交通部2008年的调研,全国仍然有6100公里的断头路,这些断头路基本都在各省、各市的交界处,在西部的边远地区。这些地区是政府投资最少关注的地方。

(六)经济与社会效益显著,也产生了负的外部性

政府投资的成就举世瞩目,目前,我国的基础设施发展水平已经远远超过了周边的印度等国。但是,在较短时间内实现的城市化和工业化成就,必然带来相对沉重的社会负担。毕竟基础设施和公共服务建设的最终买单者不是政府,而是广大的社会民众。近年来,由于城市拆迁和土地征用带来的问题占全部农村群体性事件的65%,已成农业税取消后,影响农村社会稳定和发展的首要和焦点问题。

(七)希望民间资本参与,利益上又不肯放弃

政府十分希望民间资本分担建设任务,也经常出台鼓励民间资本进入基础设施和公共服务领域的政策。但是,相关领域的垄断与封闭现象仍十分严重。市场准入条件过于苛刻,或存在各种软性的限制措施,使民营企业想进入相关领域却难以进入;国有垄断企业通过掌握话语权,或者是采取技术壁垒等不正当手段打压民营竞争对手;政府部门与民争利现象严重,政府投资公司长期控制电力、铁路、高速公路、城建等盈利性逐步增强的行业，不愿与人分肥。

（八）投资决策效率很高，但中间环节损耗很大

与西方国家政府投资决策要经过多个部门的严格审查、议会的反复争论和民众的广泛支持后才可能最终实施相比，我国的投资决策效率很高，往往是某一个主管领导或部门中少数几个人就决定了政府投资的取向。但是，政府投资决策的中间成本却很高，管理部门常常通过权力设阻，谋取不当利益；基层单位跑项目的成本高昂，削尖了脑袋托关系、走后门，权钱交易极为严重。

（九）一味扩张投资需求，却很少顾及承受能力

政府投资需求过大、过急、过猛。想在极短时间里实现剧变成为绝大多数官员的从政梦想，而这些想法往往缺乏必要制度的约束。相对于不断扩张的政府投资需求，财政负担不断加重，财政承受能力受到严峻考验。加之缺乏正规的、法律允许的融资渠道，地方政府只能通过其他不当的方法进行债务融资，从而加大了隐性的财政和金融风险。

（十）十分重视规划编制，有时却是最大的违规者

普遍来讲，各级政府越来越重视规划的编制，耗费了大量的人力和物力。但是，规划的实施与执行的随意性却很大。换一届领导，规划就要进行调整。由于地方大员在一个地方任职时间的缩短，随着领导的更换，规划变更的频率也越来越大。政府官员对规划也缺乏必要的尊重，在实际操作中，由于受到土地财政和权钱交易等利益驱动，规划控制指标往往成了可以讨价还价的筹码。

政府投资特征的形成有其深刻的政治、经济和社会背景，正确激励与合理引导，发挥其正面和积极的作用，就能够形成对经济发展的推动力，反之，则可能演变为经济发展的障碍。

第三章 政府投资的规模与结构

内容提要：

政府支出或投资规模的增加是普遍的规律，而且，非常事件（战争、经济衰退）还会加速这种上升的趋势。在发展初期阶段，政府投资规模的扩大对经济增长的作用显著，而在经济成熟阶段，政府投资规模扩张对经济增长的效应有所降低。政府的职能要求、公共物品特性、外部效应的存在、收入再分配等因素决定了政府投资的基本取向。政府投资范围不是一成不变的，社会公共需求的阶段性与变化性推动了政府投资职能的动态调整。我国政府投资的相对规模仍有一定的扩张空间。政府投资要从促进协调发展角度出发，有利于在区域、城乡和阶层之间逐步实现基本公共服务的均等化。

本章主要讨论的是适应经济发展和公共服务的需要，政府投资应在多大程度和什么领域发挥作用的问题，因此，实际上是要讨论政府与市场在投资领域的分工与界线问题。

一、政府投资规模和结构的决定

（一）政府支出规模的决定

1.规模增长及其原因

围绕政府公共支出规模增长及其决定因素等问题，国外学者进行了大量的研究。德国经济学家瓦格纳（Wagner）从政府在经济增长中的重要作用出发，通过对进入工业化以后的欧洲国家、美国、日本等政府支出的研究，认为随着经济及社会的发展，公共部分在数量上和比例上都会具有一种内在的不断扩大的趋势，这就是被后人称作的瓦格纳定律（Wagner's Law）。他把导致政府支出增长的因素分为政治和经济因素。认为对规模市场的商业契约和法律要求增多,并建立起了执行法律的司法组织,需要把更多的公共资源用于提供保障法律设施和服务;工业化推进了城市化,人口居住密度增大,产生了外部性问题,需要政府进行管理和协调;人们对教育、娱乐、文化、保健与福利的需求将会随之提高,政府对这些公共物品的供给也将随之增加,从而引起公共支出的增加。根据瓦格纳的结论,随着经济的发展,政府支出必定比产出以更快的速度增加;政府活动不断扩张所带来的公共支出不断增长,是社会经济发展的一个客观规律。

英国经济学家皮考克(A.T.Peacock)和魏茨曼(J.Wiseman)在1961年出版的《联合王国公共支出的增长》一书中,对英国1890~1955年的财政支出进行了考察。他们认为在一个较长的时期内,财政支出的增长并不是直线型的,而是呈现出阶梯性增长的特点,这被称之为"梯度渐进增长论"。该理论的前提假设是,政府喜欢多开支,公民不愿意多纳税。以这个假设为基础,他们做出了如下推论:随着收入水平上升,以不变的税率征收的税收会上升,于是政府支出的上升会与国民生产总值的上升呈线性关系,这是公共支出增长的内在原因;但在非常时期,如战争、饥荒等,公共支出上升的压力骤然增大,政府被迫提高税率,而公众在危急时期也会接受提高了的税率,这是公共支出增长的外在原因。皮考克和魏茨曼解释说,在这里,起作用的是两个效应:审视效应(Inspection Effect)和替代效应(Displacement Effect)。和平时期,财政支出的增长之所以呈直线型,是因为公众心里有一个"可容忍的纳税水平",财政支出规模的增长受这一水平的制约;但在战争时,公众"可容忍的纳税水平"提高,财政支出就出现阶梯性跳跃增长;战后,公众"可容忍的纳税水平"并没有降低,从而财政支出规模可以继续保持在一个高水平上。这就是"审视效应"。"替代效应"有两层涵义:一是战时战争支出对私人支出和民用财政支出的替代,战争支出规模扩大,而私人支出和民用财政支出规模相应减少;二是战后,民用财政支出对战争支出的替代,战争支出减少,而民用财政支出增加。

马斯格雷夫(Richard A. Musgrave)和罗斯托(Walt Whitman Rostow)从经济发展的角度,分别对公共支出增长进行了分析。他们认为,在经济发展的早期阶段,交通、通讯、水利等基础设施落后,这类基础设施投资大、周期长、收益小,私人部门不愿投资或没有能力投资,需要政府提供投资或资助,因此,政府投资在总投资中占有较高的比重;在发展的中期,那些需要政府提供的具有较大外部效应的基础设施已经建成,政府投资开始转向对私人投资的补充,公共支出的比重可能下降。但是,由于存在市场缺陷,为了弥补市场失灵,就需要加强政府干预,而对经济的干预显然要以公共支出的增加为前提;一旦进入经济发展的成熟期,随着人们人均收入水平提高,人们对生活的质量提出了更高的要求,公共支出将从基础设施支出转向不断扩大的教育投资、保健与福利服务的支出,并且这方面的支出增长将大大超过其他方面支出的增长,也会快于国民收入的增长速度。

布朗(Brown)和杰克逊(Jackson)的公共支出增长的微观经济模型试图对政府公共部门支出的派生需求变化提供解释。他们认为, 可以从微观、实证的角度通过模型来解释公共支出增长,或者说政府公共支出增长的原因主要有5个方面:一是公共部门最终产品的需求变化,如果公共支出的收入弹性大于1,则公共支出相对于国民收入的比重将上升;二是生产公共部门产品的一系列生产活动的变化以及生产过程中所用的投入品组合的变化;三是公共部门产品的质量变化,如果人们对高质量产品有较大的需求,并愿意为高质量产品支付更高价格时,公共支出就会有所增加;四是投入品的价格变化,公共部门生产率偏低,会使其产品的单位成本不断上扬,导致政府规模越来越大,公共支出增长;五是人口变化,人口增加会使对司法、警察、教育、住房建设等公共服务需求总量增加,从而促使公共支出增加。

尼斯卡南(Niskanen)等认为,官僚与其他所有人一样,都是效用最大化者。官僚的效用函数变量包括薪金、为其工作的职员人数和他们的薪金、公共声誉、额外收入、权力或地位、装修考究的办公室、现代化的办公设施、公费活动等。为了效用最大化,官僚竭力追求机构最大化。机构规模越大,官僚的权力越大。由于官僚效用函数中的许多变量与预算规模直接相关,因此,作为效用最大化者的官僚也会是预算最大化者。正因为官僚机构以机构规模最大化作为目标,导致财政支出规模不断扩大,甚至财政支出规模增长超出了共用品最优产出水平所需要的支出水平。

塔洛克(Tullock)开创性地分析了多数票规则下利益集团的存在是政府增长的原因;诺思(North)等认为,专业化的日益发展造就了大批的新的利益集团,这些利益集团为了减轻自己所承受的交易费用,不断向政府施压,既要求政府进行再分配,又要求政府降低交易费用来提高效率,由此造成政府开支的不断增长。唐森(Tonsen)认为,只要增加政府开支所获得的边际选票收益大于增加政府税收所带来的边际选票损失,政府的预算规模就会扩大。[1]

政府支出或投资规模的增加是普遍的规律，而且，非常事件（战争、经济衰退）还会加速这种上升的趋势。上升的原因一方面来源于公共产品和服务需求的增加，另一方面则来自于政府官员对效用的最大化的追求以及利益集团的压力。因此，这种规模增加既有合理的部分，也有不合理的成分，需要有效的评价、监督与制约。

2.最优规模的选择

政府支出是否具有最优规模，最优规模是多大，国内外专家学者对此进行了许多理论与实证分析。罗伯特·巴罗（Robert J. Barro）指出，按政府支出和税收衡量的政府规模的扩大会对经济增长产生双重效应：税收的增加降低了经济中的激励，从而降低了经济增长率；政府支出的增加提高了资本的边际生产率，从而提高了经济增长率。当一国政府规模较小时，后一效应占主导地位；当政府规模较大时，前一效应将占主导地位。因而，政府规模的扩大对经济增长的影响并不是线性的，也即存在政府最优规模。这样，巴罗得出政府规模与经济增长之间存在着倒"U"关系的结论。

亚瓦斯（Yavas）指出，若经济的稳态水平较低，政府规模的扩大将会提高稳态的产出水平；若经济的稳态水平已经很高，则政府规模的扩大只会降低稳态的产出水平。他认为，造成这种非线性关系的主要原因在于，在经济稳态水平较低的不发达国家中，绝大部分政府支出用于兴建基础设施，而基础设施能极大地提高私人部门的生产率；在经济稳态水平较高的发达国家，其基础设施已经比较完善，所以政府支出主要集中于社会福利项目上，而社会福利项目在促进私人部门生产率提高方面的作用显然要比基础设施项目弱。

阿米（Armey）则明确提出了政府最优规模曲线，称阿米曲线。他指出：政府规模较小时，政府支出对产出的增强效应将占主导地位，此时政府规模的扩大将伴随着产出而增加；但当政府规模达到某一临界点之后，产出的增强效应会递减，政府规模的进一步扩大就会阻碍产出增加。有学者通过1947~1997年美国联邦政府支出和美国国内生产总值的数据拟合了Armey曲线，并估计美国联邦政府支出的最优规模为国内生产总值的17.4%。Pevcin利用西欧12个国家37年的混合数据拟合了Armey曲线，得出这

---

① 孔祥利：《政府公共支出最优规模的理论与实证研究评述》，《社会科学评论》，2004年第1期。

些国家的政府最优规模为国内生产总值的37%~46%。①

卡瑞斯(Karras)利用118个国家1960~1985年的有关数据进行了实证的分析(未考虑技术进步)表明:政府的公共服务具有显著的生产性;非洲国家的政府公共服务供给过度,亚洲国家的公共服务供给不足,其他国家则较为适宜;样本国家的平均最优政府规模为23%;政府公共服务的边际产出与政府规模负相关。②

我国学者对政府支出的最优规模也进行了实证研究。马拴友认为,我国政府劳务的边际生产力显著大于1,说明政府劳务供给不足,继续扩大用于提供国防、教育、卫生和科学研究等方面支出的公共服务,可以促进经济增长;虽然政府劳务是生产性的,但它也有一个"度"的问题,否则其边际产出将低于1,我国政府的"度"即最优规模是占GDP的26.7%左右。③

根据张明喜、陈志勇的研究,由我国的实际数据得出的中国最优公共支出规模应该是28%,而我国在2004年的财政支出规模仅为20.8%,这显示我国财政支出规模不足,还应进一步提高财政支出的比重。在公共财政框架下,从长期看,我国的公共支出规模从目前占GDP的20.8%最终可提高到占GDP的30%左右。④

马树才、孙长清以巴罗的单部门经济增长模型为基础进行扩展,构造了一个具有公共物品拥挤效应的经济增长模型,并基于1978~2000年的统计数据,运用传统的时间序列分析方法,得出我国预算内最优财政支出规模大约占GDP的21.2%,而我国的综合最优财政支出规模约为GDP的24%。⑤这一时期,我国财政支出占GDP的比例平均只有16%左右,所以,政府规模并未达到最优。

近年来,国际上关于政府规模研究的新动向是人们开始关注政府规模与生活质量的关系。⑥美国学者戴维斯(Antony Davies)研究了政府规模对福利的影响。使用政府消费支出和政府投资支出分别占GDP的比例作为政府规模指标,并以联合国开发计划署的人类发展指数(HDI)作为衡量社会

---

① 钟正生、饶晓辉:《我国存在最优政府规模曲线吗》,《财贸研究》,2006年第6期。
② 丁俊艳:《中国市场化过程中的政府规模问题研究》,陕西师范大学硕士论文,2006年。
③ 马拴友:《政府规模与经济增长:兼论中国财政的最优规模》,《世界经济》,2000年第11期。
④ 张明喜、陈志勇:《促进我国经济增长的最优财政支出规模研究》,《财贸经济》,2005年第10期。
⑤ 马树才、孙长清:《经济增长与最优财政支出规模研究》,《统计研究》,2005第1期。
⑥ 徐萍:《政府规模与国民福利增长:一个研究综述》,中国改革论坛网站,2010-09-26。

福利的指标，利用154个国家的面板数据进行实证研究得出结论。发达国家HDI最大化的政府消费支出占GDP的比例为17%，政府投资支出占GDP比例为13%，总的最佳规模为30%。而发展中国家政府消费支出占GDP的比例与HDI正相关，政府投资支出占GDP的比例只有达到40%以后才对HDI有促进作用。

在国内学者中，刘长生等首次研究了政府支出规模与社会福利的关系。作者构建了社会福利指数，以政府总支出占GDP的比重作为政府规模指标，进行相关性分析和最优规模估计，估计出我国最优政府总支出规模为39.2%。

上述理论研究表明：第一，政府投资必须与经济发展水平相适应，必须与经济规模保持一定的比例关系。第二，政府投资最优规模只能是一个相对的概念，不可能有适合所有国家、任何发展阶段的规模，最优政府投资规模具有相对性和历史性。第三，政府作为社会福利的主要推动者，政府规模的大小应该与国民福利的增长联系起来。第四，在发展初期阶段，政府投资规模的扩大对经济增长的作用显著，而在经济成熟阶段，政府投资规模扩张对经济增长的效应会有所降低。

（二）政府投资结构的决定

1.主要影响因素

政府的职能要求及政府投资范围。公共部门经济学认为，市场失灵是政府部门存在的前提条件。正是由于市场在资源配置、收入分配和经济稳定方面的失灵，因此，赋予了政府三大职能：资源配置职能、调节分配职能和稳定经济职能。资源配置职能是指政府选择（决定）提供某种物品或服务并为之提供资金的职责和功能；收入分配职能是指政府为了实现社会公平对市场经济形成的收入分配格局予以调整的职责和功能；稳定经济职能是指政府具有保证国民经济稳定增长的职责和功能。政府投资作为政府经济活动的重要组成部分和主要手段，必须全面、准确地反映上述政府的职能要求。

公共物品特性及政府投资范围。公共物品是用于满足社会公共需要的物品或服务，公共物品或服务的特性可以归纳如下：第一，效用的不可分割性，即公共物品或服务是向整个社会共同提供的，具有共同受益或联合消费的特点。其效用为整个社会的成员所共享，而不能将其分割为若干部分，分别归属于某些个人或厂商享用。第二，消费的非竞争性，即某一个人或厂商对公共物品或服务的享用，不排斥、妨碍其他人或厂商对其的同时享用，也不会因此而减少其他人或厂商享用该种公共物品或服务的数量或质量。第三，受益的非排他性，即在技术上没有办法将拒绝为之付款的个人或厂商排除在公共物品或服务的受益范围之外。从另一个角度说，任何人都不能用拒绝付款的办法，将其所不喜欢的公共物品或服务排除在其享用范围之外。

公共品既不可分，也不具有消费的竞争性，亦不满足排他性。一旦公共品摆在那里，供给者将无法阻止那些未出钱的人享受其好处，这就意味着公共物品的消费存在搭便车问题。公共品的市场需求不是不存在，就是被严重低估。由于生产者没有办法排除那些免费获益者，所以不能保证公共品的有效供给。既然公共品不可或缺，免费搭车者的问题又不可避免，就只有依靠强制性的融资方式来解决公共品的供给问题。于是，政府一方面以征税手段取得资金；另一方面又将征税取得的资金用于公共品的供给。

外部效应的存在和政府投资范围。政府政策可以用来纠正外部性，即所谓的外部效应或溢出。溢出是市场交易对第三者产生的成本或收益。一般来说，如果某人或企业在从事经济活动时给其他个体带来危害或利益，而该个人或企业又没有因为这一后果支付赔偿或得到报酬，则这种危害或利益称为外部效应。由于经济活动的某种后果没有得到市场的承认，当事者不必承担负外部效应所造成的损失，也无法从正外部效应中得到报酬，这样，该经济活动的私人成本或私人利益与社会成本或社会利益便不一致。当存在溢出成本时，就会发生相关产品的过度生产，分配给该产品的资源过多；相反，如果存在溢出收益，就表明生产过少和资源分配不足。当外部效应影响了很多人或整个社会利益时，为了取得经济效率，也就需要政府出面干预。其中，溢出收益则可通过由政府提供补贴或公共品本身来解决。特别是当某一产品的溢出收益极大时，政府就可能会决定将其作为公共品来提供。

收入再分配与政府投资领域。以基础教育、公共卫生、低收入住宅为代表的是具有再分配性质的公共事业。政府配置和市场配置的内容有着本质的不同，市场配置理论恪守等价交换原则，强调的是要素配置的权利公平，人们收入的结果有赖于要素禀赋，但是，其结果通常有失公平。政府配置所关切的公平分配是在要素禀赋基础上个人与家庭之间的分配结果，以强制性的方式提供“有益需要”的社会公共品，是减少个人间和地区间收入差距、改善低收入人口生活状况的一个重要方面。政府通过投资基础教育、公共卫生等,特别是加强落后地区的公共事业投入可以有效增加低收入者的实际所得。在总结香港的公用事业支出时,香港大学的何镇源博士曾计算出社会公共服务支出可以使最低收入家庭的收入增加5倍。林聪标教授则认为:"公共房屋和教育的政府投资有最强的收入再分配效果,因为它们的累进程度十分高。医疗和卫生的开支也使低收入市民大为获益。"[①]20世纪二三十年代以后,由于经济危机日趋严重,失业人数不断增加,需要救济的贫困居民也大大增加,政府不断增加此类支出。进入60年代以来,社会福利支出也得到了普遍推行和强化,在公共支出中的地位日益重要。

稳定经济与政府投资方向。中央政府的财政政策是保证经济稳定增长和实现充分就业的有效手段。研究表明,在经济过热或经济衰退时期采取的相机抉择的财政政策使经济增长趋于稳定和持续。成熟市场经济国家经验表明,政府投资政策是影响经济周期波动的重要政策因素。政府投资方向调节与规模控制同样重要,政府资金(尤其是国债资金)使用方向决定了财政赤字的合理性。布坎南曾指出"如果事实上联邦政府的经费中通过举债筹集的部分同可适当地列入公共投资的部分大体相等的话,那么在国家资产项下将有一项抵消项目,与表示公债现值的负债项目相平衡。在这种情况下,把举债和购置资产两方面都作了记录,国家资本储备的净现值就不会出现变化;当然,如果证明投资支出基本上是纯生产性的,按正规计算的现值还应有某些增加"。[②]总的来看,政府资金是否具有生产性和投资性,是否与国民生活质量提高密切相关,以及这种生产性和投资性资金规模的大小,都会在相当程度上决定经济增长的速度与质量,决定经济与财政的可持续性。

2.政府投资范围界定

根据政府投资职能要求及其变化,根据不同物品与服务的特点及供给方式的不同,对政府的投资范围进行明确的区分和界定具有重要意义,只有这样,有限的政府资金才能最大限度地发挥效用,保证最为急需的公共产品及服务领域获得政府的投资支持。我们认为,按照重要性顺序,政府投资可以在以下方面作出贡献。

---

① 杨灿明、李景友:《公共部门经济学》,第61页,北京:经济科学出版社,2003。

② 布坎南:《自由、市场和国家》,第201页,北京:北京经济学院出版社,1988。

第一类，具有非竞争性和非排他性的纯公共品，如国防、司法、行政、邮政、防灾救灾、卫生防疫、大江大河治理、重大科研计划、消防、公共博物馆和图书馆等，政府部门的直接投资是这类产品的基本供给方式。政府直接投资上述领域并不意味着此类公共品的全部投资与运营责任都需要政府部门自己承担。上述产品与服务内部仍然可以作更为细致的分类，将竞争性业务与普遍服务业务分业经营，政府投资与补贴只负责保障提供普遍服务。政府也可以借助市场组织和社会组织的优势与能力，来生产这些公共物品。

第二类，带有显著外部收益、能够创造社会公平的准公共物品和服务，如高速公路、城市道路、基础教育、医疗卫生、公有住房、社会福利、环境保护等，这些领域可以是政府投资的范围，也可通过政府补贴和特许权经营引入非营利组织[①]和企业投资经营。政府介入程度的高低取决于政府的财力及经营的效率，在政府财力有限和经营效率低下的情况下，完全可以借助社会及市场的力量。但是，社会化及市场化的范围和程度要有明确的限制，同时，要对社会化和市场化提供的公共品及服务（准公共品及服务）进行科学的规划和组织以及严格的监管和控制。而当政府财力充裕的时候，政府部门应当在具有显著外部效应（如城市道路、基础教育）的领域发挥更大的作用。

第三类，以电力、铁路、电信、地铁、供水、污水处理、垃圾处理、广播电视等为代表的自然垄断产品。这些产品和服务或具有排他性，或具有竞争性，存在着超额需求，消费者愿意直接付费，这就为私人通过市场供给提供了现实可能性。上述产品和服务市场供给的形式可以有两种：其一是私人的完全供给，即公共物品的投资、生产以及运营由私人单独完成，私人通过收费的方式向消费者收取费用；其二是私人与政府的联合供给，政府对私人提供一定的补贴和优惠政策，或政府根据合同进行采购。此类产品和服务应实施政府管制包括价格管制和市场准入管制，以避免由于企业拥有市场垄断地位，或因厂商盲目竞争而导致的资源配置的效率损失。

---

① 非营利组织或非营利机构是不以营利为目的、不以分红为标志、以自主治理和自愿参与为特征的社会组织。这类组织以志愿精神作为追求公益的动力，灵活多样地满足社会群体尤其是贫困人群对公共物品的需求，弥补了一部分公共物品提供中的“市场失灵”和“政府失灵”。在发达国家，2/3的非营利组织集中在3个传统福利领域：教育、卫生保健和社会服务。会费与经营性收入，以及政府以各种方式提供的资金构成非营利组织的主要收入来源。

3.政府投资范围动态演变

政府投资范围不是一成不变的。随着经济的发展，政府职能的范围和重点会发生变化，政府投资的方向和领域也将随之变化。

在经济发展的初期，提高国民收入水平、改善国民生活水平是政府急需解决的问题，其职能的侧重点就是充分利用社会稀缺经济资源，促进经济增长。收入分配和社会保障问题则被置于次要的地位，为了提高经济增长速度，加快经济发展，政府在财政支出中往往会加大经济建设投资支出的比重。其投资支出主要用于两个方面：一是对经济发展有重要影响的各种基础设施，如交通、通讯、水利等；二是能够带动整个经济增长的支柱产业。从总体上看，在经济发展的早期阶段政府投资范围较广，且重点在于经济领域的投资。

当经济发展逐渐从早期的起飞阶段进入中期阶段以后，政府的职能依然侧重于经济的发展，但也开始注重社会的安定、收入的公平分配、国民素质的提高等。在这一时期，民间产业部门已经发展起来，那些需由政府提供的基础设施大多已经建成，对它们需求的增加也逐渐变缓，政府尽管还要对基础设施、支柱产业等经济领域进行投资，但这些投资在政府投资中的比重会逐步下降，而且还会逐渐退出民间投资能够解决的产业投资领域。同时，由于人们生活水平不断提高，在满足基本生活需要的同时，人们开始关注其他方面的需要，如教育、卫生、安全等，因此社会公共领域的投资比重开始上升。总体而言，在经济发展的中期阶段，政府投资在经济领域和社会公共领域并重。

当经济发展进入成熟时期后，政府职能开始侧重于社会的稳定、收入分配的公平等方面，经济增长成为政府的次要目标。政府投资要体现政府职能的这一转变，投资的主要目的从促进经济增长转变为促进社会安定和实现社会公平。在经济成熟时期，适应经济发展需要的基础设施及支柱产业的发展已经达到相当的高度，由于生活水平的大幅提高，人们对提高生活层次的各项需求迅速增加，要求资源更多地用于满足高层次的需要，如安全、素质、健康等，而且这些公共领域的投资也有助于社会的安定及公平目标的实现。于是，在这一时期，政府投资主要侧重于社会公共领域。①

社会公共需求的阶段性与变化性推动了政府投资职能的动态调整。上

① 孙茂颖、胡蓉：《政府投资范围再界定》，《合作经济与科技》，2007年2月号上。

述社会公共需求的变化，要求政府逐步将公共服务职能与社会管理职能放到更加优先的位置，从“建设型”政府向“服务型”与“建设型”功能兼备的政府转变。因此，政府投资也必须作出适应性的调整。

二、我国政府投资规模和结构状况

(一)投资规模

在我国的固定资产投资统计中，没有明确的政府和非政府的划分。与政府投资范畴相近的是在全社会资金来源中的国家预算内资金。1981年，国家预算内资金为269.8亿元，2009年，增加到12490.3亿元，年均增长14.6%。1981~2008年，国家预算内资金占全社会资金来源的比例由28.1%直线下降到1997年的2.8%；1998年，国家实施积极财政政策，比例逐年上升到2002年的7%；之后比例又逐步下降到2007年的3.9%；2008~2009年，国家又一次实施积极财政政策，比例又上升为4.3%(见图3-1)。可见，虽然国家预算内资金也有比较明显的增长，但是，它在全社会投资中的比例正逐步下降，目前所占的比例已经很小。

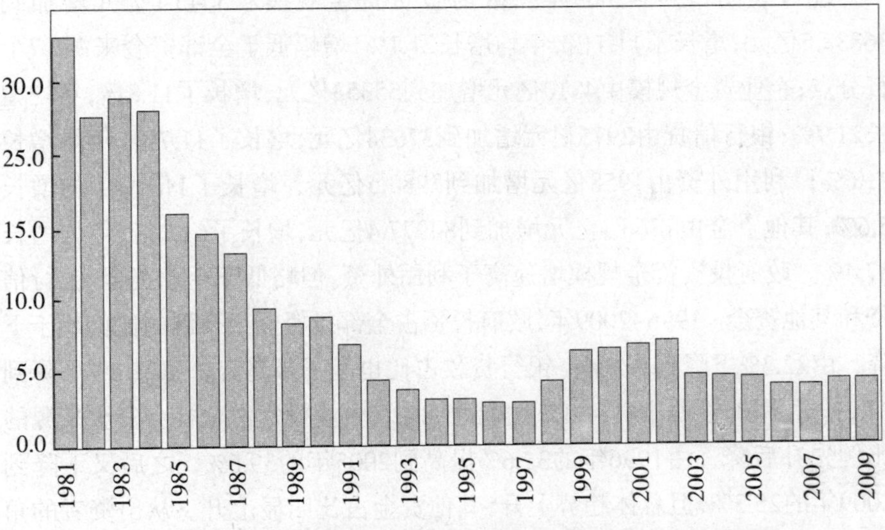

图3-1 国家预算内资金占全社会投资资金来源的比例(%)

资料来源：《中国统计年鉴》(2010)。

应该说，用国家预算内资金这一指标衡量政府投资规模，存在比较大的缺陷。第一，在目前的政府投资中，预算外资金投入，特别是政府性基金

(包括土地收益)规模越来越大,不将这部分资金计算在内,政府投资将被明显少算;第二,国家预算内资金只包括中央预算内资金和由地方政府统筹的部分预算内资金,而没有将中央政府各部门以及地方省、市、县政府自筹资金计算在内,因此,在一定程度上缩小了政府投资规模。

为了更真实地反映政府投资的规模变动情况,我们对我国固定资产投资资金来源结构中有关政府投资的内容进行了分类与汇总,以近似反映政府投资的基本状况。这实际上是从出资人的角度反映了政府在全社会投资中的地位和作用。尽管资金来源是投资项目的财务拨款额,与投资完成额有一定的差距,但是,两者的规模变动趋势一致,因此,也可以透过资金来源的规模了解投资发展状况。

口径一致的城镇固定资产投资资金来源数据始于1996年,根据国家统计局投资司的资料,以及历年《中国固定资产投资统计年鉴》,我们计算出了1996年、1998年、2000~2009年各年的政府投资规模。2006年以后,国家统计局不再分类统计中央部门自筹、省自筹、地市自筹和县自筹资金,我们只能用全部自筹资金减去企事业单位自筹资金,得到政府自筹资金。

统计表明,1996~2009年, 政府投资资金规模从3045.1亿元增加到36838.5亿元,增长了11.1倍,年均增长21.1%,增幅低于全部资金来源2.7个百分点;企业资金规模由4310亿元增加到55353亿元,增长了11.8倍,年均增长21.7%;银行信贷由2975亿元增加到37634亿元,增长了11.7倍,年均增长21.6%; 利用外资由1958亿元增加到3983.5亿元, 增长了1倍, 年均增长5.6%;其他资金由1366.1亿元增加到84977.4亿元,增长了61.2倍,年均增长37.4%。政府投资资金规模增速高于利用外资,但略低于企业资金、银行信贷和其他资金。1996~2009年,政府投资占全部投资资金来源的比例趋于下降, 由22.3%下降到16.8%。银行贷款占比也呈下降趋势, 由21.8%下降到17.2%,利用外资占比由14.3%下降到1.8%。企业投资占全社会资金来源的比例先升后降, 由1996年的31.6%提高到2005年的39.6%, 之后又下降到2009年的25.3%,但总体趋势上升,其他资金占比明显上升。从出资者的角度看,企业投资已经成为全社会投资的最主要的力量,而政府投资的地位总体趋于下降。但是,2004年以后政府投资比例保持平稳并略有回升。特别是2008年,中央和地方政府大幅度增加投入以后,政府投资占比有一定程度的上升(见表3-1、3-2)。

表3-1 1996~2009年各类投资资金来源　　单位:亿元

年　份	资金来源总计	政府投资	企业投资	银行信贷	利用外资	其他资金
1996	13654.2	3045.1	4310.0	2975.0	1958.0	1366.1
1998	22802.3	4280.0	5532.0	3865.0	2016.0	7109.3
2000	26414.5	5066.5	6335.0	4860.0	1357.0	8795.9
2001	29704.7	5513.3	9400.3	6653.2	1568.2	6569.7
2002	35957.3	6431.6	11639.1	8149.3	1824.8	7912.5
2003	48861.3	6871.5	17341.0	11223.9	2211.0	11213.9
2004	63115.6	7956.5	24750.0	12842.9	2706.0	14860.2
2005	80912.3	9678.3	32029.0	15363.9	3386.0	20455.1
2006	101759.1	12765.7	36638.0	18814.8	3811.0	29729.6
2007	130743.0	16658.5	43155.0	22136.1	4549.0	44244.4
2008	158579.6	23053.1	50930.0	25466.0	4695.8	54434.7
2009	218786.6	36838.5	55353.1	37634.1	3983.5	84977.4
年均增长(%)	23.8	21.1	21.7	21.6	5.6	37.4

注:数据为城镇固定资产投资。

资料来源:国家统计局投资司提供的资料,以及历年《中国固定资产投资统计年鉴》。

表3-2 各类投资占全部资金来源的比例　　单位:%

年份	政府投资	企业投资	银行贷款	利用外资	其他资金
1996	22.3	31.6	21.8	14.3	10.0
1998	18.8	24.3	17.0	8.8	31.2
2000	19.2	24.0	18.4	5.1	33.3
2001	18.6	31.6	22.4	5.3	22.1
2002	17.9	32.4	22.7	5.1	22.0
2003	14.1	35.5	23.0	4.5	23.0
2004	12.6	39.2	20.3	4.3	23.5
2005	12.0	39.6	19.0	4.2	25.3
2006	12.5	36.0	18.5	3.7	29.2
2007	12.7	33.0	16.9	3.5	33.8
2008	14.5	32.1	16.1	3.0	34.3
2009	16.8	25.3	17.2	1.8	38.8

资料来源:同上。

再看政府投资占GDP的比例，1996年为4.3%，之后，上升到2002年的5.3%，随后又有所下降，到2004年的5%，2004年以后，政府投资比率直线上升，到2008年达到7.7%，2009年上升速度尤其迅速，达到10.8%（见图3-2）。从相对水平看，政府投资的扩张并不慢。

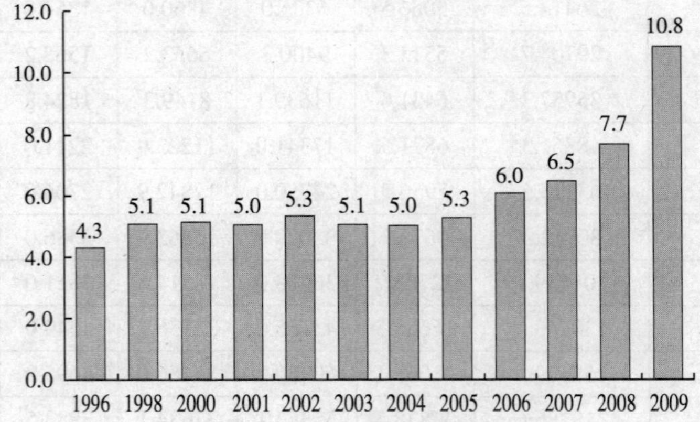

图3-2　政府投资占GDP的比例（%）

资料来源：同上。

（二）投资结构

由于2002年以前的行业数据与之后的口径不太一致，[①] 再由于2006年以后，国家统计局不再进行政府自筹资金的分类统计，因此，此处我们用2003~2005年的平均数分析地方政府的投资结构状况。从表3-3中可以看到，在全部政府资金投入中，重点是交通运输、公共设施、公共管理、电力、教育和信息传输等行业，上述行业政府资金投入占全部政府投资比例分别达到29.3%、26.3%、11%、7.2%、5.1%和3.5%。其中，交通和公共设施两个行业的政府投资就集中了全部政府投资的一半以上。交通、通信、电力等行业的技术特性和经济特性使政府在提供设施和服务方面可以发挥特殊作用。但是，这并不意味着这些部门必定都要受到政府部门的支配。经验表明：政府部门垄断往往会造成配置错误和供不应求，因此，上述基础设施的市场化和民营化是发展趋势。

值得关注的是，政府在教育、科技、卫生和文化等民生领域的投入较少，2003~2005年间，上述几大行业政府投资分别平均占全部政府投资的

① 2002年以前，批发、零售和餐饮业归于同一行业，2002年以后，餐饮业与前两类分开进行统计；2002年以前，教育与文化归于同一行业，2002年以后，教育单独统计；2002年以前，体育与卫生属于同一行业，2002年以后，体育与文化和娱乐业归于同一行业。

5%、1.5%、1.2%和2.2%，合计还不到10%。尽管上述产品大多数在受益上可以排他，即谁花钱谁受益；但是，就学、就医能够产生较为明显的外部收益，且具有一定的公平分配效应；因此，政府投入的比例理应较大。特别是随着经济的发展，公共需求的规模和领域还会扩大，原有价格排他性的公共物品将逐渐转变为纯公共产品，例如，医疗在发达国家大多免费；发达国家实施12年甚至15年义务教育。

政府在某些纯粹的竞争性行业仍然保留了一定的投资份额。2003~2005年间，采矿业、制造业、建筑业和房地产业的政府投资分别占全部政府投资的0.8%、4.4%、1.7%和1.4%。在39个工业行业中，只有其他采矿业和文教体育用品制造业两个行业没有政府投资，绝大多数工业行业均多多少少有政府投入。政府投资领域又明显过宽、范围明显过大(见表3-3)。

表3-3 政府投资的行业分布(以全部政府投资为100) 单位：%

	2003	2004	2005	合计
全国	100	100	100	100
农业	2.86	2.40	2.83	2.70
采矿业	0.72	0.92	0.69	0.78
制造业	4.52	3.69	4.94	4.38
电力	7.16	7.27	7.32	7.25
建筑业	2.25	1.55	1.19	1.66
交通邮电	27.76	30.21	29.84	29.27
铁路运输	5.97	6.41	7.12	6.50
道路运输	18.65	20.50	19.73	19.62
城市公共交通	1.38	1.27	1.17	1.28
信息服务业	4.23	3.44	2.70	3.46
批发零售	0.53	0.56	0.69	0.59
住宿餐饮	0.32	0.29	0.28	0.30
金融业	0.23	0.11	0.10	0.15
房地产业	0.95	1.55	1.57	1.36
租赁和商务	0.84	0.48	0.52	0.61
科技服务业	1.64	1.33	1.44	1.47
公共设施	26.73	25.74	26.31	26.26
居民服务业	0.08	0.07	0.27	0.14
教育	5.43	5.31	4.56	5.10
卫生福利	1.09	1.29	1.37	1.25
文化体育	2.22	2.03	2.41	2.22
公共管理	10.44	11.74	10.98	11.05

注：数据为城镇固定资产投资。

资料来源：国家统计局投资司提供的资料，以及历年《中国固定资产投资统计年鉴》。

再看各行业投资对政府资金的依赖程度。2003~2005年间，政府投资在相关行业投资比例较大的分别有公共设施(43.5%)、公共管理(42.7%)、科技(35.2%)、交通(35.1%)、农业(33.1%)和文化(31.9%)；与此同时，政府在采矿业、制造业、批发零售和房地产业投资比例分别只有2.8%、2.3%、4.2%和0.6%，所占比例较低，这符合公共物品特征越显著、外部收益越大以及再分配功能越明显的产业，政府投资越多，反之则越少的原则。但是，与此相对照，教育、卫生等社会事业领域的政府资金占行业投资的比例仍然较低，分别只有24%和22%，这使人怀疑这些行业市场化和商业化的步伐是否迈得过大，政府正在从本应由其发挥作用的领域不恰当地、过度退出(见表3-4)。

表3-4　政府投资占各行业投资的比例(以各行业资金来源合计为100)　　单位:%

	2003	2004	2005	合计
全国	14.06	12.61	11.96	13
农业	37.16	29.62	32.62	33.13
采矿业	3.15	3.38	1.95	2.83
制造业	2.80	1.95	2.28	2.35
电力	12.52	10.25	9.81	10.86
建筑业	29.31	23.28	17.14	23.24
交通邮电	35.45	35.57	34.27	35.10
铁路运输业	58.52	61.47	53.51	57.83
道路运输业	38.42	37.73	37.44	37.86
城市公共交通	21.61	24.71	22.23	22.85
信息服务业	18.19	16.65	16.77	17.20
批发零售	4.44	3.88	4.23	4.18
住宿餐饮	6.56	5.09	3.93	5.20
金融业	16.49	9.10	9.15	11.58
房地产业	0.46	0.66	0.67	0.60
租赁和商务	18.10	10.61	9.83	12.85
科技服务业	39.41	33.28	32.88	35.19
公共设施	45.40	42.99	42.13	43.51
居民服务业	8.14	4.84	18.30	10.43
教育	25.08	24.05	21.92	23.68
卫生福利	21.48	22.87	22.36	22.24
文化体育	32.29	30.50	32.84	31.88
公共管理	39.89	44.00	44.16	42.68

资料来源：同上。

三、政府投资规模和结构发展趋势

（一）政府投资规模趋势

1959~2009年间，美国政府投资占全部投资的比例呈现显著波动状态。1959年，这一比例曾经达到27.9%，随后处于明显下降趋势，到1979年下降到15.6%；之后，比例有所上升，到1987年回升至22.6%；之后又下降到1998年的17.1%，最终上升到2009年的24.1%，平均比例达到20.8%。政府投资占GDP的比例也明显下降，1959年为5.8%，到2000年下降到3.1%，之后回升到2009年的3.6%，年均达到3.9%（见图3-3）。美国历来崇尚自由主义和市场竞争，尽管战后历届政府都奉行了国家干预政策，但相对来说，在当代资本主义国家中，美国国家干预的程度最低，范围最小，经济自由化程度最高。同其他资本主义国家相比，美国的国营企业比重较低，一般在10%以下。美国政府没有指令性的经济社会发展的中长期计划，也从不制定任何产业政策，其资源配置主要通过市场分散进行。这应该是导致其政府投资比例相对较低的主要原因。

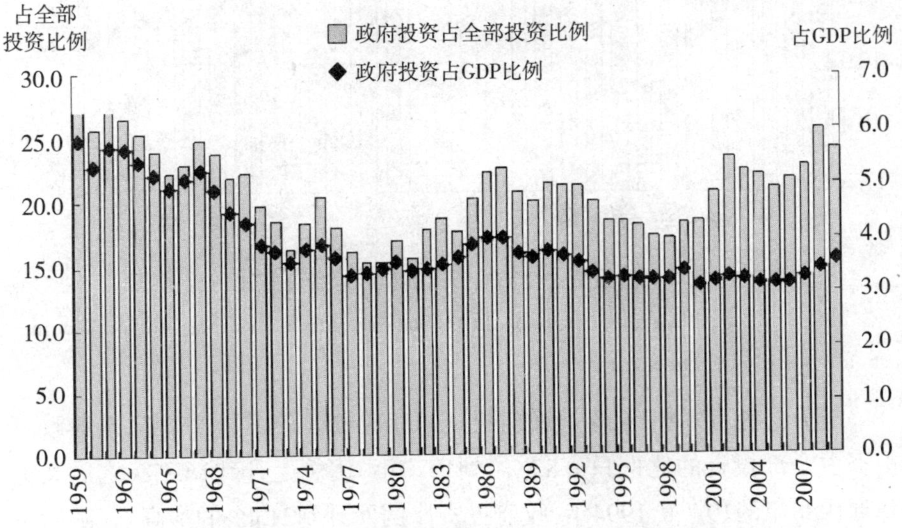

图3-3 美国政府投资占全部投资比例和政府投资占GDP比例（%）

资料来源：Economic Report of the President，2010，United States Government Printing Office Washington：2010.

1970~2007年，日本政府投资占全部投资的比例也呈现波动状态。1970年为22.6%，到1981年提高到30.8%，之后又下降到1990年的20.6%，随后上升至1995年的30.1%，到2007年，比例下降为25.8%，平均比例为26.5%。政府投资占GDP的比例由1970年的8%，提升到1981年的9.4%，到1989年又下降到6.5%，之后有所回升，到1996年为8.7%，2007年下降到4%，年均比例为7.2%（见图3-4）。在日本市场经济的运行过程中，政府干预的力度和作用的范围都很大。政府的政策干预通过经济计划、产业政策、财政与金融投资加以实施，使市场运行符合政府的经济意图。政府是宏观经济的重要主体，政企之间是长期合作的关系。因此，日本的经济可以归结为“政府主导型”的市场经济模式。在这一发展模式下，政府投资的作用更强、更大。

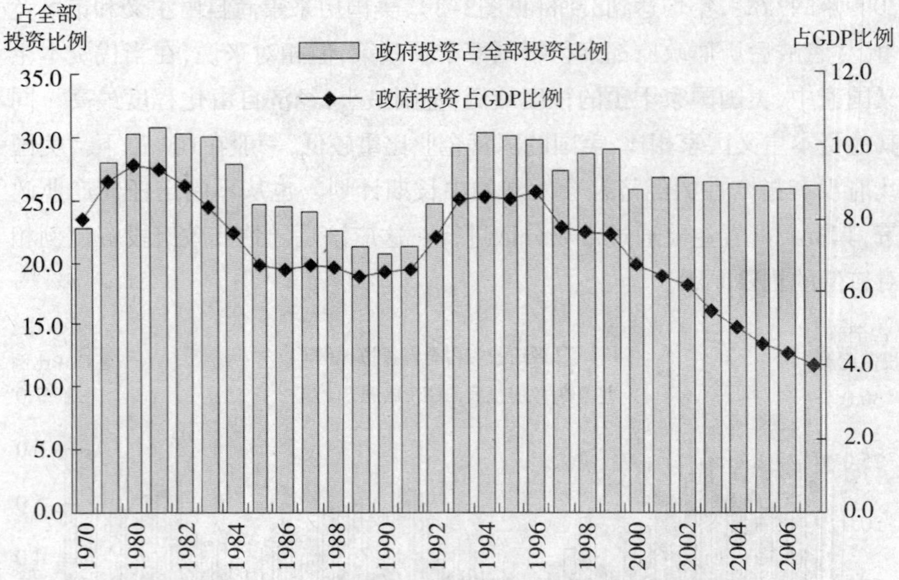

图3-4 日本政府投资占全部投资比例和政府投资占GDP比例（%）

资料来源：Japan Statistical Yearbook 2010, Statistics Bureau, Management and Coordination Agency, Government of Japan.

与美国和日本相比，瑞典政府投资的相对规模较小。1950年，瑞典政府投资占全部投资的比例只有8.8%，到1970年，比例上升到16.8%，之后又下降到1988年的10.7%，1994年，政府投资比例回升到21.4%的最高点，随后下降到2001年的12.6%，1950~2001年平均比例为12.6%。1950年，瑞典政府投资占GDP的比例只有1.3%，到1973年上升至3.3%，随后又下降到1987年的1.9%，1994年，比例提升至3.1%，随后又下降到2001年的2.2%，年均比例为2.4%（见图3-5）。如果把政府消费和政府投资加总计算政府支出占GDP的比例，1950~2001年间，瑞典政府支出比例平均高达27%，而美国1960~2005

年间这一比例只有21%，瑞典高于美国6个百分点。与此同时，瑞典政府投资占GDP的比例却很低，比美国低1.5个百分点。可见，瑞典政府消费支出占比相对更高。

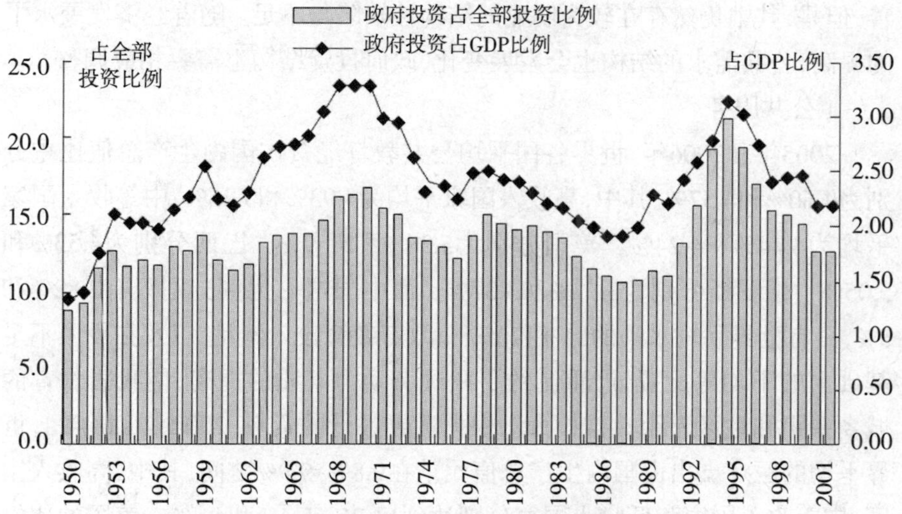

图3-5 瑞典政府投资占全部投资比例和政府投资占GDP比例(%)

资料来源：瑞典统计局网站。

由于中国的数据是固定资产投资完成额，而美国、日本和瑞典的数据是资本形成额；又由于涉及发展阶段有明显不同，中国的政府投资相对规模与美、日、瑞并不完全可比。仅从现有资料看，中国1996~2009年间政府投资占GDP的比例平均为5.9%，比瑞典、美国高，但明显低于日本。从经济发展模式选择和运行轨迹看，中国经济发展模式与日本更为接近，政府主导经济的力量更为强大，所以，中国政府投资比例高一些是正常的。由于日本在基础设施已基本建成的20世纪80年代的政府投资占GDP比率也曾达到近10%，所以，目前中国政府投资的相对规模仍有一定的扩张空间。

但是，需要看到，2009年我国政府投资比例上升过快已经导致政府债务大幅度增加，必然形成还债高峰期的财政支付困难；也诱发了全社会货币投入量过多，潜在通胀压力迅速增大。因此，"十二五"期间政府投资占GDP的比例不可能再达到10%的高水平，而结合历史情况，年均比例达到7%是有可能的。如果"十二五"期间GDP现价增长率保持在12%，那么，到2015年，政府投资规模将达到47047亿元，"十二五"时期政府投资合计为189945亿元。这一投资规模既保证了经济社会发展需要，又避免了对国民经济造成过重的负担,是具有一定可持续性的投资规模。

(二)政府投资结构趋势

近20年来政府高强度投入,已使我国基础设施和公共服务能力大为改善,但是,其中仍然存在较为明显的结构性缺陷与不足。随着经济发展水平的提高,公共需求的结构也会发展变化,政府投资结构也需要相应调整。

1.公共服务

2005年和2006年,世界各国平均公共教育经费占国内生产总值比重分别为4.60%和4.57%,其中,高收入国家平均为4.93%和5.26%,中等收入国家平均为4.44%和4.24%。美国分别为5.34%和5.69%,巴西分别为4.53%和5.05%,俄罗斯分别为3.77%和3.87%。而中国这一比例分别只有2.82%和3%,只有世界平均水平的61%和65%。政府教育投入不足,以及在投入不足基础上的不均等配置,严重制约了我国劳动力素质的提高,使我国教育的城乡差距和地区差距日益拉大。根据世界银行的资料,2004~2006年间,世界平均的医疗支出占国内生产总值比重在9.8%~9.9%之间,其中,高收入国家、中等收入国家和低收入国家分别达到11.2%、5.4%和4.7%。美国的比例高达15%,法国、加拿大、德国的比例在10%以上,巴西达到7%以上,俄罗斯达到5%。而中国的比例仅仅为4.7%,分别只有世界平均水平的47%,低收入国家的87%。2004~2006年,世界平均的人均医疗支出分别为644美元、686美元和724美元,法国、德国、加拿大、英国、澳大利亚均在3000美元以上,金砖四国的俄罗斯、巴西和南非也分别在300美元左右,泰国也达到100美元左右。而中国3年的人均支出只有71美元、81美元和94美元,分别只有世界平均水平的11%~13%。中国在人的素质和健康方面的投入与世界其他国家相比还存在非常大的差距,而这种差距更主要反映在政府投入的严重不足上。因此,加大教育和医疗等公共服务政府投资是必然趋势。

在公共服务部门内部,政府投资方向也需要进行调整。以教育为例,应加大高中和幼儿阶段政府投资,减少大学阶段政府投入。目前,我国仍然实施九年义务教育,高中和幼儿阶段不包括在内。但是,义务教育将高中阶段包含进去,更能体现出教育公平的宗旨,增加年轻人的知识财富,提高未来就业能力。即使在不发达国家,12年制免费义务教育也正在成为共识,如古巴即使在经济最困难的时候,仍然实行12年义务教育,学校不仅不收学杂费,还免费提供食宿和校服。许多非洲穷国也照样实行12年免费义务教育。幼儿教育对人生发展非常关键,也最能反映起点公平。但目前我国幼儿教育却是整个教育体系中的薄弱环节，而且最不被重视。幼儿教育普遍存在公办园“稀缺化”、民办园“两极化”、优质资源“特权化”、收费“贵族化”等问题。深圳全市有1000多所幼儿园，小班新生学位约7.3万个，但2007年全市新生儿达13.5万人，供需缺口接近一半。[①] 与此同时，私人收益率更高，而社会收益率较低的高等教育却占用了大量财政资源。以2007年全国教育经费情况计算，即使普通高中和幼儿园全部由财政负担，也只需增加财政教育支出654亿元，只占当年财政收入的1.2%。国家只需把高等教育政府投入比例由44%调整减少为26%，即可保证高中和幼儿阶段实现全面义务教育的需要，政府并不需要增加负担。

2.基础设施

基础设施主要包括能源、交通，这些部门历来是政府投资的主要方向，近20年来取得了长足的进步，有力地支撑了经济和社会发展。但是，总体来看，仍然存在结构缺陷和脆弱性。能源供需矛盾缓解，但是需求增长态势没有变化。“十二五”期间，国内石油需求年增量为1000万~1500万吨，到“十二五”末，石油对外依存度可能超过55%。为保持电力供需平衡，“十二五”期间年均将增加装机6000万~7000万千瓦。交通结构性瓶颈依然存在。目前我国每百平方公里的铁路网密度为0.9公里，公路密度为40公里；而日本每百平方公里的铁路密度为6.14公里，公路密度为305公里；美国每百平方公里的铁路密度为2.26公里，公路密度为66公里，中国与美、日仍有不小的差距。在各国当中，中国铁路的使用率最高，其货运使用率约等于日本的30倍，这导致中国铁路负荷过重。我国高速公路里程已经是第二，但是，总体通过能力不如发达国家。我国目前的高速公路一般以双向四车道和六车道为主，而美国双向十二车道（排除应急车道）是通用标准。所以，我们高速路上如果出现一个大货车翻车的话，那整条路一般就走不通了。2008年冰雪灾害的时候，我国高速公路上到处是拥堵的现象，而同类情况对于美国高速路来说几乎不会受到影响。这几年，东部地区搞扩建的时候搞了8车道，但总体而言，车道数远远不如发达国家。

根据国家能源局等部门的预测，“十二五” 期间将大力发展天然气，预计到2015年，天然气利用规模可能会达到2600亿立方米，在能源消费结构中的比例预计将从目前的3.9%提高到8.3%左右。通过大力发展核电、水电、

① 王思海等：《“学前教育”问题调查：幼儿园咋成了稀缺资源》，新华网，2010-07-25。

风电，到“十二五”期末，水电和核电占一次能源消费的比重由现在的7%左右达到接近9%。到2020年完成15%的目标，核电规模至少达到7500万千瓦以上，水电装机规模至少达到3亿千瓦以上，其他生物质能的利用规模应该达到2.4亿吨标准煤以上。煤炭在一次能源消费中的比重可能会从2009年的70%以上下降到63%左右。预计2015年我国电力装机可达13.2亿~13.4亿千瓦，净增装机约3.87亿千瓦，考虑到退役机组，新增装机应达到4.37亿千瓦，平均每年增长8000万千瓦左右。“十一五”期间，2.2万亿元的投资，铺就了1.6万公里以上的新建铁路，铁路运营总里程达到9万公里。根据铁道部的规划，2015年，中国的铁路运营网线将达到12万公里以上，“十二五”时期投资总规模3.5万亿元。①目前我国投入运营的高速铁路已达6920公里，正在建设的高速铁路有1万多公里。预计到2020年高速铁路总里程将达到1.6万公里以上。高铁将带动主要中心城市的联动，形成若干1小时、2小时大都市圈。

3.公用事业

我国城市市政公用设施投资力度不断加大，2000~2009年，全国城市公用市政基础投资从1891亿元增加到9039亿元，10年间市政基础设施投资占同期全社会投资的比重平均为5.86%。但是，我国城市市政公用基础设施建设面临着一些新的情况和问题，主要表现在：一是城市道路交通压力越来越大。自20世纪90年代以来，我国城市化水平空前加快，大中城市交通拥堵现象尤其突出，交通阻塞已由点到线、由局部向大范围蔓延。这不仅影响了城市生活的效率和质量，而且带来了环境污染、能源紧张等一系列经济社会问题，严重制约了城市的发展。尤其是在北京、上海等直辖市和一些省会城市，私人汽车数量急剧膨胀，城市道路交通压力越来越大，亟须大力发展地铁、轻轨等大容量轨道交通。二是市政公用设施供需矛盾仍然突出，随着城市化进程的加快，城市人口增长较快，城市供水、排水、燃气、热力管网等市政设施不能有效满足城市发展的需要，城市垃圾无害化处理、污水处理设施不足、处理率低等问题依然存在，市政公用设施供需矛盾仍然比较突出。2010年夏季的几场强降雨，使得广州、重庆等南方许多城市出现严重内涝。反映出这些城市排水管线系统滞后，有的沿用的还是几十年甚至上百年前的管线系统；现存管线管径普遍偏小，过水能力不足；而且不少地方的排水管线都是雨水和污水混合，一下大雨，不仅雨水横流，还造成污水外溢，污

①《我国“十二五”期间铁路投资将超过3万亿》，http://www.sina.com.cn，2010-11-05。

染环境。这种情况反映出地方政府官员只注重地面以上建筑的光鲜靓丽，而忽视地下基本设施的建设和功能完善。类似于地下管网设施缺陷的城市建设方面的问题还有很多，建设缺口也很大。

我国现代化和城市化加快，城市市政基础设施投资仍会不断增加。根据住房和城乡建设部的预测，按照每年11%的增长率，2010年，城市市政公用基础设施固定资产投资额将突破1万亿元。"十二五"期间预计投资总额在7万亿元左右。全国"十一五"期间计划建设1500公里左右轨道交通，总投资额在4000亿~5000亿元左右。我国的城市轨道交通行业将步入一个跨越式发展的新阶段，成为世界最大的城市轨道交通市场。2010年，全国还将建成480公里城市轨道交通并投入运营，预计投资额为1600亿元。综合我国各城市规划，未来5年还将动工建设超过2500公里的地铁等城市轨道交通，投资规模将超过1万亿元。根据建设部地铁与轻轨中心预测，"十二五"期间，我国城市轨道交通的总资金投入量可能大于航空和水运，仅次于铁路和高速公路。[①] 而根据中国水网在《中国水业政策与市场分析》中的预测，城市污水将成为污水处理的重中之重。2010~2015年，我国城市污水处理行业的投资需求为7000亿元，其中，包含污泥处理投资1500亿元，平均每年新增投资1100亿元，污水再生利用投资300亿元。

4.环境保护

我国环境不断恶化，形势空前严峻。20世纪70年代出现局部污染，80年代城市河段和大气污染加重，90年代后呈扩大态势。污染物排放总量居高不下，明显超出环境容量；环境质量整体下降，情景令人忧虑；环境污染事件不断出现，具有集中爆发特征。一些新的或隐性的环境问题逐步显现，如危险废物、微量有机污染物、持久性有机污染物、土壤污染等。外来物种入侵成为一个新的生态问题。2004年的沱江污染、2005年的松花江污染、2007年的太湖蓝藻爆发等，影响程度之大、范围之广前所未有。在我国经济最发达的珠三角地区酸雨污染十分严重，半数以上城市属于重酸雨区。而灰霾现象也较为突出，成为广州、深圳等大城市近年来的天气常态。臭氧、颗粒物细粒子等污染物严重超标，光化学烟雾污染时有发生。环境保护是典型的市场失灵的领域，也是政府应尽的责任，但多年来财政的环保投入严重不足。"六五"到"九五"的20年间，我国环保投资占GDP的比例均未超过1%，分

① 《未来5年将投万亿元建地铁 业内称20%左右遭浪费》，中国经济网，2010-08-02。

别只有0.5%、0.69%、0.73%和0.93%(见表3-5)。其中,政府的财政投资对环保的支持力度不够强是重要原因。我国"十五"期间的环保投资仍然不及发达国家或地区20世纪70年代的水平。国际经验表明,当治理生态环境的财政投入占GDP比例为1%~1.5%时,可以控制生态环境污染恶化的趋势,当比例达到2%~3%时,环境质量有可能改善。我国环保投入水平与发展需要有较大差距,当前的财政环保投入投资水平,很难遏制生态环境质量不断恶化的趋势。

表3-5 我国各个五年计划期间环境保护投资对比

时　期	环保投资(亿元)	环保投资占GDP的比例(%)
"六五"时期	166	0.50
"七五"时期	476	0.69
"八五"时期	1306	0.73
"九五"时期	3600	0.93
"十五"时期	8394	1.30
"十一五"时期	14000(规划)	1.50

资料来源　姜春云:《偿还生态欠债——人与自然和谐探索》,第187页,北京,新华出版社,2007。

根据国家环保局的测算,整个"十一五"期间,环保总投入将达到1.4万亿元,占同期GDP的1.5%。其中8大重点环保工程投资3336亿元,10大重点节能工程投资150亿元。"十二五"期间的环保投入将达到"十一五"的1倍以上。5年内将要投入3.1万亿元用于环保投资,环境污染治理设施建设要投入1万亿元。未来几年,环保产业会保持年均15%~20%的增长率,预计"十二五"期间环保产业产值将达到4.92万亿元。① "十二五"期间,国家环境治理将列入新的重点项目,比如大气污染治理将增加新的内容,机动车辆尾气排放将增加PM值(空气中的可吸入颗粒物)等,特别是温室气体减排。在污染防治和生态保护方面,污泥处置将提到"十二五"的日程,农村饮用水安全问题也将得到重视。在生态治理方面,污染土壤的修复将在"十二五"期间启动。此外,发展循环经济,发展中低碳经济,大力发展风能、太阳能、地

①《环保部官员:"十二五"环保投入将达到3.1万亿》,《21世纪经济报道》,2009-11-25。

热、核电等,也是"十二五"环境保护的重点。

5.水利事业

1998年以来,水利投资都是重中之重。以2009年为例,水利投资规模高达1427亿元。全年落实预算内中央水利投资637亿元,落实省级地方水利投资790亿元。经过多年的建设,我国大江大河的主要河段已经可以抵御新中国成立以来发生的最大洪水,但中小河流防洪标准偏低。2010年6月21日,抚州唱凯堤决口,受灾区域面积70平方公里,受灾人数逾10万,13.5万亩农田被淹。灾害导致江西全省17座千亩以上圩堤溃决,还有67条圩堤出险。唱凯堤溃堤正是中国众多中小河流失治的一个缩影。各地小河流堤坝年久失修的情况同样非常严重,遇到大的洪涝灾害难以抵御,这种情况必须在"十二五"期间有一个根本性的改善。

目前,我国已建成水库共有8.6万座,水库总库容近5000亿立方米。由于这些水库大部分修建于20世纪50年代到70年代,限于当时的历史条件以及由于水库在设计、施工、运行管理中存在的问题,部分水库达不到国家规定的防洪标准。而且随着水库运行时间延长,水库设施和设备不断老化,有些水库工程存在较严重的质量问题,水库不能正常运行。水库的病险问题也对下游人民群众生命财产的安全构成威胁,一些城市和县城由于地处水库下游,犹如"头顶一盆水",如果水库险情得不到及时处理,后果将十分严重。2010年以来,国家财政已经开始加大对中小型病险水库的除险、加固专项投入。

自2009年入冬以来,我国西南地区遭遇了历史罕见的特大旱灾。这种频繁出现的大旱,暴露出我国农田水利设施建设多年来存在的严重问题:一是多年的投入欠账与制度缺失,导致许多农田水利设施年久失修;二是由于种粮的比较效益低下,导致农民不愿意进行水利上的投入,也难以投入;三是国家对水利设施更多地投入到大江大河与粮食主产区的建设,对非粮食主产区的农田水利建设投入缺乏。这些原因都使得不少地方的农田水利设施在关键时刻无法发挥作用,在风调雨顺时还能凑合着用,一遇到大旱就无能为力。"十二五"时期需要加大灌区节水改造,建设灌区渠首取水枢纽、干支渠道、干支排水等骨干工程设施,加强小型农田水利建设。

水是生命之源,农村饮水安全直接关系到农民的基本生存和生活问题。近几年中央和地方安排资金建设饮水工程,重点解决了中西部严重缺水地区农民的吃水问题,2000~2008年,全国共投入618亿元,解决了1.6亿农村人口的饮水困难和安全问题。仅在2008年,全国就解决了4824万人的饮水问题。但是，仍有相当一部分地区的农村饮水存在高氟、高砷、苦咸、工业污染、微生物等有害物质含量超标以及血吸虫等水质问题。全国仍有2亿多农村人口饮水不安全，1/3的乡镇缺乏符合标准的供水设施，水质问题严重影响农民群众的身体健康。上述情况表明，我国水利投资仍然任重而道远，需要政府加大投入的领域仍然很多。预计“十二五”时期水利投资规模仍将高达近万亿元。

6.老年事业和产业

老龄化问题正越来越深刻地影响着我国的经济发展，老年人问题关系到国计民生和国家长治久安。截至2009年年底，我国60岁及以上的老年人达到1.67亿，约占总人口的12.5%。其中，80岁以上的老人1899万，占老年人总数的11.4%。有失能老人1036万、半失能老人2123万，共占老年人口总数的18.9%，他们不同程度地需要提供护理照料服务。根据全国老龄委公布的《我国城市居家养老服务研究报告》，目前我国城市老年人空巢家庭（包括独居）的比例已达49.7%，与2000年相比提高了7.7个百分点。大中城市的老年人空巢家庭比例更高，达到56.1%，其中独居老年人占12.1%，与配偶同住的占44%。[①]而在农村，大量青壮年外出打工，老人、孩子和中年以上的妇女在家留守几乎成为常态。据中国社科院社会政策研究中心2008年在山西、陕西、甘肃农村的调查，70岁以上的高龄老人超过一半得自己照顾自己，或由配偶照顾。我国已成为老龄化速度最快，老年人口最多的国家，2014年将达到2亿人，2026年将达3亿人，2037年超过4亿人。2020年以后，我国将进入深度老龄化阶段，届时总人口增长趋缓，老年人口陡增，平均3~4人中就有一个老年人。

国家计划生育的长期实施，导致独生子女家庭呈现“4—2—1”的结构模式。在如此激烈竞争的年代，两个中年人既要管教孩子，又要照顾4个老人，实有无法克服的困难。另外，随着经济的发展，医疗的进步，中国人的寿命不断提高。有些家庭两代人先后进入老年队伍，对长辈的生活照料和医疗保健等老年人的特殊需求，儿孙辈往往有心无力。一个失能老人拖垮一家人的情况普遍存在，传统的家庭赡养早已不堪重负。我国目前的城市建设或改造几乎都没有考虑老人们的特殊需要。当前，城市老人居住状态存在独居型、空巢型、与子女同居住型、与子女邻居同居型等多种类型。无论

①《中国城市老年人空巢家庭比例达49.7%》，《长沙晚报》，2010-01-22。

哪种居住型,都未考虑到人老后对居住环境、基础实施、房屋设计的特种需要。最现实的问题是多层建筑无电梯,小区和室内缺少无障碍设施,严重影响了腿脚不好的老人的生活质量。因此,当前城市老人看病难、吃饭难、活动难等问题普遍存在。虽然目前不少家庭采取聘请"小时工"或居家保姆,但情况最好的,也只能帮助照料部分生活,至于老人们最需要的康复护理、精神安慰则很难满足。

与社会化的养老需求相比,我国养老机构和护理人员的供给存在严重不足。截至2009年年底,全国各类老年福利机构38060个,床位266.2万张。从国际经验来看,发达国家的养老服务机构每千人拥有的床位数在50~70张。在中国,65岁以上的老人每千人拥有的床位数不超过23.5张。专业的护理人员更是奇缺。全国所有机构的护理人员仅有20余万人,而拿到护理证的只有2万多人。[①] 全国几次较大规模调查的数据表明,我国约有3250万老年人需要不同形式的长期护理。相关调查还表明,我国老龄人入住养老机构的需求正逐步提高。但是目前专为老年人提供服务的设施严重不足,服务项目和服务内容不全,服务人员的素质参差不齐,老龄服务的数量和质量都远远不能满足市场需要,是"短线"之中的"短线"。仅以养老床位测算,按照国际通行的5%的老年人需要进入机构养老标准,我国至少需要800多万张床位,而现在只有约250万张,缺口达550多万张。[②] 根据2009年北京市政协《促进本市养老机构建设的调查》结果:希望将来入住养老机构的北京老人,占参与调查总人数的24.5%,远远高于政府所预期的4%。据广东一中等城市网上调查,50%的城市人为了不增加孩子负担,寻觅自己安宁、愉快的晚年生活,表示愿去机构养老。

养老是社会保障的重要组成部分,对家庭和社会的和谐稳定具有十分重要的意义,因此,毫无疑问是政府的职责范围。但是,这并不意味着要政府全包。在基本养老服务体系的建设中,民间组织和民营资本可以发挥更大的作用。政府要从过去惯常的投资主导的身份,转为向养老服务的供方和需方提供补贴和政策。上海亲和源会员制老年社区建设就是政府资助、社会投资的典型案例。老年社区位于上海市浦东新区,建有公寓楼14栋、800套住房。老年社区由上海康桥公共事业投资有限公司等合资组建,出资

---

①《养老难时代使家庭赡养不堪重负 政府责任需明确》,《新世纪》·财新网,2010-08-30。

②《中国养老保障被指存诸多缺陷 空巢家庭逐渐增多》,《法制日报》,2010-09-15。

2亿人民币启动项目。同时,市政府给予政策扶持,将土地作价40万/亩,共5000万土地出让金,作为政府出资,折抵20%股份,并全部减免项目建设的城市建设配套费。中国投资协会社会事业投资发展中心正在推动的"休闲型老年城"建设模式也是对这方面的有益探索。"老年城"是居家养老、社区养老和机构养老有机结合的多元化、规模化养老方式,有利于创建一个满足老年人物质需求和精神文化需求的新型家园,有利于在统筹城乡发展理念下解决老年人养老问题和农村城镇化问题。项目建设可以在土地的综合利用、异地养老的社会保障、征地农民的利益保证、新型养老服务业发展和老年人再创业等方面进行试验,为国家决策提供政策依据。

7.战略性新兴产业

国际金融危机后战略性新兴产业已经成为各国走向经济复兴的选择和重点。进入21世纪,科学技术发展日新月异,呈现出新的趋势。最具有代表性的是纳米、生命、信息、认知科学的融合,推动着人类整体认识能力的飞跃。同时,科技成果产业化周期缩短,造就了新的产业发展和超越机会。人类基因组、超导、纳米材料等许多属于基础研究的成果,在中间成果阶段就申请了专利,有些甚至迅速转化为产品走进生活。根据中国科技战略研究院的研究,①当前,在纳米技术、生物技术等新兴领域,不少国家都处在相近的起点上。后发国家完全有可能在这些领域实现突破,带动整体科技竞争力的跃升。首先,技术创新和应用是新兴产业的驱动力。电子信息、新能源等战略新兴产业的发展是建立在相应领域的重大科技突破的基础之上。其次,有效的市场需求和产业基础设施对新兴产业的发展至关重要。新兴产业一般处于产业生命周期的萌芽期,它在基础科学和应用成熟度之间有较大差异,市场上存在许多相互竞争的技术,产品创新速度快,技术风险高,如何形成有效的市场需求,建设完善产业发展需要的基础设施,是这些战略新兴产业最终能否发展壮大的必备条件。

目前,我国战略性新兴产业方向已进一步确定为7个领域、23个重点方向。7个领域为节能环保、新兴信息产业、生物产业、新能源、新能源汽车、高端装备制造业和新材料。在7大领域中,每一个大的领域中又确定了具体的分项。在节能环保产业中,将重点突破高效节能、先进环保、循环利用;新兴信息产业将聚焦下一代通信网络、物联网、三网融合、新型平板显示、高性

①《全球战略性新兴产业攻略》,《瞭望新闻周刊》,2010-03-05。

能集成电路和高端软件;生物产业将主要面向生物医药、生物农业、生物制造;新能源中,核能、太阳能、风能、生物质能将领衔;此前备受关注的新能源汽车,主要发展方向确定为插电式混合动力汽车和纯电动汽车;高端装备制造业领域,提出了重点发展航空航天、海洋工程装备和高端智能装备;"新材料"中分列了特种功能和高性能复合材料两项。政府强有力的扶持是新兴产业发展的关键。以欧盟为例,将在2013年之前投资1050亿欧元用于"绿色经济"的发展。法国政府宣布将建立200亿欧元的"战略投资基金",主要用于对能源、汽车、航空和防务等战略企业的投资与入股。根据《广东省战略性新兴产业发展"十二五"规划》,[①] 电子信息、半导体照明(LED)、电动汽车、太阳能光伏、核电装备、风电、生物制药等11个产业将成为投入重点,"十二五"期间,广东省财政将每年拿出20个亿、5年投入100个亿支持战略性新兴产业发展,以百亿财政资金拉动千亿社会资金投入、打造万亿新兴产业规模。广州市开发区财政设立了3.5亿元的科技发展专项资金,资助战略性新兴产业研发和产业化;设立了10亿元创业投资引导基金,撬动近100亿元规模的创业投资基金。

(三)推进基本公共服务均等化

毋庸置疑,政府投资需要集中到基本公共服务领域;除此之外,在政府投资基本公共服务领域时,还有一个促进区域、城乡、阶层均衡、协调发展的问题,即政府投资就是要从促进协调发展角度出发,有利于在区域、城乡和阶层之间逐步实现基本公共服务的均等化。

1.基本公共服务均等化的内涵

所谓公共服务是指在一定社会共识的基础上,一国全体公民不论其种族、收入和地位如何,都应公平、普遍享有的服务。而基本公共服务则指为维护社会稳定和社会正义、保护个人最基本的生存权和发展权所必需的、最基本的和无差异的公共服务,是公共服务应该覆盖的最小范围和边界。有专家提出,基本公共服务领域有6项权利是国家必须予以保障的,即生存权、健康权、居住权、教育权、工作权和资产形成权,[②] 这些社会权利涉及人的生理需求和安全需求的较低层次,关系到群众现实的最根本的利益,决定了公民在社会竞争中的起点、机会和条件的公平性。

---

①《广东勾勒战略性新兴产业图谱 将设产业投资基金》,《21世纪经济报道》,2010-04-29。

② 李培林:《中国社会蓝皮书2006》,北京,社会科学文献出版社,2006。

对于基本公共服务的范围人们有着不同的看法。有人认为，在现阶段，基本公共服务主要包括义务教育、公共卫生、公共文化体育、社会福利救助、公共安全保障等领域，是政府依照法律法规，为保障社会全体成员基本社会权利、基础性的福利水平，必须向全体居民均等提供的公共服务；[①]有人则认为，从公共服务种类和构成来看，应该首先解决社会成员最急需的公共服务供给问题，主要应该集中于扶贫、就业、义务教育、公共医疗、社会保障、公共安全等方面。从地区差异来看，要突出解决中西部和贫困地区的公共服务供给问题。[②]根据需要与可能相结合、责任与能力相对称、宽严适度的原则，我们认为应将基本公共服务定为义务教育、公共卫生、公共文体和社会保障等领域。

基本公共服务的均等化是指政府等公共部门使用社会公共资源，向社会提供满足公民公共需求的、价值含量均等的公共产品和公共服务，并致力于保障公民享有和消费基本公共服务的机会均等和结果平等。一个国家的公民，无论居住在哪个地区，都有平等享受国家最低标准的基本公共服务的权利。这就要求政府的公共活动要以社会利益和公共需要为目的，着眼于所有市场活动主体，而不是只考虑某一经济成分，或某些阶层、某些利益集团的要求和利益。基本公共服务均等化有助于公平分配，可以实现公平和效率的统一。由于发展基础、资源禀赋、区位条件的不同，不同地区经济增长的均等化是不可能的，也是低效率的。但是，各地区基本公共服务的均等化却是可行的，它是实现区域协调发展、使各区域共享发展成就，促进发展结果公平的重要途径。

2.公共服务投入非均等化的现状

长期以来，我国在教育和医疗等领域的投入，特别是政府投入非均等化的现象十分严重。

以义务教育为例，区域之间的差距十分明显。2007年，全国普通小学生均预算内公用经费支出为425元，普通初中生均预算内公用经费支出为573.4元。但在北京、天津、上海、浙江等发达地区，该数额已远远高出平均值。2007年，北京市普通小学和普通初中的生均预算内公用经费，分别是全国平均水平的6.93倍和8.66倍。2007年，北京市普通小学生均公用经费是

① 唐钧：《公共服务均等化保障的基本权利》，《时事报告》，2006-07-07。

② 李维顺、厉淑华：《中国地区差距及其政策建议》，《中国农村金融》，1996年第9期。

2951.5元，上海是2844.9元；而位于西部的贵州省，生均公用经费仅有198.5元，不足全国平均水平的一半；位于中部地区的江西省该项支出仅有283.3元。

城乡之间办学条件差距十分明显。近几年来，多数农村中小学新增校舍质量明显提高，城乡中小学生均校舍建筑面积已基本相当，但城乡普通中小学校舍的质量差距仍然明显。根据国家有关标准，农村中小学危房面积已经在2001~2005年间减少了近30%，但危房面积仍超过2200万平方米。虽然只有64%的中小学生居住在农村，但中国86%的校舍危房在农村，这表明农村中小学的校舍安全问题仍然比城市严重。目前，城乡办学条件的差距更突出地表现在城乡生均教学仪器设备值（尤其是科学和数学教学仪器）。全国1/3以上地区的中小学生均教学仪器设备值的城乡差距继续扩大，小学生均教学仪器设备值城乡之比达2.9:1。义务教育城乡差距还体现在教学仪器达标学校比例和建网学校比例上（见表3–6）。

表3–6 义务教育办学条件城乡比较

学校	指标	农村		城市		城乡差距	
		2006	2007	2006	2007	2006	2007
小学	自然仪器达标学校比例（%）	51.69	53.14	73	73.8	21.31	20.66
	建网学校比例（%）	7.61	8.68	51.09	55.27	43.48	46.59
	百名学生拥有计算机台数（台）	3.11	3.3	7.52	7.67	4.41	4.37
普通初中	理科实验仪器达标学校比例（%）	71.64	72.82	76.35	77.93	4.71	5.11
	建网学校比例（%）	28.62	32.36	58.28	62.27	29.66	29.91
	百名学生拥有计算机台数（台）	4.93	5.49	7.69	7.95	2.76	2.46

资料来源 教育部发展规划司：《全国教育事业发展简明统计分析2007》，2008年。

阶层之间享有的教育资源极不平等。在发达国家，普通人享受政府提供的公共教育，有钱人、有权人享受贵族教育。公立学校政府全额投入，保证普遍性、基础性需要；贵族学校依靠私人投入或捐赠，学校教育水准普遍高于公立学校。而在我国，投入最多、设施最佳、教师最好的学校往往是公立学校，这些学校数量极少，资源稀缺，满足的是极少数权贵阶层和富裕家庭子女的教育需求。北京首批示范园之一的“北京一幼”，每年100余个名额几乎都被官员子女占用。这个幼儿园从不为资金发愁，园内除了教室，还设置有科学宫、电脑室、体能训练室等高档设施。北京海淀区的×中学集中了众多军队干部子弟，东城区的×学校是中央直属机关许多干部子弟就读的学校，市属重点学校即使钱再多也不一定进得去。从中央到省、市、县都有类似的贵族学校。由于官员的子女都在这些学校上学，因此，政府教育资源也就理所当然地向这些学校倾斜。由于这些公立的贵族学校都是各城市教育的重中之重，长期侵占原本就十分稀缺的教育资金，使得其他普通中小学校投入严重失血。两类公立学校之间的差距不断拉大。

医疗卫生投入的非均等情况同样严重。中国以占世界2%的卫生资源，解决占世界22%人口的医疗卫生保健问题，卫生投入本来已经显得严重不足，国民卫生资源拥有量很低；而这种不足的投入却又被极为不合理、不公平地分配，有限的资源被更为有限的人所垄断，广大群众得不到起码的医疗保健服务。2000年，世界卫生组织对191个会员国的卫生系统分3个方面进行了绩效评估，在卫生负担公平性方面，中国被排列在第188位，即倒数第四位，仅比巴西、缅甸、塞拉里昂稍强，被列为世界上卫生系统最不公平的国家之一。根据《2005年世界卫生报告》，在各国卫生总费用中，欧洲发达国家负担80%~90%，美国政府负担45.6%，泰国政府负担56.3%，众多发展中国家如印度、古巴、朝鲜、苏丹、缅甸等都实行全民免费医疗制，而中国政府负担仅为17%，位列全世界倒数第四位。

我国医疗资源分配在城乡间存在巨大差距。有关调查表明，占总人口30%的城市人口享有80%的卫生资源配置，而占总人口70%的农村人口享有20%的卫生资源配置。87.4%的农民没有任何医疗卫生保障，完全靠自费医疗；在经济不发达农村地区，各种医疗保障制度之和的覆盖人口不足5%，自费医疗比例高达90%以上。[①] 1990~2006年间，虽然城乡人均卫生费用都有较大增长，但城乡人均卫生费用之间的差距却在扩大。2006年，中国人均卫生总费用城市为1145.1元，农村为442.4元，城市为农村的2.59倍。城乡居民个人卫生费用负担也有差别，农村居民人均纯收入不足城镇居民人均可支配收入的1/3，但农村居民个人承担的医疗保健支出占其全年消费性支出的比重（7.9%）却高于城镇居民（7.6%）。城乡卫生资源差距也表现在城市和县级以下医院拥有的医疗设备方面。先进医疗设备大多配置在城市医院，2006年，市级卫生机构拥有的100万元以上的设备台数占88.1%，而县级卫

① 卫生部卫生统计信息中心：《国家卫生服务研究——1998年第二次国家卫生服务调查分析报告》。

生机构拥有量仅为11.9%。[1]卫生部部长陈竺曾经指出:资源向城市大医院集中,导致医药费用不断增长,最终加剧了看病难、看病贵问题。[2]可见,优质资源的扩张不但无助于解决普遍公共服务提供问题,反而恶化了局面。

我国医疗资源在阶层之间的分配也存在巨大差距。目前,国家公务人员都有公费医疗,而公费医疗制度对各类职工拨款标准不一,差异巨大。根据国家卫生部原副部长殷大奎提供的资料,中国政府投入的医疗费用中,80%是为了850万以党政干部为主的群体服务的;全国党政部门有200万名各级干部长期请病假,其中有40万名干部长期占据了干部病房、招待所、度假村,一年开支约为500亿元。[3]在我国目前社会底层尤其广大农民数千人或近千人才拥有一个医疗卫生人员的情况下,一些高级公职人员却一人拥有一个保健医生。以甘肃为例,有几家医院由于投资不足而破烂不堪,住院病人十来人挤一间病房,而同在这些医院,却拥有内设空调、冰箱、彩电、电话、互联网、卫生间及热水供应等优良服务设施的单人间与双人间高干病房。[4]一系列数据表明,中国目前的卫生医疗服务体系存在着严重的不公平现象。

长期以来,无论是中央政府部门还是地方政府在教育、医疗、文化等领域投入均存在抓大放小、贪大求洋、盲目攀比的现象,各地的少数重点学校、医院和文化服务设施永远是政府投入的重点。与此同时,还不切实际地搞超高标准的"形象工程"与"政绩工程",进行远远超出一般标准的豪华投资,投巨资打造"锦上添花"的示范中学、花园医院、文化广场等,从而使"雪中送炭"等方面的基本公共性社会事业投资被挤占。

3.促进基本公共服务均等化

首先,基本公共服务均等化需要体现普遍性和广覆盖性。所谓普遍性就是政府提供民众必需的、最低限度的、机会均等的、内容无差别的基本公共服务。广覆盖性就是要把基本公共服务覆盖到包括家庭成员的全体公民,全体人民均可享受最低标准的相同的基本公共服务。为解决地区、城乡之间发展水平和质量的差距,解决长期积累的投入不足问题,必须从法律角度上进行明确。要将基本公共服务均等化写入国家宪法,以及教育法和

---

①《中国城乡公共卫生与基本医疗差距:卫生费用/医疗资源等》,中国发展门户网,2008-12-29。

②《大医院盲目扩张加剧看病难看病贵问题》,《新京报》,2010-11-12。

③《现有资源分配不公,八成政府投入的医疗费为各级干部服务》,《中国青年报》,2006-09-19。

④ 梁发芾:《中国卫生分配公平性全球倒数第四》,http://news.sohu.com。

公共卫生法。要明确中央教育、卫生等管理部门、地方相关主管部门在实施基本公共服务均等化方面的责任，以及造成非均等化配置时应受到的惩罚。加大国家和省级财政对欠发达地区和农村的投入力度，实现一定时期的倾斜投入。以教育为例，在普及农村和城市义务教育中，政府应把农村义务教育作为发展的重中之重；在发达地区与不发达地区之间，政府应遵守弱势优先、落后地区优先的原则，先照顾到贫困地区的需要。强化中央、省级政府农村义务教育投入责任，建立相对集中型的投入机制。进一步完善针对特定人群的专项转移支付制度，解决欠发达地区、农村地区投入长期不足问题。完善横向转移支付制度。可将增值税应当属于省级财政的部分进行一种平衡性非对称分配，只有欠发达地区省区才有资格参加分配。在省内各地市之间也可采取相同的分配方式。

其次，亟须解决公共服务人才短缺与结构失衡的问题。长期以来，我们比较重视学校、医院等硬件设施的投资，但是，对于人才等软件的投入却非常欠缺，完全没有建立起适宜教育、医疗等方面人才向偏远地区、农村地区流动的合理机制。对于基本公共服务来讲，硬件并不是主要矛盾，而教师、医生才是决定服务水平高低的最主要因素。农村和小城镇居民都愿意到大城市求学、求医，主要看中的还是师资和医生条件。因此，只有花大的代价和投入，从物质和精神两个方面激励人才短期或长期到西部地区和贫困地区，才能从根本上缓解地区间和城乡间基本公共服务的不均衡发展。四川成都青阳区的经验值得我们借鉴，他们不仅派出中心城区优秀教师到农村薄弱校任教，而且为到农村薄弱校任教的老师购买了城区附近的住宅，政府还每月拿出奖金对这些教师进行补贴，并在职务职称晋升方面给予奖励，从而激发了城区教师到薄弱校任教的积极性。就全国来讲，教师工资应由中央财政统一支付，越是偏远地区、贫困地区，工资和津贴标准就越高。促进医生的流动也可以采取同样的办法。

再次，要通过存量资源调整加速推进均等化进程。通过增量投入的方式，很难在短期内实质性地推进基本公共服务均等化。长期以来，我国的中央和地方财政养育了一批贵族学校、贵族医院，这些学校和医院大量占用公共资源，每年都是各级财政的重点投入对象；同时，又有条件在市场和社会上大量收费。这些高档公共服务机构是整个社会的毒瘤，造成了民众之间的相互攀比和官僚权贵的寻租腐败。如上所述，基本公共服务机构提供的只是普遍性、基础性服务。公共财政不应该去支持这样的机构的发展。如果把北京、上海、武汉等大城市的知名大学、名牌中小学、著名医疗机构有步骤地出售或股份化，将会立即置换出上万亿的财政资金，这些资金可用于进一步改善薄弱的公立学校、医院的面貌。同时，也可以建立财政补助基金，用于奖励公共服务人才资源向中西部地区和农村的流动。由此形成基本公共服务合理的发展结构：即私立学校和医院为权贵阶层提供高端特殊服务，公立学校和医院为普通民众提供普遍性服务。这种发展模式有利于政府财政资金回归本位，也可以为政府引导民间资金进入公共服务领域创造条件。

附件1 统筹城乡义务教育投入中的问题和建议
——对四川省广元市义务教育投入情况的调查①

内容提要：

目前城乡义务教育投入的差距，一方面体现在当年的投入上，另一方面更重要地表现在累积投入的差距上，也就是说长期的非均等化投入造成的城与乡、中心城区与县镇之间义务教育发展水平和质量上的差距。“新机制”是改革发展过程中的新尝试，还需要不断完善，尤其是在经济欠发达地区，已经或者可能会出现一些新问题。没有差异化的投入，即对薄弱学校、农村学校的倾斜投入，就不能从根本上缩小城乡义务教育发展水平和质量上的差距，而且这种差距还会继续扩大。

2008年7月，我对四川省广元市利州区、剑阁县、旺苍县的中小学义务教育经费保障和财政投入情况进行了调研。走访了3个县区的教育和财政主管部门，与十几位中小学校长进行了座谈。大家普遍反映，实行义务教育经费保障新机制以来，城乡之间义务教育当年投入的均等化程度有所提高，但是，由于长期财政投入不足，城乡之间、区域之间义务教育发展水平和质量还存在着明显差距，而现有的经费保障机制尚不足以缩小这种差距。

一、城乡义务教育现有投入差距

目前，在广元市域范围内，农村、一般镇、重点镇和中心城区教师的工资和社会保障方面没有什么差距，同级别教师除基本工资外，同样享受菜贴(85元/月)、山区补贴(150元/月)、生活补贴(75元/月)和驻广补贴(95元/月)等津补贴，并计入工资卡。根据农村义务教育经费保障机制改革规定，2006年，国家及省级政府为县镇小学杂费补贴220元/生·年，农村小学190元/生·年；县镇初中杂费补贴270元/生·年，农村初中240元/生·年。与此同时，小学

① 本报告获得国家发改委宏观院2008年度优秀调查报告一等奖。

补助生均公用经费20元/生·年，初中40元/生·年。2007年，上述标准又有所提高。中小学校长反映，如果不将补助资金用于清偿普九债务，则可以满足学校基本运转的资金需要。

根据旺苍县教育局提供的教师年均收入和生均公用经费情况，我们选择了位于县城所在地、重点镇、一般建制镇以及乡的初中和小学共20所，既包括旺苍县城东河镇的东河小学和城关中学，也包括重点镇白水镇的白水中学和白水小学，以及位于经济贫困、相对偏远的农建乡的农建小学和檬子乡的檬子小学，对这些学校的经费和投入情况进行比较。2006年，旺苍县各学校教师人均年收入有一定差距，较高的有枣林小学21772元/人和柳溪小学20410元/人，较低的有双河中学的15682元/人和国华中学的18059元/人，平均值在20000元/人。但是，初中教师年均收入并不比小学高，县城所在地学校教师年均收入也不比贫困和边远乡镇学校高，城乡教师工资水平的比较没有什么规律可循。而收入差别产生的主要原因在于各校教师的职级不同，以及生师比不同，拥有职级高教师较多和生师比较高的学校，师均收入水平较高。同样，教师年均基本工资差距产生的原因也在于此。城乡学校之间的教师津补贴、奖金及其他工资福利支出也没有什么规律，小学可能比初中高，农村可能比城镇高，看不出明显的城乡差距。一些乡镇学校生均公用经费水平反而较高，这是因为这些学校以农村学生为主，有大量的住宿生，可以收取一些费用，从而提高了公用经费水平。

由于实行义务教育经费保障新机制，城乡小学和初中经费支出的主要部分都由国家或省级统筹考虑，在一个相对狭小的区域内，例如市和县范围内，城乡教育增量投入的差距趋于缩小。根据国家义务教育经费保障机制的安排，2008年9月，城市学校将实行新机制，免除学杂费、书本费，补贴生活困难学生住宿费。如果这一政策能够顺利推进，城市学校也将免除杂费，实行相对统一的公共经费支出标准，同一地区城乡义务教育当年投入的差距将进一步缩小。

当然，中心城市重点校、优质校与农村、县镇以及城郊结合部学校的当年投入差距还是比较明显的。利州区是广元市的中心城区，广元其他县镇学校教师年均收入在2万元左右，利州区的东城实验学校教师年均收入则达到3万元以上，其公共经费也宽裕得多，总体来讲，学校不缺钱。类似于东城实验学校这样的优质重点校教师收入和公用经费明显高于本地区其他学校，其主要原因在于：第一，这些学校的收入来源渠道较广，有些有门面房经营收入，有些有学前班、幼儿园等非义务教育阶段收入补充；第二，这些学校普九债务负担较轻；第三，这些学校处于中心城区，周边居民收入水平较高，能够支付得起择校费和其他杂费；第四，政府官员子女多在这些学校上学，因此，容易得到政府部门的支持与资助；第五，在资金有限的情况下，政府更加关注重点校的发展，这些学校日常运转和基本建设往往能够获得较多投入；第六，中心城区重点校学生通常在3000~4000人，生均发展成本较小，投资的规模效益较强。

调查中了解到，不单是农村校、薄弱校校长盼望教育均等化，优质重点校校长也希望教育相对平衡发展。以利州区东城实验学校为例，本学期招生300多人，可是来自于各政府部门的条子就有200多个，谁都不敢得罪，一到这个时候，校长只能把手机关闭，实在不堪重负。

二、城乡义务教育发展水平差距

从广元市3个县区的情况看，目前城乡义务教育投入的差距，并不显著体现在当年的投入上，而是表现在累积投入的差距上，也就是说长期的非均等化投入造成的城与乡、中心城区与县镇之间义务教育发展水平和质量上的差距。根据此次灾后教育重建规划的要求，旺苍县对县域内城乡初中和小学的设施设备情况进行了汇总，并与国家标准投入（规划额）进行对比，得出了各类设施设备的差缺额，我们选择了部分县城中心区学校、重点镇学校和乡村学校，用差缺额除以规划额，分别计算出各学校相关设施设备的差缺率。旺苍中学是旺苍县城最好的学校，其实验室设备的差缺额为32万元，差缺率为80%；其他重点镇初中实验室设备的差缺率也大体相当；而镇与乡中心小学的情况则更差，差缺率高达95%。音体美劳卫器材的情况与实验室设备类似，都是初中情况好于小学。再看电教设备器材差缺情况，乡中心小学的差缺率都在100%以上，说明到目前为止，农村小学按照国家标准应该投入的设施实际上就没有投入。而大量的农村教学点根本就没有配备任何教学设施设备。旺苍县的情况在广元并不少见，根据利州区教育局的资料，由于地处四川盆周山区，农户居住分散，造成村级小学学生上电脑课和实验课，甚至要走几十里山路到中心校。①

利州区教育局电教馆将本区初中和小学分别分成4类，一类校班级最

① 白峰：《提高农村教育发展水平，促进城乡教育均衡发展——利州区农村义务教育发展现状的调查与思考》，利州区教育局。

多、规模最大的多为中心城区校，四类校班级最少、规模最小的多为农村校。我们分析计算了初中、小学相关设施设备不同类别学校生均差缺额，大致总结出如下规律：一类学校各类设施设备人均差缺额相对较小，而二类、三类、四类的人均差缺额则逐渐增加。例如，一、二、三、四类学校初中计算机人均差缺额分别为64元、90元、118元和216元；小学实验仪器人均差缺额分别为78元、82元、91元和105元；小学校园网人均差缺额分别为149元、238元、287元和365元。目前，利州区中小学校各类电教设施总计1300万元，其中，60%~70%集中在中心城区的重点校。三堆镇是相对偏远的乡镇，其初级中学1800名学生只有一个多媒体教室，如果按照40人一班，每天6个课时，每班每次两课时计算，学生上一次多媒体课需要等上半个月。可见，设施设备分布的不均等非常严重。

由于历史欠账太多，各级财政对城乡中小学实现完全一样的设施设备投入将无助于城乡义务教育的均等化。没有差异化的投入，即对薄弱学校、农村学校的倾斜投入，就不能从根本上缩小城乡义务教育发展水平和质量上的差距，而且这种差距还会继续扩大。

三、实施义务教育经费保障机制后的问题

自2006年春季开始，农村义务教育经费保障机制改革首先在西部和中部部分试点地区推行，改革取得了显著成效。“新机制”最直接的好处就是减轻了农民的经济负担，使许多辍学的农村孩子回到了学校。农村学校拿到了政府按学生人数和标准拨付的公用经费，学校又回到了正常运转的轨道上，乱收费现象明显减少，不少地方出现了教育收费“零投诉”。从2008年9月份开始，城市也将纳入免费义务教育范围。但是，“新机制”是改革发展过程中的新尝试，还需要不断完善，尤其是在经济欠发达地区，已经或者可能会出现一些新问题。

（一）教师收入仍然很低

义务教育经费保障机制仅仅是实现了低水平相对均等。如上所述，旺苍县中小学教师每月拿到手里的收入（工资＋津贴＋奖金）也只有1200元左右，而广元中心城区是1600元，绵阳市是3000元。由于物价不断上涨，旺苍县教师的境遇还不如一个城里的临时工。一些教师不得不利用假期到山西等地挖煤，以补贴家用。目前，广元市城乡教师各项津贴合计265元/月，2007年开始，国家财政又增加了150元/月的教师补贴，合计415元/月，全年

也只有5000元左右；而同期广元市公务员已兑现年津补贴12000元，两者相差7000元。这在很大程度上造成了教师队伍的不稳定性。目前，因为地震影响，矛盾被掩盖了，但是，随着时间的推移问题终将会暴露出来。

（二）对教师的激励不足

改革后，农村学校向学生收取杂费的路子被彻底堵死，公用经费不准用于发放工资及津补贴。如此一来，教师的津补贴只能由地方财政负担。按照改革政策规定："农村中小学教师工资保障按现行体制，将教师工资和地方附加津补贴纳入政府财政预算和财政统一发放范围"，"教师工资不得低于当地公务员平均工资水平"。在中西部地区，地方新增财力较少，能够用于义务教育教师各项补贴的资金较少，从而造成教师收入比改革以前有所下降，或者收入差距无法拉开。2008年9月以后，如果城市学校也如期实行义务教育保障机制，这个问题也将在城市薄弱学校大量出现，势必影响教师的实际收入，学校的绩效管理机制可能无法实施，教师的积极性难以调动起来，容易造成工作中的平均主义和大锅饭现象。

（三）公用经费标准偏低

调查表明，广元各县区中小学的经费在严禁开支教师津补贴的情况下，维持水电费、办公费、差旅费、会议费、培训费、小型校舍维修等基本的教育教学运转经费都很紧张，而学校的课桌凳、教学仪器设备、音体美器材、图书等的添置、更新、维修资金则更没有着落。根据旺苍县教育局的反映，农村初中保证正常教育教学运转、教师培训、课桌凳、教学仪器设备、音体美器材、图书的添置、更新、维修以及弥补食堂的缺口，每年生均需要开支约600元，而2007年底各级财政安排的公用经费只有生均400元，相差200元；农村小学类似状况需要生均开支约400元，而目前各级财政安排的公用经费只有生均263元，相差137元。

（四）经济差距扩大导致教育差距拉大

由于教师收入和公用经费还有很大一部分需要地方财政解决，或者是通过市场化的渠道获得，因此，经济发展水平较高的地区财力雄厚，对中小学的投入相对就较多，为上级财政配套的能力也比较强；相反，则投入少、配套能力差。剑阁县与绵阳市相邻，2002年以后，由于两地经济发展差距迅速拉开，教学设施质量、教师收入水平也出现巨大差异，剑阁县流向绵阳的教师和优质生源不断增加。在绵阳优质中小学任教的很多是剑阁籍的教师。2008年高考，剑阁县上本科一本线的只有100多人，而在绵阳上学的剑阁学生上线人数超过了剑阁本县学校培养的学生。

（五）城市经费保障政策仍不明确

目前，城市学校收取的杂费包干使用，学校基本运转都要依靠学杂费收入。特别是一些薄弱校、城乡结合部的学校，在很少能收到择校费，没有门面房经营收入，也没有学前班、幼儿园等非义务教育阶段收入补充的情况下，基本上是依赖学杂费保证学校水电支出，支付临时代课教师、勤杂人员工资，同时，还要按月归还普九欠账。学校账上通常只在每年9月份和3月份开学的时候有钱，其他月份大多没钱。开学时也是债主要账的高峰时期。根据国家义务教育经费保障机制安排，2008年9月份，城市学校将实行新机制，免除学杂费、书本费，补贴生活困难学生住宿费。但是，到目前为止，上级部门对这一政策还没有任何说法，学校也不知道是否还能收费。如果财政资金不能到位，必将直接影响到欠发达地区中心城区学校开学后的正常运转。

（六）债务困扰城乡义务教育发展

以利州区上西小学为例，全校每年杂费收入只有8万~9万元，由于中央财政仍未对城市学校兑现归还普九债务，学校每年需归还2万元工程款、2万元教师集资款。据了解，广元市许多县区的普九债务化解工作并不顺利，由于采取的是地方先还、中央奖励的方式，地方还多少，中央奖多少，中央拿一半，省拿1/4，县拿1/4。财力弱的县偿债能力必然弱，导致债务清偿总规模也较小。以剑阁县为例，锁定到2005年的普九债务为9200万元，到2007年底也只归还了1000多万元。而且，2005年以后，一些学校还出现了新的债务，大多是借新还旧，这些债务并未锁定进去。

四、推进城乡义务教育投入均等化的措施

（一）实施高强度倾斜投入战略

为解决城乡之间义务教育发展水平和质量的差距，解决长期积累的投入不足问题，必须加大国家和省级财政对农村校、薄弱校，特别是欠发达地区相关学校的投入力度，实现一定时期的倾斜投入。重点提高这些地区教师待遇问题，使之高于同地区公务员的收入水平，逐步向全国统一标准靠拢。进一步提高公用经费标准，特别是欠发达地区农村学校的生均公用经费标准应该高于本地区城市，甚至大城市，以逐步弥补设施设备欠账。

（二）逐步实现由中央财政负担教师工资

即根据地理条件和艰苦程度确定级差工资和津贴标准，由中央财政全额出资。这样可以避免由于经济发展水平不同造成教师收入差距扩大，促进教师队伍的稳定，促进教师由城向乡、由发达地区向欠发达地区的流动，促进教育均衡发展。教师工资、津贴是义务教育经费的大头，按国家规定的工资标准计算，约占生均教育经费的70%左右，由中央财政支付教师工资和津贴，可减轻地方财政压力，促进农村经济和各项公共事业的发展。

（三）改善县镇和农村学校的设施设备条件

根据旺苍县中小学校各类设施设备差缺额平均计算，初中每校需要投入100万元，小学需要投入50万元，全国17467所县镇初中、36836所农村初中，需投入资金合计358亿元；全国29050所县镇小学、316791所农村小学，需投入资金合计1874亿元。义务教育阶段设施设备完善共需资金2200多亿元。如果以5年规划期计算，每年需投入400多亿元。如果设施设备折旧期为5年，则每年投入也要达到400多亿元，以维持这些学校教学条件不会下降。

（四）实现规模化和集约化发展

目前，无论是优质校还是薄弱校，都存在一个规模不够的问题，由于长期以来城乡规划对教育等公共服务考虑不够，过多满足工商业和房地产开发用地需要，造成城乡中小学用地严重不足，学校用地规模普遍太小。必须下决心对现有学校进行布局调整和整合，该撤的撤，该并的并，该扩大规模的扩大规模，最大限度地发挥财政资金的效用。

（五）推进标准化以促进均等化

希望中央、省级政府尽快出台城乡中小学建设标准，按照未来义务教育5~10年发展要求，对生均占地面积、学校操场、辅助用房、实验室、图书、音体美劳体器材以及多媒体信息设备的装备标准进行系统设计，实现城乡义务教育建设的标准化和规范化，避免低水平复制。

（六）尽快化解普九债务

加快启动化解城市中小学普九债务。对欠发达地区实施特殊优惠政策，如调低地方负担比例，加大中央投入力度，争取在短期内全部消化欠发达地区中小学普九债务。

第四章 政府间投资分工

内容提要：

各级政府间的投资分工是政府间职责划分的具体体现，成熟市场经济国家各级政府投资及财政支出结构是财政、事权合理划分的必然结果。同样，我国各级政府投资及财政支出结构特征也是政府职责范围的真实反映。在我国政府投资的具体运行过程中，仍然存在着许多的问题。第一，政府间事权与投资支出责任界定不明晰。第二，财力与事权不尽匹配。第三，转移支付制度不够完善。未来要合理划分中央与地方之间的投资职责，实现政府间事权划分法治化，赋予地方政府适度的财权，完善财政转移支付制度。

有效政府应该是一个分权的政府。对于一个大国政府来说，尤其如此。孟德斯鸠曾经说过："一个共和国，如果小的话，则亡于外力；如果大的话，则亡于内部的不完善。"[1]对于一个大国来讲，建设适当的制度来配置权力，避免过分集权十分重要。适当分权的政府，可以使政府贴近公众的需要，切实履行为公民服务的责任，使政府具有比较准确的成本和收益感觉，从而更好地实现配置效率以及社会公平。

一、政府间投资分工的原则

政府投资不是由某一级政府独自实现的，而需要通过不同层级政府的分工合作来共同完成。中央与地方及地方各级政府间投资分工是否适当，决定着社会公共服务提供和运行的绩效。政府间投资分工问题实际上就是

① 孟德斯鸠：《论法的精神》，第130页，北京，商务印书馆，1987。

政府间事权和财力划分问题,因此,政府间事权与财力划分的原则也完全适用于政府间的投资职责的划分。

(一)投资事权的划分

1.职能分工原则

政府事权是政府为实现其职能而具有的权力。政府之所以具有事权,是因为它有管理相应事务的责任,这种责任也就是政府的职能,所以说政府事权是依据政府职能即政府责任而被赋予的一种权力。依据政府职能划分投资事权,是合理划分中央与地方政府投资职责的出发点。由于不同层级政府所执行的特定职能或侧重点不同,因而应根据各级政府行使职能的需要,相应地划分投资职责。例如,稳定的职能主要由中央政府履行,涉及稳定的财政投资权限应划归中央政府及其财政;分配的职能也主要由中央政府履行,有关分配的投资事权应主要由中央政府及其财政掌握;配置的职能主要由地方政府履行,与配置相关的投资权应主要由地方政府及其财政掌握。这是由中央政府与地方政府所处的地位决定的。这样的基本分工符合中央政府有能力把握全局和地方政府有条件因地制宜的要求。

由于资源配置具有较强的地域性,为了更好地体现因地、因事制宜,地方政府在履行政府的资源配置职能方面应更有所作为。这是因为地方政府更了解当地公共服务的需求,能够提供更适合本地居民偏好的服务;地方政府在地理上更接近公民,更有利于公民参与服务决策;地方政府权限的扩大,更有利于公共服务创新,促进政府间竞争。世界银行《1997年发展报告》指出,政府权力应当下放。最明白无误和最重要的原则是,公共物品和服务应当由能够完成支付成本和赢得收益的最低级政府提供。[①]与此同时,中央政府必须对地方公共服务提供加以必要的调控和规范。这是因为中央政府在制定全国公共服务标准、促进公共服务区域均等化等方面负有重要的责任,中央政府可以通过全国性税收和补助,如向富裕省份征收更多的税,向贫困省份提供更多的财政补助,在全国范围内促进公共服务的均等化实现。

2.受益范围原则

公共产品的本质特征是消费的非竞争性和受益的非排他性,完全符合这两个标准的可以称为纯公共产品,只有国防等为数很少的几种;更常见

① 世界银行:《1997年世界发展报告——变革世界中的政府》,第121页,北京,中国财政经济出版社,1997。

的是受地理和空间因素影响而只有有限的非竞争性和非排他性的公共产品，因此，按照受益范围将公共产品划分为全国性公共产品和地方性公共产品两大类。全国性公共产品是与国家整体有关的、各社会成员均可享用的产品和服务，其受益范围是全国性的，由中央政府提供；受益范围局限于地区的区域性公共产品由地区政府负责提供，中央与地方各有侧重。

尽管根据公共产品本身的特征和受益广度的差异以及各级政府职责的内在要求，可以判断出区域性公共产品须由地方政府负责提供，全国性公共产品则由中央政府出面提供；然而，这并不意味着逆命题成立，即不能够反过来说由地方政府提供的就是区域性公共产品，由中央政府提供的就是全国性公共产品。实际上，由地方政府提供的许多公共产品，同时也具有某种外溢性，其受益范围以本地区为主，但也可以在一定程度上超出本区域的界限，成为对其他地区产生一定影响的公共产品。同理，由中央政府提供的许多公共产品，也可能仅仅在某一特定区域内发挥其效应（如奥运投资更大程度上只是使北京受益）。

总之，对于大多数公共商品而言，一定要明确其受益范围是不可能的，因为既没有绝对的地方性公共商品，也没有绝对的全国性公共商品，多数都是处于中间状态，即既带有全国性又带有地方性。

（二）投资支出责任划分

在中央与地方政府投资支出责任的划分问题上，英国学者巴斯特布尔（C.F.Bastable）曾提出以下3条原则：第一，受益原则。政府所提供的公共服务，其受益对象如果遍及全国，那么，其支出责任应属于中央政府；其受益对象如果是地方居民，那么，其支出责任应归地方政府。第二，行动原则。政府提供公共服务，需要在行动上做到全国统一规划的领域或活动，其支出责任属于中央政府；凡政府活动必须因地制宜，以本级政府财力为基础的，其支出责任属于地方政府。第三，技术原则。政府活动或公共工程，凡支出规模庞大，需要高技术才能完成的项目，其支出责任应归中央政府，否则应属于地方政府。

美国经济学家阿图·埃克斯坦（O.Eckstein）更重视决策程序问题，他认为，与中央政府的决策相比，地方政府通过一项决策所需要的时间更短些。过长的决策程序往往会使政策发挥失去最好的时机，所以，中央政府过多地承担公共服务职能的体制安排面临着决策合理化的障碍。而地方政府的决策不仅具有所需时间短的优势，而且也更符合本地居民的利益，体现当地居民的偏好和习惯。所以，他主张除国防、外交、国家管理等项支出需要由中央财政承担之外，其他支出应主要由地方负责。①

美国经济学家塞力格曼（Seligman）强调以效率为标准划分支出。效率原则是指根据效率的高低来确定公共服务由哪一级政府来提供。由于政府公共投资更多体现在社会效益方面，经济效率往往很难考核，所以，这里的效率主要是指政府提供的服务能够最快捷、最有效满足社会公众的需要和偏好。美国财政学家费舍尔（Ronald D.Fisher）从公共产品有无外溢性效果的角度分析了中央与地方政府的投资支出范围划分问题。他提出，包括基础设施、警察、消防等在内的外溢性较小并且地方性较强的公共产品，更适合由地方政府提供。②相反，外溢性较大的公共产品，更适合由中央政府投资。除了上述划分原则的观点之外，还有学者提出了均衡原则，认为均衡地区差别、产业差别等投资支出应属于中央政府。

二、我国政府间投资分工现状

（一）中央和地方政府投资规模

统计表明，1996~2009年，中央政府年投资资金规模从1045亿元增加到14367亿元，增加了12.7倍，年均增长22.3%，增幅低于全部资金来源1.5个百分点；地方政府年投资资金规模从2000.1亿元增加到22471.5亿元，增加了10.2倍，年均增长20.4%，增幅低于全部资金来源3.4个百分点。由于中央政府和地方政府投资增速明显落后于全部投资，所以，中央政府投资占全部投资资金的比例由1996年的7.7%下降到2005年的5.2%，地方政府投资占全部投资资金的比例由1996年的14.6%下降到2005年的6.8%。2006年以后，中央政府和地方政府投资增速加快，比例也逐步回升。1996年，地方政府投资规模是中央政府投资的近2倍，到2009年，地方政府投资只相当于中央政府投资的1.6倍。可见，中央政府投资增长明显快于地方政府投资增长。1996年，地方政府投资占全部投资的比例高于中央政府投资比例7个百分点，而到2009年只高3.7个百分点（见表4-1）。地方政府投资在全部政府投资中的比例也由1996年的65.7%下降到2009年的61%，而中央政府投资比例随之上升。

① 李齐云：《分级财政体制研究》，第114页，北京，经济科学出版社，2003。

② 孙开：《政府间财政关系的理论及对中国的体制改革评析》，见《中国财政理论前沿Ⅱ》，第84页，北京，社会科学文献出版社，2001。

表4-1 地方政府投资及其比例资金来源　　单位:亿元,%

年份	资金来源			占全部资金来源的比例	
	合计	地方政府投资	中央政府投资	地方政府投资	中央政府投资
1996	13654.2	2000.1	1045.0	14.6	7.7
1998	22802.3	2574.3	1705.7	11.3	7.5
2000	26414.5	2643.1	2423.5	10.0	9.2
2001	29704.7	2662.3	2851.0	9.0	9.6
2002	35957.3	3257.0	3174.5	9.1	8.8
2003	48861.3	4023.9	2847.6	8.2	5.8
2004	63115.6	4595.9	3360.7	7.3	5.3
2005	80912.3	5490.4	4187.9	6.8	5.2
2006	101759.1	7404.1	5361.6	7.3	5.3
2007	130743.0	9828.5	6830.0	7.5	5.2
2008	158579.6	13831.9	9221.3	8.7	5.8
2009	218786.6	22471.5	14367.0	10.3	6.6

注:数据为城镇固定资产投资。

资料来源:国家统计局投资司提供的资料,以及历年《中国固定资产投资统计年鉴》。

我们还可以从投资率(投资占GDP的比例)分析中央和地方政府投资规模变化情况。1996~2009年,中央政府投资率由1.5%上升到4.2%;地方政府投资率由2.8%上升到6.6%,政府投资率由4.3%上升到10.8%。中央政府和地方政府投资超前于经济增长,中央政府和地方政府投资强度不断增加(见图4-1)。

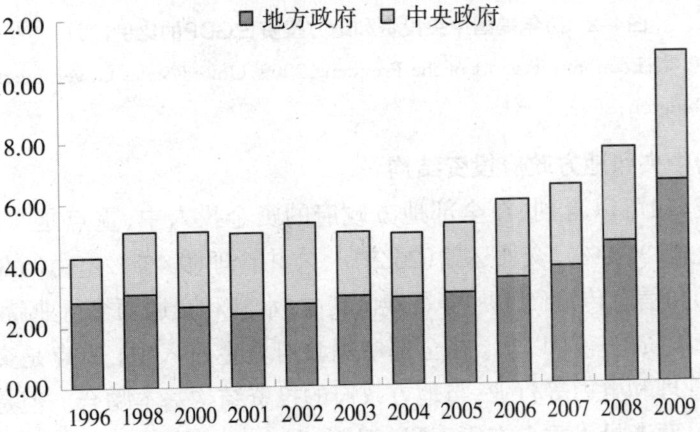

图4-1 中央和地方政府投资率(%)

资料来源:同上。

根据《2009年美国总统经济报告》，在美国支出法GDP中，中央政府投资率（资本形成与GDP的比例）由1959年的3%下降到2007年的0.9%，地方政府投资率由2.7%下降到2.4%，政府投资率由5.7%下降到3.3%。尽管期间也有所波动，但是，在近50年中，美国政府投资率总体趋于下降，其中，中央政府投资率下降更明显一些，而地方政府投资率相对平稳（见图4-2）。中国和美国相比，2007年，中国中央政府投资率高1.7个百分点，地方政府投资率高1.3个百分点，政府投资率高3个百分点。因此，中国中央和地方政府相对投资水平要高于美国。由于中美所处发展阶段明显不同，中国各级政府基础设施和公共服务投资责任要重得多，所以，中国政府投资率上升且高于美国是合理的。

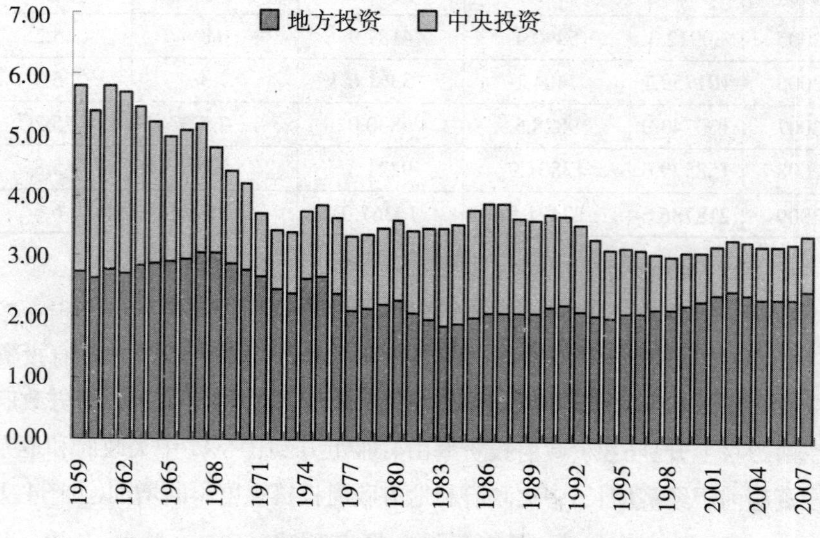

图4-2 历年美国中央投资和地方投资占GDP的比例(%)

资料来源：Economic Report of the President, 2009, United States Government Printing Office Washington: 2009.

（二）中央和地方政府投资结构

从表4-2可以看到，在全部地方政府的资金投入中，重点是水利环境和公共设施（31.6%）、交通运输（26.2%）、公共管理（9.4%）、电力（5.8%）、教育（5.3%）和信息传输（5.1%）等行业。其中，水利和交通两个行业就集中了地方政府投资的一半以上。在全部中央政府资金投入中，重点是交通、水利、公共管理和电力等行业，与地方政府的投资结构基本吻合。但是，在某些行业中，两者投入重点有所不同。例如，中央政府水利部门投资占全部投资的19%，明显低于地方政府；而中央政府交通投资占比达到33.5%，明显高于地方政府，在交通业中，铁路是中央政府的投资重点，而在道路交通中，地方政府投资比例更高。制造业和房地产业是银行贷款投资和企业投资的重点，而中央和地方政府在这两个行业中的投资比例都比较低。

表4-2 各类型投资的行业结构（以相关投资为100） 单位：%

	地方政府投资	中央政府投资	银行贷款	企业投资
全国合计	100	100	100	100
农业	1.44	4.41	0.30	1.04
采矿业	0.46	1.21	2.56	5.30
制造业	4.46	4.30	16.69	31.90
电力	5.86	9.16	17.92	6.78
建筑业	1.89	1.35	0.54	1.15
交通业	26.19	33.49	18.16	9.21
其中：铁路运输业	0.95	14.07	1.79	0.88
道路运输业	21.91	16.53	12.69	5.59
城市公共交通	1.87	0.46	1.25	0.73
信息传输和软件业	5.12	1.19	0.96	4.52
批发和零售业	0.85	0.24	0.73	2.69
住宿和餐饮业	0.36	0.20	0.41	1.05
金融业	0.09	0.22	0.01	0.25
房地产业	1.55	1.09	26.71	17.46
租赁和商务服务	0.84	0.30	0.49	0.83
科技和地质勘查	0.93	2.21	0.18	0.63
水利环境和公共设施	31.58	19.02	9.42	7.91
居民服务和其他服务	0.12	0.16	0.05	0.22
教育	5.33	4.78	2.89	3.26
卫生、社会保障	1.02	1.58	0.46	0.93
文化、体育和娱乐	2.46	1.89	0.50	1.16
公共管理和社会组织	9.44	13.20	1.01	3.72

资料来源：同上。

在省、地市和县三级政府中，省级政府资金更多地投入交通运输、信息传输业和电力，分别占省自筹资金的46.6%、17.4%和12.1%，省级政府在上述3个行业中的投入比例大大高于地市和县级政府。其中，交通业分别高27.8个和27.1个百分点，信息传输和软件业分别高16.1个和17个百分点，电力分别高8.3个和8.7个百分点。地市级政府在水利环境和公共设施方面的投入最多，平均比例达到45.2%，分别高于省级和县级政府38个和10.5个百分点，可见，地市级政府是城市基础设施建设的主力。县级政府在水利环境和公共设施、交通和公共管理方面的资金投入都比较大，特别是在公共管理方面的投入比例达到12.5%，远远高于省和市级政府，因此，县级政府在政府和社会机构方面的投资负担还是比较重的。县级政府在制造业方面的投资力度仍然较大，占比达到7.3%，高于地市政府和省级政府3.5个和6.1个百分点，表明县级政府仍然把工业发展作为投入重点。而在教育方面，县级政府的投资负担也明显高于省级和地市级政府（见表4-3）。

表4-3 各类地方政府投资的行业结构（以相关投资为100） 单位：%

	省自筹	地市自筹	县自筹
全国合计	100	100	100
农业	0.90	0.65	2.53
采矿业	0.44	0.27	0.65
制造业	1.12	3.76	7.25
电力	12.16	3.90	3.47
建筑业	1.01	1.36	2.95
交通业	46.63	18.81	19.48
其中：铁路运输业	2.67	0.60	0.15
道路运输业	39.61	13.44	17.98
城市公共交通	1.81	3.34	0.57
信息传输和软件业	17.43	1.33	0.47
批发和零售业	0.38	0.46	1.51
住宿和餐饮业	0.23	0.39	0.43
金融业	0.19	0.05	0.06
房地产业	0.92	1.62	1.90
租赁和商务服务	0.11	1.19	1.01
科技和地质勘查	0.35	0.84	1.39
水利环境和公共设施	7.35	45.42	34.95
居民服务和其他服务	0.04	0.14	0.17
教育	3.30	5.27	6.72
卫生、社会保障	1.01	1.12	0.93
文化、体育和娱乐	2.05	3.65	1.65
公共管理和社会组织	4.39	9.78	12.48

资料来源：同上。

在全部地方政府投资中，县投资比例最高，达到39%，其次是地市投资，为35.4%，省投资比例最低，为25.6%。在不同行业，三级政府出资结构却有明显不同。总体来讲，县级政府在大多数行业的出资比例通常要高一些，其次是地市政府，而省级政府在大多数行业中出资比例较低。省级政府只是在信息传输和软件业投资比例达到87%，电力行业投资比例达到53%，金融业和交通运输业分别达到49%和45%，占比较高；在其他行业中，省级政府出资比例都比较低。地市一级政府在城市公共交通、水利、租赁和商务服务、文化体育等行业出资比例超过了50%。县级政府则在批发零售业（70%）、农业（68%）、制造业（64%）、建筑业（63%）、科技（60%）、居民服务（55%）、公共管理（51%）、教育（49%）以及房地产业（49%）中保持了较高的出资比例。县级政府在与职能密切相关的居民服务和公共管理等行业投资占比较高可以理解，但是，其在外部性较强的科技和教育等行业投资出资比例也较高就难以理解了。由于这一统计结果反映了各级政府的自有财力，是各级政府实实在在的投资性支出，因此可以说，在基本公共服务方面，省级政府承担的投入责任不够（见表4-4）。

表4-4 各行业地方政府投资结构（以各行业投资为100） 单位：%

	省自筹	地市自筹	县自筹
全国合计	25.64	35.37	39.00
农业	15.87	15.69	68.44
采矿业	24.46	20.49	55.05
制造业	6.63	29.46	63.91
电力	53.21	23.69	23.10
建筑业	14.23	22.80	62.97
交通业	45.61	25.39	29.00
其中：铁路运输业	63.92	31.40	4.68
道路运输业	46.37	21.66	31.96
城市公共交通	26.01	62.46	11.53
信息传输和软件业	86.99	9.20	3.81
批发和零售业	11.50	18.52	69.99
住宿和餐饮业	16.25	38.23	45.53
金融业	49.50	20.96	29.53
房地产业	13.43	37.56	49.01
租赁和商务服务	3.40	50.48	46.12
科技和地质勘查	9.80	30.32	59.88
水利环境和公共设施	5.98	50.85	43.18
居民服务和其他服务	8.38	35.73	55.89
教育	15.97	34.76	49.27
卫生、社会保障	25.61	38.71	35.67
文化、体育和娱乐	20.50	53.08	26.42
公共管理和社会组织	11.93	36.84	51.23

资料来源：同上。

三、政府间职责划分的国际经验

由于政治体制和经济发展水平等因素的不同，各国在处理中央与地方政府间职责划分时存在明显的不同。没有一个国家的政府事权和支出责任具有完全相同的结构。但是，我们仍能从中发现一些带有普遍性和规律性的东西。

第一，各层级政府间的投资职责都通过法律的形式明确界定。各国均用国家宪法或相关法律明确划分了中央政府与地方政府各自的事权范围和投资责任，即使政府间的共有事权往往也通过法律形式明确分工，各级政府责任明晰、互不推诿。英国通过包括《大宪章》(1215年)、《权利请愿书》(1627年)、《权利法案》(1689年)、《议会法》(1911年、1949年)以及历次修改的选举法、市自治法和郡议会法等在内的一系列宪法性文件，使得财政立法权限、程序和国家财政体制等基本财政法律制度得以确立。纵观英国政府预算制度从13世纪初萌芽到发展成熟的数百年发展演变过程，议会以法律形式掌控政权的过程也正是英国政府间事权财权划分逐渐规范的过程。《日本国宪法》第8章确认了日本地方自治的基本原则，由此建构的《日本地方自治法》规定了地方公共机构的形式、组织框架及行政准则，同时还规定了这些地方机构与中央政府之间的关系。[①]《日本地方自治法》采用大陆法系国家通用的"概括授权"方式，对政府间事务进行了原则性划分，并通过个别法对政府间投资事权进行具体界定。德国《基本法》明确规定了联邦、州和地方三级政府的事权划分。马来西亚、印度基本上在宪法中就较为明确系统地规定了政府间的事权。对于那些公共服务的具体事权项目，由于在宪法或者基本法框架内不能完全涵盖，不少国家又通过《教育法》、《社会保障法》、《公共安全法》、《卫生法》、《环境保护法》等相关专项法案进行具体明确。

第二，各级政府间的投资支出分工比较明确。发达国家的多级财政体制对各级政府的财政支出都有较为明确的分工。诸如社会保障、医疗与健康、公共福利等具有收入再分配性质或需要全国统一标准的公共产品和服务，主要由中央政府(或联邦政府)或层级较高的地方政府(或州政府)来提供。[②]比如，加拿大联邦政府的投资事权范围主要包括邮电、航空运输与铁

---

① 寇铁军：《政府间事权财权划分的法律安排——英、美、日、德的经验及其对我国的启示》，《法商研究》，2006年第5期。

② 安秀梅等：《中央政府与地方政府间的责任划分与支出分配研究》，中央财经大学研究报告，2006年。

路运输等。省级政府的事权范围主要包括医疗保健、高等教育、环境保护、高速公路等。地方政府的事权在很大的程度上依附于省级政府,在通常情况下,主要包括警察与消防、中小学教育、环境卫生、公园、地方公路等。同时,规定没有明确划分归属的投资事权由联邦政府掌管。再以日本为例,中央政府主要负责防卫、刑监狱、高速公路、国道、一级河川、教育(大学、私立大学资助)、通信邮电。地方政府主要负责基础设施、治安、教育(高级中学、特殊教育、初级中学与小学教职工薪金、私立学校资助)、社会福利、卫生保健、地域经济复兴等,凡与当地居民有密切关系的事务则由地方政府承担。在投资职责分工方面,地方各级政府有一定的相对独立性,地方无力承担的事务或划归中央,或由中央出面加以协调。如果中央独立承担的事务最终发生在地方,则作为中央对地方的委托事项加以处理。

第三,高层政府在基本公共服务领域承担更大责任。即使在集权程度高的国家,也要把具体的管理性事务和服务对象很明确的投资支出责任下放到下级政府来运作,而把关乎国计民生的、外溢性强的投资事权尽可能保留在上级政府,乃至中央政府或联邦政府层次。在美国,社会福利项目支出完全由联邦财政承担,公共福利支出的80%以上由联邦财政与州财政承担。在加拿大,老年人的财政转移支付、健康与社会发展支出、失业保险支出占联邦财政支出总额的30%以上,保健支出则是州财政的最大支出项目。20世纪90年代以来,英国中央政府在健康和社会保障以及福利的支出比重分别为35.5%和14%,而法国的该比重分别为16.6%和43.5%,这两部分支出占中央政府支出总额的50%~60%。[①]按照法国有关法律规定,大学、高中、初中、小学分别由中央政府、大区政府、省政府、市镇政府管理并负责其正常建设费用和运行费用,学校教师的工资统由中央政府支付,省级财政主要负责初中教育和中学生上、下学的交通。法国政府认为办学校是政府的职责,因此,即便是私立学校,只要与政府签订合同,即可获得经费资助,其教师工资全部由中央政府发给,学校的建设费用和运行费用亦可得到地方政府的供给或补贴。[②]在澳大利亚,联邦政府负责制定全国教育事业的政策和发展策略,为教育系统提供经费保障(联邦政府对义务教育阶段每年生

① 财政部财政科学研究所课题组:《政府间基本公共服务事权配置的国际比较研究》,《经济研究参考》,2010年第16期。

② 宋立根:《划分政府间财政支出责任的国际经验》,《经济研究参考》,2003年第34期。

均拨款5000澳元，用于支付教师工资和学校日常开支），管理某些国家教育投资项目，但不对学校负直接的管理责任，州（地区）政府具体负责管理本地的教育事业并提供教育服务。英国、法国、新加坡、泰国等事权和财权高度集中的国家，卫生投资和运营支出的责任几乎全部由中央政府承担，而丹麦、加拿大、澳大利亚、西班牙等国属于财权集中而事权相对分散的国家，卫生医疗投资主要由地方政府承担，但支出则由中央（或联邦）政府通过转移支付对地方给予大量的补贴。

第四，建立了完善的政府间财政转移支付制度。各国分级财政体制的共同特点是：财权财力相对集中于中央，事权则相对分散于地方，协调这一矛盾的主要手段就是实施大规模的财政转移支付制度。各国财政转移支付的数额呈现急剧膨胀的态势。在OECD（经济合作和发展组织）国家，转移支出占GDP的比重由1965年的平均6.5%上升到2000年的12.8%，其中欧盟国家由1965年的10.9%上升到2000年的16.7%。美国2003年的联邦政府补贴支出高达3296亿美元，占联邦总支出的18%左右，这一规模相当于州与地方政府当年总支出的30%以上。转移支付在促成各级政府收支均衡、协调地区差异等方面的作用日益重要。德国各级政府的财政平衡采取纵向平衡（联邦对州和州对地方的财政转移支付）和横向平衡（各州之间的财政转移支付）两种方法调节财政收入的再次分配。联邦对州的财政平衡包括：为平衡州际间财力而给予贫困州补助的拨款，联邦每年要拿出不超过全部增值税收入的2%，作为对经济能力低的州的补充拨款。港口和规模小的州财力特别薄弱、收支矛盾最突出，联邦要从自己分享的增值税份额中再拿出一定比例予以资助。此外，为改善区域经济结构或改善地方市政建设，联邦政府对属于州和地方事权范围的一些重要投资项目有时也给予适当补助。横向财政平衡的实现由联邦按照统一的公式计算出各州的平均财力后，再确定各州财力的强弱和转移支付的水平。德国特有的转移支付制度保障了公民无论居住在哪里，基础设施、工作机会、社会保障、就医等条件几乎无差异，德国小城镇的通讯、电力、供水等条件与大都市相比丝毫不差，医院、学校、购物场所等一应俱全。很多德国的大企业并非出自大城市，比如德国的标志性企业西门子就位于仅有10来万人口的爱尔兰根。中小城镇在居住方面的吸引力也更大一些。德国70%的人口分布在2000~10000人的小城镇里。

四、我国政府间投资权限的划分

(一)存在的问题

党的十七届五中全会关于“十二五”规划的建议中提出:财税体制改革的方向就是“在合理界定事权的基础上,按照财力与事权相匹配的要求,进一步理顺各级政府间财政分配关系”。各级政府为履行好其事权,必须解决所需的财力来源问题和财力使用的效率问题。可以说使各级政府财力与其事权相匹配,才能使各级政府都能提供本级应该提供的公共产品和服务,履行好政府“取之于民,用之于民”的财政分配责任和公共职能。

自1994年分税制改革以来,我们一直遵循的是“财权与事权相结合”的原则,即从中央到地方,让每一级政府拥有财权,并能够依此去履行自己的事权。在分税制下,财权主要通过税种的划分来体现,税种统一划分为中央税、地方税和中央地方共享税,并建立中央税收和地方税收体系。每一级政府拥有的税种,包括共享的税种,就是这一级政府拥有的属于自己的财权。从理论上讲,要使每一级政府都拥有相对稳定的财权,并与其事权相匹配,至少需要满足以下条件:第一,各级政府之间的事权能够划分清晰,分担性的事权少,而且相对稳定;第二,每一级政府通过自己拥有的财权可以获得相应的财力,也就是每一级政府都有足够的财源和税源;第三,有足够的税种在各级政府之间分配,共享税少;第四,当不同层级政府之间出现财政上的矛盾时,有第三方来裁决。只有同时满足上述条件时,按照“财权与事权相结合”原则设计的分税制财政体制才能持续运行下去。

但是,在我国政府投资的运行过程中,却与上述原则存在较大的差距。

第一,事权与支出责任界定不清晰。我国有关法律法规对各级政府的投资事权划分只作了一般性的简单规定,对经济发展过程中新形成的投资事权,如许多与民生建设相关的事权都未能适时作出清晰界定或调整。《中华人民共和国预算法》虽然保证了地方预算的自主权,却只是泛泛地划分了中央和地方政府间的支出范围,而没有明确省级以下各级政府间的投资支出划分,一般都是采取“下管一级”的办法,即由上级政府顺次决定其下级政府的支出划分。按照多级政府间的行政隶属关系以及行政垂直管理系统,下级政府往往是不得不按照上级政府的意愿与要求行事。这样,所谓的下级政府的投资事权往往成为上级政府职权的翻版,各级政府间的事权与支出责任实际上差别不大。由于中央、地方投资事权交叉重复现象比较突出，绝大多数投资事务都是共同事务，有一些应当由中央完全承担支出的项目，地方财政也承担了部分经费，一些应当由地方完全承担支出的项目，中央财政也安排了专项投资。没有了事权的重点，也就没有了责任。在中央和地方的投资事权与支出责任没有清晰界定的情况下，地方各级政府之间的事权与支出责任也难以清晰划分。

第二，财力与事权难以匹配。中央政府与地方政府间事权的划分呈“金字塔”形，而财力的划分却呈倒“金字塔”形，这必然导致中央政府与地方政府之间收支不对称。中央政府的资金多得分不完、用不完，年终通常需要突击花钱，却轻轻松松没啥责任；而基层政府要在财力极为有限的状况下提供较多数量的公共产品和服务，往往捉襟见肘、囊中羞涩，导致公共服务供给严重不足、质量低下。近些年，在全国财政收入中，中央财政收入占50%~55%，地方财政收入比重为45%~50%；而在全国财政支出中，中央财政支出只占25%~30%，地方财政支出却占到70%~75%。[①]省以下各级政府财力与事权的配置也不均衡，省与市、市与县政府间财力与事权错位。较高层级政府集中了过多的主体税源和税收分成，而各项事业发展的投资责任却主要落在基层政府身上，导致地方政府收支缺口巨大，大量的市县政府出现了越来越严重的财政问题，陷入“无米下锅”的困境。基层政府对上级财政转移支付高度依赖，以至于许多地方缺了这部分财力，政府的正常运转都难以为继。这种状况在中西部地区表现尤为明显。

第三，转移支付制度很不完善。转移支付缺乏总体设计和统一规范。不直接体现财力均等化功能的税收返还和体制性补助所占比重过高。由于它是以1993年的地方收入额为基数，客观上造成越是经济发达的省份，得到的税收返还额越高，越是欠发达地区，税收返还额越低。而且随着时间的推移，不同地区获得的税收返还额差距加速扩大。一般性转移支付规模过小，且其制度设计也有待完善。2005年，我国一般性转移支付占全部转移支付比重按窄口径计算为15.3%，比重非常低。2009年，中央政府进一步将原来财力性转移支付9273亿元和原列入专项转移支付的一般公共服务支出2101亿元，改为一般性转移支付，从而将一般性转移支付总金额大幅提高到11374.9亿元，占中央财政转移支付的比重达到47.5%；[②]但是，和西方发

① 高玉强、董黎明：《政府间事权优化配置的基本思路——基于财政支出结构的分析》，《当代经济管理》，2009年5月。

② 郭庆旺、贾俊雪：《从中央财政转移支付视角看2009年预算报告》，《中国财政》，2009年第9期。

达国家长期以来一般性转移支付占50%以上的比例相比，仍然难以发挥平衡地方财力的作用，限制了地方政府在地区性公共产品供给中的自主性。专项转移支付不能真正实现“资金接受者可根据实际情况自主安排资金用途”，地方政府难以将转移支付资金根据本地实际需要进行有效配置。专项转移支付的具体项目繁多，透明性较差，分配公式不够完善。[①]地方政府之间缺少一个规范化的横向转移支付制度。虽然具有横向转移支付性质的对口支援早已存在，但是，随着市场取向的改革思路日益清晰，原来带有计划色彩的对口支援，逐渐出现了地方积极性下降、项目减少、效率低下等问题。

(二)改革的措施

1.合理划分投资职能

根据上述政府间投资职责划分标准和原则，以及发达国家的一般模式，可将我国中央政府与地方政府的职能做如下划分：

中央政府职能及其投资范围是：

(1)反映国家整体利益的全国性公共产品，如国防、外交、涉及全国的资源开发与保护、防灾救济、中央政府行政管理等；

(2)具有规模经济特点和经济外部性的产品，中央政府应负担全部或部分投资，如空间、海洋开发、尖端科学、基础教育、卫生防疫、环境保护等；

(3)实现全国范围的收入再分配，均衡地区差距，例如，对经济落后地区和农村的公共及基础设施投资，扶贫开发。

地方政府职能及其投资范围是：

提供区域性公共产品和辖区内居民受益的项目，如地方行政、社会治安、文化教育、消防、垃圾和污水处理、供电、供水和供气、地方道路等公共服务。

中央与地方政府共同承担的投资范围是：

(1)某项公共产品属于中央政府职能范围，但出于效率的考虑，由地方分别去做，但以中央政府为主，例如奥运工程等；

(2)某项公共产品属于地方政府职能范围，但由于其收益产生外溢，应由中央政府帮助协调，有关的地方政府协作承担，例如跨地区的大型水利项目；

---

① 马晓玲、成丽英：《完善转移支付制度，推进农村基本公共服务均等化》，见《财政部财科所研究报告》，2007年第11期。

(3)一些大的社会福利或公共服务项目,需要建立费用分担机制,其费用往往需要由两级或多级政府共同分担。

不同领域政府间投资职责划分如表4-5所示。

表4-5 政府间投资职责划分

公共事务	中央政府	省级政府	省级以下政府
邮政	邮政		
国防	国防		
公共安全		警察	警察保安
农业	大型生态农业保护工程、带有全局性的重点农业科技开发	全省性农林水利事业发展项目，重大科技成果推广应用	本区域农业工程设施，社会化服务体系
公路	国道、跨省高速公路	省道,高速公路	市、县、乡镇公路
河流治理	国际河流、一级河流	二级河流	三级河流,一、二级河流的某些部分
港口		省一级港口	市县一级港口
住房		廉租房、经济适用房	廉租房、经济适用房
卫生防疫	国家卫生防疫体系	省级卫生防疫	市、县卫生防疫
医院		省级公立医院	地方公立医院
教育	高等教育	高等教育、高中教育	本地基础教育
科技	基础研究项目	基础研究项目	
环境保护	大气治理、水土保持、全流域污染治理	本地区的大气治理、水土保持	污水及垃圾处理
消防			消防设施
文化体育			剧院、博物馆、体育馆、游泳池
城市基础设施			电煤气、给排水

2.实现政府间事权划分法治化

政府间投资事权划分法治化，既是社会主义市场经济发展的必然要求,又是实行民主政治的应有之义。应从完善法律体系的角度入手,逐步使政府间职责权限和支出责任由宪法或法律明确规定和具体划分。从我国的法律现状看，在中央与地方之间投资事权和财力划分的法律法规尚未细化。根据法律专家的建议，[1]我国政府间事权财权划分的法律安排有以下几种选择：其一，借鉴西方国家的成熟经验，对《中华人民共和国宪法》进行修正，以国家根本大法的形式规范我国政府间事权划分；其二，制定《中华人民共和国财政基本法》，由其明确中央与地方政府的确切职能以及中央与地方政府的财力分配；其三，制定《中华人民共和国中央与地方关系法》来规范中央与地方政府事权财力划分。根据我国的实际国情，应该采取法律列举的方法，具体规定中央与地方政府的各自专有事权和支出职责，以及中央和地方政府的共有事权和支出职责，并保持相对稳定性；其四，或者在《中华人民共和国中央与地方关系法》中科学地界定中央与地方政府事权，并与其他关于中央与地方政府收入划分、财政支出和转移支付方面的法律配合，如预算法、税法和转移支付法。

3.促进财力与事权相匹配

要在制度安排层面解决好分税制中的财权配置问题。我国税制中的20多个税种，哪些应归中央，哪些应给省，哪些应放在市、县，哪些在一定历史时期内应作为共享税，以及地方必要的税种选择权、税率调整权、收费权，都属于这个层次的问题。总体上看，中央政府为履行宏观调控职能，应当掌握有利于维护统一市场正常高效运行、流动性强、不宜分隔、具有宏观经济反周期"稳定器"功能的税种（如个人所得税）以及有利于贯彻产业政策的税种（消费税等）；地方政府为履行提供区域性公共产品和优化辖区投资环境的职能，应当掌握流动性弱、具有信息优势和征管优势并能和自身职能形成良性循环的税种（财产税等）。

要赋予地方政府必要的财力。通常来讲，地方政府的投资支出应当主要来自地方税收，因为自有税收能够提高资源配置和管理的效率。要积极培育地方税主体税种。地方税主体税种税基应较广，收入稳定且规模较大，具有非流动性，税负不能转嫁。这样，本地的税负才能真正落实到本地居民身上，才能把地方公共物品的成本和收益较好地联系起来。地方税主体税种的选择主要有3个，一是营业税，一般而言，经济发展水平越高，第三产业的发展动力越大，与此密切相关的营业税也有较大的增长空间。二是房地产税，将房地产税、土地使用税合并为房地产税后，房地产税由于计税依

---

① 寇铁军：《政府间事权财权划分的法律安排——英、美、日、德的经验及其对我国的启示》，《法商研究》，2006年第5期。

据、税率、课税范围等发生变化，数量将会有显著增加。同时，随着经济的发展和城市环境的不断完善，房地产税的收入将迅速增加。三是城市维护建设税，改革后的城市维护建设税由于计税依据的改变和课税范围的扩大，其数量在地方财政收入中占较高比重，可作为地方税主体税种之一。[①]另外，还可适当增加新的地方税费种类。例如，遗产税、社会保障税、资源费、排污费等。

财力与事权相匹配反映在财政收支上又分为直接匹配和间接匹配。[②]直接匹配是指在财政体制设计上，各级政府的支出数量与本级财政的收入数量大体相当；间接匹配是指在财政体制设计时，收入的划分不考虑地方政府本级收入和支出的匹配问题，而是在中央集中收入后，通过转移支付实现各级政府收入和支出的匹配。目前，我国的分税制体制就是一种间接匹配方式。中国这样的一个大国，各地区之间经济发展程度不一，财政能力差异较大，中央集中一定的财力对于保证中央的权威和平衡地区间差异是必需的，因此，财力与事权相匹配模式仍应坚持间接匹配模式。但是，地方财政收入占比和支出占比的差距不应过大，过大的话则意味着地方政府的公共服务职责会更多地依赖中央财政的转移支付来实现，这不利于调动地方政府提供公共服务的积极性、主动性和灵活性，不利于地方政府根据本地公共服务的特殊需要适当安排投资支出。

4.完善财政转移支付制度

正确处理一般性转移支付和专项转移支付的关系。一般性转移支付和专项转移支付各有特点，关键在于科学设置、合理搭配，发挥好各自的作用。

健全一般性转移支付制度。拓展一般性转移支付的内涵和外延，提高一般性转移支付规模和比例。要围绕主体功能区建设，增强禁止开发与限制开发区域政府公共服务保障能力。完善资源枯竭型城市转移支付制度，加大对资源枯竭型城市转移支付力度。增加对民族地区和边境地区的转移支付。[③]

规范专项转移支付。严格控制设立新的专项转移支付项目，区分不同

---

① 马海涛：《政府间事权与财力、财权划分的研究》，《理论视野》，2009年第10期。

② 李齐云、刘小勇：《我国事权与财力相匹配的财政体制选择》，《山东社会科学》，2009年第3期。

③ 谢旭人：《健全中央和地方财力与事权相匹配的体制，促进科学发展和社会和谐》，《财政研究》，2009年第2期。

情况取消、压缩、整合现有专项转移支付项目。规范专项补助政策，属于中央事权的，中央全额承担；需要地方共同负担的，逐步实行按项目或按比例分担。

建立横向转移支付制度。应结合区域差距和城乡差距，根据均等化的原则，按照人均相关因素进行分配，分配额度与财政公共服务需求成正比、与财政收入能力成反比。可将增值税应当属于省级财政的一部分进行平衡性非对称分配，只有欠发达省区才有资格参加分配。在省内各地市之间也可采取相同的分配方式。横向财政转移支付可采取循序渐进的办法，逐步实现地区间财力均衡的目标。

完善转移支付管理制度。无论一般性转移支付，还是专项转移支付，都要加强管理，做到规范、高效、透明。完善转移支付办法，积极运用公式法、因素法科学合理地分配资金，减少资金分配的随意性，并加强使用监管和绩效评价。根据经济和社会发展需要，上级财政应按时下拨转移支付资金，保证政府性投资项目的资金及时到位。

附件2 以工代赈项目实施中的成效、问题及对策

内容提要:

以工代赈项目建设有别于其他扶贫开发以及新农村建设项目,有其独特的优势和作用,是一项符合贫困地区实际、行之有效的扶贫政策,是造福于民的一大德政工程,理应进一步加大投入力度。实行易地扶贫搬迁,一方面可以降低国家对公共基础性项目投入的成本,另一方面也有利于生态环境的保护。由于各地方自然环境、贫困程度、经济发展水平等不同,其工程建设成本差异较大,国家应分地区提高项目补助标准。应设立以工代赈后续扶持资金,支持先期项目建设中仍存在较大欠缺的农村公共基础设施进一步完善,以增强项目实施的后劲。应调整扶贫瞄准机制,把省贫县中的重点贫困乡镇、村纳入国家以工代赈项目的扶持对象。

2008年1月,我到四川省广元市调研了以工代赈项目实施和政策落实情况,与市、县两级以工代赈办的同志进行了座谈,走访了乡村组干部和项目区农户,听取了基层干部群众对以工代赈的看法和建议。

一、项目实施的成效

(一)经济社会效益十分显著

1984年以来,广元市累计争取国家以工代赈资金(含物资折资)6.25亿元,地方配套和群众投劳折资23亿多元,也就是说1元的国家投入带动了3.7元的社会资金。建成了一大批质量高、效益好的以工代赈工程,包括完成新改建县乡村公路1400多条、10000多公里;新建大中型桥梁150座;新改建小型水库212座,建防渗渠280多公里,蓄水池6万多口,解决了120多万人、130多万头牲畜的饮水困难;改造中低产田50多万亩;完成治理水土流失面积240平方公里;改造农村电话线路246公里,解决了23个乡镇不通电话的问题;建设以工代赈"三结合"示范村、生态小康新村166个;完成易地扶贫搬

迁2716户共11051人。

（二）解决了群众急盼的问题

旺苍县高阳镇鹿渡村①以25度的山坡地为主，人均基本农田0.5亩，生活用水无保障，灌溉用水无设施，交通运输无公路。2006年，该村被列为四川省以工代赈项目示范村之一，投入以工代赈资金140万元，引导社会资金及其他渠道资金448万元。项目实施后，按四级公路标准改建村道9.6公里，解决了1700人的行路难和运输难问题；37口可蓄水7140立方米的蓄水池及3.5公里主渠建设完成，使旱地用水不再困难；人饮主体工程安装完毕，解决了全村1234人的吃水问题；完成了沼气、改厨、改厕、改圈等人居环境建设；同时，扶持了茶叶、蚕桑、干果、生猪等农业产业化项目。从项目区群众的反映来看，以工代赈政策深入民心，受到群众的广泛接受和赞扬。在广元市，类似于鹿渡村的例子还有很多。

（三）易地扶贫搬迁意义重大

从2004年开始实施的易地扶贫搬迁试点工程，是新时期国家为根本改善贫困山区群众生产生活条件做出的一项重大决策。朝天区境内多为高山，地理条件十分恶劣。2004~2006年实施易地扶贫搬迁，全区已搬迁农户653户共3000人，完成投资3665万元，其中国家易地扶贫搬迁专项资金1180万元，累计建设住房6.46万平方米，附属设施1.56万平方米。项目实施使生态环境得到有效保护，人居环境显著改善，农民致富路子逐步拓宽，思想观念明显转变。易地扶贫搬迁还大大降低了国家的扶贫成本，据市以工代赈办的调查统计，用易地扶贫搬迁方式和就地原有方式解决贫困群众的脱贫问题，前者比后者节省3倍以上的政府投资。2004年，旺苍县利用易地扶贫搬迁资金21万元，将东河镇安坪村14户不具备生存条件的农民搬到该镇农林村。当地的干部和搬迁户算了一笔账：如果政府要稳定解决这部分人的温饱和致富问题，仅修10多公里公路和架电两项，就要耗资300万元以上，是实施易地扶贫搬迁投入的14倍；朝天区陈家乡柿子岭村居住最偏远的有15户农民，如果要就地解决这些农民（60人）的贫困问题，仅修路和解决饮水问题，政府投入将达159万元；如果用易地搬迁方式，政府仅需投入30余万元，只占就地解决所需资金的1/5。

---

① 旺苍县鹿渡村俗称大茅坡，是20世纪全国农业改土的先进典型，曾提出“宁愿苦干，不愿苦熬”的大茅坡精神。

(四)真正使农民得到实惠

20多年来,以工代赈以其系统、规范、高效、务实等特征将政策优惠最大限度带给了贫困农民。以工代赈有专门的机构、人员,形成了一套行之有效的管理办法,为实施好项目、管理好资金、服务好群众提供了可靠的保障;以工代赈资金既有建设性,又有赈济性,通过发放劳务报酬实现赈济,老百姓积极参与、投工投劳,后期管护也比较到位;以工代赈专注于农村基本公共服务设施建设,资金集中使用,实施整村推进,实实在在地解决了群众急难问题,夯实了发展的基础。相比之下,当前一些新农村建设投入通常只落实到相关部门,这些部门集计划、资金、工程管理于一体,既当“会计”又当“出纳”,不符合项目建设管理的相关规定,项目资金渗漏严重,真正到农民手中的没有那么多;而且,这些项目多是业主承包,老百姓没有参与其中,后期管护也不到位;例如,一些扶贫办下达的扶贫资金使用分散,主要搞人居改造,“穿衣戴帽”,而促进农业可持续发展和农民增收的乡村公路、人畜饮水和灌溉工程却得不到根本解决,部分扶贫资金建设的工程成了治标不治本、雨过地皮湿的“面子工程”。

二、存在的问题

(一)投入与需求矛盾突出

广元市下辖四县三区,有3个国贫县、4个省贫县,长期以来生存条件恶劣,自然灾害频繁,基础条件脆弱。目前,按照国家现有标准,全市还有近50%以上的村不通公路,有10%的乡镇公路晴通雨阻;204个旱山村,465个缺水村,109.4万人的饮水不安全问题需要解决;现有耕地中,近60%的耕地不能保证灌溉,47%的农田完全靠天吃饭,特别是北部高寒山区,80%以上的耕地仍是25度以上的坡耕地;全市尚有204个村、11121户农户不能完全通电,520个村、10.2万农户的供电设施需要改造。朝天区全区24万人,其中有29160人需要搬迁,而到目前为止只搬迁了745户、3400人,只占应搬迁人口的12%。即使是市中心所在地利州区也仍然有2275户、9100人居住地自然条件极差,只有实行易地扶贫搬迁,才能彻底摆脱贫困。可见,贫困地区生产生活条件的改善还有赖于以工代赈项目建设进一步加大力度。

(二)资金总量趋于萎缩

近年来,全国每年以工代赈项目国家预算内资金40亿元,国债5亿~6亿元,易地扶贫搬迁项目资金10亿元左右,合计只有50多亿元。而同期其他形式的新农村建设资金却成倍增长。以工代赈资金占国家财政投资的比例和财政新农村建设投资的比例均持续下降。1997~2007年间,广元市全市以工代赈资金累计为4.1亿元,只占同期扶贫开发资金[①]的23%。以工代赈资金每年基本保持在3000万~4000万元，而2006年和2007年则仅有3115万元和3525万元,是“九五”以来的最低水平,这与新增财政扶贫资金连年增长形成明显对照(见图1)。省贫县获得的以工代赈资金更是少得可怜。以元坝区为例,2003年以前,以工代赈项目资金每年基本保持在400万元左右。2003年以后,以工代赈资金集中投入国贫县,而省贫县的以工代赈资金基本没有得到投入。元坝区的部分乡镇、村比某些国贫县的贫困程度还要严重。该区大朝乡人口3474人,面积63.7平方公里,2007年底农民人均纯收入仅1624元,远远低于全市2758元和全国4140元的水平,而该乡至今没有一个村通公路,且有120多人常年受地质灾害威胁,因无项目扶持得不到搬迁,这些乡镇的贫困群众热切盼望得到以工代赈项目资金和易地扶贫搬迁政策的扶持。像大朝乡这样的贫困乡镇,在广元的4个省贫县还有很多。

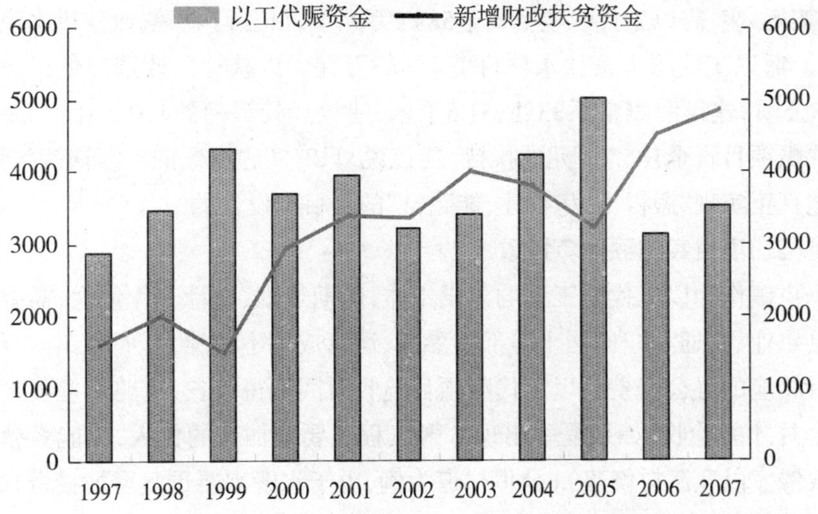

图1 1997~2007年广元市以工代赈资金(万元)

资料来源:广元市以工代赈办。

(三)补助标准过低

目前,国家易地扶贫搬迁政策性补助标准为每人5000元,其中,60%用

---

① 扶贫开发资金包括新增财政扶贫资金和中央新增专项贷款。

于补助搬迁住房建设，40%用于迁入地基础设施建设。兑现到搬迁户建房的国家资金补助一般为每户1.2万~1.5万元。近年来，建材价格上涨迅速，水泥已由不到300元/吨上涨到500多元/吨，砖、沙石、钢材以及运输价格也成倍上涨。据广元市以工代赈办测算，2007年，搬迁农户建房的单位造价比2006年上涨一倍多，由平均350元/米^{2}上升到710元/米^2。即使按户均90米^{2}的低限计算①，2007年，每户建房资金也才6.4万元，资金缺口4万~5万元。部分最贫困群众家庭没有任何积蓄，借贷又无门，没有自筹资金用于建房和发展生产，基本无法实现搬迁。可见，真正不具备生存条件、最需要搬迁的贫困农户却无法享受这项惠民政策。

（四）后续扶持要求强烈

根据广元市以工代赈办对2004~2005年度易地扶贫搬迁试点工程集中安置情况的回访，30个集中安置点村民的生产生活条件与原住地相比虽有明显改善，但在生产用地、基础设施建设和后续产业发展等方面仍然需要以工代赈项目资金951.1万元的后续扶持。其中，需要新建、改建公路59.7公里，架桥3座，需以工代赈项目资金583.2万元予以扶持。新建、改建供水设施7处，需以工代赈人畜饮水项目资金74.3万元予以扶持。改造中低产田土24.3公顷，建设灌溉渠系33处、31.5千米，建设10处提灌站120千瓦，需要以工代赈项目资金185.7万元的扶持。应该说，只有实施有效的后续扶持政策，才能真正实现“搬得出，稳得住，能致富”的项目建设目的。

（五）项目实施额外负担重

乡镇作为以工代赈工程的建设主体，前期规划、设计工作量大，需要邀请县农业、交通、水利、国土等部门参与，运营成本不断加大，而乡镇一级又没有相应的办公经费。以工代赈项目验收时间拖得较长，道路通常要经过10个月才能验收；如果夏季出现水毁工程还要增加新的投入，只能乡镇自己找钱。以鹿渡村修建9.6公里村道为例，由于水毁需要重复增加投资10多万元，这无形中增加了乡镇政府的负担。以工代赈项目实行严格的报账制，税收征缴也十分严格。以鹿渡村以工代赈项目为例，国家补助资金93万元用于劳务支出，其余54万元用于材料和运费。项目各类税收合计高达10.2万元，占国家补助资金的7.3%。其中资源税1.3万元，营业税4.6万元，印花税0.4万元，增值税3.9万元（见表1）。税赋的增加使项目实施更加入不敷出。而且，

① 从满足山区农民基本生产生活需要出发，户均120~150 米^{2}比较合理。

表1 旺苍县鹿渡村以工代赈项目报账税费统计表

应税项目	用量	单价	金额	运费	合同金额	税额合计	资源税（按2元/吨）	营业税（按运输费6.68%）	印花税（按合同金额的0.43%）	增值税（按销售金额的6%）
	（吨/个）	（元）	（万元）	（万元）	（万元）	（万元）	（万元）	（万元）	（万元）	（万元）
合计			54.01	15.67	69.69	10.22	1.29	4.65	0.40	3.88
劳务	2667	15	93.03			0.40	0.00	0.00	0.40	0.00
水泥	688	330	2.27	2.75	5.02	0.34	0.00	0.34	0.00	0.00
河沙	1368	90	12.31	2.74	15.05	2.19	0.27	1.01	0.00	0.90
碎石	1886	65	12.26	3.77	16.03	2.41	0.38	1.07	0.00	0.96
块石	2171	85	18.45	4.34	22.80	3.33	0.43	1.52	0.00	1.37
条石	957	140	8.13	1.91	10.05	1.47	0.19	0.67	0.00	0.60
片石	78	75	0.59	0.16	0.74	0.11	0.02	0.05	0.00	0.04

资料来源：旺苍县以工代赈办。

报账制人工成本也比较高，距离较远的乡镇到县里报账更是困难。实施难度加大使乡镇政府陷入两难境地——既希望多争取项目，又怕项目负担不起。

（六）工作经费严重缺乏

各级以工代赈办是项目计划、实施、监督的主体，由于项目管理越来越细、要求越来越严，责任重、业务量大，尤其是易地扶贫搬迁项目涉及每个搬迁农户，工作面宽量大，所需经费支出也越来越大。长期以来，以工代赈工作经费均按预算内国家补助金额的1.5%提取，国债资金没有配套工作经费，到县级以工代赈办，每个项目县区每年通常只有1万~3万元的工作经费。相比之下，国土部门的“金土地”工程按照项目补助资金的13%提取工作经费，扶贫开发办的项目工作经费也是按约2.5%的比例提取，工作经费宽裕得多。经费短缺使市县两级以工代赈办难以正常开展项目前期工作和检查指导，经常连办公场所、车辆、文印费用都支付不起，这在很大程度上影响了工作的正常开展，也影响了工作人员的积极性。由于政策的限制，省贫县难以像国贫县一样争取到更多项目资金，其以工代赈办经费短缺现象更为严重，普遍长期负债运营。

三、改进的对策建议

（一）扩大国家以工代赈资金规模

目前，制约贫困地区农村发展的主要因素是落后的交通、水利等基础设施，新农村建设的重点之一也是农村的基础设施建设，而以工代赈建设的范围和重点恰恰是农村最急需的基础设施，这也是在农村贫困地区推进基本公共服务均等化、构建和谐社会的重要内容。以工代赈项目建设有别于其他扶贫开发以及新农村建设项目，有其独特的优势和作用，是一项符合贫困地区实际、行之有效的扶贫政策，是造福于民的一大德政工程，理应进一步加大投入力度。建议国家逐步提高以工代赈补助资金占新农村建设财政资金投入比例；同时，探索将以工代赈应用于城市建设，为促进市政发展和解决民生问题提供帮助。

（二）促进易地扶贫搬迁转入正式实施阶段

实行易地扶贫搬迁，一方面可以降低国家对公共项目投入的成本，另一方面也有利于生态环境的保护。根据广元市以工代赈办“十一五”规划，全市需要易地扶贫搬迁的有31375户、125500人，占全市农业人口的5%，任务仍十分艰巨。通过近几年开展易地扶贫搬迁试点工作，试点县区积累了一定的经验，取得了显著成效，这项工程深受项目区群众欢迎，也是山区贫困群众最盼望的工程。因此，建议扩大易地扶贫搬迁试点工程的规模，或将易地扶贫搬迁从试点阶段转入正式实施，将省贫县符合易地扶贫搬迁条件的农户纳入政策扶持范围，使这些农户早搬迁、早脱贫、早致富。

（三）提高项目建设补助标准

由于各地方自然环境、贫困程度、经济发展水平等不同，其工程建设成本差异较大。建议国家分地区提高项目补助标准。基本农田项目平均补助标准由现在的500/亩提高到2000元/亩；硬化和黑色化通村公路建设平均补助标准由8万~10万元/公里提高到20万元/公里；小型水利项目蓄水池和水窖建设平均补助标准由50元/立方米提高到100元/立方米；人畜饮水项目集中供水和引泉蓄水工程平均补助标准由200元/人提高到300元/人；易地扶贫搬迁项目平均补助标准由5000元/人提高到10000元/人。其中，基础设施建设和建房补助比例应因地制宜，不搞一刀切。例如，对于分散安置搬迁农户的建房补助，原则上按国家资金80%的比例补助，对于集中安置搬迁农户的建房补助，建议按50%的比例补助。

（四）落实税收优惠政策

建议国家制定以工代赈项目建设免税特殊政策，实行资源税、营业税和增值税免征，以保证国家补助资金真正全部用于项目区的工程建设。

（五）加强后续扶持力度

建议国家发改委设立以工代赈后续扶持资金，支持先期项目建设中仍存在较大欠缺的农村公共基础设施进一步完善，以增强项目实施的后劲。

（六）增加项目管理工作经费

建议国家在以工代赈项目资金中安排不低于5%、易地扶贫搬迁等国债项目资金中不低于6%的项目管理费用，确保以工代赈项目管理有序规范运转。

（七）调整扶贫瞄准机制

建议国家在确定重点扶持对象时以乡镇或村为单元，扩大以工代赈投入规模，把省贫县中的重点贫困乡镇、村纳入国家以工代赈扶持对象，提高扶贫的针对性和有效性。或者由国家确定各省以工代赈资金的大盘子，由省级政府自主决策，打破国贫县、省贫县的界线，根据本省重点贫困乡镇的实际情况，对补助资金进行合理调剂使用。

第五章 政府的投资决策

内容提要:

由于政府在某一方面来讲也是一个有自身利益的主体，政府投资决策不可避免地掺杂某些官员的私利，政府投资有时会演变为满足官员个人欲望的工具;政府投资也不是广大民众能够左右的,但是,利益集团却能够施加影响和压力,使得政府资金的规模扩张和结构调整有利于自己的发展。我国政府投资决策长期缺乏民主化、科学化和透明化,缺乏风险性论证和不可行性论证,缺乏切实有效的监管体系,缺乏决策问责长效机制。决策效率不能凌驾于决策民主之上,要实现效率与民主的统一,重点是形成科学化、民主化和法制化的环境，使政府投资真正能够满足经济社会发展的长远利益要求，真正能够用于国计民生最紧迫的领域和环节,避免政府投资成为某些官员谋取政绩和满足私欲的工具,避免由于政府投资决策失误带来的重大损失。

所谓政府投资决策是指政府为了实现其预期的投资目标,运用一定的科学理论、方法和手段,通过一定的程序,对若干个可行性的投资方案进行研究论证,从中选出最满意的投资方案的过程。政府投资决策既包括宏观政府投资规模、结构的选择,也包括微观政府投资项目的选择,涉及政府投资行为和动机、政府投资决策的机制和程序、政府投资决策的方式方法、政府投资决策的监督和约束等方面的问题。政府投资决策是政府投资的最重要环节,决定了政府投资的成败。

一、政府投资决策理论

(一)公共选择理论

公共选择理论产生于西方,它的产生不是偶然的而是有其特殊的经济和政治背景。第二次世界大战后,凯恩斯国家干预理论日渐盛行,它把政府干预看作是弥补市场缺陷的唯一良策。随着政府对市场干预的加强,政府干预的缺陷与日俱增。布坎南等人创立公共选择理论的目的正是在于揭示“政府失灵”并试图克服政府干预的缺陷。公共选择理论认为,政治是一个经济学意义上的市场,供方是政府,提供公共产品和服务。消费者是公众,购买或享受政府提供的公共产品和服务。政治和经济领域的基本行为单位都是独立的个人。同一个人,如果在经济领域是自私自利的,不可能在政治领域发生彻底的改变,不可能仅仅因为他的政治角色而变得大公无私。由于其逻辑起点是“经济人”的概念,因此认为政府机构不再是具有强烈独立倾向的集体,而是由一个个“经济人”组成的。无论是作为个体的人还是组织,都有自己的利益,都需要与他人和其他组织发生联系与利益关系,为此也要通过选择以求得其最大利益的实现。

公共选择理论认为,公共政策低效有其必然的原因,是由民主决策程序本身固有的弱点决定的:其一,选民和政治家都是经济人。一方面,政治家们会竭力利用他们对相关信息的垄断性以及通过政治家之间的合作,尽可能提出一些能够体现他们自身利益的提案,然后对选民进行劝说,使提案得以通过;另一方面,作为选民,虽然也在追求利益最大化,但他们既无有效途径,也无经济实力去获取相关提案的详细内情,因而他们很难有效地运用其选举权来制约政府。其二,即使政府提供的政策、方案是最好的,但由于选举中较多使用的是简单多数原则,而该规则最终所体现的也只是中间选民的意愿,所以最终的决策结果也难以达到最优。其三,选民的意识常受到组织良好的利益集团的影响。有的利益集团可能利用不正当的政治权势影响政府的议案和选民的投票选择行为,从而使政府做出不利于公众的决策。[①]因此,公共决策要体现公正性和科学性,就必须有最广泛的公众参与,就必须通过法律的规范来减少暗箱操作和独断专行。

政府投资决策过程也是如此。政府投资往往演变成为满足官员个人欲望的工具。政府投资不是广大民众能够左右的,但是,资本家的利益集团却能够施加影响和压力,使得政府资金的规模扩张和结构调整有利于自己的发展,并且官员和利益集团都能够在政府投资项目中谋取利益。因此,应通过法律形式赋予人民群众对政府投资决策信息的知情权和监督权,鼓励公

① 刘薇:《公共选择理论对我国改革和完善公共政策制定机制的启示》,《科技创业月刊》,2009年第1期。

众和社会组织通过不同方式参与到公共政策的决策中来，充分发挥劳工组织、妇女组织、宗教组织、福利组织等公益性利益集团的作用。公共选择理论的核心是政府与社会的关系问题，它认为没有任何逻辑理由证明公共服务必须由政府官僚机构来提供。[①]要摒弃传统“政府万能”的神话，高度重视市场经济条件下政府干预的限度问题，合理确定政府干预的范围和内容。通过设立私营企业、非营利机构以取代处于垄断地位的政府官僚体制。要在公共部门投资中引入竞争机制，按照市场经济原则来组织公共物品的生产。要更大程度地放开限制，降低门槛，使民间资金能够参与到项目建设中来，或者通过政府采购方式，由私人企业直接提供公共服务。

（二）委托—代理理论

经济学中的委托—代理理论最初是用来分析两权分离的企业中的“所有者—经理”行为的。自20世纪初现代公司制确立其主导地位以来，所有权和经营权的分离便成为现代企业最突出的特征。两权分离使得公司在获得职业经理专业化经营收益的同时也要支付相应的代理成本，这些成本包括支付给经理人的各种报酬和由于经理人行为不当所导致的收益损失。由于存在着信息不对称，所有者无法完全获悉经营者的行为，面临着较高的监督成本，逆向选择和道德风险就会出现。经营者往往会专注于追求自己的效用目标最大化，而忽视了所有者的利益，即所有者追求企业利润最大化，而经营者追求个人控制权收益最大化。这里，我们可以把政府官员看作是与企业经理一样的管理阶层，他们作为代理人提供公共服务，具有信息优势和追求自身利益最大化的动机。因此，委托人就有必要建立一套有效的激励与监督机制，促使政府恰当地行政，使得它们在追求自身利益的同时，也能最大限度地增进委托人的利益。这种委托—代理关系存在于公众与政府之间以及中央政府与地方政府之间。

按照契约理论，公众与政府的关系是基于行政权的运行而达成的政治委托—代理关系。公众是行政权委托人，政府是行政权代理人。根据民主政治的内在要求，由民众（或选民）对公共投资提出要求最有约束力和说服力，因为公共的事情就是民众的事情，公共投资是民众的公共利益所需要的投资，民众说投才能投。但是，由于民众偏好的多样性，以及由“搭便车”行为等导致的将不同选民偏好集合为统一偏好的不可能性，就使得事情趋

① 闫淼、彭玫：《布坎南公共选择理论与我国政府决策行为》，《社会科学论坛》，2007年第4期。

于复杂化。真正能代表民意的公共投资偏好往往只存在于观念之中，很难为决策者所掌握，这既有技术上的原因，如信息搜集成本过高、信息具有时滞性（如选民的偏好不稳定，导致此一时，彼一时）等；也有制度上的原因，如决策者是一个经济人，也有自身的利益追求与成本考虑。后者使决策者在决策时并非一定要充分考虑选民的偏好。在间接民主制条件下，即使采用多数票为准的投票模型，也不一定能使决策真正体现大多数选民的偏好。

在现实生活中，对公共投资提出要求的，除了选民（更多的是选民的代表），还有各种利益集团以及与这些利益集团有着千丝万缕联系的政府官员。并且，政府官僚阶层本身就是一个特殊的利益集团，在民主法制不完善的情况下，往往是某些利益集团或政府官员对公共投资提出的要求更具有权威性和约束力。在政府主管部门中，某类投资往往只有少数几个人负责审批，这些人很容易被相关利益集团所捕获。在下级官员的升迁不是主要取决于选民，而是取决于上级官员的情况下，“政绩”的考虑往往使下级官员为博得上级官员的好感而进行许多不切实际的公共投资。在这种情况下，代理者的行为就严重背离了委托者的要求，委托—代理的成本就迅速扩大，所谓的公共投资事实上很大一部分就被偷换为与某些利益集团或政府官员局部利益有关的私人投资。要解决这一问题，必须从根本上完善民主与法制，特别是在条件允许的情况下，在某些层次，尽可能用直接民主代替间接民主。

中央政府与地方政府在各种经济利益分配上，往往通过协商谈判确立，其间的关系正逐渐向契约化发展，呈现出委托—代理关系。在这种委托—代理关系中，中央是委托人，目标是整个国家利益的最大化；而拥有私人信息的地方政府是代理人，其目标是追求地方利益的最大化，具有“经济人”的理性特征。[①] 地方政府之所以拥有信息优势是因为地方政府更接近信息源，而且中央政府所需的信息往往就是地方政府自身的行为信息。政府官员的个人效用函数主要包括货币性收益和非货币化收益两部分，货币性收益有职务工资收入和在职消费，非货币性收益主要包括个人声誉、成就感、对权力的自由支配程度等。对于官员来说，非货币性收益与货币性收益

① 江孝感、王伟：《中央与地方政府事权关系的委托—代理模型分析》，《数量经济技术经济研究》，2004年第4期。

同样重要。地方官员都希望领导更多的人,控制更大规模的资源,从而扩大自己的职务含金量和政治影响力。对地方政府官员来说,这种控制权收益具有巨大的激励作用。因此,地方政府官员具有内在的动力去扩大自己的控制权收益。

与企业经营者通过扩大企业投资规模来扩大个人控制权收益的逻辑类似,地方政府官员实现自己职务控制权回报的主要方式就是加大地方经济资源的开发力度和扩大地方投资规模。地方投资规模的扩张至少在以下3个方面增加了地方官员的个人控制权收益:第一,地方经济规模越大,官员的各种在职物质利益也越大,官员的支配能力、成就感等非物质性效用也越高;第二,地方投资规模越大,经济社会结构越复杂,中央政府对地方官员进行监督的成本就越高,中央政府的控制和约束就会在一定程度上受到削弱,这反过来进一步有利于地方政府官员攫取个人控制权收益;[①]第三,地方经济规模扩大还会加强地方政府官员的谈判力量,有利于他们在与中央政府讨价还价的过程中,争取到更大的地方行政独立性和更多政策支持。

(三)治理理论

1989年,世界银行在概括非洲国家经济社会发展情况的一份报告中首次使用了"治理危机"(Crisis in Governance)一词。全球治理委员会于1995年发表了一份题为《我们的全球伙伴关系》的研究报告,对治理作出了如下界定:治理是各种公共的或私人的个人和机构管理其共同事务的诸多方式的总和。它是使相互冲突的或不同的利益得以调和并且采取联合行动的持续的过程。治理理论突破了"政府中心论"的局限性,将市场、政府以及其他机构看作一个不可或缺的整体,目标是建立政府、市场、公民社会三者相互依赖与多元合作的公共事务治理模式。

1998年,英国学者格里·斯托克(Gerry Stoker)对流行的各种治理概念作了一番梳理后指出,[②]第一,治理是指一系列来自政府,但又不限于政府的社会公共机构和行为者的复杂体系。政府并不是国家唯一的权力中心,各种公共的私人的机构只要其行使的权力得到了公众的认可,就都可能成为在各个不同层面上的权力中心。第二,治理意味着在为社会和经济问题

① 赵祥:《建设和谐社会过程中地方政府代理行为偏差的分析》,《中国行政管理》,2006年第5期。

② 徐磊:《治理理论与我国政府管理创新》,《理论前沿》,2009年第12期。

寻求解决方案的过程中，存在着界线和责任方面的模糊性。它表明在现代社会，国家正在把原先由它独自承担的责任转移给公民社会，后者正在承担越来越多的原先由国家承担的责任。第三，治理明确肯定了在涉及集体行为的各个社会公共机构之间存在着权力依赖。进一步说，致力于集体行动的组织必须依靠其组织，各个组织必须整合资源，力图达到共同的目标。第四，治理意味着参与者最终将形成一个自主的网络。这一自主的网络在某个特定的领域中拥有发号施令的权威，它与政府在特定的领域中进行合作，分担政府的行政管理责任。第五，治理意味着办好事情的能力并不仅限于政府的权力，不限于政府的发号施令或动用权威。在公共事务的管理中，还存在着其他管理方法，政府有责任使用新的方法和技术来更好地对公共事务进行控制和引导。

实现治理型社会自治体制，首先就是要促进政府职能的转变。把不该政府包办的或者不能很好解决的事情交由社会力量承担；把本来不是自己的权力下放给各种自治组织和法人实体，此时，政府不是权力的唯一中心，公共权力是分散化的、多元化的。政府职能转变的核心则是要加强其在应该发挥作用的领域的作用和管理，如公共物品的供给方面。[①]要通过市场机制在公共服务领域的作用，通过合同出租、合营化等多种灵活多样的方式，来实现和扩大政府的公共职能。尤为关键的一点是政府要能够转变以自我为中心的官本位主义，积极与各种市民组织交流合作，实现一种良性的互动。其次要强化社会权利、提高自治能力，必须重建和更新各种经济中间组织、行业组织和其他社会团体，如志愿团体、非营利组织、社区企业、社区互助组织等，加强社会自身内部的建设。要营造一种参与型的政治文化，培植和完善独立性强的公民组织。公民积极的参政议政是实现管理民主化和科学化、提高公共政策回应性的重要途径。必须培养相对独立的民间组织，使民间组织摆脱政府的主导，与政府脱钩。同时也要用法律对其进行约束，克服失灵所产生的负效应，完善社会的自治组织结构，提高社会的自治与自律能力，建立政府与社会相互信赖、相互协作的互动关系。

对于政府投资决策来讲，治理理论也有很强的指导意义。正如1961年达尔在《谁统治：美国城市中的民主和权力》指出的，在地方政府3个最主要的政策问题——城市重建、公共教育和政治任命的决策中，政治权力很分

---

① 赵春丽：《治理理论对当前我国社会体制转型的启示》，学说连线网站，2004-05-16。

散，每个个人或团体都拥有各种资源，有其在特定专属领域的影响力，但没有任何个人或团体足以垄断地方政府的决策过程。例如，工商业团体对城市重建较有发言权，但是对教育的影响较小。政治决策总是倾向于反映大多数人的意见，并经过“在多元民主中领导人与公民间形成的关系复杂的共生和变化过程”而产生。因此，政府投资决策不应该只是政府自己的事情，而是依靠各类社会组织共同完成；没有一个政府机关或者决策机构拥有终极的权力垄断，许多决策机构和官员分享有限的且相对自主的专有权；在公共投资中，既反对政府的垄断，也反对全盘的私营化，政府不是从公共事务领域的退出和责任的让渡，而是政府角色、责任与管理方式的变化。

二、国外政府投资决策经验

成熟的市场经济国家，政府在投资中没有那么多的腐败问题，政府投资也不会出现反复膨胀和过热。这并不是因为这些国家的政府官员个人素质更高，决策水平更高，而是因为有严格的制度规范，有公众的监督与制约。阳光化的投资决策过程以及公众的参与，有力地保证了政府投资的有效性。

（一）德国政府投资决策

德国实行的是社会市场经济体制，是国家参与和调节的、有秩序的市场经济。其主要特点是保护合理竞争，实现效率原则，强化社会保障，实现公平原则。政府按照市场原则规范经济宏观秩序，同时通过直接投资维护社会公共利益，实现基础设施建设、公共资源配置、产业导向等目标。德国的政府投资决策在联邦《预算法》和《审计法》中都有规定，投资决策既要考虑经济效益，也要考虑社会效益，政治家还会考虑决策对选举的影响。①

德国政府投资决策者主要包括：第一，交通、建筑和房屋部。该部为国家建设行政主管部门，主要负责国土规划、城市建设、住宅建设、建筑业管理及道路交通等方面的行政管理工作，大多数政府投资项目的建设与管理，以及耗资巨大和旷日持久的东部建设也主要由该部负责。主要职能一方面是对全国的铁路、公路、水路进行建造、保养、维护和管理，也包括诸如迁都柏林那样跨地区重大建设项目的计划组织等内容。另外一个重要职能是对若干行业中政府投资项目的建设提供技术服务，从技术细节上论证某

① 叶敏：《德国联邦政府投资的管理体制》，参见《政府投资管理体制》，第192页，北京，中国计划出版社，2005。

一个政府投资项目的可行性。第二,财政部。该部门的职能与我国财政部的职能基本类似。在政府投资项目的建设过程中,主要负责从资金的调度和支付上对项目进行审查和管理,对政府投资项目的投资兴建具有审批权。第三,联邦建设有限公司。联邦建设有限公司是国有私营性质的公司,是为了首都搬迁工程而专门成立的。公司的董事会共有16名成员,其中3名为政府官员,分别来自财政部、建设部和联邦议院。这3名来自政府机构的董事有一票否决权,但并不意味着他们有一票赞成权,他们的提议也必须经过董事会的批准才能实施。董事会主席由一位审计师出任。之所以设立联邦建设有限公司,是为了有效地避免政府当局的干预和不受政界更替的影响。联邦建设有限公司这种国有私营性质公司的管理运行模式,实际上代表了德国政府对非经营性政府投资项目的管理特点,即由相应的政府部门拨款,组建专门的机构对项目的整个建设过程实施管理。

政府投资决策程序是:①立项审查。政府投资项目的立项一般由项目使用者(如卫生部)向财政部提出申请,由财政部和建设部共同审查。财政部主要从财政、资金的角度对项目进行审批,建设部则从技术细节上审查可行性研究报告。不得超出财政部审批确定的投资额。在该投资额范围内,由建设部代表国家组织管理工程项目建设,即建设部是国家投资项目的业主,具体运作由该部建筑局负责。②预算审核。德国政府投资项目的预算管理极具权威性、强制性和科学性。对上报的项目预算审核严格细致,预算执行结果考核也分阶段把关。一旦立项获得批准,项目单位除上报项目总预算外,还要提供各项投资资金之间比例和应达到的社会经济效益指标的专门预算,该预算作为辅助材料上报财政部并纳入年度总预算之中。德国在建设部设有"建设投资管理局",负责对政府投资项目全过程的监督管理。[①]他们与项目的未来使用部门协调,共同作出项目预算并参与从项目立项、预算确定、投资拨款、投资预算调整直到投资后评估的全过程。项目完成后,该机构要对项目投资额、完成时间、质量和效果进行考核,对未达到要求的要追究行政责任。

政府投资决策责任监督机制。为防止决策失误,确保决策的公正性和正确性,德国实行三级监督机制。一是有专门的内部监督机构。联邦建设部专门设立了由国务秘书直接领导的内部监察处,主要以《联邦政府官员法》

① 国家发展改革委外事司:《德国联邦政府投资项目的决策与管理》,《中国经贸导刊》,2004年第16期。

为依据，负责对该行业政府官员、公职人员和应聘参加政府投资工程的自由职业人员进行监督。监察处如发现或有人举报有关人员有经济问题，可以进行核实，经核实确有经济犯罪事实的，移交检察院或警察局办理。监察处的主要职责是内部检查和预防腐败。监督机构只能监督，不能参与工程发包或其他经济活动。二是审计监督。联邦德国审计署是依据《基本法》规定而设立的独立的机构。审计署在德国具有十分重要的地位，它不受政府和任何部门的制约。审计署根据《基本法》赋予的使命，接受议会委托，定期审查建设项目的法律性和经济性，对决策者的舞弊行为形成制约。审计署一年一度的《审计年鉴》，一来作为联邦预算的依据，二来是反映政府投资透明度的一个重要窗口。审计署不仅进行投资是否到位的“问题审计”，而且进行投资是否有效率的“效率审计”，发挥了国家财产“看门人”的作用。三是通过联邦议会进行监督。每一个议员都有自己的选区，该选区的选民可向议员提出问题与质疑，由议员将有关问题与质疑提到议会上。与此同时，议会也要受到新闻舆论的监督。舆论监督对议会和议员形成强大的压力，有时会迫使议员辞职。议会监督和舆论监督形成了有效的监督机制。

(二)英国政府投资决策

英国是一个中央集权型单一制国家，在政府级次上分4级，即中央联邦政府、省政府、大区政府、市(小区)政府。在政府投资体制上，中央政府的权责比较集中，地方政府虽然对某些事项有一定的自由裁决权，但总体上要受中央政府的监控，服从中央政府的统一领导。①

政府投资决策程序。英国政府投资决策机制采用中央集权制，对政府投资项目实行高度集中管理。首相办公室直属的公共服务提供专署直接指导并监管政府投资项目的投资决策。政府投资决策的主要机构是公共服务提供专署(现为投资节省预算局ISB)，成立于2001年，属首相办公室直管。每年的投资计划由财政部和公共服务提供专署联合制定，并以《公共服务协议》的形式公开出版。一旦各行业部门的预算得到议会批准(英财政部每年都会发布与公共开支有关的白皮书，政府投资的预算和决策也在其中)，各部门就在行业发展总的战略规划框架下，按照《公共服务协议》的要求安排项目投资。就一般决策而言，在地方政府职权范围内，一件事的动议由利益集团提交到专门委员会，委员会同意后提交到相关议员参加的听证和辩

---

①《英国、意大利政府投资项目监督管理体制》，国家财政部网站2006年。

论会，通过后再提交地方议会，投票通过后财政部门才能编入预算。

政府投资的立项审批。英国政府对投资规模或社会影响大的项目，立项审批非常严格，必须经过国会批准。政府投资项目在立项前，必须通过财政部政府商务办公室（OGC）组织的公共工程入门审查。该制度是一种并行审查的方式，审查者为和项目无任何关系的第三方，主要对项目的可能性进行评估。根据投资项目规模大小，分为普通公共工程入门审查和重大项目评估两类。普通公共工程入门审查，主要对项目建设和运营的连续性进行审查，确保项目能够发挥投资效益。重大项目评估由财政部重大项目评估组负责实施。评估组由各类专家组成，每组一般为4~5位专家，审查5亿英镑以上的项目。评估的主要内容是项目实施的可行性、必要性、项目的企业效益及社会效益4个方面。重大项目评估组成员需要研究与大型项目有关的各个子项目（通常是高风险项目），并建议财政部长是否批准项目实施。[①]立项文件一经批准或确认即为项目执行的依据，不得突破投资概算，设计人员、施工人员、工料测量师以此作为造价的控制目标。政府投资项目确定后，项目主管部门将与政府商务办公室及下属机构组成有效网络，组织投标者，根据成本估价确定中标者。

政府投资决策的监管。自英国国会1667年通过第一部有关建筑工程的法律以来，英国涉及建筑工程的法律、法规、建筑技术准则和工程建设标准不断补充，逐步形成了政府投资决策监管的法律体系。这一法律体系包括3个层次。第一层次是“法律”层次，它具有最高法律效力，一般由议会制定或由议会授权政府或社团机构制定，最后由议会审议通过。如健康安全法、建筑法、建筑工程法、仲裁法、建设团体法、建筑师法等。第二层次是实施条例，一般是政府或社会团体制定，并经议会审定。这些条例的制定是根据法律中的某些条款的授权，对法律中的一些条款进行更加详细的规定。如建造条例、建筑总条例、设计与管理条例、保证付款条例、健康安全工作条例、公共安全条例等。第三层次是技术规范与标准，其编制主要是由各协会或学会编制，或政府委托其编制。

（三）意大利政府投资决策

意大利在历史上曾是中央集权国家，后来随着地方政府体制的建立，中央和地方的关系才有了新的发展，地方自治得到一定程度的加强。意大

① 傅仲保等：《英国政府投资监管体系的架构和内容》，《中国投资》，2010年第4期。

利政府投资体制也是中央政府权责比较集中，对整个国家或社会影响较大的投资支出由中央政府提供和管理。地方政府受中央政府的监控，服从中央政府的统一领导。[①]意大利政府投资的决策与监管权主要在政府所属的基础设施部。所有与工程有关的拨款监管权也在基础设施部。基础设施部长负责项目的立项及投资计划。经济计划部间委员会主席——总理批准国家一级项目。19个大区决定本区基础设施发展计划。在整个政府投资项目决策和监管体系中，基础设施部居于核心地位，是项目监管的核心部门。

政府投资决策及监管程序是：各行业主管部及委员会与各省、大区政府将所属项目计划统计分析后，汇总至基础设施部，由基础设施部提出项目计划及发展策略，然后再由基础设施部提交经济计划部间委员会及中央地方统一意见会议，两次会议均对项目立项无异议，则形成经济发展文件，作为项目实施的法律依据。经济发展文件形成后，基础设施部编制项目的一系列计划和程序，决定项目拨款，然后将项目交给总签约人，由其完成设计并实施。在此过程中，基础设施部将自己的一部分管理实施权委托给唯一签约人（企业集团）。另外，所有政府投资项目只有一个签约人，基础设施部不分散签约，这样不会造成工程管理中的混乱，有利于国家对政府投资项目的监督和管理。

除基础设施部对政府投资项目财政资金有权监管外，意大利审计机关还要对这些资金进行年度审计监督，并有非常严格的监督体系。首先，国家在进行拨款时，不论是一般性拨款还是专项拨款，都要经过意大利审计法院的检查，审计法院主要检查国家制定的有关拨款文件。如没有得到审计法院的通过，这些拨款就不能够执行。由于地方政府有一定的自主权，具有相对的独立性，审计法院对地方政府颁发的财税文件不进行审查，只是对决算和地方政府每年财政目标的完成情况进行监督。其次，审计法院及其所属机构要对转移支付中有国家拨款的项目进行审计。凡是得到国家投资的项目，都要向审计机关提供其较为详细的资金使用计划，包括用款时间计划和要达到的目标等，接受审计机关的检查。对项目收支进行具体审计的同时，还要对项目的执行情况进行全面评估，并将审计结果向议会报告。

意大利政府投资项目监管法律体系。近年来，意大利政府一直在努力构建完善的政府投资项目监督管理法规体系。2001年意大利政府就出台了

---

①《英国、意大利政府投资项目监督管理体制》，国家财政部网站2006年。

关于政府投资项目监督管理的法规性文件,对政府投资项目监管法规按政府机构改革与市场经济体制运转情况做了进一步规定。2001~2002年,意大利政府决定通过规范政府重大基础设施战略工程的法律——《战略目标法》,来规定政府投资项目的监督管理工作。《战略目标法》的主要内容是强化对战略目标工程的监管,战略目标工程主要是公路、港口、水道建设工程,包括城市间公路、高速公路,铁路、港口、机场、威尼斯水道工程等。

《战略目标法》对项目前期监管分3个阶段:第一阶段,初期管理阶段,主要是看政府投资项目实施方案是否可行,有无备选方案,是否适应经济发展;第二阶段,中期管理阶段,是对每个技术关键点都进行详细描述。主要看项目所涉及部门的要求和目标,要拿出评估结果,并拿到理事会讨论;第三阶段,执行管理阶段,将评估结果拿到招标站进行招标并选定中标单位。中标单位在基础设施部的监管下完成项目前期剩余部分的设计工作。战略目标法对政府投资项目的追踪检查机制进行了严格规定,检查工作由基础设施部的技术秘书处完成,并直接受部长领导。追踪检查是一个非常复杂的工作,不同时间段有不同的检查数据和检查内容。战略目标法没有年限限制,只有项目名称和建设内容的调整。每年基础设施部都会根据国民经济发展情况补充新的项目。这些项目主要是公路和铁路,还有一些大的水道和隧道工程。

(四)美国政府投资决策

美国是典型的自由市场经济国家,在200多年的治国实践中,形成了一套与市场经济相适应的政府决策管理体制。政府决策目的比较明确,非常注重选民的利益和意向。决策程序规范,对决策内容自始至终进行民主讨论、辩论以及对决策结果进行绩效估计,并按多数人的意见作出决策。决策公开透明,法律赋予公民对政府决策提出建议的权力,决策受法律约束和民众监督。

与此相对应,美国政府投资的决策过程较为科学化、民主化和规范化,以保证政府投资工程能有一个正确的社会目标。政府投资工程的管理实现了相对集中的专业化管理,以提高政府投资的使用效率。在美国,政府投资工程又称政府工程采购,其指导原则是及时向用户交付最有价值的产品和服务,保持公众信任,实现公共政策的目的。为了保证上述目标的实现,除了有严密的法律法规体系外,美国联邦以及各州还结合自身的实际,建立了科学的组织体系,制定了严密的操作程序以及相应的监督机制,并在实践中不断地加以完善，有效地保证了政府投资工程的投资效果。[1]美国关于政府投资工程的主要法律法规是美国联邦采购政策办公室制定的《联邦采购规章》，另外还有美国国会1962年颁布的订立政府合同过程中的诚实法律。此外，美国政府投资工程的合同管理还必须受一些公共法律约束，如合同法、企业法、小企业法等。

美国联邦政府投资工程涉及面较广，主要包括住宅及城市规划、农业设施、水利设施、军事及国防设施、交通、政府办公用房等方面。分别由住宅与城市建设部、交通部、恳务局、美国工兵部队、总务管理局等实施专业化的管理。对于一些特大型的工程，则组建类似密西西比河流域管理局这样的专门机构进行特殊管理。美国各州以及地方政府的政府投资工程管理体制大体相同，即由少数几个专业部门对本级政府的政府投资工程进行专业化管理。例如美国的密苏里州，其政府投资工程主要由州运输局和设计建设处负责管理。在联邦政府投资工程实施的过程中，最终用户部门以及管理与预算办公室、财政部、国会都要以不同的形式参与，最终用户部门一般要参与审定设计和验收工程，管理与预算办公室要对项目的预算进行审定，预算还需经国会批准后方可继续执行，财政部负责工程建设资金的集中支付。地方各州的政府投资工程的实施程序也与联邦政府基本相同。

联邦以及各州的政府投资工程的决策及实施程序不尽相同，但一般均具有以下特点，即在项目的决策阶段，项目要经过同级财政部门和议会的严格审查；在项目的实施阶段，则由项目的执行机关严格按照规定程序以及有关合同对项目进行严格的管理。以美国总务管理项目运行过程为例：一个大型项目的设计和建设直至交付使用，大约需要如下4个阶段的工作。①区域规划。总务管理局的每个地区办公室都进行区域规划，计划实施的工程将从区域规划中挑选出来，并向管理和预算办公室及国会提出所需投资额度。②项目审定。管理和预算办公室进行检查并上报国会，国会审定项目，并且在联邦预算中安排适当的资金。③项目管理。开发办公室组成项目小组，负责对工程自始至终地进行集权化的管理，并承担责任。④监督机制。对联邦政府投资工程管理部门实施监督的是国会的美国总会计师事务所下属的总审计署办公室，它有权对行政机关的投资计划进行评估，就政府机关的支出提出建议，而且可对项目进行审计。

---

① 郝建新：《美国怎样管理政府投资工程》，福建省建设工程造价管理总站。

第二次世界大战后，美国议会积极立法约束和管制政府投资决策行为，明确政府机构和人员的责任，重视并切实加强对权力的监督和制约，并在此基础上形成了一套成熟的治理政府投资腐败的制度体系。[①] 美国的政府投资项目监管体系十分健全，大致可分为国会监管、政府部门监管和公众监管3个层次。对政府投资项目的监管注重事前、事中、事后监管全过程的有机结合，具有程序化、制度化、定性与定量相结合的特点。政府雇员、业主代表、承包商、设计人员、项目经理等在职业道德和敬业精神方面存在内在约束和激励机制，有效地保证了公共投资项目实施的进度、质量与费用控制。美国形成了一套成熟的政府公共投资项目责任追究机制。主要做法是成立会计总署、众议院技术与政府采购办公室、独立总检察官机构，专门对政府工程采购中的腐败、欺诈等行为进行监督、调查和组织听证，联邦政府和各部委设立独立机构道德办公室，规范政府官员道德行为，鼓励公众舆论和选民积极参与揭露政府官员腐败行为。

三、我国政府投资决策的问题

与成熟市场经济国家相比，我国的政府投资决策的一个重要特征就是效率高。在国外，项目可能环评都未做完，而在国内可能都建成使用了。但是，一旦过分强调效率，就必然要加强权威，要求整个社会的行动高度协调一致，这样就必然损害个人的权利和自由。历史上专制制度的效率都很高，同时代价也很大。因此，决策效率不能凌驾于决策民主之上。

（一）呈现明显逐利化和商业化倾向

地方政府的公司化和商业化是中国经济发展的一个重要特征。政府的利益跟经济活动有着直接的相关性，其行为和动机都具有公司的特征。公司化的政府往往表现为短视，追求眼前效益，排斥道义，排斥公正，追逐利润，不顾环境。这样的地方政府有时就像是一只只凶猛的经济动物，其投资行为和决策方式都散发着铜臭味。投资文化事业叫“文化搭台、经济唱戏”，申报世界文化遗产则是以保护为名大搞旅游开发，热衷文物开发实际看重的是背后的经济效益。许多城市老城区设施陈旧，功能退化，但是，很少有地方政府埋头旧城改造。这是因为旧城建设费力不讨好，投入大、油水少。地方政府的注意力自然都转到了新城建设上。新城建设有大马路、大广场，

---

① 杨飞虎:《公共投资腐败治理的国际经验与借鉴》,《经济社会体制比较》,2010年第4期。

风光体面,既能显示政绩,又能卖地赚钱。近年来,各地纷纷将公共财政投向收费较高的高端社会事业,作为投资方的地方政府则可从中出售经营权或获得分红。这样的改革,并没有使公共财政的阳光惠及普通老百姓。在地方政府眼里,特别是西部地区地方政府眼里,教育、医疗、水利、环境等公共服务投入是上级政府的事情,本级财政主要保公务员工资,富余的资金则重点投入各类开发区的基础设施建设,用于招商引资。以公共利益之名、行商业开发之实,利益集团绑架公共决策是非常普遍的现象。地方官员俨然成为开发商和企业家的代言人,被投资人牵着鼻子走,千方百计地为这些人在公共工程中谋取利益,或者直接把公共设施和公共资源私人化。地方政府的公司化和逐利化导致其投资行为扭曲和目标偏差,与其公共服务职能要求的距离越来越远,与普通百姓的要求距离也越来越远。

(二)缺乏民主化、科学化和透明化

很多政府投资项目的工程咨询评估往往流于形式,专家意见得不到实质性的尊重,行政首长干预项目决策的现象依然大量存在,项目决策的“一言堂”现象或“首长工程”在实践中难以禁绝,项目决策的民主化和科学化仍然有待进一步提高。无论是中央政府还是地方政府,一般来讲,如果领导关心的项目,审批和资金的获得就容易得多。各级政府都有“领导项目”,各位分管领导有自己的势力范围;一些退休的老干部、人大政协领导也经常写条子、打招呼,直接插手项目的审批。对于一些大的政府投资项目,决定权往往不是决策部门的,发改委和财政部门只是一个具体经办单位。尽管政府投资项目的确定一般都会通过会议的形式,例如政府常务会议确定,但是,实际上许多项目在会下就已经定了。当然,对于中小型的政府投资项目,部门是具有主导权的。但是,由于项目资金有限,僧多粥少,所以,“跑部钱进”就成为惯例,跑得越多、越勤,关系越铁,得到上级政府财政资助的可能性越大。政府投资项目决策成为一个黑洞,成为通常只局限于政府部门内部甚至少数几个政府领导的“暗箱”运作,政府官员常以提高决策效率为名,无视甚至阻碍决策民主进程。社会公众的知情权和参与权被严重剥夺,项目决策的透明化和公众参与程度不高。这是实践中往往出现政府想“为民”办事而不被社会公众理解、很多政府“形象工程”大行其道的重要原因之一。

(三)没有风险性论证和不可行性论证

温家宝总理在视察三峡工程时,曾问负责人:“在三峡工程建设中贡献最大的是谁？"负责人回答："贡献最大的是对三峡工程提出'不可行性'意见的几位中科院院士，他们提出的'不可行性'分析和论证意见避免了多项重大失误，保证了工程的顺利实施。"据此，有专家提出，要建立重大决策"不可行性论证"制度。所谓"不可行性论证"，是指针对重大的建设项目，成立专项调研组，从项目的"不可行性"方面进行分析，对可行性报告提出不可行性意见，从相反角度为项目审查部门提供参考意见，给决策者一个兼听则明的机会，以利于政府重大项目决策的民主化、科学化。但是，长期以来，我国政府投资决策失误的一个重要原因是对拟投资项目的科学调研论证不够，一般只停留在投资项目可行性层面，而缺乏对投资风险的全面客观评价，论证往往欠充分、全面；项目的评估与论证往往沦落为领导人或利益集团的御用工具，专家学者在利益驱动下，难以作出公正、科学的评判，只是一味迁就和顺从当权者的意志。这导致相当多的投资决策流于形式，实际上只是一种声音说话，甚至是少数人或个别人拍脑袋的结果。

（四）监管体系形同虚设且效率低下

我国目前的监督状态还是分散管理，有审计署、国家发改委、财政部、监察部门、行业主管部门等对项目进行监督，一个政府投资项目往往受多部门领导和管理，不但容易形成交叉管理，也会造成部门之间权利争夺日趋激烈，并可能引发多种社会问题。一是目前我国对政府投资的监管仍然局限于政府自身的内部监管，即由政府设立隶属自身的专门监管机构来监管自身的投资活动，而没有引入外部独立的第三方力量对政府投资决策活动进行监管，这使得投资监管的公正性、公平性、科学性大打折扣。二是多部门监管导致监管权力过于分散，各部门都在行使权力，彼此之间缺乏信息的沟通与协调，只管自己的一亩三分地，耗费了大量的人力物力，却常常达不到预期的效果。三是政府投资监督检查的结果难以得到有效和充分运用。如果相关监督检查结果不被政府投资管理部门接受，或者监督检查结果不能够对政府投资决策者和建设单位产生有效的制约和制裁作用，则投资监督的实际效用就难以发挥。四是缺乏投资管理的法律体系。法律法规虽然涉及了一部分政府投资项目的监管内容，但都是从各自的角度作出孤立的规定，没有形成一个完整的法律体系。我国目前尚无一部系统的法律法规对政府项目全过程监管进行规制。

（五）决策问责的长效机制难以形成

在很多时候，人们对政府投资决策失误大都以"集体决定"或"解放思想"为说辞,宽容或免于问责。这就使得一些决策者失去了必要的压力,在决策时往往"拍脑袋"、"拍胸脯",只要"不上错床,不拿错钱",即使由于决策失误给国家和人民造成巨大损失,也可逍遥"责"外。另外,一项决策的实施可能需要几年、几十年或是更长的时间,而产生的效果需要较长的时间来检验,时间久了,当初的决策者早已经离开了原先的岗位,因此,以往的决策失误往往被放弃追究责任。长此以往,为了个人或少数集团的私利,为了打造"政绩工程",为了迎合上级领导的个人偏好,政府官员大都可能会因"头脑发热"而作出错误决策,以致使国家和人民利益蒙受巨大损失。这种情况之所以多且频,与错误成本过低、决策失误不担责有直接关系。从国外的经验看,对于政府官员工作失误造成的损失,责任追究是非常严厉的,比如英国的法律一度是要求官员赔偿的。而在我国,还没有见到有哪个干部因为投资决策失误而受到严厉处罚,见得多的却是造成重大投资失误的官员不断得到升迁。

四、政府投资决策案例

(一)国家大剧院

以"建设国家级高雅艺术殿堂"为名而建设的国家大剧院,占地11.8万平方米,由法国人保罗·安德鲁主持设计,总建筑面积约16.5万平方米,5463个座位,有歌剧院、音乐厅、戏剧场以及艺术展厅、艺术交流中心、音像商店等配套设施。大剧院主体投资26.8亿元,外围工程由北京市投资8亿多元,正式营业开办费3亿元。整个项目资金约38亿元,分摊到每个座位的平均造价约70万元人民币。国家大剧院的运营费和维护费极其惊人。据有关资料透露,大剧院每天的开支接近50万元人民币,仅每月的电费就大约需要400万元人民币。建设之时,我国只有世界8%的国民生产总值,是美国的1/10,日本的1/4,却要建造一个比美国林肯中心还要贵4倍的世界最贵的大剧院。国家大剧院的建设过程暴露出我国公共投资决策机制存在的问题。其实,大剧院动工建设之前,就有包括两院院士在内的一大批专家学者联名上书反对意见,专家们认为,安德鲁的方案在功能上是二三流,而造价却是"超一流"的,花费巨资建造,且又不符合实际,是典型的形式主义。在北京的中轴线上突然增加这样一个仿佛来自外太空的现代建筑,让许多人难以接受,许多人称其为"大蛋壳",甚至是"水煮蛋"。大剧院造价过高,将来票价一定很高,无法造福普通群众,而且北京剧院已经够多了,这项工程并不符合成本效益。只可惜有关方面并未采纳意见,大剧院还是一意孤行地开工建设。

随着国家大剧院的建成,与之类似的公共工程在国内越来越多。奥运会体育场"鸟巢"设计总投资高达30多亿元人民币,奥运会国家游泳中心"水立方"造价也十分高昂,中央电视台新址投资甚至高达80亿~100亿元。而北京的经验又立即被各地仿效,都在追求"一滴水"、"一块冰"等虚无缥缈的所谓主题效果。广东省的博物馆搞成"百宝箱"、广州体育馆搞成"三片叶子"。这些外国大师们设计的玻璃体的奢侈建筑不仅造价昂贵,而且由于透光性强和保温性差使其在使用中费用高得惊人。库哈斯设计的广州体育馆开馆使用时耗电巨大,场馆承受不起,常常不敢开放。承受如此昂贵设计费用、建造费用、运行费用的中国,仅仅是一个发展中国家,仍然有相当规模的贫困人口。专家质疑:难道我们不该选择更节能环保、更有中国特色、费用更适当、使用面积更合理的建筑吗?官员们那种"挥金如土,但求风光"的派头,是应该的吗?能够实现同样功能的中央电视台大楼10多亿元资金就可以完成,为什么要花80亿元?

评论:国家大剧院面临的种种问题,从根本上说还是缺乏科学、民主的决策机制的问题。中央和地方财政出资几十亿元的巨型文化工程,却没有经过全国人大和北京市人大的讨论通过。尽管专家和公众反对意见众多,但是,仅凭少数领导人的意志,就决定了项目的上马。花的是纳税人的钱,公众对项目的决策过程却一无所知。国家大剧院的建成产生了坏的示范效应,各地政府官员纷纷效仿,劳民伤财,建设本地的文化标志性工程。笔者在地方挂职锻炼的时候,当时的主要领导也要建设一座湿地公园,耗资几亿元,资金主要来源于出租车拍卖收入和土地批租收益。显然,该市经济十分落后,当时市域范围内还有相当多比湿地公园重要得多的公共工程需要做,但是,只是因为领导的一个想法,工程就得以顺利开工建设。尽管目前看来,工程建成后确实为城市增添了光彩,改善了环境,但是,在这里,官员作为公共资源的唯一支配者,决定了项目的取舍,公众却没有任何的发言权,即便这个工程再成功,也是一种失败,因为这其中没有民众意志的体现。

(二)南水北调工程

中国水资源自然分布不均,北方缺水的影响越来越严重。从20世纪50年代提出"南水北调"的设想后,经过几十年研究,南水北调的总体布局确定为:分别从长江上、中、下游调水,以适应西北、华北各地的发展需要,即南水北调西线工程、南水北调中线工程和南水北调东线工程。南水北调工程只是以我国北方地区为用水系统的取水工程,以如此单一的工程解决北方的缺水问题是不可能的,应当优先建立合理的用水系统,在此基础上考虑调水的问题,这也就是常说的先节水后调水。否则,大量的人力、物力投入只会使我国北方用水系统陷入恶性循环。

经济上的可行性不是这个工程应当花多少钱,而是当人们要花这么多钱时大家是否会选择这个工程,这才是经济学的最基本要义:寻求资源稀缺条件下的最优方案。投资5000亿元从南方调水约380亿~480亿立方米解决北方缺水的问题只是工程的预算问题,给你5000亿元你是否会选择这种方式解决缺水问题才是一个经济学的问题。工程预算上节省多少并不能证明其经济上的合理,关键是要进行方案的比较。污水回用、海水淡化是水资源开发利用的两个方向,也许我们对水资源开发利用新技术有些疑虑,可常规技术都会产生可观的效益。

中国农业节水灌溉的潜力是800亿~1000亿立方米,需要投资约为3500亿~4000亿元。中国工程院预测,到2010年、2030年和2050年,我国城市污水的再生利用率(污水回用量与污水排放量的比值)只要分别达到15%、30%和40%,便可回用100亿、250亿、410亿立方米。实际上这一预测结果到2050年仍然低于一些发达国家的现状水平。

沿海工业城市用水总量的80%为工业用水,其中的70%~80%又是工业冷却水,所以用海水代替淡水作为工业冷却用水,可使城市总的淡水用量减少约一半。美、欧、日等国家和地区用海水作为冷却用水都在数千亿立方米以上,而我国才100亿立方米左右。面对众多的水资源开发利用技术方案,我们似乎不难选出更好的替代者。即使工程的支持者不愿进行这种替代分析,南水北调工程推动水价的上涨也会导致成千上万的民众在心里多思忖一下。

南水北调工程的预算只是主干渠及其相关的投资,从主干渠到用水户之间的巨额投资并未包括在内。由于北方地区的用水以地下水为主,因此管网是以取水为主的小管径网络,一般是不经复杂的处理直接作为自来水。如用南水北调的水则需经过自来水厂的处理,通过自来水管线,这正说明南水北调工程不会是单单增加原有用水系统的供水,而是会改变原有的用水系统。为南水北调工程而需改造用水系统的投资目前是个未知数,将长江的水送到用水户那里的完全成本更是一个未知数。

评论:水资源匮乏并不意味着就一定面临水危机。水危机本质上是用水系统的危机,需要从用水系统找出问题的症结。一个系统的用水量是取水量、复用量、回用量之和,节水不是减少用水量,关键是减少取水量,即减少向自然界的索取。合理的用水系统至少要做到:取水量少,复用、回用的比重高,排水不污染环境。因而解决缺水问题的关键是要建立合理的用水系统。调水不可能解决用水系统的恶化,而建立合理的用水系统却可以替代调水。我国的水危机主要表现在水资源短缺、水环境污染和洪涝灾害频繁这三个方面,水环境污染是最为严重的危害,且是一种人为制造的水患,是用水系统恶化的最显著体现。同样的例子也适用于扶贫开发。

(三)珠海机场

1995年兴建的珠海机场是全国唯一纯地方政府投资的机场,投资总额达60多亿元。该机场严格按照国际一级民用机场标准进行总体规划、设计和施工,其跑道、候机楼、通讯系统、供油和安全等均达到国际先进水平。机场建有长4000米、宽60米的跑道和长4000米、宽44米滑行道各一条,可供当今世界上各型客机起降。候机楼建筑面积9.2万平方米,设有综合大厅、候机厅和观景厅,到港与出港旅客分流。机场采用美国和瑞典的计算机控制大屏幕航班显示及引道系统、设备控制及管理计算机系统、旅客服务电子计算系统、行李自动分拣系统。机场设计年飞行量10万架次,年旅客吞吐量1200万次,年货邮吞吐量40万吨,规划停机体60万平方米,拥有40多个机位。已停机体30万平方米,拥有近机位17个,远机位4个,候机站总面积91600平方米。

珠海机场建成之后,建设规模与现实经营状况之间存在明显差距。2000年,珠海机场起落总架次为1.7万架次,不足设计年航空起降架次数的1/5,是香港新机场1999年全年升降班次的1/10。2000年,珠海机场客运量58万人次,不到设计客流量的1/24,不足深圳黄田机场1/10,不足北京首都国际机场的1/35,珠海机场每月客流量只相当于广州白云机场一天的客流量,每年的客流量只相当于香港新机场一周客流量。机场对外宣称的投资总额95.6亿元,是1998年珠海全年财政收入的6倍。珠海机场拖欠债务17亿多元,应债权人请求,所有的经营收入,包括机场建设费、客货销售收入全部被法院冻结。一些设备和物业也被法院查封。有珠海市政府的支持,珠海机场尚不至破产,但当年草率、盲目决策,却已是不争的事实。

珠海机场仅占珠江三角洲的一角,北面是中山和广州,南面是澳门,东与香港和深圳对望，西面则是广大的粤西地区，地理位置非常优越。但在同一个区域，除了珠海的机场外，同时还有澳门的国际机场，香港的国际机场，广州的白云机场，深圳的黄田机场和佛山机场、惠阳机场。在小小的一个珠江三角洲上，就拥有7个机场。这一区域航空领域的竞争显然非常激烈。据统计，90%以上的货物转运都是以香港的国际机场为基地，余下不足10%的则分流到其他几个机场，显然市场需求并不旺盛。从经济角度而言，这种布局足以引起决策者对兴建珠海机场论证工作的充分重视。

珠海市独自承担建设费用，压力巨大。珠海市政府筹集资金的安排计划是这样的，先由政府投入资金，待机场建成后，再以出让部分股份的方式回收资金以用作基地投资。根据预算，机场总造价预算为69亿元人民币，其中，珠海市政府投资30亿元，包括电厂、供水和通往机场的道路等配套设施投入。而其他的39亿元则向银行贷款。由于对机场收益预期过于乐观，珠海市政府选择了自己出资及向银行借贷的较为快捷的筹资办法。但是，最终珠海市政府因财政困难而无力偿还其余39亿元的银行贷款利息。

评论：这里存在3方面的问题，其一，需不需要建。我国20万以上人口的城市数已达800个以上，已有的170个民用机场，仅为城市总数的1/5；我国每10万平方公里只有1.6个民用机场，即使与印度和巴西相比，也相对偏低。① 目前，全国还有45%的县、38%的人口和18%的经济活动区不能得到航空运输服务。因此，加快民用机场建设仍是大趋势。第二，在哪里建。机场建设必须考虑客流吞吐量、地理位置和交通需求如何；必须考虑机场建设与区域和城市间协调发展的问题。在珠江三角洲方圆200多平方公里的土地上，竟然密布着这么多的机场，竞争已趋白热化。与此类似，2009年，四川乐山机场也通过国家发改委的审批，即将开工建设。这个距离成都双流机场100多公里的机场有什么建设的必要，笔者真是看不出来。其三，建成什么水平。与国外相比，我国中小机场设施过于豪华超前，由于机场利用率低，甚至“无机可飞”，设施长期处于闲置状态，造成了投资的极大浪费。以绵阳机场为例，自2001年4月建成通航以来，航班量极少，机场设施大量闲置。候机楼建成面积2.4万平方米，有效使用面积只有5000平方米左右。作为支线机场，竟然还预留了国际厅，进口的专用设备只能放在那里折旧。据审

① 与发达国家相比，我国拥有的民用机场数量还是太少。美国有17335个机场，其中商用机场5000多个；加拿大人口2000万，地域面积略大于我国，机场有725个；英国的面积只相当于我国的1/40，机场却多达850个。

计署驻成都特派员办事处的审计调查，绵阳机场未发挥或未完全发挥投资效益的资产高达2.2亿多元。因此，量力而行、够用就行应该成为大多数中小机场建设的基本原则。

（四）沪杭磁悬浮

中国铁道部总规划师郑健在2010年全国两会接受媒体采访时表示，上海至杭州磁悬浮项目立项已获批复，正在做深化研究。这引起公众的强烈质疑：沪杭之间有建磁悬浮的必要吗？

磁悬浮列车是一种采用无接触电磁悬浮导向和驱动系统的高级列车系统，时速可达400公里以上，是当今世界速度最快的地面客运交通工具，20世纪中叶诞生于德国。2002年年底，磁悬浮在上海浦东落地，造价高达百亿元人民币，为政府全额投资、修建的从浦东机场到龙阳路段的31公里磁悬浮示范线，也是全世界第一条商业运营的磁悬浮铁路。

其一，磁悬浮修建、维护、使用成本巨大，被称为“昂贵的交通玩具”。德国蒂森克虏伯公司工程师、长定子线圈负责人克里斯汀·罗辛曾在不同场合多次表示，磁悬浮项目一公里的造价约为6000万欧元，折算成人民币是6亿~7亿元。此前磁悬浮浦东示范线的造价也证实了这一点。磁悬浮浦东示范线自浦东机场始，至龙阳路地铁站终，全长31公里，造价为238亿元，每公里造价为7亿多元。2006年3月，国务院批准沪杭磁悬浮新型交通建设项目建议书时，新建线路总长调整为199公里，预计工程总概算约350亿元。其中浙江段长103公里，总投资220亿元。磁悬浮维护、使用成本更大。中国科学院院士、磁悬浮专家王梦恕掌握的资料显示，磁悬浮浦东示范线运营没多久，就换了一次线圈，要9000万欧元。另外接头也坏了，换接头也用了3000万港元。投资120亿元建设的这31公里浦东磁悬浮示范线，到现在光换设备就花了将近10亿元。而不到两成的客流，让上海磁悬浮交通公司每年都在以5亿~7亿元的速度亏本。

其二，担心磁悬浮低频磁场会显著增大一些疾病的发生率，对沿线居民身体有较大影响。虽然上海市环保局局长张全即曾在媒体面前表示，大量测试已经得出结论，3~5米过渡区域之外，磁悬浮的电磁辐射几乎完全衰减，对周边居民的影响非常小，另外还通过线路优化，以及磁悬浮在市区限速行驶等方式使磁悬浮的电磁辐射予以改善，然而，沿线居民仍然担心，自己会生活在一个不安全的电磁辐射环境下。2007年上海试图建磁悬浮的延长线，因沿线大批群众担心辐射和拆迁问题而发起了一系列抗议活动，最终引起各级领导注意，项目重新进入论证状态。

其三，磁悬浮列车需要高架，高架梁的绕度必须小于1毫米，因此，高架桥跨一般要小于25米，桥墩基础要深30米以上。比如在上海到杭州的地面上要形成一道200多公里的挡墙。此外，由于运行动力学的影响，轨道两侧各100米内是不允许有其他建筑物的。修建沪杭磁悬浮，占地多，对环境影响比较大。

其四，噪声也同样为人所诟病。据西南交通大学超导研究开发中心研究员王素玉乘坐浦东磁悬浮列车后发现，在列车跑到300公里的时速时，噪声"类似飞机起飞"，达到90多分贝，在时速达到430公里时，距列车25米之外，测得的噪声高达104分贝，"就像打雷一样"。

第五，目前动车组运行上海到杭州需时78分钟；2010年年底通车的高铁，上海到杭州需时48分钟；规划中的磁悬浮，上海到杭州需时38分钟。也就是说，磁悬浮比高铁只缩短了10分钟。在动车组和高铁都存在的情况下，为了缩短10分钟，是否值得花这几百亿元？①

评论：虽说受金融危机影响，建设大型基础设施很可能拉动内需；但为满足少数人节省10分钟往返沪杭的时间，需要从有限的公共资源里划出数百亿元，无论如何都显得太过奢侈，中国还没到钱多得没地方花的地步。对时下的中国来说，用于医疗、养老、失业救济等方面的支出正变得越来越庞大，公共财政捉襟见肘，把这几百亿元投向民生，其意义远远大得多。况且磁悬浮票价昂贵，这等于说用公共财政的钱投资了富人产品。对于磁悬浮的电磁辐射和噪音污染等问题，目前仍然没有一个公认的国际标准，支持和反对修建的各执一词。在德国，修建磁悬浮距离居民区的最短距离是300米。但是，北京的S1线距离一些小区只有几十米。地方政府的积极性很高，深圳的8号线也可能选择中低速磁悬浮，其他城市也有修建意图。这样的政府项目牵动着沿途成千上万居民对健康的担忧，如何保障其健康或以证据打消其担忧亦很重要。这需要公众讨论厘清利弊，更需要政府站在公允的立场，而不是以一部分人的公共利益为借口去损害另一部分人的公共利益。在技术条件不具备的情况下，最好将项目搁置或不开发。

（五）怒江水电开发

1999年，国家发改委"根据我国的能源现状，根据有关人大代表的呼

---

① 吴仁寿：《投数百亿修沪杭磁悬浮有必要吗》，四川新闻网，2010-03-18。

吁，决定用合乎程序的办法对怒江进行开发”。2003年8月14日，怒江州完成的《怒江中下游流域水电规划报告》又由发改委主持开展评审。2003年9月3日和10月20日、21日，国家环保总局就怒江水电开发问题进行了两次专家座谈会。会上，部分专家认为，怒江梯级总装机容量达2132千瓦，年发电量1029.6亿千瓦时，装机容量为我国目前水电总装机容量的20%左右，是我国又一个西电东送的重要基地。另一部分院士专家则认为怒江在保护生态多样性和保护世界自然遗产方面有重要作用，具有很大的生态价值和经济价值，认为为了怒江的可持续发展，为了子孙后代的生存环境，不宜在此处开发水电。

由此，关于怒江水电开发工程利弊的报道开始频繁出现在各种媒体。在此过程中形成了争论怒江是否可以兴建水电梯级工程的支持方和反对方。支持方和反对方代表着社会各界的观点，形成了两大对峙的利益集团。这两大利益集团争论的焦点是关于经济发展、生态环境保护和可持续发展的重大公共问题。他们大致形成了以下观点：反对方认为，开发水电会破坏生态环境；开发水电不是当地脱贫致富的唯一选择。支持方认为：对怒江来说，开发水电可以解决几十万人的脱贫问题；怒江已不是原生态河流，开发水电对生态环境影响较少，一些方面反而会促进生态保护。2004年11月13日，国家发改委能源和国家环保总局影响评价司在北京联合召开了“怒江中下游水电规划环评审查会”，14个单位的78位代表参加，审查会专家组由包括4名院士在内的15名专家组成，对《怒江中下游水电规划环境影响报告书》进行了审议，初步形成审查意见，最终结果有待定夺。①但是，实际上，这并没有阻止怒江水电开发的脚步。②2008年，在没有国家批准的情况下，怒江水电站的前期工程悄然动工，并以建设社会主义新农村为名，对上游的村庄进行了移民。

评论：在对怒江水电开发工程争论的案例研究中，从政策议程到政策报告评估，体现了公共政策的决策过程，同时在对政策的论证过程中形成了支持和反对水电开发的两大利益集团。不论是反对还是支持，双方的论证都建立在大量事实和科学的基础之上，对政府最终的决策定夺有着重要影响。但是，在这一决策过程中，无论是地方政府还是生态保护组织，都没

① 尹红、赵斌：《利益集团视角下的公共政策论证过程分析——以怒江水电开发为例》，《职业圈》，2007年第22期。
② 陈勇：《上书发改委 怒江水电开发“复活”潜流》，《经济观察报》，2010-04-13。

有把保护原住民利益作为基本出发点。中国的水电工程移民尚没有成功的案例,即便是国家花费巨资的三峡工程移民也存在诸多遗留问题,主要原因是移民脱离了世世代代生活和繁衍的土地无法生存。2010年8月,英国矿业巨头韦丹塔公司宣布中止在印度奥里萨邦山地的采矿计划,被喻为现实版的"阿凡达"。韦丹塔公司欲开采矿石的尼亚姆吉利山富含7000万吨铁铝氧石,但是尼亚姆吉利山被当地原住民"山地人"视为圣地,坚决反对英国公司进入山中采矿,山地人的誓死抗争随后赢得了很多国际组织的支持,迫使韦丹塔公司不得不暂时放弃采矿计划。可见,在公共工程建设中,原住民也有一个自主选择的权利,而政府在很大程度上无法代理这一权利,甚至还会侵害这一权利。

五、我国政府投资决策机制改革

一个在制定和实施政策时忽视广大民众需要的政府不是一个有能力的政府。[①]我国的政府投资决策就是要更接近人民的意愿,使政府投资真正能够满足经济社会发展的长远利益要求,真正能够投向国计民生最紧迫的领域和环节,避免政府投资成为某些官员谋取政绩和满足私欲的工具,避免政府投资决策失误带来的重大损失。

(一)建立和完善政府投资决策责任制

明确相关决策主体的责任。凡是涉及政府投资的决策、实施、监管各环节的政府管理部门、项目单位、中介服务机构和项目参建单位,以及与其有关的党政领导干部和工作人员,均需对与政府投资相关的行为承担相应责任。对不遵守法律法规给国家造成重大损失的,要依法追究有关责任人的行政和法律责任。完善决策责任追究机制。可以根据问题的严重程度,针对不同部门的特点,建立不同的责任追究制度,各责任追究制度的实施细则,必须要与相关部门如纪检、执法机构协调,形成一个相对权威的责任追究组织,并赋予相应的权利。对于中介机构,可以分别进行经济惩罚、降级或吊销执业资格、追究负责人刑事责任等;对于项目上报部门或使用部门,主要应是针对具体办事人员以及负责人的行政处分;对于决策或审批机构的责任追究,也应以行政处罚为主。逐步推行重大政府投资决策失误行为的"行政问责"制度。当政府投资决策出现重大失误时,承担决策行为的各个

① 世界银行:《1997年世界发展报告——变革世界中的政府》,第110页,北京,中国财政经济出版社,1997。

主体应公开面对社会公众作出明确解释，主管领导应承担主要决策失误责任。因决策失误造成国家财产出现重大损失的，主管领导应引咎辞职，并规定其在一定时期内不能够再担任行政领导职务。逐步建立与投资后评价和绩效挂钩的政府及其公务人员的投资决策行为考核制度。将投资后评价的结果直接纳入政府投资主管部门及其公务人员的业绩考核范围，作为人大考核该部门工作质量以及对相关人员职务升迁及工资、福利待遇升降的依据，真正斗硬经济处罚措施，将投资决策责任制落到实处。

(二)促进资金分配和使用的集中决策

我国中央政府的投资资金分配和使用分散在众多管理部门，即便在综合管理部门的发改委和财政部，内部各司局之间也有自己的势力范围，相互之间难以形成配合，非常容易造成部门间的相互扯皮，有限的财政资金难以发挥综合效益。各级地方政府的情况与中央政府类似。因此，首先，应将目前分散于国家发改委、财政部及各行业部门分别管理和分配使用的财政性资金，包括国家预算内资金、主权外债、专项建设资金及其他用于经济建设活动的政府财政性基金集中由国家投资主管部门统一管理，按照政府投资计划确定的投向，集中进行资金分配决策和统筹使用。从而避免因投资资金分配决策权过度分散而造成的资金使用分散化，各行业、地区间苦乐不均，资金使用效率低下等弊端。其次，要逐步改变原来计划经济时期形成的按“基数法”分配国家预算内投资资金的做法，以均等化、统筹协调和可持续发展为原则，根据各公共部门的发展现状、趋势、目标等方面的内容，按照经济和社会发展紧迫和急需程度对公共投资项目排序和汇总，确定当年最需要投资的公共领域和项目以及地区配置的先后顺序，即将原有的“基数法”改为“项目法”分配和使用。这样，可以发挥财政增量资金的综合效用，重点解决制约国民经济和社会发展的突出问题，大幅度提高政府投资的管理效率和投资效益。再次，应允许地方政府根据实际需要和轻重缓急，将本级财政资金以及上级转移支付资金打捆使用，用于项目的整体推进和综合效益提高。

(三)合理划分各级政府的投资决策权限

首先，对决定政府投资规模、投向的政府投资中长期计划、专项投资规划及年度投资计划，应由国家投资主管部门会同财政、行业管理部门共同研究提出，报国务院审核后由全国人民代表大会负责审批决策。可仿照意大利的做法，建立经济计划部间委员会及中央地方统一意见会议，对政府投资重大项目进行审核，再报人大。为提高对经济和社会发展影响特别重大的项目，以及国家产业政策禁止类投资项目决策的权威性和严肃性，这类政府投资项目审批权可从目前由国家投资主管部门和国务院行使，上收到全国人民代表大会，由全国人大及其常委会行使。地方政府项目可以参照上述办法执行。其次，地方政府掌握的信息更加完整、更加贴近实际，所以，应赋予省级政府更大的政府投资决策权。对于相当部分的中央政府预算拨款和国债资金，应按照基本公共服务均等化的要求，切块到省级政府，由省级投资主管部门、省级人大决定投资的具体去向。避免类似于县级的法院、检察院、公安派出所投资也由国家发改委相关司局逐一审批带来的弊端，有利于省级政府根据本地经济社会发展的现实需要，决定优先资助和扶持的方向和对象，从而提高政府投资的效率和准确性，也减少上下沟通跑项目带来的中间损耗和资金浪费。

（四）推进投资决策的科学化、民主化进程

2008年9月23日，温家宝总理在联大会议上提出了未来的民主构想："中国要加强民主建设，进行政治体制改革，才能从根本上解决贪污腐败。要让政府的运作透明在阳光下，要让人民来监督政府，让人民提出批评意见，政府接受人民的监督。"这对政府投资决策具有指导意义。政府投资项目不是政府官员自己的项目，也不是官员所属利益集团的项目，要不断扩大社会公众参与政府投资项目决策的力度和深度。逐步实行政府投资项目决策公示和重大项目决策听证制度。今后，凡不涉及国家机密的民用投资项目，要逐步建立在正式决策前向社会公示的制度，让社会公众知晓并积极参与项目决策过程。对社会影响较大的重大政府投资项目，应仿照比较有效的价格听证制度，逐步建立起重大政府投资项目决策听证制度。地方重大政府投资项目决策，必须充分了解相关群体对项目实施的态度及诉求，取得当地居民的理解与支持。试行由当地民众公决，将民众投票结果作为项目选择与取舍的重要参数的制度。要充分发挥专家在政府投资项目决策中的作用，在相关项目正式决策形成之前，要邀请该项目所在行业领域的经济、技术、管理等方面的专家对该项目的投资前景、实施的必要性和可行性、经济和社会影响等进行总体评议，并将专家评议结果与专业工程咨询机构的项目评估结论相对照，作为政府投资主管部门进行项目决策的依据。

（五）完善政府投资决策监督机制

引入全国人大等立法机关参与对政府投资项目决策和实施的监督活

动。具体办法是:可在全国人民代表大会所属的财经委员会下面设立专门小组,由专门小组接受全国人大及其常委会的委托,负责对经过全国人大审批的政府投资规划、计划的执行情况和国务院、国家发改委的重大投资项目决策和实施活动,进行定期或不定期的日常监督检查,如发现问题则要求政府相关投资决策和实施部门作出正式答复并要求限期改正。地方人大也可参照执行。加强社会公众、新闻媒体对政府投资决策过程的社会监督。今后,政府主管部门应做到将政府投资规划、投资规模、投向计划及具体政府投资项目的决策程序、决策依据和决策结果定期向社会公布。政府应逐步放宽对新闻媒体的信息管制,支持网络等媒体对所谓政府"秘密"信息的公开发布,真正实现政府投资决策的公开化、透明化。对由社会公众和新闻媒体揭露出来的决策问题,政府相关投资决策部门应给予正式回应和答复,反馈相关调查结果和处理意见。尝试建立政府投资项目决策举报制度,鼓励社会公众采取具名或匿名举报方式,向人大、政府监察、审计机关等政府投资监管部门举报投资决策部门及其公务人员的违纪、违章、违规和违法行为。对举报情况经调查属实的,政府监管部门应予以物质上和精神上的奖励,以提高公众参与决策监督的积极性。

第六章 政府的投资方式

内容提要：

按照传统的投资建设方式，单纯依靠政府的财政资金供给，很难满足公共部门的投资需要，因此，采取政府与民间资本多种合作模式，通过合理的资源分配、风险分担和收益分享机制，发挥各类投资主体的优势，通过多种投资方式及其组合运用，才能最有效地满足公共需求，大大缓解政府的财政压力。我国政府投资方式存在的主要问题是：政绩追求导致政府行为扭曲，方式缺陷导致公众利益受损，法律不完善造成投资风险增加，过度市场化产生负面社会效应。促进投资方式转变必须要创造良好的法制环境，发挥市场机制的作用，规范收益担保机制，保障公众利益不受损害。

一、政府投资方式的理论描述

除了少数纯公共产品与服务外，绝大多数公共产品与服务是由政府与其他投资主体合作完成的，这就有一个政府投资与其他主体投资配合与协作的问题，有时需要政府主要出资，有时政府资金只是发挥引导作用；有时政府通过采购的形式提供公共产品或服务，有时则是给予特许经营权，吸引社会资金进入相关领域。这种政府投资或政策与民间投资结合的不同形式就是政府投资方式。

（一）提供与生产方式的不同组合

提供是谁付费或出资的问题，生产则是谁建造或制造的问题。如果我们将公共产品与服务的提供和生产视为一个投融资过程的不同阶段，那么，提供和生产可以有不同的组合方式。在各种组合方式中，不同提供者和生产者可以根据其自身特性，同时，针对不同产品与服务特性的要求，发挥各自不同的作用。

私人、非营利组织和政府都可以成为公共产品与服务的提供者，也可以成为公共产品与服务的生产者。从表6-1可以看出，公共产品与服务的提供和生产可以有9种组合方式。

表6-1 公共产品与服务的提供和生产的组合方式

生　产	私　人	非营利组织	政　府
私　人	Ⅰ	Ⅱ	Ⅲ
非营利组织	Ⅳ	Ⅴ	Ⅵ
政　府	Ⅶ	Ⅷ	Ⅸ

Ⅰ.私人提供、私人生产。即私人为产品与服务付费，私人生产或建造。例如，私立学校是由私人投资，同时由私人经营。正如萨瓦斯所说，家庭是提供健康、教育及人力资源的最有效率的部门。①

Ⅱ.非营利组织提供、私人生产。即非营利组织通过自愿机制筹资，委托私人生产或建造。例如，由非营利组织出资，私人演出公司组织义演。

Ⅲ.政府提供、私人生产。即政府财政为产品与服务付费，私人生产或建造。如政府与私人组织签订服务合同，由政府出资，私人公司从事救护车服务以及孤儿院、图书馆、博物馆的管理与服务。

Ⅳ.私人提供、非营利组织生产。即社会和个人自愿集资、捐资兴办或资助各类公共产品与服务。如高等教育的民营化，由私人付费或资助，非营利组织负责组织学校的日常管理与教学。

Ⅴ.非营利组织提供、非营利组织生产。即非营利组织实现自我投资、自我补偿与自我发展。例如，对于一些具有一定收益性的公共产品与服务，非营利组织具有较强的经营补偿能力。

Ⅵ.政府提供、非营利组织生产。即由政府出资提供公共产品与服务，具体的运营则由非营利组织自主、自愿进行。例如，政府通过采购或补贴等形式，帮助非营利组织从事医疗卫生、文化艺术事业。补贴的方式可以是对生产者的补助，也可以是对消费者提供凭单(教育券)。

Ⅶ.私人提供、政府生产。即私人为产品付费，通过政府部门或企业生产或建造。例如，由私人出资，由政府企业建造社会基础设施，或由政府所属

① E.S.萨瓦斯:《民营化与公私部门的伙伴关系》，第87页，北京，中国人民大学出版社，2002。

的社会组织提供服务。

Ⅷ.非营利组织提供、政府生产。即非营利组织为公共产品与服务出资，由政府企业运营或建造。例如，由非营利组织出资，由政府企业建造公共产品与服务基础设施，或由政府所属的社会组织提供服务。

Ⅸ.政府提供、政府生产。即政府同时扮演提供者和生产者的角色，政府为产品与服务出资，并通过政府的企业来生产或建造。例如，政府出资并由政府雇员从事基础科研、卫生防疫、质量检验等社会服务。

（二）提供与生产方式的选择标准

1.一般模式

上文我们只是探讨了公共产品与服务领域具有不同的提供与生产形式，但是，仍然不知道是什么因素影响和决定了这种选择，或者说按照什么标准来选择不同的体制模式。布兰科（R.M.Blank）在他的《社会服务的有效提供》一文中对公共产品的提供形式的选择确立了一个大致的框架[①]（见表6–2）。这一框架同样适用于以准公共产品为主的公共产品与服务领域。在布兰科的分析框架中，外部性、社会公平分配问题、代理问题和产品质量的可见性成为模式选择的重要标准。

表6–2 公共产品与服务的提供和生产形式选择模型

	是否存在外部性	是否考虑到分配问题	是否存在代理问题	能否有效观测产品的质量
政府管制下的私营部门所有与管理（私有私营、政府管制）	是	否	否	能
政府管制、授予凭证下私营所有与管理（私有私营、政府补贴）	是	是	否	能
公共部门所有与私营部门管理（国有私营）	是	是	是	能
公共部门所有与管理（国有公营）	是	是	是	不能

外部性的特点、涉及范围和影响程度等都对公共产品与服务的提供形

① Rebecca M.Blank，2000，"When can public policy makers rely on pivate markets? The effective provision of social services."Economic Journal，vol.110(March)，pp.34–49.

式的有效性产生积极作用，确定公共产品与服务提供方式必须以外部性为基础。在比较公共产品与服务的政府提供与私人提供时，分配目标起着重要的作用。公共产品与服务的消费者更为关心公平或普遍一致。在许多社会服务领域，消费者作出决策的能力相当有限，比如父母对子女的教育问题，子女常常不是实际的决策者，消费者的利益由另外一些人来维护，由此便产生代理问题，在这种情况下，政府必须介入并提供有效的社会服务。公共产品与服务可以由政府购买或资助，由私营企业运营或建造，但是，这取决于政府必须具有观测与控制产品质量的能力。这一点十分重要，实际上，许多情况下，政府对于产品与服务质量的监督与控制能力并不令人满意。

对于上述因素的综合考虑有助于我们选择公共产品与服务适宜的提供与生产形式。首先，如果产出质量易于观测，且代理与分配问题的严重性弱于外部性问题，或它们在技术上易于低成本地解决，那么旨在针对外部性问题的政府管制下的私营部门所有与管理模式则较为可取，政府可以通过其本身的地位和职能优势将此类经济问题有效解决。比如，教育市场失灵往往具有外部性，那么颁布并强制执行法律、确保普通大众子女就学就成为政府介入教育市场的主要方式，而具体的教育设施的投资及运营则可以交给私人企业。

其次，如果产出质量易于观测，且没有代理问题，但存在分配问题与外部性问题，那么"凭证"制度模式就较为适宜。在标准的"凭证"模式中，政府向消费者提供社会收入的再分配，或政府向低收入消费者提供补贴资金，以扩大需求，而消费者自己则以契约的形式发包给私人市场，或直接在市场上进行购买。

再次，如果产出质量易于观测，但同时存在代理问题、分配问题与外部性，那么"承包出去"的市场化方法更为可行。这是典型意义上由公共部门与私营部门共同负责，并实现公共产品与服务"私营化"的形式。政府处于所有者或指导者的地位，代表消费者的利益，要同企业签订合同以确保服务质量，同时确保社会成员均能公平享有相关服务。

最后，如果产品质量难于观测，承包契约难以签订，且存在代理问题、分配问题和外部性时，政府所有、管理或提供公共产品与服务的投资模式就是优选对象。在这种模式中，政府要作出全部的决策，并由典型意义上的政府雇员提供公共产品与服务，基础义务教育、公共卫生防疫、传统的政治宣传等都是以这一形式提供的。

2.补充标准

在上述理论框架的基础上,我们补充两方面的标准。其一是政府的效率。公共产品与服务提供和生产方式的选择实际上就是资源配置方式的选择,不同的提供方式,资源配置的效率也会不同。一般来说,除非建立完善的治理结构和管理机制,政府提供或经营会失去价格机制的约束,也会失去资源配置的竞争激励机制。政府决策者的决策失误,都将造成资源的极大浪费。而且,在政府提供下,需要通过征税来弥补公共产品与服务的提供成本,而征税改变了资源的配置,可能引起整个社会效率的损失。所以,在选择公共产品与服务政府提供时要考虑政府配置机制的有效性。如果政府存在资源配置效率低下的问题,通常公共产品与服务的提供方式多采取私有私营、政府管制或者私有私营、政府补贴;而当政府能够有效解决效率问题时,则可以采用国有私营或国有公营。

当然,也有经济学家指出,判定政府提供与生产效率实际上非常困难,不能笼统地认为政府所有和经营就一定效率低下,某些公有制和私有制绩效的比较并没有把较高的公共成本与公共企业的额外目标联系起来。没有普遍性证据可以证明,公共企业的管理效率较低。[①]休·史卓顿、莱昂内尔·奥查德认为,公共企业往往有多重目标,因而应从全部目标而不是一个目标的效率来进行判断。而判断其总体效率则取决于对不同目标的相对重要性的社会判断。公立医院可能成本较高,导致效率低下,但是,它能提供普遍的公共服务;教育的私营化可能带来经营效率的提高,但是,却可能导致教育质量的下降和普通人上不起学。因此,有坏的公共企业,并不能证明其全盘私有化就是正确的,就像有坏的私营企业也不意味着就要将它们全部国有化一样,对两者加以改善更有意义。[②]所以,我们在选择公共产品与服务提供形式时,应该考虑政府效率问题,但是,不能先入为主地认为政府效率低下,而应当从多重目标的协调把握这一标准。

其二是政府负担能力。提供方式的选择还受到成本负担能力的制约。成本负担能力的大小取决于政府和私人各自所掌握的财力。政府和私人掌握的财力又取决于经济发展水平和分配格局。经济发展水平越高,社会产

---

① 托马斯·玻切丁等:《比较公私企业的生产效率:来自五国的证据》,《经济学杂志》增刊2,及埃瑞克·罗尔:《公有制和私有制的绩效比较》,引自休·史卓顿、莱昂内尔·奥查德:《公共产品、公共企业和公共选择》,第101页,北京,经济科学出版社,2000。

② 同上,第105~107页。

品越丰富，可供政府支配的财力就越大，相应的政府负担能力也就越强；而当财力分配向国家倾斜时，公共负担能力上升。所以，当经济发展水平较低或财力分配比较分散时，市场提供成为一种主要选择，可以更多采取私有私营、政府管制或者私有私营、政府补贴方式；当经济发展水平较高或财力分配比较集中时，政府提供就成为一种主要选择，政府可以采取国有私营或国有公营方式，也可以采取私有私营、政府管制或者私有私营、政府补贴，此时，公共产品与服务的提供和生产方式呈现多样化的趋势。

世界银行的观点认为，政府能力低的国家不得不将注意力主要集中于基本的功能上——提供纯粹的公共产品，如控制传染病以及保护穷人。而在许多贫困国家，政府甚至不提供这些公共产品。以中国为例，政府在公共产品与服务领域的责任也随能力的变化而发生着变化，当一些财政困难的地方政府千方百计将学前教育和高中教育产业化和民营化时，一些发达地区已经开始推行12年甚至15年义务教育了。图6-1是布兰科统计的美国政府和企业共同提供公共产品与服务的情况，说明了在一些重要的公共产品与服务部门政府所有权的范围，以及政府财政资助的规模。从图6-1中可以看到，有62%的医院得到了政府财力的支持，而国有公营的仅占医院总数的17%。在基础教育领域中，国有公营的比例占全部基础教育的89%，而有92%的基础教育学校都得到政府的财政支持。可见，在发达国家，由于财力相对雄厚，政府在公共产品与服务部门的影响要广泛得多。

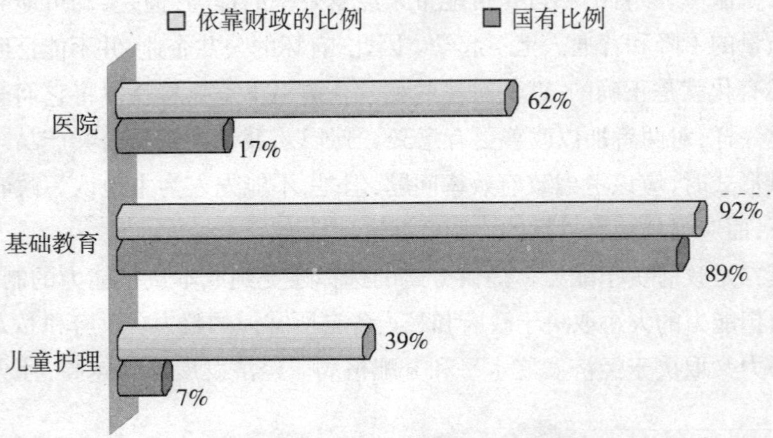

图6-1　美国政府参与公共产品提供的情况

资料来源：Rebecca.M.Blank，2000，“When can public policy makers rely on pivate markets? The effective provision of social services.”Economic Journal，vol.110（March），pp.34-49.

(三)投资方式的分类与组合

同一公共产品与服务领域可以单独采用某一种投资与经营形式,也可以混合运用多种形式。同一公共产品与服务领域往往由彼此独立而又相互联系的一系列活动所组成,不同活动又可以通过不同方式来提供。萨瓦斯在《民营化与公私部门的伙伴关系》一书中提出了公共服务的10种具体形式,针对的主要是城市公共与基础设施和服务领域。我们从中选择主要的7种方式,探讨不同投资形式对不同公共产品与服务领域的适用性。这7种方式分别是:政府服务——由政府投资与经营;承包与采购——政府是出资者,付费给民营化的生产者;特许经营——政府将垄断性的特权交给某一私营企业;补助——政府通过资金、免税、贷款担保等形式对生产者进行补贴;凭单——围绕特定产品而对特定消费者群体实施的补贴;自由市场——投资者与生产者都是私人;志愿服务——志愿团体提供公共服务。

表6-3 公共产品与服务提供的制度安排

	科 技	教 育	医疗卫生	文化与娱乐	体 育
政府服务	国家或省级研究院	公立中小学	各级卫生防疫站	国家图书馆、博物馆	群众体育
承包与采购	重大科技成果的政府采购	政府雇用学校进行职业培训	政府雇用医院对灾区进行医疗援助	政府文化、艺术、出版采购	政府向企业定购体育用品及设施
特许经营				企业被授权经营剧院并收费	企业被授权经营高尔夫球场并收费
补助	政府补助部分承担基础科研的院所	私立学校因接收学生而接受政府补助	政府对非营利医院进行资金补助	对弘扬传统文化的团体提供经费资助	
凭单		政府对特定消费者群体发放教育券	医疗卡允许持有者在任何地方就医		
自由市场	个人专利与发明	私立学校	私立医院	歌舞厅、剧院	私人健康中心
志愿服务	民间科研机构	慈善机构或社会兴办的学校	非营利性医院	群众艺术团体	体育俱乐部

注:根据萨瓦斯的《民营化与公私部门的伙伴关系》第89页的有关内容,对公共产品与服务领域投资方式进行分类。

从表6-3可以看到，同一公共产品与服务领域适用多种投资与经营形式，它可以接受从政府服务、政府采购到自由市场和志愿服务的所有形式。不同产品与服务的特性、同一产品与服务不同环节的特性不同，以及不同投资与经营形式自身特性不同，决定了相关公共产品与服务领域投资和经营方式的适当选择。以教育与科技两者的比较为例，教育可以选择几乎所有的投资与经营制度安排，而科技则不适宜采用凭单制，这是因为教育凭单适用于对特定消费群体的补助，带有收入再分配的性质，并能通过消费者的选择性提高投资与运营效率；而科研活动的消费者通常是国家、机构或企业，不符合这一方式的基本要求。以文化事业为例，其投融资方式也较为广泛，可以在对文化团体给予政府财政补贴的同时，建立政府采购制度，对有特殊要求和重点支持的文化活动、文化设施建设实行招投标，并鼓励社会各界投资参与。以医疗事业为例，在整个医疗活动中包括医疗、护理、饮食、药品采购、职业培训、设施维护、安全保卫等，这些活动可以分别采用不同的方式单独或混合完成。

二、政府投资的主要模式

按传统的投资建设模式，单纯依靠政府的财政资金供给，难以满足公共部门投资快速增长的需要。因此，必须采取政府与民间资本多种合作模式，以扩大财政资金的杠杆效应，吸引更多的社会资金投入公共领域；发挥民间资本的专业化和技术能力的优势，不断提高公共投资和运营效率；建立合理的风险共担和收益分享机制，提供更多更好的公共服务和效用。因此，政府投资模式的构造不看重资产，而是着眼于服务；不看重短期，而是着眼于长远；不看重形式，而是着眼于效果。

（一）PPP（公私合作关系）模式

1.PPP的概念

根据国际组织和各国对PPP（Public-Private Partnership）模式的定义，可以将PPP模式划分为广义概念和狭义概念。广义的PPP模式指通过政府部门与私人部门合作来为公众提供公共产品或服务。PPP就是公私合作关系，即只要是公共部门和私有部门合作来提供公共产品或服务就是PPP模式。这一概念非常宽泛，这也为PPP的发展和创新提供了广阔的空间。狭义的PPP模式可以理解为一系列项目融资模式的总称，包含BOT（建设—运营—转移）、TOT（移交—经营—移交）等。国外研究文献提到PPP时，绝大多数是指广义的PPP;而国内文献多数理解为狭义的PPP。需要强调的是不管是广义的还是狭义的,PPP均是指一个大的范畴,而不是一种特定的项目融资模式,不能将PPP与BOT、BOO(建设—拥有—运营)等特定项目融资模式并列起来进行比较。通过PPP这种合作关系,合作各方可以达到与预期单独行动相比更为有利的结果。合作各方参与某个项目时,公共部门和私人部门间伙伴关系形式可以非常灵活,它可以包含介于完全由政府供给与完全由私人供给之间的所有形式。因此,PPP代表的是一个完整的项目融资概念。

PPP模式并不是对项目全局的改头换面,而是对项目生命周期过程中组织机构的设置提出了一个新的模型。第一,这种组织机构的设置形式可以尽早确定哪些项目可以进行项目融资,并可以在项目的初始阶段更好地解决项目在整个生命周期中的风险分配。第二,PPP融资模式可以使得参与公共基础设施项目融资的私人企业在项目的前期就参与进来,有利于利用私人企业的先进技术和管理经验。第三,在PPP模式下,公共部门和私人企业共同参与公共基础设施的建设和运营,双方可以形成互利的长期目标,更好地为社会和公众提供服务。而且,PPP模式下有可能增加项目的资本金数量,进而降低较高的资产负债率。第四,通过PPP模式,使得项目的参与各方重新整合,组成战略联盟,对协调各方不同的目标起到关键性作用。第五,在PPP模式下,有意向参与公共基础设施项目的私人企业可以尽早和项目所在国政府或有关机构接触,节约投标费用,节省准备时间,从而减少最后的投标价格。PPP模式突破了目前的引入私人企业参与公共基础设施项目组织机构的多种限制,尤其适用于大型、一次性的项目,如监狱、道路、铁路、医院、地铁以及学校等,应用范围十分广泛。

2.PPP的运作程序

PPP项目按照寿命周期大致可以分为下面几个阶段:立项与可行性研究阶段,选择私人投资机构阶段,项目建设阶段,项目运营阶段和项目移交阶段。①

(1)立项与可行性研究。我国目前基础设施的规划、设计和投资等受到政府的严格控制,又由于PPP项目大多是准公益性项目,所以PPP项目一般还是政府提出的。与其他项目不同,以PPP模式运作的项目可行性研究的内容不仅包括对项目进行市场、技术、经济等方面的评价,还要对项目民营化

① 纪彦军、雷飞伦:《我国PPP模式及其运作研究》,《产业与科技论坛》,2007年第6卷第8期。

的可行性进行评估，包括对民间资本的吸引力、民间资本的实力和风险承受能力等方面进行综合评价。在确认可行以后，政府开始组织招标。

（2）选择私人投资机构。选择私人投资机构是PPP项目运作程序中非常关键的一个环节。政府一般通过招标引入竞争机制，选择综合实力雄厚的私人投资机构。

（3）特许权协议的草签以及成立项目公司。一般而言，PPP协议包含两个层次，第一层次是“特许权协议草案”，它是在PPP项目公司成立之前，由政府和中标机构签订的。正式签署特许权协议是在成立PPP项目公司以后，是第二层次的PPP协议。签订特许权协议之后，项目公司还要与银行等金融机构、原材料的供应商等签订一系列合同，并提出开工报告。值得一提的是后续的种种协议都不能与和政府部门签订的特许权协议中规定的原则相违背，否则该协议无效。

（4）项目建设。经过开工报告批准后，项目进入建设阶段。PPP项目公司根据特许权协议的规定，按照技术和工期以及质量方面的要求，负责项目的设计、施工等工作，同时还要保证私人投资机构按照计划投入资金。项目的建设可以由项目公司自己承担，也可以承包给工程承包商。

（5）项目运营。工程竣工通过项目验收以后，进入运营阶段。项目公司可以自行运营项目，也可以由专业公司运营。项目的运营和维护直接关系到项目的运营经济效果，要求运营商必须有丰富的经验和良好的业绩，有较强的商业和合同管理能力，且有较强的专业技术力量。大型项目特别是在我国刚刚起步的PPP项目，大多要聘请有经验的外国运营商承担项目的运营，经过一段时间后逐步过渡到由本国人员完成项目的运营和维护工作。为了确保项目的运营和维护按照规定的协议进行，政府、投资人、贷款人都有权对项目进行监督检查。

（6）项目移交。特许期满后，PPP项目公司必须按照特许权协议中规定的项目质量标准和资产完好程度等，将项目的资产、经营期预留的维护基金和经营管理权全部移交给政府。项目的移交阶段包括资产评估、利润分红、债务清偿、纠纷仲裁等。一般而言，合理的PPP项目应能使私人投资机构在特许期间还清债务并能有一定的利润。这样，项目最后移交给政府时是真正的无偿移交，或者私人投资机构象征性地得到政府的一些补偿。在移交时，政府应注意项目是否处于良好状态，以便保证项目的继续运营和服务提供的质量。

(二)BOT模式

1.BOT定义

BOT(Build—Operate—Transfer)即建设—运营—转移。1984年,土耳其总理厄扎尔首先提出了BOT的概念,其出发点是将某些公共项目私营化,以解决政府建设资金不足的问题。BOT就是政府就某个基础设施项目与非政府部门的项目公司签订特许权协议,项目公司对该项目的融资、建设、经营和维护进行一揽子承包。在协议规定的特许期内,项目公司通过向设施使用者收取费用,回收项目投资、经营和维护成本,获取利润,政府部门则拥有对这一基础设施项目的监督权。特许期届满后,项目公司将该基础设施项目无偿移交给政府部门。由于能够缓解政府资金不足和解决国有部门效率低下等问题,BOT融资模式受到世界上许多国家和地区的重视,并被广泛运用于市政、交通、电力、通讯、环保等项目之中。BOT又可分为BLT(建设—租赁—转让)、BOOT(建设—拥有—运营—转让)、BOO3种具体的操作方式。BOT的主要特点是以特许经营权为基础,并且财产的拥有权不完全,还少不了政府的支持和引导。

发达国家如英国、美国、澳大利亚等国家的市场、法律环境较好,对BOT融资模式的运用也较为成熟。投资7.5亿澳元的澳大利亚悉尼海底隧道工程、投资120多亿美元的英法海底隧道工程,以及投资数十亿美元的美国BOO电力项目,都是发达国家运用BOT进行融资的典型案例。尤其是英法海底隧道工程,以其巨额的投资以及长达55年的特许经营期而成为BOT融资之最。而资金相对短缺的发展中国家,尤其是亚洲的发展中国家如菲律宾、印度、中国,引入BOT的领域和程度也很广。我国第一例有BOT特点的融资项目是1983年由香港合和实业公司和中国发展投资公司等作为承包商在深圳建设的沙角B电厂,其施工期仅22个月,提前一年完工,并在随后的运营中取得了成功。此后直到1995年才有了第一个正式经国家计委批准进行的BOT项目——广西来宾B电厂。此后,BOT融资项目在我国变得普遍,各地许多电厂建设项目都采用了BOT的融资方式。此外,交运、环保等资金需求量大的基础设施建设领域的BOT融资发展也十分迅速。

2.BOT的优势

首先,有利于政府投资战略的实施。公共部门的巨额资金投入难以完全依靠政府完成。BOT方式可以减少项目对政府财政预算的影响,使政府在财力资金不足的情况下,仍能上马一些重大基础设施项目,政府则可以集中力量,投入教育、卫生等公益性较强的项目。由于BOT以社会资本建设和营运,可以极大地提高项目建设质量并加快项目建设速度,促进项目运行效率的提高,为社会公众提供较好的公共设施服务。

其次,可以较好地分散风险及控制成本。BOT方式可以将原先政府在项目建设过程中要承担的各种系统和非系统的风险,通过特许经营合同与项目承接方共同分担,使由于建设资金需求量大、跨度长、经营状况不确定而导致的风险集中得到有效分散。由于BOT方式使工程项目由私人投资者承包,从而存在一种激励机制,可以提高建设和管理的效率,并可有效控制建设成本。

再次,有利于将民间资本引入基础设施建设领域。由于公共基础设施项目现金流比较稳定,投资风险相对较小,可以为投资者带来稳定、长期的投资收益;再由于项目的特许权协议是在投资者和政府之间确定,法律约束力较强,投资者容易获得法律保障;还由于项目特许经营能给投资者带来附加利益,如轨道交通建设中的广告开发权和房地产开发权,对民间资本有较强的吸引力,有利于吸引社会资金进入政府投资领域。

3.BOT的运作过程

BOT融资模式的运作过程大致分为3个阶段:一是项目运作前期阶段。项目前期阶段主要包括项目确定和可行性分析。对即将建设的项目进行初步报批,确定项目建设的可行性。随即对项目予以考察,重点研究是否需要利用BOT融资方式进行建设。二是项目运作中期阶段。即项目招投标、标的确立与项目投资。中期阶段主要是把项目作为标的,予以公开招标,并通过投标人提交满足招标文件要求的标书。而政府或相关招标主体对合适的投标主体予以确认,最终确定中标者。三是项目运作后期阶段。主要包括项目运作、运营与移交。协议签署后,中标项目主体对标的具有实施的义务,并对中标项目进行全面的实施与管理。当项目实施完毕,并通过标书规定验收之后,宣告中标项目的整体建设完成,进入到项目运营阶段,即中标项目公司在运营协议签订后,对标的项目进行运营,直至运营协议运营期满为止。当运营期满时,中标项目公司将运营的项目整体移交给当地政府或相关机构,接收方通过对项目的良好性予以考察、验证、评估,保证项目设施处于运营的良好状态。[①]此过程完毕,BOT融资模式的运作过程也整体完成。

---

① 叶进等:《如何构建BOT融资模式的运行机制》,《商业时代》,2010年第3期。

(三)PFI(私人主动融资)模式

1.PFI的定义

PFI(Private Finance Initiative),即"私人主动融资",是发达国家在20世纪90年代逐步兴起的一种新的基础设施投资、建设和运营模式。PFI是指政府部门根据社会对基础设施的需求,提出建设项目,通过招投标,由获得特许权的私营部门进行建设与运营,并在特许期(通常为30年左右)结束时将所经营的项目完好地、无债务地归还政府,而私营部门则从政府部门或从接受服务方来收取费用以回收成本的项目融资方式。

PFI的基本理念是:凡是需要通过税收来建设、维修、保养的社会资本,政府部门仅限于政策计划的制订,而在设计、资金调配、运营管理等方面,则尽可能委托给民间的一种制度创新。从它的内涵来看,包括4个方面:第一,在公共服务提供方面,最大限度地利用民间的专业性、创造性、技术力量和管理运营能力;第二,由民间来进行公共产品的设计、资金投入以及运营;第三,不是由政府部门直接提供公共设施的资产,而是购买从民间业界提供的公共服务;第四,政府部门仅限于公共项目政策计划的制订。

PFI的根本目的在于政府从私人处购买服务。从发达国家的实践来看,目前这种方式多用于社会福利性质的建设项目,而这种方式多被那些硬件基础设施相对已经较为完善的发达国家采用。PFI项目在发达国家的应用领域有所不同。以日本和英国为例,从数量上看,日本的侧重领域由高到低分别为社会福利、环境保护和基础设施;英国则为社会福利、基础设施和环境保护。从资金投入上看,日本在基础设施、社会福利、环境保护3个领域仅占英国的7%、52%和1%,其规模与英国相比要小得多。

2.PFI运作的特点

一是项目主体与资金来源一般为本国私营企业及其组合。二是项目管理方式灵活,政府可对项目进行更为有效的控制。对于PFI项目,政府仅根据社会需求确定最终产品和服务,对于项目的建设方案、土地提供方式、运行收益分配等都在项目进行中与私营企业协商确定, 政府不出让PFI项目的所有权,可随时检查项目的工作进展。三是实行全面的代理制,项目开发建设更安全。PFI项目公司通常自身并不具有开发能力,在项目开发过程中广泛应用各种代理关系,并在投标书和合同中加以明确,确保项目开发的安全。四是特许期满后项目运营权的处理方式灵活。PFI项目到期后,私人企业可继续拥有和通过续租的方式获得运营权,以弥补合同期内收益的不足,或继续提供优质的社会公共服务与产品并获取适当的利润。因此,PFI与传统项目的区别在于:PFI项目中,政府不再购买公共项目的建筑工程,而是购买它最后的效用即公共服务。因此,不必以传统方式介入项目的建设过程,可以从传统模式复杂的全过程开发解脱出来,去规划更多的项目。同时,使政府在整个项目投入的成本低于传统模式下的总成本。[①]另外,私人部门在PFI中获得的不单是某一环节的效益,而是长期回报。这样就实现了公共产品提供过程中的资源配置有效性,政府还可以弥补财政预算的不足,有效转移项目投资风险。

3.PFI运作程序和方式

PFI融资的运作程序比较复杂,可以多达几十个步骤,我们总结为以下几个阶段:一是可行性分析。由政府部门根据发展规划和社会需求确定若干个满足这种需求项目的初步方案,并对这些方案的成本、维护和运营费用、预计效益、资金支持等进行评估,以确定该项目能否应用PFI模式。二是谈判签约。由政府部门通过招、投标来确定项目开发主体,然后从技术、财务、法律等角度审查主体的开发能力并进行谈判,建立和完善合同条款,明确政府和私人部门在合同中的权利和义务。三是开发运营。由PFI公司筹措资金、组织设计、确定承包商施工、聘请项目监理,完工后进行项目运营管理等。政府的主要职能是依据合同提供各种支持、协调和监督。四是转移终止。PFI公司办理转移、清算等事宜,PFI公司解散,公共项目由政府接管运营。

PFI模式主要有3种运作方式:一是公共服务提供型。私人部门建设和运营公共设施,通过提供公共产品或服务获取回报,收回投资,这种方式最能体现PFI的基本理念,被广泛用于医院、监狱、道路、公共信息系统建设。二是独立投资回收型。根据政府的许可,私人部门建设、运营公共设施,利用公共设施使用的付费所得收回投资。政府不进行资金投入和支持,全部投资由私人部门独立承担。例如公立医院的停车场、桥梁、博物馆,设定收费的上限,由私营企业自由经营,独自承担风险。三是公私合营型。由政府部门和私人部门建立联合体,以私人部门为主导,政府部门对项目的非经营部分给予一定的补助,项目由私人部门来运营。这种类型的公共产品一般很难直接通过使用收费收回投资,投资回报依赖于公共产品的多品种开发或再开发。

---

① 王铁山:《PFI项目融资:英国和日本模式的比较研究》,《国际经济合作》,2008年第1期。

（四）BT（建设—移交）模式

1.BT的定义

BT（Build-Transfer）投融资模式以建设—移交为基本特征，主要是指政府将公益性或基础设施投资建设项目，通过招标等方式确定融资人，由融资人负责项目资金筹措和工程建设。项目建成后，由政府按合同约定向融资人支付项目建设费用、投资利润、融资费用及收益等，进行回购（可一次性或分期回购）的一种融资建设方式。BT投资也是一种“交钥匙工程”，社会投资人投资、建设，建设完成以后“交钥匙”，政府再回购。

随着我国投融资体制改革深入，越来越多的公益性及基础设施项目采用BT模式进行建设，普遍运作良好。如2004年，重庆朝天门长江大桥（全长4881米）通过BT模式开工建设；2004年，浙江宁波市镇海区政府与宏润建设集团签订宁波绕城高速镇海连接线工程协议。项目工程造价约5亿元，建设期2年，分5年等额回购；2005年，北京地铁奥运支线10号线（全长约4.7公里）通过BT模式融资建设；2005年，江苏姜堰市溱湖大道工程由姜堰市华通工程有限公司承建，工程投资2.3亿元；2008年，云南昆明市城投公司分别与侨江集团和中铁建股份有限公司签署东南二环BT建设回购移交协议，融资56亿元；2008年深圳地铁5号线（全长约40公里）采取BT模式开始建设等。

2.BT的优势和劣势

BT融资模式一般应用于非经营性的基础设施和公益性项目建设，是一种以各参与方的“共赢”为合作理念的现代融资与实施模式。采用BT模式进行工程建设具有以下优势。

（1）有利于优化资源配置。发展BT融资模式可以使产业资本和金融资本全新对接，形成一种新的融资格局，既为政府提供了一种解决基础设施建设项目资金周转困难的融资新模式，又为投资方提供了一种新的利润增长点，为社会投资人参与社会公益性项目建设提供了切入点，实现了各参与方“共赢”和基础设施建设的良性循环。

（2）有利于合理分散风险。BT融资模式倡导风险和收益在政府与投资方之间公平分担与共享，追求安全合理利润。强调各参与方发挥各自优势的主观能动性，合理分散和分担风险，提高了各方对项目政治、金融、债务风险的分析、识别、评价及转移能力。

（3）有利于提高运作效率和工程质量。BT融资模式采取国际规范化管理与运作，通过引进先进的技术和管理方法，改善基础设施建设投资和管理结构，减少建设管理和协调环节，借助大型建筑企业资信好、信誉高、善于组织大型工程施工，以及技术、管理和人才等方面的优势，可有效提高项目运作效率和工程质量。

BT投资模式也具有一定的缺陷。

（1）BT项目建设费用过大。采用BT方式必须经过确定项目、项目准备、招标、谈判、签署与BT有关的合同、移交等阶段，涉及政府许可、审批以及外汇担保等诸多环节，牵扯的范围广，复杂性强，操作的难度大，障碍多，不易实施，最重要的是融资成本也因中间环节多而增高。

（2）BT方式中的融资监管难度大。由于BT法律性质的特殊性，法律关系的复杂性，而且是一种合同的组合，因此，融资监管难度大。

（3）BT项目的分包情况严重。由于BT方式中政府只与项目总承包人发生直接联系，工程由项目企业负责落实，因此，项目的落实可能被细化，建设项目的分包可能会比较严重。

（4）BT项目质量得不到应有的保证。在BT项目中，虽然规定了督促和协助投资方建立三级质量保证体系，申请政府质量监督，健全各项管理制度，抓好安全生产，但是，投资方出于其利益考虑，在BT项目的建设标准、建设内容、施工进度等方面存在问题，建设质量得不到应有的保证。

3.BT的运行过程和机制

项目运行过程主要包括项目准备阶段、公开招标阶段、签订BT项目合同阶段、项目实施阶段和项目转让阶段。[①]在项目准备阶段，主要确定项目的投资范围、规模和方式。其中包括政府对该项目投资建设的需求评价；对所需财力支持的估算和政府的规划；项目投资建议的提出以及主管部门对项目建议的审查和批复；项目建设单位对项目的必要性、经济合理性和技术可行性分析。在公开招标阶段，主要确定项目的融资代建单位。在确定采用BT模式后，公开招标阶段主要是建设单位作为招标人，通过招标代理机构的运作选择实力、报价最为相宜的投标人。在签订BT项目合同阶段，主要是书面签约确定项目各方的权利和责任。其中包括投标人和中标人按照招标文件的要求组织的谈判过程，以及BT项目投资建设合同的正式签署过程。在项目实施阶段，项目公司围绕项目合同开展工程施工作业、实行专业化管理。在项目转让阶段，按照BT合同规定，项目建设完成后，应将所有权

---

① 王耀辉等：《BT融资模式在交通建设中的应用》，《长安大学学报》（社会科学版），2009年3月。

转让给政府，政府向项目公司支付费用，移交标志着BT项目的结束。

项目运行机制以BT投资建设合同为核心，以全过程控制为手段，以成本控制和风险降低为目标，内外监督相辅相成，在项目运行的每一阶段实行规范化、专业化管理。①过程制约机制。通过BT建设合同中对合同当事人权利及义务的规定，明确各方职责，有利于对项目建设的过程进行控制。②成本控制机制。第一是通过制订严密的合同条款，根据合同中的工程预算成本采用倒推法进行控制。第二是通过加强对分包合同、与业主签订的施工合同的管理，控制工程成本。第三是在投标阶段和工程中标后的施工阶段，以及工程结算阶段进行合同管理，控制工程成本。③监督约束机制。项目公司的监督约束机制可以分为内部监督和外部监督两部分。内部监督主要包括投资控制管理和支付管理；外部监督主要包括项目设计控制管理、分包管理、监理机构、合同争议解决方法4个部分。[①]④风险控制机制。BT项目融资更关注项目的完工风险和回购风险。项目公司通过建立对担保机制、合同责任期的规定、合同变更、合同终止、项目验收保修，以及项目移交回购方案等方面的控制，建立项目公司的风险控制机制。

（五）ABS（以资产担保的证券化）模式

1.ABS的含义

ABS融资的定义。ABS是Asset-Backed Securitization的缩写形式，即以资产担保的证券化。是指以项目所属的资产为基础，以该项目资产所能带来的预期收益为保证，通过在资本市场发行证券来筹集资金的一种项目融资方式。[②]由于能够以较低的资本成本筹集到期限较长、规模较大的项目建设资金，因此，ABS融资模式对于投资规模大、周期长、资金回报慢的城市基金设施项目来说，是一种理想的融资方式。在电信、电力、供水、排污、环保、大型工业项目、资源开发型项目等领域的基本建设、维护、更新改造中，ABS模式得到了广泛的应用。

ABS融资的特点。通过证券市场发行债券筹集资金是ABS不同于其他项目融资方式的一个显著特点，而证券化融资则代表着项目融资的未来发展方向。由于ABS方式隔断了项目原始权益人自身的风险和项目资产未来现金收入的风险，使其清偿债券本息的资金仅与项目资产的未来现金收入

---

① 王耀辉、马荣国：《BT融资模式在工程建设中的应用研究》，《铁路运输与经济》，2008年第5期。

② 孔祥清、闫道锦：《ABS项目融资模式探析》，《当代经理人》，2005年第13期。

有关，加之在国际高等级证券市场发行的债券是由众多的投资者购买,从而分散了投资风险。

2.ABS的应用

ABS融资在实际运作中通常有以下几个参与者:原始权益人、特设交易载体(SPV)、投资者、资信评级机构、信用增级机构、受托管理人、服务人等。各参与者在其中各司其职,相互联系,相互牵制。① ABS的基本运作过程一般包括以下几个步骤:

首先,确定资产证券化的对象。进行ABS融资时,要选择未来现金流量稳定、可靠、风险较小,且具有良好的可出售品质,较低信用风险,但目前却又无法通过证券化的途径在资本市场筹集项目建设资金的项目资产。我国一些基础设施项目的经济效益比较好,且具有稳定的预期收入,符合资产证券化的条件,可以作为资产证券化的目标资产。将基础设施项目资产进行估算和信用考核，根据资产证券化的目标确定用于证券化的资产数量,并把这些资产汇集组合,形成一个资产池。

其次,组建特设交易载体(SPV)。SPV是为迎合法律要求而特设的一个法律实体。它主要从事单一业务:购买证券化资产、整合应收权益,并以此为担保发行证券。成功组建SPV是ABS能成功运作的关键因素。在现实操作中,SPV公司可以是已经在国际上获得权威资信评估机构给予较高资信评定等级的投资银行、信托投资公司、信用担保公司、投资保险公司或其他独立法人等。

第三,发起人或原始权益人将可证券化资产"真实销售"给SPV以发行证券。转让的目的是将原始权益人本身的风险和项目未来现金收入的风险隔断,以实现"破产隔离"。

第四,信用评级和信用增级。信用评级是发行人按时支付ABS证券本息回报的评价,通常由国际资本市场上的独立私营评级机构,如穆迪或标准普尔进行。信用增级是通过提供各种担保,增强资产证券信用,以吸引投资者购买,提高ABS的交易质量和安全性。

第五,证券设计与销售。发行人通过承销商在资本市场上向投资者发行经过优先和次级架构的ABS资产来支撑证券。

第六,现金流管理服务与清算。

---

① 黄佳:《基础设施ABS融资模式研究》,《国际经济合作》,2007年第7期。

3.ABS的优势

ABS可拓宽我国基础设施项目融资的渠道。我国的很多基础设施建设项目，如电厂、水厂、港口、高速公路等，其当前及未来现金流产生稳定，资产权益相对独立，风险性小，本身具有较强的投资价值。但是由于它们自身无法获得权威资信机构授予的较高级别的资信等级，因而难以通过证券化的途径在资本市场上筹集资金。采用ABS项目融资方式时，就可以通过SPV获得较高信用等级，进入国际市场筹集资金，扩展基础设施项目融资的渠道。另外，在债券发行期间，实施ABS项目的资产所有权归SPV所有，但项目的经营决策权依然归原始权益人，这样运用ABS方式不必担心重要项目被外商控制。比如，不能采用BOT方式的重要铁路干线、大规模发电厂等项目都可以采用ABS方式。

ABS可降低基础设施项目融资成本。基础设施建设项目一般投资额大，建设周期长，资金积聚度高，若在债息率上略有降低，就会节约大量资金。而ABS通过信用增级使ABS发行时的信用等级提高，债息率一般也较低，从而降低了项目融资成本。ABS融资项目无须政府的特许和外汇担保，从而降低了融资成本。ABS融资涉及机构较少，减少了酬金、差价等中间费用。此外，还可以在境外的一些税收豁免地区设立SPV，以达到合法避税目的，进一步减少融资成本。

ABS还可以实现一定的会计效果。由于ABS证券化的资产是一种"真实销售"，所以资产出售后即可以从资产负债表中剔除，从而实现表外融资。对原始权益人来说，虽然放弃资产会放弃部分收益，但却使得可用资金增加，提高了资产的流动性和盈利性，也大大加快了基础设施的建设步伐。

ABS项目融资保证了基础设施项目的安全性。ABS方式进行基础设施项目融资期间，东道国能够保持对项目经营的控制，使得项目不被外商直接控制，从而保证了项目建设和经营的安全性，有利于东道国的经济安全和国家安全。

（六）主要投资模式的区别

BOT和PFI的区别：两者的一个不同之处在于政府着眼点的不同。BOT是指政府就某个基础设施项目与非政府部门的项目公司签订特许权协议，授予项目公司来承担该项目的融资、建设、经营和维护。特许期届满后，项目公司将该基础设施项目无偿地移交给政府部门。政府最主要的目的是公共设施的最终拥有；而PFI的目的在于公共服务的私人提供，它能够使私营机构直接参与到公共服务的提供中,为公众提供更好更优质的服务。如果私人企业通过正常经营未达到合同规定的收益,可以继续拥有或通过续租的方式获得运营权。BOT比较适用于大规模、高收益、经营性的基础设施,如电厂、水厂等。PFI项目非常多样,大的项目可能来自国家重点领域,例如军事飞行培训计划、机场服务支持等;小的如公共服务设施建设、教育、民用建筑物、警察局、医院能源管理或公路照明。

ABS和BOT的区别:ABS融资的项目资产是许多已建成的良性资产的组合,政府部门可以运用ABS方式以这些良性资产的未来收益作为担保,为其他基础设施项目融资。不仅可以筹集大量资金,还有助于盘活具有良好收益的固定资产。BOT融资对象主要是一些具有未来收益能力的单个新建项目,如公路、桥梁等,而且该项目在融资时尚未建成,政府部门主要是通过BOT方式为该项目的建设筹集资金。在ABS模式中,债券在发行期内,项目资产所有权属于SPC(统计过程控制),而项目的运营、决策权属于原始权益人,原始权益人有义务把项目现金收入支付给SPC。债券到期后,由资产产生的收入还本付息,支付服务费后,资产所有权又复归原始权益人。BOT的所有权、运营权在特许期内属于项目公司,特许期满后,所有权移交给政府。通过外资BOT进行基础设施项目融资可以带来国外先进的技术和管理,但会使外商掌握项目控制权。

BOT和BT的区别:前者是投资者在项目建成后一定期限内,通过经营收回投资取得赢利,授权期结束后,再将项目无偿转让给政府。后者采取企业投资建设、政府一次回购、资金分期支付的办法。BOT模式较之BT模式,显著区别就是多了一个主办人的营运环节。在BOT模式中,主办人通过特许经营协议获得对BOT项目的一定期间的特许经营权, 并在特许期限内负责项目的营运和管理。而在BT模式中,BT模式项目主办人在工程竣工后,就按BT模式投资建设合同的约定直接移交给BT模式项目发起人,BT模式项目主办人没有经营BT模式项目的权利,因此不存在主办人营运环节。换句话说,BOT收回资金的方式是向使用者收取,BT收回资金的方式是向政府收取。

PPP和PFI的区别:PPP即公共部门与私人企业合作模式,是公共基础设施的一种项目融资模式。在该模式下,鼓励私人企业与政府进行合作,参与公共基础设施的建设。PFI的含义是公共工程项目由私人资金启动,投资兴建,政府授予私人委托特许经营权,通过特许协议,政府和项目的其他各参与方之间分担建设和运作风险。PFI和PPP模式有着很多的共同点,甚至你中有我,我中有你。从两个概念可以看出,PPP政府直接参与项目,PFI政府不参与项目。两者显著的区别在于PFI模式主要以民营资本为资金来源,而PPP模式除了民营资本,还可以吸纳海外资金。但其核心内容均是打破了由政府对基础设施"一包到底"的投资模式,实现政府与投资者共担风险,在提高基础设施效率和降低建设成本的同时,也缓解了政府投资不足的困境。

三、政府投资方式转变中的问题

随着我国大规模基础设施建设的推进,政府投资模式的创新一刻也没有停止,凡是国外有的投资方式,我国都在广泛实践。各地政府还在绞尽脑汁寻找更新、更好的投资方式,从而为其投资与建设提供更有利的支撑。但是,有些投资方式在我国水土不服,这与政府投资行为不规范、政府缺乏诚信、法律法规不健全、存在过度市场化倾向等因素有关。

(一)政绩追求导致政府行为扭曲

上述投融资模式对地方政府来说具有很大的吸引力,有些地方政府对这些方式并未透彻了解,认识不够,就开始引入,甚至没有条件搞,创造条件也要搞。有的没有经过合理的论证就采取项目融资方式运作,导致项目中途夭折。也有的为了引进资本而给予过多的优惠,结果使政府承担了过多的责任和风险。更有的地方政府盲目跟风,甚至将引进BOT的多少作为地方政府政绩来夸耀。由于BT模式的实用性较强,助长了地方政府为了自己的政绩,盲目地对城市基础设施进行投资或随意扩大建设规模。由于在BT等项目建设期不需政府投入资金,这就为日后的还款和回购埋下了隐患。由于随意上马工程和扩大建设规模,在BT项目完工后,政府根本无力回购,导致拖欠工程款。尤其是一些地方政府换届后,下届政府对上届政府的BT建设项目回购责任进行推诿,由此造成政府拖欠工程款,从而严重影响了政府的形象。

(二)方式缺陷导致公众利益受损

在我国水务等市政设施利用外资过程中,为了解除投资方的疑虑,地方政府常与外资水务企业签订"固定投资回报率"合同,即根据外资投资额度和经营期限,约定一定投资回报率,往往在12%~18%之间,高者可达20%以上,同时约定自来水公司必须向外资水厂购水的数量。投资水厂变成了有赚无赔的黄金产业。由于给外资提供了过于优厚的待遇，使得消费者与自来水公司承担了巨大的代价。如沈阳自来水厂在1996年与香港汇津投资合资兴建水厂的合同中，由于过高的回报率约定，使汇津投资在前5年就收回了全部投资，剩下15年的收益全属利润，而沈阳自来水公司到2000年时，已因此造成高达2亿多元的亏损。2002年年底，建设部出台《关于加快市政公用行业市场化进程的意见》，鼓励各类投资主体进入公用事业领域，由此出现了外资整体并购水务企业的风潮。部分地方政府进行水业资产处置时过度看重资产变现的短期效应，而忽略长期的价格和服务压力，加之外资水务企业对中国供水市场充满信心，直接导致外资溢价收购现象的出现。从而在一定程度上引起之后全国大中城市水价普遍上涨。

（三）信用缺失带来诸多问题

政府信用缺失是当前BOT项目进行中企业顾虑最大的一个问题。在BOT项目中，企业和政府签订合同，但政府一贯的强势地位和很多难以预测的外部因素，都使BOT合同在执行起来充满变数，出现了政府违约以及由此带来的一系列问题。政府方面的违约有时是身不由己，也有一些是政府与民争利。例如，政府的承诺和保证违反了国家已有的法律法规，导致合同无效；政府只顾招商引资，忽视了公民权利，为了政绩和项目承包商的利益而损害公民权利。[①]而一旦政府违约，双方在协商不能解决的情况下，即使对簿公堂，企业面对强势的政府也常常是无可奈何。而一旦承包商和公民权利发生冲突，政府往往又倾向于承包商的利益，造成了公共利益天平的失衡。在BOT授予特许权的阶段，有些政府部门的决策过程缺少科学的论证，缺少民众的参与。同时，缺乏一套明晰的管制框架和合同框架。结果项目一旦建成，进入运营阶段后，签订的合同遭到公众反对，政府就陷入公众和项目承包商的两难之中。有些政府部门往往用权力干预合同的实施，导致政府信用的丧失。

（四）法律不完善造成投资风险增加

目前，我国关于公私合作项目融资的法律法规主要是对外贸易经济合作部1994年发布的《关于以BOT方式吸收外商投资有关问题的通知》，国家计委等部门1995年联合发布的《关于试办外商投资特许权项目审批管理有关问题的通知》和国家计委、国家外汇管理局发布的《关于借用长期国外贷

---

① 刘秀莉：《BOT方式中政府方面存在的问题与对策》，《重庆教育学院学报》，2008年3月。

款实行总量控制下的全口径管理的范围和办法》。这几个法律文件基本构成了目前项目融资法律规范的全部内容。暂时没有专门为BOT、PPP等模式制定的法规体系,致使无论是政府担保的限制性或禁止性规定方面,还是对BOT的项目范围与投资回报率的保障方面都存在严重的滞后性。[①] 从法律地位上看,我国关于PPP还没有地位较高的成文法规,而且,与之相关的法律体系正处在快速发展和变化之中,法律法规的变动不可避免地带来各方利益的调整,在一定程度上造成投资收入和地方收益的不确定性。

(五)过度市场化产生负面社会效应

公共基础设施的民营化是近年我国投融资体制改革的重要方面,各级政府的财力不足以及政府投资与运营效率低下是加速民营化的根本原因。但是,公用事业和公共服务毕竟带有公益性质,又是与人民生活密切相关的必需品,政府必须保障其供应,这是政府不可推卸的社会责任。民营化是一柄双刃剑,用得好了,能够充分利用社会资金,促进基础设施的快速发展;用得不好,则会导致政府逃避本应承担的公共职能,增大社会成本,降低公共产品及服务的质量。例如,公路、桥梁等基础设施项目具有较强的外部性。尽管可以通过收费实现特许权经营,但是,频繁设立的收费站和高昂的收费又会给区域经济带来较大的负面效应。一些地方将公用事业当作招商引资的工具, 以超出其资产实际价格几倍的价格向外资或民资出售,引起公用事业资产价值泡沫化, 并为未来企业频繁提价带来了巨大的隐患。这也导致本届政府招商引资政绩显赫,却给用户和下届政府带来无尽的烦恼。

四、促进投资方式转变的政策措施

(一)创造良好的法制环境

政府应完善相关法律。随着基础设施建设民营化改革的进一步发展,现有的法规、政策滞后问题已逐渐暴露,政府必须及时地进行修订和完善,否则,势必造成民营化改革受阻、运作过程中违规和无序现象的出现。对于目前已经制定的相关法规,普遍存在规定宽泛、不够具体、不便操作的问题,这在某种程度上也影响着基础设施民营化的推进,因此,进一步明确相关法律规定很有必要。政府要进行必要的角色转换,在吸引资金的过程中,

---

① 王世君、王涯茜:《PPP模式下的政府信用问题》,《合作经济与科技》,2009年11月号下。

政府应创造一个良好的服务环境，为私人投资模式的运行提供基本条件。应从之前主导投资和经营的大包大揽的家长角色转变为提供公共服务、组织监督体系、评价项目经营状况的指导及合作者角色。改革途径具体包括：审批权力下放、减少审批环节、加快审批速度；组织建立项目建设和运营过程中的监督指导体系；建立和加强项目引资体系，完善投融资中介体系等。[①]另外，政府还应改进和加强自身信用度，保持政策稳定性，努力避免出现变更投资政策、投资意向、投资规则的情况，避免损害民间投资者和外商的合法利益，挫伤其投资的积极性。

（二）规范收益担保机制

投资要确保收益，这是一条重要的经营原则。特别在我国现阶段，项目投资者在许多方面面临着不确定性风险，因此一般要求有明确、稳定的收益来源保证，即较为可靠的回报率。一般来说，电力等能源项目的收益来源通常体现在电力购买商的购电合同上；道路、桥梁和隧道等交通项目的收益则主要来源于能够征收的车辆通行费；城市供水等基础设施项目的收益则主要来源于政府部门或某个国营部门承诺的付款或向用户直接销售的收入。但是，电力、交通、供水等设施与居民生活密切相关，其协议的定价水平不可能超过一般的平均承受能力。所以，有些项目在价格水平不能保证项目公司所要求的投资收益的情况下，政府必须给予一定的其他保证或与该项目有关的其他项目的开发经营权。比如英法海峡隧道工程，是完全按市场规律运作的投资项目，隧道收费标准由项目公司自行确定，项目的风险主要由项目的发起方和银行承担，英、法两国政府主要为项目贷款提供了“无替代设施”担保，即承诺33年之内不建第二个横跨海峡的隧道。我国现阶段，由于市场发育等各方面还不是很成熟，人们对于项目融资的运作过程还比较陌生。为了鼓励外资参与这种方式的融资，可以参照国外的一些成功案例，给予项目一定的其他保证。

（三）保障公众利益不受损害

政府应尽量避免在公共事业方面出现大型垄断企业。公共事业本身的特点决定了其自然垄断的特性，然而如果在行业内出现全国性或区域性的大型垄断企业，政府的政策则会被垄断企业为获得超额垄断利润所“绑架”。因此，政府一定要建立行之有效的控制、监督模式和体系，同时，要更

---

① 闫煜吉吉：《内蒙古基础设施投资方式选择》，《内蒙古科技与经济》，2010年第1期。

多地引入竞争机制，形成政府控制、监管下的良性竞争，更好地为公众服务。政府要把公众利益放在第一位。在公共事业私营化日益发展的今天，以政府主导管理、以私营公司为经营主体的形式被认为是未来公共事业的典型模式，然而由于在私营公司经营的实际操作过程中，很容易产生内部人控制问题，信息不对称取代了公共监督的透明，造成产品和服务水平及质量的下降。[①]因此，基础设施建设涉及社会公共利益和社会安全，对政府监管提出了更高、更严格的要求，政府应重点对各类投资模式资本金注入、融资、资金运用等环节采取有效控制和监管，注重对政府项目的设计、施工进度、建设质量等进行监督和管理，政府有权向投资方提出管理、组织、技术上的整改措施，努力提高在基础设施产品和服务的标准、价格、服务水平和建设经营中的监管能力。

（四）政府应承担必需的社会责任

在发达国家中，以项目融资和特许经营合同为基础的公路特许制只是投融资体制的有益补充，而完全采用国家财政拨款的形式的中央财政制，和以公路使用者税收作为公路资金主渠道的专项基金制仍然大量存在。[②]近年来，广东、福建、浙江、重庆等许多地方也在探索路桥建设与运营的新模式。例如，2003年，深圳设立路隧项目偿还及发展专项资金，专项资金自2003年起至2030年止，通过深圳市财政、国土基金、各区政府财政、养路费改建资金、公路车辆通行费收入等渠道每年筹集约11亿元，用于偿还非经营性公路和隧道建设所承担的债务，经营性公路和隧道的补偿费用，经深圳市政府批准的路隧收费改革和新建公路所涉及的融资本息偿还，未来10年新建公路和隧道的建设投资和养护、管理费用，以及受让的原经营性及非经营性公路、隧道的养护和管理费用。[③]因此，多引入财政性资金来建设公路等基础设施可能是需要考虑的一个方向，这样，贷款少一些，收费的路相应的就少一些，可以带来更大的社会收益。在供水等市政服务领域也是如此，政府不能只顾眼前利益或只想着摆脱责任，而是要始终把公共服务的安全提供和公众的承受能力放在第一位考虑。

---

① 康绍大、陈金香：《我国政府发展BOT的政策选择》，《合作经济与科技》，2010年1月号上。

② 朱丽杰：《一些国家高速公路投融资体制》，《中国公路》，2004-09-06。

③《加大财政投入，减少收费高速公路》，人民网，2004-09-05。

第七章 政府的资金来源渠道

内容提要：

政府建设性资金来源主要包括：国债、地方债、政府基金、土地收益和政府收费。国债政策作为宏观调控的重要手段，必须反映经济稳定、持续增长的内在需要，并为这种内在需要服务。宏观经济对于国债的负担能力是财政稳定运行的基础，也是国债政策作用的现实基础。就我国地方政府的职能和经济发展的需要来看，地方债的发行都是一个必然的过程。迄今为止发行的地方债，决定权和使用方向仍然由中央政府决策，并不是地方政府意志的真实体现。未来要根据市场经济国家地方债实践经验和我国的具体条件，既要充分发挥地方债的积极作用，又要注意防范地方债务风险。"土地财政"作为我国财政制度特别是地方财政制度中的独特现象，有其深刻的经济、社会、体制方面的原因，有一定的合理性，但土地财政造成的不良影响也是多方面的。

无论是中央政府还是地方政府，都会通过多种收入来源渠道为其资本性支出融资。能够用于建设性支出的政府资金渠道主要有以下几种：财政拨款、国债、地方债、政府基金、土地收益和政府收费。在我国，财政拨款是最常见的政府资金来源，国债资金逐渐成为不可或缺的财政扩张政策工具，地方债尽管长期受限，但是，发行的必要性越来越显著，土地收益规模迅速扩张，地方政府投资对其依赖性逐步增强，政府性基金和收费问题较多，亟须规范。政府投资银行贷款也是政府主要的融资渠道，这方面的内容我们将在下一章地方政府融资中重点讨论。

一、财政拨款

财政拨款是政府无偿拨付的资金，其来源一般为政府税收收入，即纳税人的税收所形成的公共资金，包括本级财政拨款和上级拨款。本级财政拨款可以是专项税，[①]例如，城市建设维护税主要用于城市建设，征收燃油税的主要目的是筹集道路建设资金，房地产税、土地使用税等财产税是基础设施和公共服务的重要资金来源；也可以是税收用于经常性支出后的结余，再用于资本性支出的部分。而上级拨款则指财政转移支付中的专项建设资金。财政拨款通常在拨款时明确规定了资金用途，一般是用于公共事业（教育、卫生、交通、市政、科研等大中型建设项目）的资金。预算内资金是主要由财政拨款构成的财政投入来源，从我国的情况看，2009年，国家预算内资金达到12490亿元，总规模并不小。但是，1981年，国家预算内资金占全社会资金来源的比例高达28.1%，到2009年，这一比例已下降到4.3%。因此，目前，财政拨款的相对规模已经很小。

根据《政府投资条例（征求意见稿）》[②]，在我国，政府拨款通常采取直接投资、资本金注入、投资补助、转贷和贷款贴息等方式投入。对于政府事权范围内的政权建设、公益性和公共基础设施等非经营性项目，需要政府投资占主导地位的，可以采用直接投资的方式，通过拨款投入。采用直接投资方式形成的资产属于国有资产，按照国有资产管理相关规定实施管理。对于需要发挥国有经济控制力和影响力，以及需要政府扶持的经营性项目，可以采用资本金注入方式进行投资。采用资本金注入方式投资形成的股权属于国有股权，由有关部门、国有资产监督管理机构或者其他机构依法行使出资人权利。对符合国民经济和社会发展战略，促进经济社会协调发展和城乡区域协调发展的项目，可以采用转贷方式使用国家主权外债资金。投资补助和贴息资金重点用于市场不能有效配置资源、需要政府支持的经济和社会领域。主要包括：公益性和公共基础设施投资项目，保护和改善生态环境的投资项目，促进欠发达地区的经济和社会发展的投资项目，推进科技进步和高新技术产业化的投资项目，符合国家有关规定的其他项目。对非经营性建设项目的投资补助以拨款方式无偿投入。对经营性建设项目

---

① 专项税是指那些将收入专门用于特定支出或项目的一种税收。

② 中央政府门户网站，2010-01-07。

的投资补助作为资本公积金管理。贴息资金不形成新的权益,在建项目冲减工程成本,竣工项目冲减财务费用。

长期以来,财政拨款中存在许多问题,至今难以解决,这里面有财税体制问题、部门利益问题,也有监督机制问题、使用方式问题。从财税体制层面看,中央和地方政府事权划分不够明晰,转移支付和投资项目设置不够明确,项目的确定和范围选择不够合理,使用也缺乏事权依据,费用分摊标准和专项资金在各地区之间的分配方法缺乏严格的制度约束,随意性大,难免出现资金使用分散、浪费和低效率问题。加上中央财政统得过细,预算管理级次多,资金链条长,信息不对称,影响了中央预算资金的科学使用。另外,中央财政拨款总是要求地方配套,而在欠发达地区配套资金通常难以到位。从部门利益角度看,财政拨款项目是一块大肥肉,也是稀缺资源,给谁不给谁,往往是上级部门少数几个人说了算,分配过程中普遍存在着"跑部钱进"和"人情款"的问题。审批职权分配到各个部门,权力谁也不放、谁都想抢。从维护部门既得利益考虑,常常出现部门之间职能交叉、安排的项目内容重复。从监督机制方面看,相当数量的资金一旦到了地方政府手中,地方政府是否按照中央政府的政策意向来使用,资金使用效果如何等,都没有一套行之有效的监管、审计系统来进行考核。资金到地方以后,由于项目分散、建设周期长、项目效益评价困难等,使得这部分资金严重失控,效益低下。从使用方式看,财政拨款更多采取直接投资和资本金注入方式,而运用投资补助和贷款贴息拉动更多社会资金的方式使用不够,财政资金的"放大功能"不足。

未来财政拨款应确定科学的计算依据和方法,根据各地不同情况和项目不同特点,选择相关因素,如项目时期长短、受益范围大小、地方财力水平等,进行精确客观的测算。中央政府的专项拨款应尽量减少配套资金附加条件,降低资金匹配比例,减轻欠发达地区的负担。从根本上改变按照行政管理渠道分配资金的僵化办法,每年根据国民经济和社会发展最紧迫领域和部门的现实需要,统筹财政拨款资金的使用。应设立专门的机构对财政拨款的申请、立项、审批、分配全过程进行监管,改变资金分散、多头管理、浪费严重和效率低下的状况。财政资金应更多采用补助、贴息等间接注入方式,增强引导社会资金进入政府鼓励和支持领域的杠杆作用。

二、国债

(一)特点和功能

国债是由国家发行的债券,是中央政府为筹集财政资金而发行的一种政府债券,是中央政府向投资者出具的、承诺在一定时期支付利息和到期偿还本金的债权债务凭证,由于国债的发行主体是国家,所以它具有最高的信用度,被公认为是最安全的投资工具。一个国家的政府在组织公共收入时,一方面可以凭借政府权力,采取无偿的形式进行,如课征税收;另一方面还可以依据信用原则,采取有偿的形式进行,如发行国债。这就是说,国债是中央政府取得公共收入的一种有偿形式。国债在将私人部门占有的一部分资源转移到公共部门,从而为政府取得公共收入这一点上,同税收的功能是无差别的。但它毕竟又不同于税收,有自己的特征。

国债的发行或认购是建立在资金持有者自愿承受的基础上的。对于国债,买与不买或认购多少,完全由资金持有者视本身情况自主决定。政府发行国债所依托的是其信用,而不是政治权力。在这里,中央政府处于债务人的地位,而债务人是不能向债权人实行强制的。国债的发行是有偿的。通过发行国债取得的公共收入,政府必须按期偿还,除此以外,还要按事先约定的条件,向认购者支付一定数额的对暂让渡资金使用权的报酬,即利息。国债的发行较为灵活。国债发行与否以及发行多少,完全由中央政府根据公共收支的状况,灵活地加以确定,而不是像课税一样,通过法律形式预先规定。也就是说,国债的发行,既不具有发行时间上的连续性,也不具有发行数额上的相对固定性,而是何时需要,何时发行,需要多少,发行多少。综上所述,国债是国家举借的债,是国家为履行其职能的需要,依据信用原则,有偿、灵活地取得公共收入的一种形式。

国债作为一种公共收入形式出现,在历史时序上比税收晚得多。它是在政府职能不断扩大,支出日益增加,仅靠税收已不能满足公共支出需要的情况下产生的。也就是说,国债本身就是与财政赤字相联系的公共收入形式,是作为弥补公共收支差额的来源而产生的。弥补财政赤字是国债最基本的功能。与增加税收和增发货币以弥补财政赤字相比,发行国债以弥补财政赤字,只是社会资金使用权的暂时转移,既不会招致纳税人的不满,又不会无端增加流通中的货币总量,造成通货膨胀,还可以迅速地取得所需资金。此外,国债的发行或认购通常建立在资金持有者自愿承受的基础上,通过发行国债筹集的社会资金,基本上是资金持有者暂时闲置不用的资金。将这部分资金集中归政府使用,在正常情况下不会对社会发展造成不利影响。

当然将弥补财政赤字视为国债的基本功能,并不意味着国债不能有其他方面的用途。事实上,中央政府的资本性支出,有许多就是以发行国债作为财源的。用发行国债的方式为资本性支出开辟财源,有其经济合理性,这主要是基于公平和受益原则的考虑。例如,公共设施一旦建成后,便会在长时期内发挥效益。如果以税收的形式为学校的建设筹集资金,则因建设费用庞大,使税率急剧提高。这样,不仅纳税人不会容忍,而且让这个特定年份(设施建设期间)的纳税人承受学校建设的全部负担,而让以后的若干年代的人无偿享用公共设施所提供的效益,这有违公平和受益的原则。特别是如果这一时期又发生了居民迁移的情况,不公平的问题会更加突出。如果用发行国债的形式为公共设施建设筹集资金,公共设施建设期间的税收既不会急剧增加,而且,随着公共设施的使用,受益人也可以通过纳税来偿还为学校建设而积欠的债务。于是,公共设施建设费用便可以在学校使用期间的几代受益人中分摊。

(二)国债的经济效应

如果经济衰退需要政府通过举债方式扩大支出的时候,政府没有增加赤字和债务规模,那么国债政策就是无效的。因为失去增长能力的宏观经济将难以为政府提供足够的财税来源,未来赤字和债务规模膨胀是不可避免的。但是,如果国债规模扩张促使社会总需求迅速扩大,产品及要素价格迅速上升,产生严重的通货膨胀和挤出效应,则意味着政府债务融资的成本将增大,政府继续举债的合理性也就不存在了。

1.国债与经济增长

要实现经济增长的可持续,国债发行—政府支出过程都是重要的政策工具。20世纪30年代以前,在西方各国中,国债政策只是作为一种临时性政策,多半在战争期间为筹措军费和弥补国库亏空而使用。直到1930年"大危机"后,西方各国政府根据凯恩斯经济学理论,通过赤字性财政支出以实现充分就业和摆脱经济萧条。在扩张性财政政策的作用下,各国的相对国债规模呈现逐渐扩大趋势。[①]美国的国债负担率由70年代中期的20%左右上

① 袁东:《公共债务与经济增长》,第50~53页,北京,中国发展出版社,2000。

升到2000年的60%，日本由5%上升到112%，德国由5%上升到60%。与此同时，1930年以后，西方经济取得了长足发展。按1980年价格计算，1960~1990年间，美国、日本、德国的年均增长率分别为3.2%、6.3%和3.1%。为应对新一轮的国际金融危机，防止经济持续下滑，各国政府不断大量发行国债。[①]2009财年，英国政府国债销售额达到2251亿英镑，公共部门净债务总额达到8485亿英镑，相当于GDP的59.9%；到2009年年末，日本国家债务余额同比增加约24.9万亿日元，债务总额达到创纪录的871.5万亿日元。美国2009财年财政赤字超过1.4万亿美元，占GDP的11%，政府负债总额超过12万亿美元，接近GDP的90%。

当然，国债政策是否能够促进经济增长还取决于相应的支出能否被用于增加生产性的实物及人力资本的存量；取决于政府服务是否补充了私人部门的活动；取决于财政赤字对宏观经济稳定的影响。根据国际货币基金组织的分析结果，在发展中国家中，如果按80年代中期财政赤字的多少进行排列比较，财政赤字较少（或有财政盈余）的国家经济增长比赤字较多的国家快得多。那些在80年代曾有巨额财政赤字的国家在90年代前期的实际GDP增长率只有3%左右，而赤字较少的国家的经济增长率接近7%。[②]一些国家进行的财政整顿——大幅度削减了赤字规模——反而对经济产生了较好的福利效应和预期效应。这是因为减少赤字可以明显降低利率水平，从而大幅度提高私人部门持有的财富价值和刺激经济增长。消费者和企业则把赤字削减看成是持续降低其未来税收的一个信号，感觉他们的收入将会增加，这样也会刺激高支出和经济增长。曼昆的《经济学原理》中有一个案例研究，题目是“白宫的凯恩斯主义者”，[③]在对肯尼迪和克林顿政府的财政扩张政策进行分析后指出：通过减少赤字以鼓励和促进长期增长要比以同样方式刺激短期需求扩张更重要。

改革开放以来，我国的财政赤字与国债规模不断扩大。财政赤字由1980年的69亿元上升到2009年的7781亿元，年均增长17.7%。国债余额由1980年的123亿元上升到2009年的60 238亿元，年均增长23.8%。同期GDP现价和不变价增长率分别达到16%和10%。可以看出我国赤字和国债规模的

---

① 王东：《全球主权债务风险明显增大》，《中国经济时报》，2010-04-01。

② 国际货币基金组织：《世界经济展望》，第69页，北京，中国金融出版社，1996。

③ 曼昆：《经济学原理》下册，第356~357页，北京，北京大学出版社，1999。

扩大是与经济高速增长相伴而生的。尽管随着改革开放的逐步深入,我国民间经济的力量不断壮大,但是,长期以来,政府主导资本积累、资源配置与经济增长仍然是我国经济发展的基本特征。而1980年以后,政府越来越多地依靠国债发行为赤字融资,表明国债政策在投资与经济增长中作用的上升。研究表明,1981~1996年间,相机抉择的财政政策使经济增长率提高了2.4个百分点,贡献率高达23%。[①] 1998~2004年,我国共发行长期建设国债9100亿元,7年累计实际安排国债项目资金8643亿元,同期银行发放国债项目配套贷款2万多亿元,直接拉动投资约4万亿元。2008年11月,我国开始实行新一轮的积极财政政策,中央两年新增投资1.18万亿元,其中2009年执行了9243亿元,2010年又安排了9927亿元中央投资,这其中有相当部分属于国债资金。积极财政政策对投资的拉动,有效地扭转了经济增速急剧下滑的态势,2009年,我国经济增长实现了V型反转。这说明在经济衰退时期采取的相机抉择的财政政策使经济增长趋于稳定和持续。

2.国债政策与挤出效应

国债是政府部门向民间部门发行的债务,在一定时期,在社会资金总量一定的条件下,国债发行量的多少涉及资源在民间与政府之间流动与使用份额的变化,因此,对国债政策作用的歧义之一是由于国债支持的财政支出增加是否会产生挤出效应。挤出效应假说认为国债发行会使一部分社会资金由民间部门转移到政府部门,从而减少民间部门对社会资金的占有与使用。其基本的作用机制是:如果政府支出的增加依靠发行债务融资,将会导致货币需求增加,而此时如果货币供给不变,则货币需求超过货币供给,将会引起通货膨胀和市场利率上升,此时私人投资下降。由于本国利率上升,还会引起外资流入和本币升值,从而对外国投资产生挤出效应。由于利率上升,也会制约人们对利率较为敏感的耐用消费品的消费,因此,挤出效应也可能反映在消费方面。

挤出效应的产生存在一定的限制条件。首先,经济中资源是否得到充分利用。如果经济中资源没有得到充分利用,劳动力、资金、土地资源供给充足,厂商可以在较低的要素价格水平上得到所需要的资源要素,则意味着价格水平不会随产量变动而变动。此时,总供给曲线是接近水平的,国债扩张导致的政府支出增加的收入效应较大,而价格水平不变或上升幅度很

① 刘溶沧、赵志耘:《中国财政理论前沿》,第298页,北京,社会科学文献出版社,2000。

小，因而对利率影响较小，从而对私人投资影响也较小，挤出效应也较小。反之，如果经济中资源已得到充分利用，则挤出效应较大。

其次，货币供给是否相应增加。如果货币供给没有相应增加或增加额不能满足货币需求增加的需要，则国债扩张将产生挤出效应，反之，则不会产生挤出效应。不论中央银行直接借款给政府，还是在政府向公众借款的同时，中央银行通过商业银行体系向流通领域增加货币供给，都可以抑制利率因政府支出扩张而上升。因此，货币政策与财政政策配合使用可以抵消挤出效应，即在增加财政支出的同时，增加货币供应量。

再次，萨缪尔森在《经济学》中指出，挤出效应仅适用于结构性赤字。如果衰退导致周期性赤字有所上升，此时，挤出效应完全不适用。这是因为衰退会引起货币需求下降，并导致较低的利率，衰退时期货币当局也倾向于放松货币政策。①

最后，社会经济活动是否达到充分就业水平。在经济已经达到充分就业水平以后，即使货币供给增加，政府支出扩张的挤出效应也将难以避免。如果经济的初始状态是充分就业状态，当政府支出扩张时，利率上升并可能产生挤出效应；为了抵消挤出效应，就要实行货币扩张，使利率水平回到初始均衡点，此时，利率没有上升，而政府支出扩张对国民收入产生扩张作用。但这只是短期内的情形，因为此时国民收入水平超出充分就业收入，意味着社会需求过度、资源约束紧张，因此价格水平急剧上涨。价格上涨使货币供给的实际价值减少，利率上升产生挤出效应，国民收入也随之下降。因此，在经济已经达到充分就业后，还扩张政府支出，即使增加货币供给，最终也避免不了挤出效应。

国债的挤出效应是国债的副产品，它表明政府支出与私人支出不再是相互补充关系，而演变为了相互替代关系。挤出效应等于政府活动在一定程度上剥夺了民间主体的权利，表明政府参与市场过多，因而损害了市场效率。从这个意义上讲，如果国债支出导致对私人投资明显的挤出效应，则意味着国债政策必须进行调整与转向，才能保证其可持续性。

（三）国债的适度规模

自80年代初我国恢复国债发行以来，国债发挥了政府筹资和调节经济的重大作用，国债发行规模也迅速扩大。1991年，国债发行额只有281亿元，

① 保罗·萨缪尔森：《经济学》，第525页，北京，华夏出版社，2000。

到1994年,国债发行额超过了1000亿元,1997年,超过了2000亿元,到1999年,国债发行额超过4000亿元,2006年,超过8000亿元,2008年,国债发行额为8558亿元。到2008年年底,国债余额达到53271亿元。1998年,我国开始实施积极财政政策,当年开始发行长期建设国债,规模达到1000亿元;之后,长期建设国债发行就未停止,2004年以前,每年长期建设国债规模均在1000亿~1500亿元;2005年以后,长期建设国债发债规模下降,到2008年下降到300亿元,2008年以后,为应对国际金融危机对我国经济的冲击,重新实施积极财政政策,2009~2010年的发债规模均在2000亿元以上(见图7-1)。

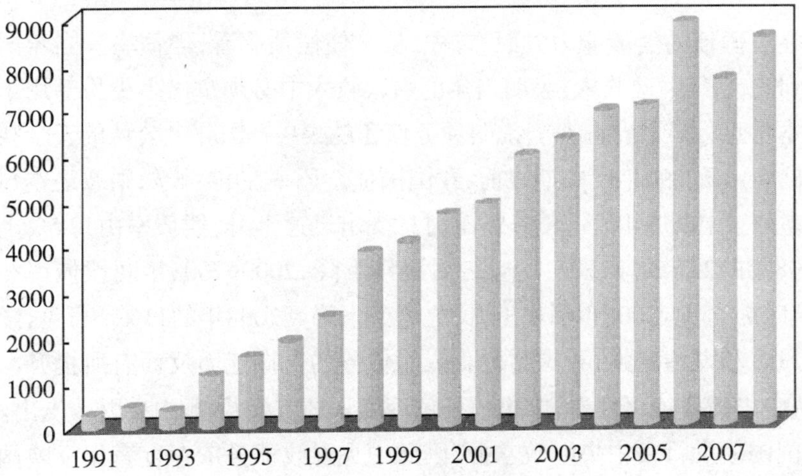

图7-1 我国历年国债发行额(亿元)

资料来源:《中国证券期货统计年鉴》(2009)。

但是,国债规模并不是可以无限扩张的,在一国每一特定时期的特定条件下,必然客观地存在着某种适度债务规模。现实生活中,决定或影响适度债务规模的因素是多方面的,如经济发展水平、居民储蓄水平、政府管理能力、市场健全程度、国债的结构状态等。国债规模适度与否可以从两方面考察。其一是对国债的应债能力,其二是对国债的偿债能力。在对国债的应债能力方面,首先,从国债负担率来看,国债负担率 = 当年国债余额/GDP,反映国民经济总量对国债的支撑能力。国际警戒线一般认为:一国国债负担率不能超过45%,《马斯特里赫特条约》规定的比率为60%。1991年,我国国债负担率为4.9%,1998年以前均低于10%;1998年实施积极财政政策以后,国债负担率上升到2003年的16.6%。但之后又下降到2006年的14.8%;2007~2008年略有回升,但均在20%以下。与国际标准相比,我国政府发债的空间仍然很大。其次，从居民的应债能力看，居民应债能力＝国债余额/居民储蓄存款余额，从居民的储蓄水平来考察国债发行规模。这一比例一般认为不宜超过100%。在我国，多年来居民是认购国债的重要主体。尽管近年居民可选择的金融资产增加了，但部分居民还是把国债作为安全性、收益性较好的金融产品。这些年我国居民储蓄存款的快速增长，为国债发行提供了巨大的资金来源。1997年以前，我国居民应债能力基本保持在10%~11%，只是在1998年开始上升，2006年以前基本在20%左右。2007~2008年有明显上升，但也在30%以下。由此看来，我国国债可以动员的资金潜力是很大的。

在对国债的偿债能力方面，首先，从国债偿债率看，偿债率＝当年国债还本付息/当年财政收入，表明当年的财政收入中必须拿出多少份额用于国债还本付息，该项指标越高，说明债务偿还越集中。国际上公认的安全线标准是8%~10%。90年代中期以前，我国国债偿还率在4%~6%，财政还本付息压力较小。1995年以后，债务还本付息支出迅速上升，偿债率由12.5%上升至1998年的22.7%（如表7-1）。之后逐年下降，2000~2005年间偿债率约在12%~13%之间。2006年明显上升，之后又下降到2008年的11%。可见，随着经济发展和财力增强，我国财政收入对债务的支撑能力反而有所提升。其次，从中央债务依存度看，中央债务依存度＝债务发行额/中央财政支出。由于我国国债发行由中央财政掌握，因此中央财政债务依存度直接反映国家财政依赖国债的程度。1993年以前，这一指标低于国际上公认的25%~30%的安全线。而自1994年以来，我国中央财政债务依存度都超过了50%，1998年超过了100%。之后一直在80%左右徘徊，2007~2008年，下降到60%左右。我国目前以“满足社会公共需要”为主要目标的中央财政支出，其资金来源大部分要依靠发行国债，潜在的风险较大。

上述分析表明，对我国国债规模的判断存在着相互矛盾的结论，即应债能力强，偿债能力弱。这主要是因为应债能力指标是以经济与金融总量为基础进行衡量的，而偿债能力指标则是以财政收支为基础衡量的。从经济总量角度考虑，我国国债规模不大，而从财政收支角度分析，我国国债规模又显得过大。那么，到底应该依据哪类标准对国债规模进行考察呢？有学者认为，偿还率和债务依存度对于分析一国财政本身的状况是有意义的，对于约束政府财政收支行为，合理安排债务期限结构均是重要依据。但是用以判断一国债务规模以及考察债务对整个宏观经济运行的影响，

表7-1 我国国债规模相关指标 单位:%

年份	国债负担率	居民应债能力	国债偿债率	中央财政债务依存度
1991	4.87	11.47	4.98	25.76
1992	4.77	10.91	9.83	39.39
1993	4.36	10.14	5.16	29.04
1994	4.74	10.62	6.99	64.81
1995	5.43	11.13	12.56	75.67
1996	6.13	11.32	17.09	85.90
1997	6.98	11.90	21.04	95.20
1998	9.20	14.54	22.73	121.83
1999	11.76	17.68	15.66	96.69
2000	13.12	20.24	11.59	84.37
2001	14.24	21.17	11.74	84.67
2002	16.07	22.25	13.05	87.63
2003	16.64	21.81	13.24	84.63
2004	16.12	21.56	13.42	87.71
2005	15.70	20.40	12.25	80.24
2006	14.84	19.46	18.53	88.91
2007	18.94	28.25	12.74	66.74
2008	16.55	22.84	10.99	64.13

资料来源:《中国证券期货统计年鉴》(2009)、《中国金融年鉴》(2009)、《中国财政年鉴》(2009)。

则不能作为主要依据。[①] 笔者部分赞同这一观点。原因在于,对一个国家债务规模的评价,确实应以其经济基础和经济实力为依据,而不应局限于财政收支能力。只要这个国家经济基础足够雄厚,能够使人相信在未来它有

① 程选:《某些债务"控制指标"适用性分析》,《宏观经济研究》,1999年第6期。

能力偿还债务,它就可以不断通过发新债还旧债的方式扩大债务规模。但是,这必须有一个前提,即这个国家的经济发展水平已经比较高,且仍具发展潜力, 民众对政府的信心指数高。并不是任何国家都能满足这一前提,对于我国这样的发展中国家,经济发展基础较为薄弱,经济增长中的不确定性逐渐增多,经济与金融制度缺陷明显存在,民众对财政支付能力的预期会受经济与金融波动的影响。如果民众的信心下降,则会极大地影响对国债的需求,从而影响国债规模的持续扩大发行,并使债务支付的风险不断积累。

总之, 我国未来的国债发行要与我国的经济发展与金融发展相结合,要在经济发展的基础上适当扩大国债发行。同时还要考虑到国债发行作为金融保险制度和其他社会保险制度重要组成部分的重要性和制约性,所以,为其他消费或投资性用途扩大债务规模必须有所限制。从后一种意义讲,国债发行具有极为重要的稳定金融和稳定社会的作用。在我国债务规模的形成过程中,债务规模 = 财政赤字 + 应付本息。本息支付是刚性的、必须支付的。对债务规模影响最大的是财政赤字,所以,控制债务规模的最主要的方式是限制财政赤字的过快增长;同时,还要不断优化国债结构,提高国债使用效益,谨防债务危机的发生。一是调整国债的期限结构,适当增加短期和长期国债的比重。从而为中央银行公开市场业务提供调节货币流动、稳定通货的工具,为公共事业发展筹措长期资金。二是进一步优化国债品种结构,增加建设债券、可转换债券、储蓄债券等债券品种,以适应居民不同的投资需求。三是优化国债使用结构,提高债务支出用于经济建设方面的投资比重,减少用于弥补非生产性赤字的比重。

三、地方债

(一)地方债的一般理论

地方政府债券是地方政府根据信用原则、以承担还本付息责任为前提而筹集资金的债务凭证,是指有财政收入的地方政府及地方公共机构发行的债券。地方政府债券一般用于交通、通讯、住宅、教育、医院和污水处理系统等地方性公共设施的建设。地方债按照担保条件可分为一般责任债券和收益债券两种。

一般责任债券是以发行者的征税能力作保证的一种政府债券。其信用基础是地方政府的征税权力,在这一点上,一般责任债券与国债具有某些相同之处。这种债券一般以政府的税收和其他财政收入为担保，作为还本付息的来源，偿还极少拖欠，投资者能按期收回本金并取得利息。发行这种债券所筹措的资金往往用于修建纯公益性的设施等。如果进一步细分，一般责任债券又可分为：第一，一般义务债券，它的发行量最大；第二，特别税收债券，它是以某项特定税收或另外一些特定收入来偿付的债券。以美国为例，州比市、镇、县具有更大的征税能力，州通常以销售税、汽油税或公路使用税以及个人、公司所得税作为发行债券的保证。市、镇、县等地方政府的征税能力没有州政府大，因此通常是以财产税作为发行债券的保证。

收益债券是由地方有关机构发行的一种政府债券。这种债券或是为项目融资而发行，或是为企业融资而发行。债券发行者只以经营该项目本身的收益来偿还债务，而不是以地方政府的征税能力作保证。例如，供电收益债券是以城市供电系统的收入来偿付，公路收益债券是以公路的收费来偿付，供水收益债券是以供水系统的收费来偿付，等等。发行这类债券所筹措的资金，多用于修建桥梁、道路、医院、大学宿舍、下水道、电厂等准公益项目。收益债券由于没有地方政府的征税能力作担保，所以其风险通常要比一般责任债券大。为抵补风险，其息票利率一般也比一般责任债券要高。由于收益债券的资金用途和偿债方式的不同，又可以进一步细分为：第一，项目收益债券，是为一些特定项目筹集资金而发行的债券；第二，住宅债券，是为建设低租金住宅而发行的债券；第三，收税公路债券。

根据时期受益原则，地方公共基础设施和资本品的成本应当由受益的不同时期分别承担，或者说是由整个受益期内的人们分担。对于资本性项目来讲，由于其效益不仅体现在本财政年度，也体现在以后的多个财政年度，这些产品形成的受益递延到以后许多年度，有的可能长达几十年，甚至更长的时间。所以，按照时期受益原则的要求，提供这类产品的成本应当在整个受益期内进行分割，由各期受益的人们分别承担，这就客观上要求有一种能够将成本负担向后递延的分担方式。地方政府发债，特别是发行中长期债券正好满足了这一要求，因为这类债券的偿债期限与受益期限大体一致，成本与受益就可以在时间和人群分布上达到基本一致。

（二）发达国家地方债经验

1.美国的地方债

美国是一个市场经济制度完善而且经济实力强大的联邦制国家，州和地方政府拥有自己的财政体制，同时得到联邦政府的财力支持。美国是发行地方债较早、规模较大的国家。19世纪初,纽约州首次采用发行债券的办法筹集到开凿伊利运河所需经费,开创了地方政府依靠发债进行基础设施建设的先河。第二次世界大战后,由于人口的增加和城市的扩大,州地政府公用事业迅速发展,致使州地政府基本建设大量增加,债务增长的速度大大加快。1950年,州地政府积累的债务还只有240亿美元,到1993年则已高达5760亿美元,增长了24倍。截至2008年年底,美国地方债发行余额为2.6万亿美元,规模为世界第一,约占当年美国GDP的19%。①

州地政府公债的绝大部分是一年以上期限的长期债券。一年以内期限的短期债券所占比例很小。长期债券按担保条件又可分为普通债券和收入债券。普通债券以州地政府的税收及其他财政收入担保,作为其还本付息的来源。收入债券则是以特定基本建设工程的收益担保,靠其收入偿还本金和支付利息。同时,收入债券也是为了建设某项特定工程,特别是能创造赢利的工程而发行的,专款专用,不得挪用于其他工程项目。收入债券尤其广泛应用于为私人企业提供发展生产所必需的基础设施的建设。州地政府发行的短期债券按其用途可分为预付税款券、预付收入券、城市改造工程债券等多种。预付税款券、预付收入券是为弥补州地政府财政收支不同步所产生的差额而发行的。这类债券的到期日即为各种重要税收的缴纳期,债券持有人到期就可用这种债券来抵付税收。城市改造工程债券是城市改造机构为城市改造工程筹集短期资金所发行的短期债券。这种债券一般由州地政府作担保。②

美国主要通过发行人、市场机制以及透明的法律框架来约束州地政府的借债行为。如有些州规定:州信用不能用于私人利益;债券要首先用于改进公用事业的长期项目;大宗发行债券需要投票表决。美国很多州地政府发行一般责任债券必须经过公众投票表决同意。不少州还要求债券按系列发行,每一种债券的期限不得超过项目估计的寿命周期,每一种债券的收益都必须计入专项基金,并不得与政府其他基金混在一起。对州以下的地方政府,如果其债务不能偿还,债权人可以依法起诉要求强制执行。如果没有可扣押财产,地方政府可以得到上级政府批准提高税率以偿还债务。③另外,美

① 纪慧松、荣艺华:《主要发达国家地方债制度比较》,《中国货币市场》,2010年第5期。

② 张海星:《美、日地方公债及启示》,《财经问题研究》,2001年第2期。

③ 赵连友:《美、日地方公债制度的比较研究及其借鉴》,《郑州经济管理干部学院学报》,2007年3月。

国的信用评级制度比较健全，州地政府公债的信用等级至少是由穆迪和标准普尔两家主要的私人信用评级公司中的一家来评定。地方政府的信用级别对地方政府债券的发行、债券筹资成本、债券的流通性都产生重大的影响。

但是，大量增加的地方债券，也被认为容易在外部环境恶化的情况下导致财政和金融风险。自2009年7月以来，美国已有207个市政债券发行机构违约，欠债总额达60亿美元，而这个数字将会持续增加。美国若干市府，例如洛杉矶和底特律，甚至已悄悄传出“B(破产，bankruptcy)”字眼。前洛杉矶市长在《华尔街日报》社论中声称，洛杉矶市别无选择，很可能会在现在起到2014年间宣布破产。一些较小的市政债券市场，例如宾夕法尼亚州的哈立斯堡和阿拉巴马州的杰佛逊郡，早已公开讨论要引用仅适用市政机关的破产法第9章申请重整。① 对市政债券持有人而言，宣告破产是特别令人不安的前景。而对于地方财政而言，由于高失业率和脆弱的消费者信心，意味着缩水的所得税收和微薄的营业税收入，因此，各州和地方政府疯狂增加债券发行，以弥补预算短缺。这将造成美国的债务危机恶性循环。

2.日本的地方债

日本是实行地方自治制度的单一制国家。早在明治32年(1999年)的法律条文中，就承认了府县一级政府的举债权，但举债的具体事项，如举债额、偿还方式等需经内务大臣和大藏大臣批准。目前，日本地方政府债务的发行主体为都、道、府、县以及市、町、村等。此外，日本地方自治法在283条和314条第2款也赋予了特别地区、地方公共团体联合组织以及地方开发事业等特殊地方公共团体举债权。日本的地方债券包括地方公债和地方公企业债两种类型，其中，地方公债是日本地方债券制度的主体。地方公债是地方政府直接发行的债券，主要用于地方道路建设、地区开发、义务教育设施建设、公营住宅建设、购置公用土地以及其他公用事业；地方公企业债是由地方特殊的公营企业发行、地方政府担保的债券，使用方向主要集中于下水道、自来水和交通基础设施等方面。②

资金来源由单一化转向多样化。日本地方政府债券资金来源主要包括中央政府、公营企业金融公库、银行等。20世纪90年代以来，中央政府资金始终占地方政府债务余额的一半左右。1999年以来，日本政府开始改革财

① 老任：《美国大多数城市负债累累被迫裁员》，人民网，2010-06-05。

② 王一中：《地方债券的各国财政制度比较》，《财会研究》，2009年第11期。

政投融资计划，受其影响，地方政府新增债务中，来源于中央政府资金的份额逐年下降，已经从1999年的45.4%下降到2004年的32%。如果加上公营企业金融公库资金，中央政府提供的地方政府债务份额，则从1999年的55.5%下降到2004年的41.3%。利率决定由行政化转向市场化。日本地方债利率参照同期限的国债利率，在中央政府制定的地方政府贷款计划中确定，地方债原则上不可上市流通。从1972年7月起，政府担保、期限10年的机构债券开始由35家特定机构以竞价和认购相结合的方式发行，每个机构的债券发行量视国家财政状况而定，其利率及发行价由大藏省代表发行机构与辛迪加公司及银行共同商定。债券在一级市场发行后原则上不在证券交易所上市，主要认购者是城市银行和长期信用银行，个人的认购比例为10%左右。

为了防止地方政府发债泛滥，日本政府对地方公债的发行实行严格的地方公债计划和协议审批制度。日本地方公债的批准权在中央政府，具体由负责地方政府事务的自治大臣审批。日本《地方自治法》规定“发行地方公债以及变更发债、偿债方法、调整利率时，必须根据政命规定经自治大臣或都道府县知事批准”，最后仍要经中央政府批准。因此，地方政府要求发行债券时，要先向自治省申报，提出发行债券的用途、额度等。自治省审查后，将各地的发债计划进行汇总，并同大藏省协商，而后由自治省统一下达各地区的发债额度。如果发行公募债券，还要专门报大藏省审批。自治省与大藏省不仅共同制定政府发债计划，还确定发债方针。发债方针的重点是确定当年不准发债的地方政府和限制发债的地方政府的名单。对于不按时偿还债务本金或以前通过不正当手段获取发债资格的地方政府，不批准发债；公债费占财政支出20%以上的地方政府，不批准发行厚生福利设施建设债券，占30%以上的不批准发行一般事业债券；对当年地方税征税率不足90%或赛马收入较多的地方政府限制发债；对出现财政赤字的地方政府和出现赤字的公营企业限制发债。①

近年来，日本地方政府发行公债的“迷你市场”一直处于扩展过程中，这主要归因于市场上的产品在个人投资者的接受范围之内。最新统计显示：2005财年，日本地方政府针对当地居民发行的债券预计将达到创纪录水平的3444亿日元。该发行规模大于日本总务省最初计划的3300亿日元，也超过2004财年创下的3276亿日元的纪录。到2005财年结束，89个地方政

① 赵连友：《美、日地方公债制度的比较研究及其借鉴》，《郑州经济管理干部学院学报》，2007年3月。

府独立地发行债券。另外有三起联合发行,包括青森、秋田和岩手三县政府的联合发行。[①]原则上日本地方债仅能筹集投资性资金,特殊情况下也可以发行债券筹集经常性经费。20世纪90年代以后日本地方政府大量发行了以筹集经常性经费为目的的赤字地方债,造成近年地方财政状况恶化。截至2007年,日本地方债余额1987万亿日元,占当年GDP的38.5%,比例非常高。[②]

(三)促进我国地方债的发展

1.发行地方债的必要性

20世纪80年代末至90年代初,我国许多地方政府为了筹集资金修路建桥,都曾经发行过地方债券。有的甚至是无息的,以支援国家建设的名义摊派给各单位,更有甚者就直接充当部分工资。但是,到1993年,这一行为被国务院制止了,原因是中央政府对地方政府的财政兑付能力有所怀疑。此后颁布的《中华人民共和国预算法》第28条,明确规定"除法律和国务院另有规定外,地方政府不得发行地方政府债券"。法律虽然如此规定,但是,就我国地方政府的职能和经济发展的需要来看,从当前的经济和财政状况以及地方政府融资存在的问题看,地方债的发行都是一个必然的过程。

发行地方债券有利于运用市场机制筹集资金,有效地实现政府职能。从财政结构看,我国一级政府、一级财权和一级事权,是一个具有很强的财政联邦制色彩的国家。根据财政联邦制理论,发债权是地方政府应有的财权,根据公共财政理论,如果赋予地方政府组织生产和提供本地公共产品的事权,同时也应赋予与之相适应的完整财权,而举债权是规范的分税制下各级政府应有的财权之一。从这个意义上讲,允许地方政府发行地方政府债券是进一步深化财政体制改革,完善分税制,解决地方财权和事权不对称的一个重要措施。

发行地方政府债券有利于地方政府通过债券这种比较公开、规范的融资形式为资本项目融资。而禁止地方政府发债的直接后果则是鼓励地方政府从非正规渠道获得资金,这必然导致各种预算外收入和制度外收入的泛滥,导致公众和社会负担加重。对中央政府而言,与其让这部分自己无法控制的"制度外收入"膨胀,不如允许地方政府发债,让地方政府以规范的债务形式取得资金弥补建设资金的不足,同时加大预算外资金和制度外资金

---

① 杨辉:《市政债券发行的金融支持与制约》,《信息导刊》,2008年第1期。

② 纪慧松、荣艺华:《主要发达国家地方债制度比较》,中经网。

的监督管理力度，完善地方财政体系，实现地方政府债务公开化、市场化，从而彻底改变地方财政的混乱状况。

发行地方政府债券有利于降低商业银行风险。巨额的地方政府债务和沉重的赤字压力，激励着各地政府通过各种直接或间接的方式寻求当地金融机构的资金支持。面对地方政府的融资要求，商业银行在相当程度上只能被动地扮演资金提供者的角色，即便是风险意识有所增强，银行也认为地方政府是相对稳定的客户，更倾向于向地方政府贷款，从而使得地方政府财政风险有向金融风险转化的趋势和可能性。发行地方政府债券，可以拓宽地方政府负债来源渠道，有利于改善金融机构的资产结构，分散商业银行贷款风险。

发行地方政府债券有利于丰富资本市场投资工具，弥补资本市场的结构缺陷。在发达市场经济国家，地方政府债券是资本市场的重要组成部分。而目前我国债券市场上只有中央政府债券，缺乏地方政府债券，并且以国债为主，金融债券和企业债券所占比重相对较小。银行、保险公司等金融机构对债券与基金情有独钟，但是，现有的债券、基金品种和发行规模，远不能满足其需要。其他机构投资者与个人投资者也迫切需要新的债券品种，以解决债券投资面狭窄的现状。政府债券是信用度最高的债券，而地方政府债券是仅次于国债的"银边债券"，允许地方政府适度地发行债券，是解决投资渠道不足，弥补我国证券市场缺陷，健全资本市场的重要手段。

2.促进地方债发展的措施

2009年，我国首次在全国范围内发行地方政府债券，是以省、自治区、直辖市和计划单列市政府为发行和偿还主体，由财政部代理发行并代办还本付息和支付发行费的可流通记账式债券。债券期限为3年，利息按年支付，利率通过市场化招标确定。截止到2009年7月17日，中央政府代发地方政府债券累计达到了1778亿元。2010年6月，在发行停顿近半年以后，地方债的发行序幕再次拉开。但是，总体来讲，迄今为止发行的地方债，决定权和使用方向仍然由中央政府决策，并不是地方政府意志的真实体现。未来要根据市场经济国家地方债实践经验和我国的具体条件，既要充分发挥地方债的积极作用，又要注意防范地方债务风险。

（1）合理确定和控制地方债的规模。我国地方债规模控制首先必须建立衡量和评估政府债务风险程度的指标体系，指标体系具体包括负债率、借债率、债务依存度、偿债率等，在设置上限时，既要借鉴西方国家的做法，但更主要的是要切合我国的实际。其次,国家发改委和财政部必须制定财政年度债务发行计划,这一计划既包括中央政府发行的国债,也包括地方政府发行的地方债。但在该计划中,只是对全国的地方债总体规模实施控制,并不具体规定每一地区的实际债务发行规模。[①]再次,每一地区可根据自身的需要和可能,在警戒线和中央政府核定的地方发行限额以内确定一地区债务的发行。有关地方债的发行规模、发行方式、地方债资金的运用等,由地方政府提交同级人民代表大会审批,并报财政部审查。最后,应考虑在中央级设立公债管理委员会,负责通盘设计全国范围内公债(包括国债和地方债)的规模和发行进度,并从事全国地方债务的统筹协调与监管工作。

(2)完善地方债的发行方式。要在发行主体资格、债券期限、发行利率、发行方式、发行对象、可流通性、债务资金的投入方向上做好选择。[②]发行地方公债,应对申请发债的地方政府实行严格的审查制度。从我国实际出发,第一步可考虑允许部分大中城市发行地方债券,条件成熟后,再逐步推广到其他城市。债券期限应以中长期为主。地方公债筹集的建设资金,其投向主要是一些基础设施项目,这些项目工期较长,效益的产生也是一个长期的过程。因此,政府发行债券时,在期限的设定上应尽可能地安排为中长期。这样,有利于地方政府科学合理地安排财政收支预算,同时保证债券的按期还本付息。债务资金的投向上,应以交通、通信、城建、能源、教育、医疗等基础行业为主。应从本地实际出发,在对所立项目进行可行性分析的基础上,选择那些对地方经济发展最急需、最有带动作用的项目。目前地方公债的发行利率一般应为固定利率形式。同时,由于地方政府债券安全性比一般公司债券要高,但次于中央国债,因此其发行利率理论上要低于公司债券和高于国债利率。在目前条件下,国债二级市场尚待完善和发展,地方政府公债原则上不实现上市流通,但需要积极发展场外交易市场,以满足投资者的流动性需求。在条件具备时,应该实现部分资信较高的地方债券在交易所上市。

(3)强化地方债资金运用的监管。就我国地方债务资金的运用而言,要正确处理好地方债务资金投向和私人部门资金投向之间的关系,地方的债

---

① 傅道忠:《关于中国地方政府举债若干问题的探索》,中国论文下载中心,2006-10-08。

② 贾康、李炜光、刘军民:《关于发展中国地方政府公债融资的研究》,中国论文下载中心,2006-08-12。

务资金应重点投向既具有社会效益、又具有经济效益的项目。地方政府债务资金投向的安排不是排挤私人部门投资，同私人部门争利，而是弥补私人部门资金投入不足的缺陷。地方政府在具体确定债务资金投向时，应把本地区的资源优化配置放在优先考虑的位置，对每一投资项目事先都必须进行可行性分析和论证，防止投资的盲目性，尽可能杜绝因投资决策失误而导致的损失。要建立地方债资金投资责任制，从投资决策到债务资金具体运用的全过程明确责任和责任人，建立必要的激励机制和约束机制。在地方政府提交本级人民代表大会审批的复式预算中，必须明确债务收入的投向和数量，做到专项专用，建立地方债务收入投资项目的预算、决算和财务报表监督制度，以及投资效益评估制度。要把对地方债务资金运用全过程的审计监督、财政监督和财务监督有机地结合起来；把事前监督、事中监督和事后监督有机结合起来；把专业监督、群众监督和舆论监督有机结合起来。

(4)强化地方债偿还过程的管理。地方债券是地方政府为满足本地区经济与社会发展的需要，在税收等无偿性收入不足时，按照信用原则及有关法律规定向社会发行的债券。地方债券收入是一种暂借性的有偿收入，作为地方政府而言，只是暂时取得了这笔收入的使用权，而没有取得收入的所有权。因而，地方政府必须就取得这笔收入的使用权承担相应的还本付息的义务。在地方债券的偿还方面，建议还本支出与付息支出分开，付息支出纳入地方经常性预算，通过税收等无偿性收入予以偿还。这样做可增加地方债券负担的透明度，有利于财政支出结构的调整，促使经常性支出内容的合理化，同时也便于对地方债偿还的管理。对地方债本金可以通过地方债券资金投资项目所取得的收益加以偿还，也可考虑建立偿债基金予以偿还，或通过举新债还旧债的途径予以偿还。在地方债券偿还方式方面，可以在债务到期时一次性还本付息，也可以分次付息、一次还本，或采取分次付息、分次还本，还可选择各种偿还方式交替进行，以满足各种不同投资者的需要，增强地方债的吸引力，并可分散地方债的偿还时间，缓解因债务偿还时间过于集中而带来的还债压力。

四、政府性基金

(一)政府性基金的管理

政府性基金，是指各级人民政府及其所属部门根据法律、国家行政法规和国务院有关文件的规定，为支持某项事业发展，按照国家规定程序批准，向公民、法人和其他组织征收的具有专项用途的资金。包括各种基金、资金、附加和专项收费。纳入预算管理的政府性基金管理总原则是：基金全额纳入预算管理，实行收支两条线，收入全额上缴国库，先收后支，专款专用；在预算上单独编列，自求平衡，结余结转下年继续使用。基金的预算级次划分为中央基金预算收入、地方基金预算收入和中央与地方共享基金收入。基金收入是我国政府投资的重要资金来源，对我国水利、铁路、电力、城建等基础设施建设发挥了极为重要的作用。

政府性基金的管理权限。根据国务院《关于加强预算外资金管理的决定》（国发〔1996〕29号）要求，征收政府性基金必须严格按国务院规定统一报财政部审批，重要的报国务院审批。地方无权批准设立基金项目，也不得以行政事业性收费的名义变相批准设立基金项目。同时，该文件规定除法律、国家行政法规规定外，国家原则上不再出台新的基金项目。

2002年，为进一步加强对政府性基金的管理，规范政府收入分配秩序，财政部会同有关部门对全国政府性基金项目进行了清理整顿，在保留的政府性基金项目中，将未纳入财政预算管理的，自2002年7月1日起统一纳入财政预算，实行“收支两条线”管理。根据规定，各地区、各部门申请设立政府性基金项目，必须要以国家法律、法规和国务院的有关文件规定为依据，由有关省、区、市人民政府以书面形式向财政部申报。申报的内容包括批准设立政府性基金的依据，政府性基金项目的名称、征收对象、征收范围、征收标准、资金用途及管理形式等。

2009年11月，财政部发布了《关于进一步加强地方政府性基金预算管理的意见》，强调地方各级财政部门要对本地区基金项目进行全面清理规范，按照财政部的统一规定，已明确取消和违反审批管理规定越权设立的基金项目要坚决停止征收，应纳入基金预算管理的要全部纳入基金预算编制范围。继续深化部门预算改革，细化基金预算编制，严格按照修订后的基金预算收支科目编制基金预算，全面准确反映各项基金收入来源，清晰反映基金支出总量、结构与方向。正确处理好基金预算与公共财政预算之间的关系，按各自功能和定位，将应当统筹使用的资金统一纳入公共财政预算，将具有专款专用性质且不宜纳入公共财政预算管理的资金纳入基金预算。

2010年9月，财政部又制定了《政府性基金管理暂行办法》，对政府性基金的定义、申请和审批程序、征收和缴库、预决算管理，以及监督检查等各方面均作了系统规定。《办法》规定，对于主要的中央政府性基金项目，应当由国务院所属部门或者省级政府提出书面申请，经财政部会同有关部门审核后，报国务院批准。除此之外的其他政府性基金项目，国务院所属部门需向财政部提出书面申请，由财政部审批；而地方各级政府申请立项则由省级财政部门或者省级政府报财政部审批。目前，各级政府都不同程度地享有政府性基金设项征收的权力，新的规定相当于把政府性基金的立项审批权力上升到了至少省一级的层面。

总体来讲，目前财政部门对政府性基金的预算管理并不到位。尽管政府性基金收入实行“收支两条线”管理，但实质上只是把收与支分离，并没有做到真正意义上的“收支脱钩”。实行部门预算以后，虽然各单位的收支全部纳入年初预算，但仍然存在预算内外“两张皮”的问题，预算内支出的安排一般都有明确的适用范围和开支标准，而对单位预算外支出这一块的核定还很粗略，而且准确核定政府性基金收入的征收成本也比较困难，因此安排支出基本上还是依照上年基数作为预算支出指标的参考。可以说，目前实施的部门预算尚未达到预算内外资金统筹安排的目的，基本上仍维持“谁收谁用、多收多用、多罚多返”的分配格局。

（二）政府性基金的内容

1990年以前，全国各种政府性基金最多时近500项，其中只有40多项是经国务院或财政部批准设立的。1990年以后，国家规定基金的审批权集中在财政部，由财政部会同有关部门审批，重要的报国务院批准。1995年，国家对各种基金进行了清理整顿，陆续取消了一批不合法、不合理的基金项目。1997年结合减轻企业负担工作，再次明确并重申了基金由财政部统一审批，重要的报国务院审批的规定。1998年，财政部等6部委为贯彻落实《中共中央、国务院关于治理向企业乱收费、乱罚款和各种摊派等问题的决定》精神，切实减轻企业负担，经国务院减轻企业负担部际联席会议批准，并请示国务院领导同意，联合发布了《关于公布第二批取消的各种基金（附加、收费）项目的通知》，取消了147个基金项目。2002年，经国务院批准，财政部颁发了《关于公布取消部分政府性基金项目的通知》，取消了大约85%的全国政府性基金项目，共计277项，预计一年可减轻企事业单位和居民负担约170亿元。而且强调，今后除法律、国家行政法规明确规定外，国家原则上不再设立新的政府性基金项目。

目前，纳入政府性基金预算管理的基金共43项，对促进相关领域公共基础设施建设和公共事业发展等发挥了积极作用。按收入来源划分，向社会征收的基金31项，包括铁路建设基金、民航基础设施建设基金、港口建设费、国家重大水利工程建设基金等。其他收入来源的基金12项，包括国有土地使用权出让收入、彩票公益金、政府住房基金等。按收入归属划分，属于中央收入的基金9项，属于地方收入的基金20项，属于中央与地方共享收入的基金14项。按支出用途划分，用于公路、铁路、民航、港口等建设的基金9项；用于水利建设的基金4项；用于城市维护建设的基金8项；用于教育、文化、体育等事业发展的基金7项；用于移民和社会保障的基金5项；用于生态环境建设的基金5项；用于其他方面的基金5项。

2010年，国家预算报告第一次公布了政府性基金收支情况。①2009年，全国政府性基金收入18335亿元，全国政府性基金支出16118.7亿元。

中央政府性基金收入2507.6亿元，完成预算的108.8%，增加0.82亿元，超预算主要是新增建设用地有偿使用费、彩票公益金等收入超收较多。其中：三峡工程建设基金收入195.9亿元，铁路建设基金收入544.1亿元，民航机场管理建设费收入114.9亿元，港口建设费收入105.5亿元，新增建设用地有偿使用费收入274.9亿元，大中型水库移民后期扶持基金收入158.8亿元，彩票公益金收入201.1亿元等。加上2008年结转收入574.5亿元，使用的收入总量3082.2亿元。中央政府性基金支出2426.5亿元，完成预算的84.2%，下降3.2%，主要是部分新增建设用地有偿使用费、大中型水库移民后期扶持基金结转下年使用。其中：三峡工程建设支出199.2亿元，铁路建设支出544.1亿元，民航机场管理建设支出110.1亿元，港口建设支出102.2亿元，新增建设用地相关支出198.1亿元，大中型水库移民后期扶持支出151.14亿元，彩票公益金用于社会福利、体育、教育等社会公益事业支出207.9亿元等。中央政府性基金结转下年支出655.7亿元。

地方政府性基金本级收入15827.3亿元。其中：国有土地使用权出让收入（包括国有土地使用权出让金收入、国有土地收益基金收入、农业土地开发资金收入和新增建设用地有偿使用费收入）13964.7亿元，彩票公益金收入211.7亿元，城市基础设施配套费收入336.6亿元，地方教育附加收入178.4亿元。地方政府性基金支出14291.5亿元。其中：用国有土地使用权出让收入安排的支出12327.1亿元，包括征地拆迁补偿以及补助征地农民支出5180.5

①《2009年中央和地方预算执行与2010年预算草案报告》，中央政府门户网站，2010-03-16。

亿元，土地开发支出1429.7亿元，农村基础设施建设支出433.1亿元，城市建设支出3340.9亿元，土地整理和耕地开发支出477.5亿元，土地出让业务支出86.8亿元，廉租住房以及破产或改制国有企业土地收入用于职工安置等支出1378.2亿元。彩票公益金用于社会福利、体育、教育等社会公益事业支出231.4亿元，城市基础设施配套支出214.6亿元，地方教育支出128.8亿元。

（三）政府性基金的问题及对策

我国政府性基金的形成和发展，对各级政府筹集资金、加快经济建设和社会事业发展起到了积极作用。但是，由于各种基金项目设立过多，规模过大，管理混乱，也引发了不少问题。[①]一是越权审批设立项目。目前中央级的政府性基金管理尚较规范，而地方归属的政府性基金管理则比较混乱。一些地方政府不按规定程序报批，擅自出台基金项目，这是长期以来基金管理中存在的突出问题。二是加重了企业和群众的负担。向企业收取各种基金，由企业计入其当期损益，直接影响企业的盈亏状况，侵蚀所得税税基，减少了应缴纳的所得税额。基金规模的日趋膨胀，最终负担仍然是转嫁给了普通民众。三是分散了政府的财力。由于基金规模过大，资金专款专用，影响了政府预算的统一性和完整性，不利于政府统筹使用财力，客观上削弱了政府宏观调控能力。四是截留、坐支和挪用现象严重。原则上政府性基金应是专款专用，但相当一部分行政机关将其看作可供自由挪用的资金源，由此滋生了许多寻租空间。许多地方小金库中，很大一部分便来自于地方性政府基金。

要改革和完善政府性基金管理制度，首先，应调整完善管理权限。政府性基金项目由财政部审核，报国务院审批。地方和部门设立基金项目，包括基金、资金、附加及专项收费，均报财政部，由财政部报国务院审批。地方和部门不得越权设立基金项目。其次，应压缩规模，分类处理。在清理整顿的基础上，根据不同类别和不同情况分别进行处理。对征收期限已满的基金应停止执行；对征收规模较小的基金应予取消；对客观情况已发生变化，可以取消的基金项目应限期取消；对一部分附加在价格上的政府性基金，如铁路建设基金、电力建设基金、邮电附加费等，可以在条件成熟时，采取提高有关价格的办法，增加企业收入和有关税收，统筹安排建设资金，逐步取

①《政府性收费与基金管理》，见自项怀诚编著：《中国财政管理》，北京，中国财政经济出版社，2001。又见《中山日报》，2002-09-16。

消相关基金项目;对一些征收数额较大,来源相对稳定,具有“准税收”性质的政府性基金,如公路客货运附加费等,逐步用相应的税收取代。再次,健全政府性基金管理制度。应进一步建立健全政府性基金管理制度,尽快制定和出台有关政府性基金管理的法规,建立约束机制,规范政府行为,加大对乱设立、乱征收、乱使用基金行为的处罚力度,促进基金的征收、管理、使用走上规范化的轨道。

五、土地收益

(一)基本内涵

土地收益也就是土地出让收入,是市县人民政府依据《中华人民共和国土地管理法》、《中华人民共和国城市房地产管理法》等有关法律法规和国家有关政策规定,以土地所有者身份出让国有土地使用权所取得的收入,主要是以招标、拍卖、挂牌和协议方式出让土地取得的收入,也包括向改变土地使用条件的土地使用者依法收取的收入、划拨土地时依法收取的拆迁安置等成本性的收入、依法出租土地的租金收入等。

土地出让收入由国土资源管理部门依据土地出让合同或供地协议具体负责征收。按照现行政策规定,土地出让收入可以分次分期缴纳,一般在一年内缴清,特殊情况可以在两年内缴清,首次缴纳数额不得低于应缴数额的50%。也就是说,当年签订的土地出让合同价款并不一定在当年全部缴入国库,比如,当年12月份签订的土地出让合同,出让价款通常在下一年度入库。因此,当年全国各地签订的土地出让合同价款数,与当年全国各地实际缴入地方国库的土地出让收入数可能会存在一定差异。2007年之前,土地出让收入先纳入预算外专户管理,再将扣除征地补偿和拆迁费用以及土地开发支出等成本性支出后的余额缴入地方国库,纳入地方政府性基金预算管理。2007年,国家对土地出让收入管理制度进行改革,将全部土地出让收入缴入地方国库,纳入地方政府性基金预算,实行“收支两条线”管理,与一般预算分开核算,专款专用。

按照现行政策规定,土地出让收入缴入国库后,市县财政部门先分别按规定比例计提国有土地收益基金和农业土地开发资金,缴纳新增建设用地土地有偿使用费,余下的部分统称为国有土地使用权出让金。其中,计提的国有土地收益基金专项用于市县土地收购储备,包括土地补偿费、安置补助费、地上附着物和青苗补偿费、拆迁补偿费以及前期土地开发支出,计提比例由省级人民政府确定。计提的农业土地开发资金(其中省级最高可以集中30%),专项用于农业土地开发,具体使用范围包括土地整理和复垦、宜农未利用地开发、基本农田建设以及改善农业生产条件等方面的土地开发。新增建设用地土地有偿使用费是国务院或省级人民政府在批准将农用地、未利用地转为建设用地时,向取得新增建设用地的市县人民政府收取的收入,由市县人民政府从土地出让收入中按规定标准向中央和省级缴纳。新增建设用地土地有偿使用费实行中央和省两级3:7分成,专项用于耕地开发、土地整理、基本农田建设和保护支出。国有土地使用权出让金主要用于征地拆迁补偿、土地开发、城乡基础设施建设、城镇廉租住房保障等支出。

综合起来看,土地出让收入使用范围包括以下几个方面:一是征地和拆迁补偿支出。包括土地补偿费、安置补助费、地上附着物和青苗补偿费、拆迁补偿费。二是土地开发支出。包括与前期土地开发相关的道路、供水、供电、供气、排水、通讯、照明、土地平整等基础设施建设支出,以及与前期土地开发相关的银行贷款本息等支出。三是补助被征地农民社会保障等支出。四是农村基础设施建设支出。包括用于农村饮水、环境、卫生、教育以及文化等基础设施建设支出。五是农业土地开发支出。六是城市建设支出。包括城市道路、桥涵、公共绿地、公共厕所、消防设施等基础设施建设。七是耕地开发、土地整理、基本农田建设和保护支出。八是城镇廉租住房保障支出。九是土地出让业务支出。十是破产或改制国有企业土地出让收入用于职工安置等支出。

(二)土地收益情况

20世纪90年代以来,以地方政府主导和城市外延扩张为特点的工业化、城市化进程加速推进。在这一轮政府主导的城市扩张中,土地财政扮演了极其重要的角色。尤其是1994年分税制改革后,土地出让金成为中国地方政府财政收入的一个重要来源,对于地方经济发展起到了重要作用。根据国土资源部的数据,1999年以来,我国土地出让总收入已达6.9万亿元人民币。其中多数为2004年土地出让实行“招拍挂”以来所获得的。[①]2004年,全国土地出让收入为5894亿元。2005年,略有下降为5505亿元。2006年,又上升为7677亿元。2007年,全国土地出让收入迅速提高到12000亿元,比上年增长了56%。2008年,受国际金融危机和房地产市场不景气的影响,土地

① 国土资源部:《中国近十年土地出让收入6.9万亿》,中国新闻网,2010-02-03。

出让收入下降到9600亿元。2009年，全国土地出让收入为14239.7亿元，比上年增长48.3%。2001年土地出让收入占地方本级财政收入的比例只有16.6%，到2004年达到43.7%，2003年曾经达到最高的55%，2001~2009年平均为40%（见图7-2）。

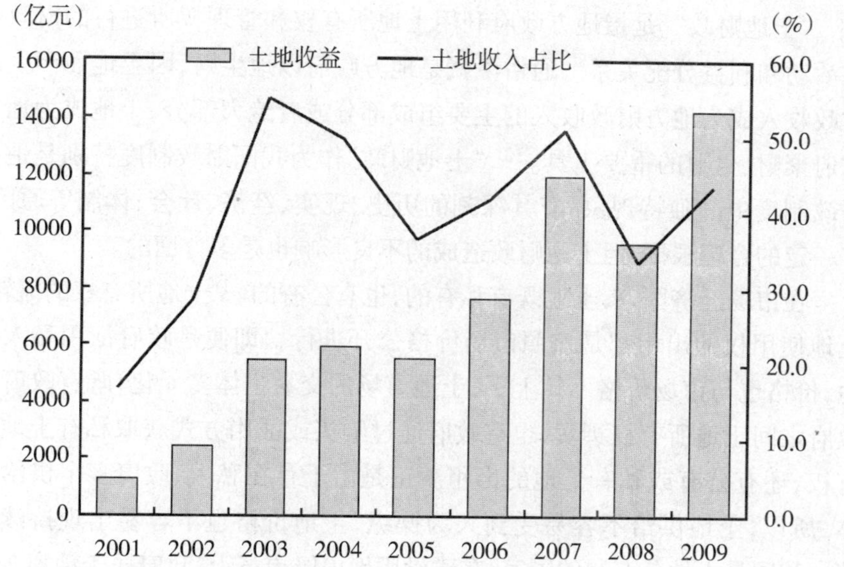

图7-2 全国土地出让收入及其占地方财政收入比例（亿元，%）

资料来源：根据国土资源部相关统计数据计算。

据统计，2009年，北京土地出让收入占全部财政收入的46%；杭州土地出让收入1200亿元，而其同年财政收入为2219.4亿元，土地出让收入占一半以上；上海土地出让收入达到了1043亿元，政府财政收入才2540.3亿元，土地收入相当于财政收入的41%。[①] 国务院发展研究中心一份报告显示，土地出让金、房地产相关税收占地方预算的40%，而土地出让金净收入在一些地方政府的预算外收入中甚至达到了60%以上。全国工商联的报告也指出，房地产开发企业项目开发中，土地成本占直接成本的比例最高达到58.2%；而在开发项目的总费用支出中，大约一半（49.4%）流向政府；开发项目的总销售收入中，政府份额占37.3%。[②] 重庆市2007年房地产税费收入400余亿元，占全市财政收入的50.8%；郑州市2007年前3季度房地产和建筑安装行业税

① 耿玲：《地方政府眼中的土地清查：姿态大于效果》，21世纪网，2010-08-26。

②《全国工商联称9城市房产开发费近一半流向政府》，中国新闻网，2009-03-06。

收收入40.6亿元,占全市税收总量的48.6%。从3个一线城市来看,房地产收益流向政府的份额,上海的开发项目最高,为65%;其次是北京,为48%;最低的广州也达到了47%。地方政府对土地财政的依赖程度可见一斑。

(三)土地财政的弊端

"土地财政"是指地方政府利用土地所有权和管理权所进行的财政收支活动和利益分配关系。通俗说就是地方政府以地生财,因土地而产生的财政收入成为地方财政收入的主要组成部分或者绝大部分,土地成为地方政府聚财、生财的重要工具。① "土地财政"作为我国财政制度特别是地方财政制度中的独特现象,有其深刻的历史、现实、经济、社会、体制等原因,有一定的合理根据,但土地财政造成的不良影响也是多方面的。

在市场经济国家,土地既有私有的,也有公有的。② 土地所有权的流转、土地使用权的出租都是按照市场价格公开进行,即便是政府征用私人土地,价格也与市场价格不相上下;土地市场的交易主体多元化,既有政府与政府之间土地所有权买卖,也有政府通过购买或征用方式获取私有土地所有权,还有公有或私有土地的出租。正是由于存在私人、政府多个供给主体,所以,土地供给不容易受到人为操纵,土地价格也不容易出现持续暴涨。我国是土地公有制的国家,在建设用地一级市场上,政府居于独家垄断地位。一方面,政府通过征地制度成为土地的唯一买家;另一方面,政府又通过招拍挂制度成为唯一的卖家。政府就在这种"低吸高抛"中赚取利差。如果政府为了自己的某种需要,人为操纵和控制市场供给,土地市场价格的持续上升将是必然的。现实中也正是如此,由于地方政府缺乏必要的融资渠道以及投资冲动难以抑制,土地财政也就变成了快速城市化和工业化的基本资金保障,地方政府普遍存在推动土地价格尽快上涨的主观动力。

"土地财政"带来的恶果是显而易见的。大涨必然导致大跌,土地市场对经济周期的变动非常敏感,当经济发展处于下降期,政府土地收益必然大幅减少。1997年亚洲金融危机,香港房地产泡沫破灭之后,随着房价下跌近2/3,政府卖地的面积和金额都大幅减少。2008年,受国际金融危机影响,

---

① 侯作前、刘明明:《从"土地财政"看我国地方财税制度的问题与完善》,《社会主义研究》,2008年第3期。

② 美国由联邦政府和州政府拥有的公有土地占42%,而在阿拉斯加州,联邦政府拥有或控制着该州96%的土地。加拿大联邦和省公有土地占国土面积的比例高达90%,私人土地仅占10%。澳大利亚昆士兰州,公有土地占89%,私有地占11%。新南威尔士州,西部地区的土地98%为公有土地,东部和中部地区的土地,仅34%为公有土地。(引自汪秀莲:《发达资本主义国家公有土地的流转》,《中国土地科学》1998年1月。)

我国房地产市场严重萎缩,政府土地收益也比上年下降了20%之多。土地出让金收入已成为地方政府财政收入的主要来源。一旦以后政府卖地少,或者无地可卖了,就会陷入财政困难。地方政府滥用征地拆迁权,也导致大量失地农民生存、发展权力得不到保障,影响了社会稳定。有资料显示,改革以来,农民被征地约670万公顷,至少有5000万~6000万农民彻底失去了土地,他们有的成为城市居民,但还有近一半没有工作,没有保障,容易引起纠纷。[①] 2007年,国土资源部受理的涉及农村征地纠纷的来访为887起3157人次, 其中因安置补偿问题来访的为776起2757人次, 分别占87.5%和87.3%。[②] 近年来,各地政府暴力拆迁引发的恶性案件也频繁出现在媒体上。地方政府奉行经营城市的理念,采取的是"饥饿型非饱和"供地方式,人为造成土地供应紧张,这使人们对土地资源稀缺性做出错误估计,价格上涨预期过高。土地价格上涨推动房产价格上涨,形成泡沫。地方政府的"土地财政"政策实现了自身利益最大化,然而却产生了极高的负外部效应。高房价将普通居民未来几十年的幸福生活"抵押"给了政府,成为房奴;农民失去了赖以生存的土地,也失去了最终的社会保障。更为重要的是,国民经济长期依赖一个行业的发展,资源要素过度、过量配置到房地产业及其相关行业中,极大地压抑了全社会经济转型和技术创新的动力,使得我国经济发展方式转变和经济结构战略性调整的任务始终无法破题。

要改变"土地财政"的现状,第一,要形成土地市场的主体多元化格局。必须打破政府垄断土地一级市场的格局, 改变地方政府作为建设用地的"地主"和土地经营者的角色。探索实现城市土地私有化,明确现有房屋产权人为土地所有者或共同所有者。允许农村集体建设用地、农民宅基地进入市场自由交易,由农民直接参与买卖,把农民对土地的供给直接与工业化联系在一起。第二,逐步缩小土地征收范围。征收应以公共利益为目的,国家应明确界定公益性和非公益性的范围,国家征收农民集体土地,应当严格用于不以盈利为目的、为社会公众服务、效益为社会共享的公共设施和公益事业,以及关系国家安全和国民经济命脉的重大经济发展项目。第三,要提高征地补偿标准。逐步提高直接支付给被征地农民的补偿安置费

---

① 《学者称土地纠纷已成影响农村社会稳定首要问题》,《新京报》,2010-11-05。

② 中央党校地厅级进修班课题组:《当前我国征地制度存在的主要问题及对策建议》,《中国党政干部论坛》,2009年第4期。

用在征地成本、国有土地出让综合价款中的比例。逐步实现以就业安置或保险安置为主,货币补偿安置为辅。大力推行被征地农民社会保障制度建设。第四,建立地方财政稳定税源。创立土地财产税,让地方政府真正从土地的交易和级差收益的上涨中获得长期而有保障的税收。为了调动地方政府征收土地财产税的积极性,以及在现行分税制下保证地方政府可获得有保障的税源,土地财产税应全部留给地方。

六、政府收费

(一)基本内涵和特性

政府收费是指政府对提供的公共服务或特许权索取的价格,也是为那些服务提供全部成本或部分成本的使用价格。如果收费纳入预算,则是预算收入;如果收费不纳入预算,则是预算外收入。政府提供的公共服务许多是没有价格的,即消费者在消费时通常是免费的。但政府对有些公共服务是收费的,即消费者在消费某些公共服务时,如同消费私人商品那样等价交换。这就把消费成本和消费受益紧密联系起来了。在一些国家,有多种针对不动产征收的特别收费,用来支付当地基础设施建设。这些收费包括特别捐税和地方改善费,它们是对与不动产相关的特定收益征税;对开发收费或对征地收费,它们是对与增长相关的资本需求的预先缴付;其他收费包括建筑密度优惠、关联费和公共用地捐款等。在我国,与房地产相关的收费除了市政公用设施配套费、市政公用设施有偿使用费外,还要收取蓝图审查费、防雷检验费、防震检测费、绿化费、墙改费、施工放线费、规划设计费、管线综合竣工图设计费和电力委托费等50余项。

政府收费的原因有以下两个方面:其一,政府收费在弥补市场失灵方面,如矫正私人物品的外部效应上有特殊的作用。例如,某一工厂对周围的环境带来污染而又没有采取治理措施,那么,它的私人成本将小于社会成本,获取额外利润。由政府出面核定收费,可以有效修正社会成本与微观成本的差距,使生产负外部效应者负担真实的活动成本,从而从利益机制上约束其产生负外部效应。其二,提高公共产品和服务的配置效率。公共产品和服务具有非排他性和非竞争性特点,但是,正是由于公共产品的这些特点,又不可避免地产生公共产品消费上的拥挤现象。例如,城市道路的十字路口是非竞争性的,但是,高峰期的十字路口则不是;公共资源的开采和利用也是非竞争性的,但是,开采的人多了也就不是非竞争性的了。如果公共商品可以满足每个人的消费需求,那么不需要收费,而可以用税收来解决资金筹措问题。但是,当出现拥挤现象时,对公共产品额外收取的那部分费用,把消费和受益直接联系起来,就可以有效避免个别主体对公共产品的过度需求,调节公共产品供求,缓解拥挤,增进政府资源配置的效率。

政府收费的前提条件是实现排他。排他的实质是一个成本问题而不是一个逻辑问题,其可行或者不可行依赖于执行成本的相对高低。因此,排他性容许有不同的程度。公海捕鱼的排他性非常困难,虽然可以在码头上对商业渔船实施监控,但这要付出很大的努力,监控游艇的捕鱼行为成本更高。另一方面,商店购物时的排他却是非常切实可行的。技术变化可以使得排他更困难或相对容易些。例如,由可以拍下汽车牌照的照相机、电子计算机、电子收费机等构成的系统,使对城市公路征收使用费(排他)成为可能。有线电视系统使对观看电视节目收费成为可能。要使非排他性的公共商品具有排他性,关键是能否给非排他性的公共商品安装排他装置,如果可能,那么就可以对消费者收费。所谓排他装置,是指对公共商品消费可以控制的一种技术装置。例如过路、过桥设置的关卡,公园设置的进门入口等。

公共产品使用费实际上是政府模拟私人产品的定价方式收取的公共物品的价格,以便回收提供特殊商品和服务的全部或部分成本。使用费模拟市场价格,但又不同于市场价格,因为政府对公共产品定价不能采取利润最大化原则,所以,使用费一般不能弥补提供特殊商品和服务的全部成本。合理制定公共产品的消费价格,关键在于计算应该收回的公共产品的成本和消费量。显然,在正常价格弹性下,公共产品的消费价格和应该收回的公共产品的成本成正比,和消费量成反比。需求价格弹性越大,收费越有效率;需求越没有弹性,收费越与效率无关。(城市内道路需求价格弹性小,无替代品;高速公路需求价格弹性大,有替代品)另外,确定公共商品的受益依据和计算方法是非常重要的。例如,对使用高速公路收费,可以根据使用的里程数来计量。

(二)我国政府收费存在的问题

我国政府收费存在许多问题,收费还贷促进了政府投资项目的建设,但是,高额的收费却成为经济发展的制约;一些本应通过税收解决的政府资金需求,却转变为额外的收费;许多收费并不符合政府公共职能要求,而是演变成为政府部门满足单位和个人利益的工具。

项目建设过度依赖收费,反而成为经济发展的制约。改革开放30年来,我国在公路建设上的投资累计达到44000亿元。在巨额社会资金的支持下，公路建设突飞猛进。到2009年年底，全国建成公路386万公里，其中高速公路总里程达6.5万公里，仅次于美国，居世界第二位。但是，我国公路建设过分依靠收费。全世界建有收费公路的20多个国家，已建成的收费公路大约为14万公里，其中有10万公里在我国，占70%。美国现拥有的8.9万公里高速公路，只有大约8000公里是收费路段，而且收得很少，在美国中西部地区，绝大多数公路甚至连收费站都没有。笔者近期在澳大利亚和新西兰考察，也没有见到任何的公路收费站。我国则不同，目前我国已建成公路中，高速公路的90%，一级公路的80%都是收费公路。在四川每公斤2分钱的萝卜，运到广州的运输费用竟达5角，是原来价格的10倍多。重庆市因公路收费关卡林立，每年农产品流通的销售额至少减少7亿~8亿元。全国因公路高收费影响的农产品销售额，则至少是这个数字的10多倍。[①]这给我国经济发展带来了严重障碍，大大提高了区域经济之间的物流成本，阻碍了区域间经济的互补，制约了旅游、物流等与交通行业密切相连的行业的发展。

养人的支出过多，税收收入难以用于建设。长期以来，"一要吃饭、二要建设"[②]成为各级政府推脱公共服务职责的巧妙借口。对于地方政府来讲，养人是第一位的任务和需要，大量税收被不断膨胀的公务员队伍和不断提高的官员福利待遇吃掉了。一个县、市长一年的公务费用100万元都不够，职务越高的领导，隐性收入就越高，公务消费越奢华。全国每年公车消费3000亿元，公款吃喝又花去3000亿元，公务的考察支出3000亿元，每年三公支出9000亿元。而近年来，政府公务员的建房支出更是不计其数。[③]政府公务员收入只能升不能降，涨工资年年有份。进入公务员队伍就像抱上了金

① 《收费混乱的高价公路：地方得利 全局"输棋"》，新华网/新华每日电讯，2005-12-21。

② 1981年，陈云在高层会议上谈到，"我们是10亿人口，一年一共多少钱，每年能给工人、农民多少，国家建设多少，要有一个通盘的筹划合理的分配，一要吃饭，二要建设"（见《陈云传》第1616页）。陈云的本意是财政要优先解决民生问题，而在地方政府官员看来，却变成了优先保障公务员的待遇问题。

③ 我国财政支出50%以上用于"养人"，而在发达国家这一比例一般在20%左右。

④ 受金融危机影响，美国加州政府赤字剧增濒临破产。为开源节流，加州政府从2008年年底开始，先后几次降低公务员待遇。到2009年中期，加州濒临破产的财政状况仍然没有缓解。除拍卖政府财产、出售公共设施、削减各种政府开支及教育和福利外，州政府不得不再拿公务员开刀——继裁掉5000名政府雇员后，保留岗位的政府雇员又减薪至少10%。自国际金融危机爆发以来，多个国家和地区政府都对公务员进行减薪、冻薪或裁员，与民众共渡危机。2009年年初，韩国政府就要求长官（部长）和次官（副部长）以上公务员返还年薪的10%，返还的年薪总额为26亿韩元。2008年11月，新加坡总理公署公共服务署发表文告，政府将下调总统、总理、部长和高层公务员的薪金。总理的年薪将减少19%，部长的起步薪金将下调18%，行政官的薪金将下调12%。摘自黄莹：《美国加州半年降几次，别国出台类似政策》，《广州日报》，2009-06-19。

饭碗,即使是遇到经济不景气的时候,政府部门也不会降薪和裁人,这与发达国家形成鲜明对照。[4]政府部门成为官员的世袭领地,各单位都存在大量冗员,这些人要吃饭、要享受,再多的税收也不够他们挥霍和浪费。由于税收普遍被用于经常性支出,公路、铁路、电信、学校、医院等建设性支出就只能通过各种形式的收费来弥补。

征收主体多元繁杂,征收项目过多。与税收按法律规定的税种、税目及事先确定的税率进行税款征收的情况不同,政府收费的表现形式复杂多样,收费依据众多。根据现行国家规定,审批行政事业性收费、政府性基金的依据有:法律、法规、地方性法规、部门规章、地方规章、党中央、国务院的文件。实际操作中,还有省一级地方党委、政府的相关会议纪要等。有审批权的有全国人大、国务院、中共中央办公厅、国务院办公厅、省一级党委、政府及其办公厅、财政部、国家发改委、省一级行政主管部门。收费审批层次上,虽然规定了中央与省两级,也规定了具体的审批范围与权限,但由于收费本身分类上的交叉,一些以政府性基金无法审批通过的收费,就以行政事业性收费审批;一些以行政事业性收费无法审批通过的收费,就以经营性收费审批。这导致了现实中征收主体多元,征收项目众多。

收费标准形成过程不透明,任意性大。收费标准的确定无疑应该本着合理、透明、必要的原则,而且,应考虑到按照缴费人所获得的服务和收益收费。但现实中,由于缺乏必要的制度规范,使得实际上收费标准的形成基本上都是收费部门任意确定的。偶尔征求社会意见,也往往表现为例行公事地走程序,不能起到真正的作用。一些地方为达到多收费的目的,甚至故意提高技术标准,强制进行重复检验、检测收费。这直接导致收费总体规模偏大的结果。有些地方非税收入数额与财政预算收入相当,甚至超过财政预算收入。例如2007年西部一省级政府非税收入84亿元,相当于地方税收收入的143%。在所有非税收入中,政府收费占的比重相当高,为所有非税收入的90%以上。[1]在市场经济国家,政府行政收费占财政收入的比重一般不超过10%。如德国1994年各项收费收入占财政收入的8.1%,美国1995年政府非税收入在预算中的比重为7%。但目前,我国一些地方政府,行政收费占财政收入的比重远远超过10%。同时,行政收费在依据、程序、范围、标准等方面普遍存在问题。

---

①《谈政府收费存在的问题及其治理》,http://www.xucpa.net,2008-07-09。

政府收费与其支出直接挂钩,导致部门利益膨胀。市场经济发展,使部门(包括一些虽已"公司化"但仍有行政管理权的机构)不仅作为一个行政主体,而且还成为一个相对独立的经济利益主体。一些部门从"部门利益最大化"出发,努力巩固、争取有利职权,如审批、收费、处罚等。从实际来看,政府收费的较小部分实现了预算管理,较大部分则实行的是财政专户管理,政府统筹的资金占全部纳入专户管理资金的比例不高。而且一旦部门当年超收较多,往往就会以各种方式减少政府统筹资金。同时,执收执罚部门上缴的非税收入与其支出安排挂钩,"收支脱钩"并未真正落实。单位往往把扣除政府统筹后的收入视为己有,支出过程中,按照本部门的要求使用,随意性较大,非税收入使用上不规范的地方较多,甚至一旦财政部门考虑对单位在财政专户的年度收支结余予以统筹的话,单位往往会虚增用款项目,造成财政资金的更大浪费。

(三)治理政府收费的措施

政府乱收费现象的存在,不仅直接加重了付费人负担,给社会造成极大危害,而且挑战了公共财政所应体现的法治、公平与公正。为遏制不断膨胀的部门利益,减少乱收费的利益驱动,需要多管齐下地进行综合治理。但从长远来看,建立起合理的收入分配制度是社会发展的必然,因为只有在制度层面上进行变革,才会使乱收费现象得以治理。

完善公共财政体制。政府收费的不规范与财政体制不完善和缺乏稳定性有直接关系。因此,必须将其与深化财政体制改革结合起来。首先,要以法律的形式规范中央与地方政府间的财政关系,科学合理地界定政府职能以及中央与地方各自的职责,使公共服务均等化,并将中央与地方的事权、支出、收入权限固定下来,同时保证各级政府有与事权相匹配的财力。其次,要完善转移支付制度,化解低层级政府,特别是县乡级政府的财政困难,消除地方政府乱收费的动力。更深一步地改革财政体制,是逐步扩大地方税收选择权和调整权,建立科学、合理的地方税收体系,直至赋予地方政府必要的因地制宜的设税权。

实行税、费分流。应按照公共产品的理论要求与公平负担的基本原理,对现行收费进行彻底清理。可采取的措施如下:坚决取消那些专门为筹集单位经费而存在的所谓行政性收费,单位履行政府管理职能所需合理经费,应全部通过税的方式筹集由财政予以安排;将那些专门为筹集公益事业资金而设立的收费、基金等政府性基金项目,进行分类合并,予以税化,并允许地方根据当地实际情况进行调整,不搞全国“一刀切”。

完善税收管理体制。收费管理体制中的职能交叉问题是导致政出多门、标准任意的主因,因此,必须对现行收费管理进行改革。其一,为解决收费主体多元的问题,应依据收费属财政收入这一属性,将收费管理职能全部交由财政一家行使,做到权责明确。并且,加快将收费资金纳入预算管理的步伐,将所有政府收费全部纳入预算,由财政部门代表政府统一安排使用,改变过去那种收费项目由收费部门提出,经批准后由部门收费又变成部门资金的弊端。其二,为解决收费标准任意性的问题,应将部门、单位收费项目改为政府收费项目,收费项目的设立及收费标准由省级以上财政部门提出,经同级人民政府同意后,报同级人大讨论通过,并以法律或地方法规的形式确立并公布。

第八章 地方政府融资

内容提要：

近年来，我国地方政府融资体系逐步丰富与发展，融资规模不断扩大。但是，我国的地方政府融资又是一个矛盾与问题交织、风险和不确定性很大的领域，反映出政治、法律、财政、金融、土地等诸多方面的制度与政策缺陷。未来地方政府融资体系创新必须开正门，堵后门，疏堵结合，强化约束。要以满足地方政府职能需要和强化地方政府行为约束为出发点，以实现"法制融资"、"阳光融资"和"可持续融资"为目标，在规范中发展，在发展中规范，不断完善融资体系，创新融资工具，畅通融资渠道，转变融资方式，优化融资结构。

随着各地区经济与社会的发展及其对基础设施、公共服务需求的不断增加，地方政府融资的重要性越来越显现出来。既要不断创新方法和工具，实现融资规模的扩大，又要规范行为、强化约束，控制好债务风险，这是地方政府在融资过程中必须解决好的问题。这里就要对杂乱无序且存在风险隐患的地方政府融资体系进行重新梳理与规范，探索建立可持续的地方政府融资体系与模式。

一、地方政府融资的概念

地方政府是一种地域性政府，它同全国性政府（中央政府）存在上下从属关系，是全国性政府的分支机构。我国是单一制国家，国家最高权力由中央政府行使，地方政府就是由中央政府为治理国家一部分地域而依法设置的政府单位，通常是指中央政府以下的各级政府，具体包括省（自治区、直辖市）、市（地市级、地区）、县（县级市）和乡镇四级。到2009年，我国31个省

(自治区、直辖市)共有333个地级政府、2858个县级政府(含县级市和自治县),下辖4万多个乡镇政府。

近年来,随着“乡财县管”体制的逐步推广,乡镇政府原负责的事权和支出责任不断减少,转移出来的事权和支出责任大都由县级政府承接,乡镇财政已经不是原来意义上完整的一级财政,一律不得为经济活动担保,不得举债搞建设。在缺乏预算自主权的条件下,乡镇政府基本失去了正常的融资功能。另外,我国未来行政体制改革的方向是减少政府间层级划分,推行“省直管县”改革,辅之以“乡财县管”体制,政府财政和行政层级将逐步简化为中央、省和县(市)。因此,这里主要关注的是县级以上、省级以下的地方政府融资,不涉及乡镇政府融资问题。

从最一般的意义上讲,融资是指资金从供给者向需求者转移的过程。按照融资过程中储蓄与投资是否由同一主体完成,可以把融资分为内源融资和外源融资。内源融资是指相关主体把自己的储蓄用于投资活动的融资方式;外源融资是指储蓄与投资分开,投资主体需要从外部筹集资金的融资方式。按照融资过程中投资主体是否借助金融中介机构,可以把融资方式分为直接融资和间接融资。直接融资是通过证券市场向金融投资者出售股票和债券而获取资金;间接融资是通过银行等金融中介获取资金。按照融资过程中形成的不同资金产权关系,可以把融资分为股权融资和债务融资。股权融资是向其股东筹集资金的融资方式;债务融资是通过银行贷款或发行债券融资。

在现有研究中,专家学者对地方政府融资的认识还是比较一致的,从内涵方面,认为地方政府融资就是地方政府为经济建设(资本性投资)筹措资金的过程。从外延方面,梅尔维尔·麦克米兰认为,地方政府的资本支出通常由自有资金、上级政府拨款和举债联合提供资金支持。哈里·基钦认为,从世界范围的实践来看,地方政府从内源收入和外源收入两个途径为资本支出提供资金支持。内源收入包括一般性的运营收入(地方税收和公共服务使用费)、专项税、储备、开发费。外源收入来源于上级政府的拨款、借款和公私合作。杨志勇认为,我国地方政府融资可以归纳为以下形式:第一,地方预算直接拨款;第二,地方政府借款;第三,地方政府通过下属公司的股权和债权融资;第四,项目融资;第五,土地融资。①

① 沙安文、沈春丽:《地方政府与地方财政建设》,第93页,第303页,第327页,北京,中信出版社,2005。

我们认为,地方政府融资是指地方各级政府为实现经济和社会发展目标,通过财政、金融等渠道,筹措建设资金的行为、过程和活动。按照地方政府融资的基本依据和性质划分,主要可分为财政拨款、债务性融资、资产(资源)融资和权益性融资几大类。财政拨款既包括地方本级的预算拨款(主要来源于各级政府的税费等),也包括来自于上级政府的转移支付。债务融资包括地方政府贷款收入、地方政府债券收入(国债转贷或中央代发)、政府性投资公司贷款和债券收入等。资产(资源)融资是指各级地方政府利用手中掌握的政府资产和公共资源筹措的资金,既包括有形资产(资源)融资[①],也包括无形资产(资源)融资[②]。权益性融资指政府投资项目公司在资本市场上发行股票融资或自筹资金[③](见图8-1)。

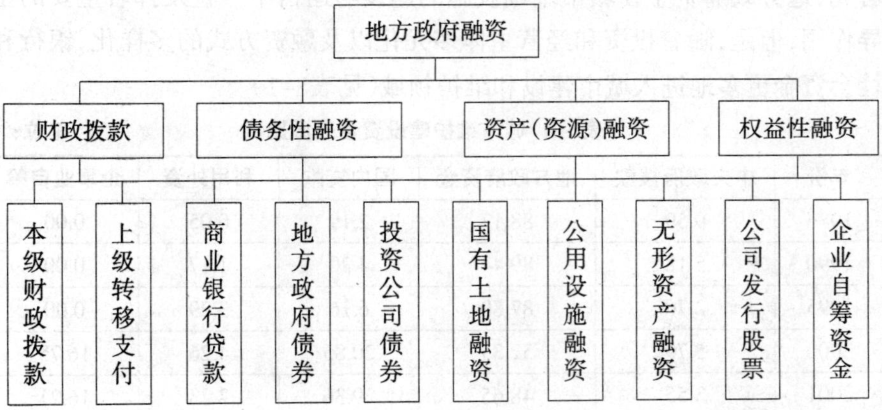

图8-1 地方政府融资分类

二、地方政府融资状况

城市建设是地方政府最重要的投资领域之一,对地方政府城市建设融资规模与结构的分析,有助于我们深入了解地方政府的融资情况。

1986~2008年,全国城市维护建设资金由144亿元增加到9068亿元,年均增长20.8%。在全部城市维护建设资金中,中央政府拨款、地方政府资金、国

---

① 主要指地方政府利用城市空间中的空地、房屋等进行融资,如利用国有土地、城市道路、防洪排涝、广场街道、公园等公共基础设施,科教文卫体项目资产,水、电、气、公交等公用设施进行融资。

② 主要指地方政府利用交通路线、出租车和路牌广告的经营权、冠名权、开发权、使用权等特许经营权,城市历史文化、旅游资源等无形资产进行融资。

③ 许生:《地方政府融资可持续性研究》,国家发改委宏观院2009年重点课题《地方政府融资研究》。

内贷款、利用外资和企事业单位自筹资金分别平均占3.6%、69.2%、16.1%、2.6%和8.4%。其中,中央政府拨款由1986年的13.9亿元上升到2008年的75.6亿元,融资比例由9.6%下降到0.8%,中央政府在城建领域的作用明显降低。地方政府资金[①]由127.6亿元增加到了5540亿元,地方政府资金占全部城市维护建设资金的比例,由1986年的88.2%逐步下降到2008年的61.1%。贷款融资规模由1986年的3.2亿元迅速增加到2008年的2237亿元,融资比例由2.2%上升到24.7%;利用外资规模由0.07亿元增加到82.8亿元,融资比例由1986年的0.05%上升到1997年的12.7%,之后逐步下降到2008年的0.91%。1996~2008年,城建领域的企事业单位自筹资金由119.4亿元增加到1132.4亿元,融资比例由14%上升到2002年的19%,之后又下降到2008年的12.5%。可见,地方政府资金在城市基础设施的建设与运营中一直发挥着重要的主导作用,但是,随着投资和经营主体多元化以及融资方式的多样化,银行和社会资金更多地进入城市建设和维护领域(见表8-1)。

表8-1 城市维护建设资金来源比例 单位:%

年份	中央政府拨款	地方政府资金	国内贷款	利用外资	企事业自筹
1986	9.59	88.17	2.19	0.05	0.00
1990	5.18	89.44	4.20	1.17	0.00
1995	2.76	87.80	6.16	3.29	0.00
2000	5.79	52.35	20.85	4.26	16.75
2001	3.55	48.65	29.36	2.23	16.21
2002	2.41	48.94	27.69	1.93	19.03
2003	1.80	47.46	31.15	1.59	18.00
2004	1.00	52.97	27.49	1.41	17.12
2005	1.15	48.90	30.80	1.71	17.45
2006	0.84	51.85	28.83	1.59	16.89
2007	0.41	55.65	26.46	1.44	16.04
2008	0.83	61.10	24.67	0.91	12.49
年均	3.64	69.22	16.09	2.61	8.44

资料来源 住房和城乡建设部综合财务司:《中国城市建设统计年鉴》(2008年),北京,中国建筑工业出版社,2009。

① 地方政府资金包括:省、市以及市以下政府拨款、城市维护建设税、城市公用事业附加、市政公用设施配套费、市政公用设施有偿使用费、土地出让转让金、资产置换收入等地方用于城市建设的财政性收入。

在城市建设和维护全部地方政府资金中，地方政府拨款占有重要地位。1988~1995年间，地方政府拨款只占地方政府资金总额的10%左右，但是，之后逐步上升，到2006年达到最高点30.9%，年均约为19%。城市建设维护建设税也是城市政府资金的重要来源，1986年，全国城市建设维护税只有40亿元，到2008年，增加到744亿元。但是，城市建设维护税占地方政府融资总额的比例却逐年下降，由1986年的31.9%下降到2008年的13.4%。同样，城镇公用事业附加占比也是逐步下降，由1986年的12.4%下降到2008年的不到2%。与此形成对照的是，其他收入占地方政府资金的比例由1986年的26.9%上升到2008年的58.8%（见表8-2）。

表8-2 各项城市建设维护资金收入占地方政府资金的比例 单位：%

年份	城市维护建设税	城镇公用事业附加	地方财政拨款	其他收入
1986	31.9	12.4	27.6	26.9
1990	34.6	12.0	10.5	41.4
1995	20.7	6.6	10.7	61.3
2000	22.8	5.2	20.0	51.1
2001	22.0	4.0	26.3	46.7
2002	20.5	3.2	25.4	50.1
2003	18.3	2.7	26.3	51.9
2004	16.0	2.1	23.9	57.2
2005	20.8	2.1	30.0	46.2
2006	16.3	2.2	30.9	50.0
2007	13.1	1.7	25.7	58.9
2008	13.4	1.6	25.7	58.8
平均	23.9	6.9	19.3	48.9

注：地方财政拨款包括省、市财政专项拨款和市级以下财政资金；其他收入包括市政公用设施配套费、市政公用设施有偿使用费、土地出让转让金、资产置换收入及其他财政资金。

资料来源：同上。

真正支撑城市建设投资扩张的还是包括市政公用设施配套费、市政公用设施有偿使用费、土地出让转让金在内的预算外收入的增长。其中，2002~2008年间，市政公用设施配套费由86亿元上升到331.8亿元，年均增长25.1%，市政公用设施有偿使用费由89.4亿元上升到263.3亿元，年均增长

19.7%，土地转让收入由283亿元迅速上升到2105.4亿元，年均增长39.7%。土地收益占地方政府城建资金的比例由18.3%提高到37.9%。地方政府城建融资对土地收益的依赖可见一斑（见表8-3）。

表8-3 市政建设其他资金情况

年份	市政公用设施配套费（亿元）	市政公用设施有偿使用费（亿元）	土地出让转让收入（亿元）
2002	86.6	89.4	283.0
2003	94.4	106.1	506.8
2004	106.8	122.7	1099.6
2005	142.9	145.5	594.5
2006	210.0	197.1	881.9
2007	268.1	291.6	1668.7
2008	331.8	263.3	2105.4
年均增长（%）	25.1	19.7	39.7

资料来源：同上。

根据上文对地方政府融资的分类，1996~2008年间，在城市建设维护资金收入中，财政拨款[①]由310亿元增加到2334亿元，年均增长18.3%；债务性融资[②]由95.7亿元增加到2237.3亿元，年均增长30%；资产（资源）融资[③]由266.5亿元增加到3282.2亿元，年均增长23.3%；权益性融资[④]由175.3亿元增加到1215.1亿元，年均增长17.5%。由图8-2可以看出，财政拨款占城维收入的比例由1996年的36.6%下降到2008年的25.7%，趋于下降；债务性融资占比由11.3%上升到24.7%，迅速上升；资产资源融资占比由31.5%上升到36.2%，保持平稳；权益性融资占比由20.7%下降到13.4%，趋于下降。鉴于自筹资金中的债券部分应归入债务性融资，所以，债务性融资比例还应更高一些。城建债务依赖性提高是一个明显的趋势。

① 包括中央财政拨款、地方财政拨款、城市维护建设税和城镇公用事业附加。

② 包括银行贷款。

③ 包括过桥过路费、污水处理费、垃圾处理费、排水设施有偿使用费、土地出让转让金、水资源费、资产置换收入。

④ 包括外资和自筹资金。

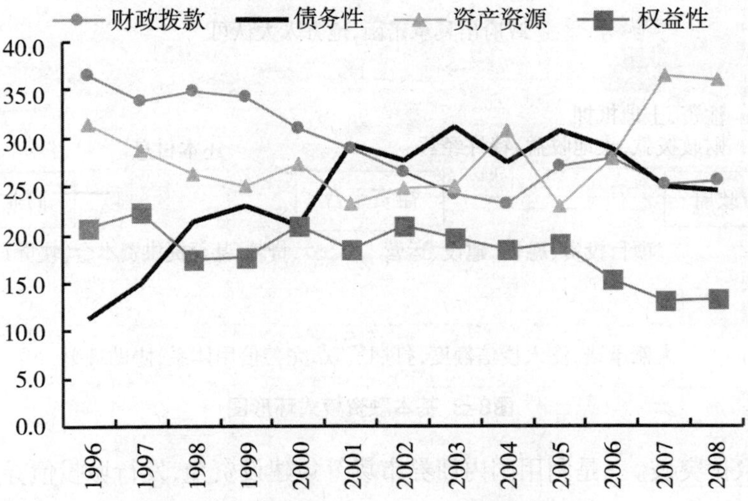

图8-2 各类城市建设资金占全部资金的比例(%)

资料来源:同上。

三、地方政府融资的基本模式

土地财政+政府性投资公司（融资平台)+政策性银行打捆贷款的组合成为近年来地方政府融资的基本模式。这一融资模式正在地方经济社会发展和基础设施建设中发挥着重要作用。

(一)基本模式

在基本模式下,地方政府组建各式各样的政府性投资公司,并以财政性资金注入、国有资产注资、土地收益、财政拨款以及赋予特许经营权等方式进行扶持,代替政府行使投融资职能,成为融资平台和载体,承担政府项目投资、融资和建设任务。国家开发银行及国有商业银行对地方政府进行大额授信,发放打捆贷款,在地方政府承诺,地方人大同意纳入地方财政预算确保还本付息的前提下,建立银行与政府的金融合作关系。国家开发银行还协助地方政府完善信用体系,为融资平台的项目提供具有资本金性质的软贷款。从而形成了一个地方政府、融资平台与商业银行间相互依存、紧密相连的基本融资模式的环形图(见图8-3)。

在上述模式中,融资平台发挥着枢纽作用。其融资渠道包括:一是与国家开发银行的合作,在政府与国家开发银行签订的开发性金融合作协议的基础上,获得中长期贷款额度。二是与工行、建行、农行、中行等商业银行信贷合作,策划适应金融信贷政策的贷款项目和融资方案,使商业银行贷款

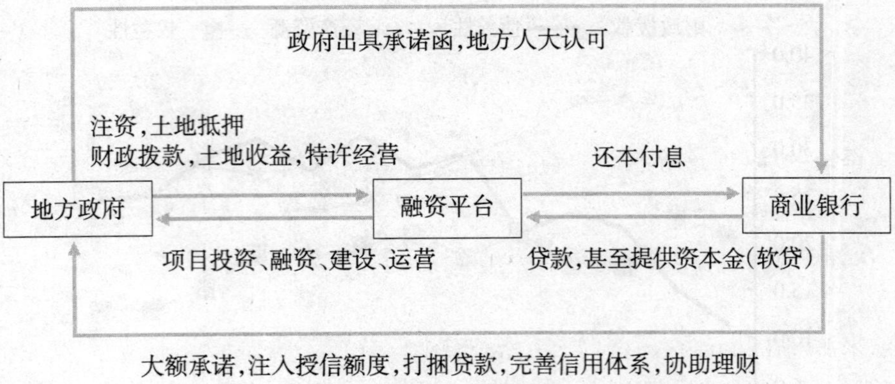

图8-3 基本融资模式环形图

规模取得突破。三是利用国内债券市场筹集建设资金，发行城投债券。四是运用国际金融组织贷款，同时利用国外财团和基金投资基础设施。五是盘活存量，结合国企改制和公用事业改革，对可经营性的资产进行重组和整合，通过资产出售、股权转让、经营权转让等方式，引进外资和社会资本。六是发挥上市公司功能和资源优势，通过资本市场筹措建设资金。七是引进战略投资伙伴。八是尝试新的金融工具，探索基础设施资产证券化。

土地财政成为基本融资模式运作的引擎。在地方可支配财力有限的情况下，没有土地收益，这一基本融资模式就失去了存在的基础。地方政府在自有财力不能满足建设需求的情况下，对部分公益性、准公益性重大建设项目实行与土地等资源捆绑运作的办法，以土地等城市资源开发利用为重点，通过政策支持，在现有国家政策法规框架内，建立城建投资公司参与城市土地经营开发的工作机制，为重点项目建设提供资金保障。土地增值收益为城市建设提供了资金保障，实现了土地开发和市政基础设施建设的互动。例如，部分城市将土地储备作为城投公司筹集建设资金的重要来源，围绕土地储备、项目建设积极开展多项工作，土地一方面有储备抵押和贷款融资的功能，另一方面，土地的深度开发是土地资产增值的主要渠道。

政府背景贷款是基本融资模式得以发展的源泉。商业银行的政府信用贷款主要有以下几种贷款模式：一是财政直接补贴还款。政府以财政收入建立还款基金或直接补贴借款人，用于归还政策性贷款。这种贷款模式一般用于自身不能产生经营活动现金流，或经营活动现金流不足以归还银行贷款本息的基础性或公益性政府投资项目。二是财政垫付还款。建设项目自身可创造足以归还贷款本息的经营活动现金流，但什么时候、产生多少现金流不确定，难以按照约定的贷款期限归还贷款本息。对此类项目贷款，银行要求政府以财政收入根据合同约定的期限和金额代为清偿贷款本息。三是政府特许经营收费还款。对自身能够在约定的还款期内创造足够还款现金流的项目，政府不直接承担还款责任，但通过正式文件、会议纪要等形式，明确借款人对建设项目享有规定年限的经营权，以经营收费或收益作为还款来源。四是政府回购。政府明确非经营性项目为其对平台公司的负债，签订项目回购协议，约定政府回购时间和金额，以资产回购资金作为还款来源。在国开行，后两种模式正在逐步取代前述两种模式，成为政府信用的首选贷款模式。

（二）功能与作用

1.满足了各个主体的利益需求

基本融资模式的形成是适应现有财税、金融体制以及经济发展阶段性要求的必然选择，充分满足了中央政府、地方政府、商业银行各方利益诉求。地方政府肩负着提供地方公共服务和基础设施的重任，有着强烈的融资需求，但是，由于法律限制，地方政府不得发债或直接向银行借款；中央政府为了避免地方财政风险，防止经济的大起大落，不允许地方政府发行债券，也不允许地方政府采取显性担保获得融资；而对于面临流动性过剩的银行来讲，基础设施建设固有的政府背景及其稳定收益非常具有吸引力。基本融资模式恰好满足了上述三方的利益需求。对于中央政府而言，在没有大规模发债的条件下，发挥了地方政府的积极性，推进了城市化进程，一定规模的市政建设实际上成为宏观经济持续稳定增长的重要因素；对于地方政府而言，信贷资金支持了市政建设，满足了地方经济发展的需求；对于银行而言，只要政府的现金流不出现问题，政府背景贷款相对来说还是有一定的安全性和收益性。

2.增强了地方政府的融资能力

在基本融资模式中，地方政府对融资平台有着直接的财政投入，与此同时，对今后的财政投入有一个承诺，即承诺对未来无偿还能力的项目进行拨款。这样就容易获得商业银行，特别是国家开发银行的认可和支持。由于直接投入和未来承诺都是以土地财政为基础的，随着土地收益的不断增加，注入融资平台的资本金规模也不断扩大，这从根本上增加了融资平台的资本实力，即使杠杆率不提高，也会扩大银行资金的投入规模。融资平台和单个项目相比，抗风险能力大很多。其一，有些基础设施行业只有公益性，没有财务收益，如农村公路的修建没有收费补偿；但也有一些行业收益比较稳定，如燃气、水、高速公路等。这两类行业整合在同一个平台上，可以以丰补歉，使两者都能顺利融资。其二，同一个行业的项目周期不同，有的已经归还完了贷款，还在不断收费；有的则刚开始筹建，可能缺少资本金而难以立项。但是，如果放在同一平台上整合，拟建项目未必就不能融资。

3.形成了一定的风险防控效应

基本融资模式在地方政府和国家开发银行等商业银行之间构建起了风险控制机制。融资平台建设之初，地方政府通过对平台注入各种资源、投资补助、项目回购、赋予经营权等多种手段，提升平台的经济实力、信用能力和还款能力。国开行则积极推动融资平台加强治理结构建设、法人建设、现金流建设和信用建设。通过支持地方资源整合和信用能力整合，形成借款以政府信用和企业信用为依托、资金运用以市场规则为基准的运作模式。国开行对地方政府财政实力的评价较为严格，具有针对性和可操作性。国开行给地方政府的贷款都要有明确的还款来源和抵押物。尽管采取统一授信的形式，但是，国开行仍需开展具体项目核准手续的审查、项目自身收益分析和还款机制设计。在申请每一笔国开行贷款之前，地方政府也要认真考虑还款来源，明确具体的抵押物，融资方案经过市政府反复研究后，还要报市人大审批。显而易见，国开行和地方政府双方都十分珍惜业已形成的合作关系，从而建立了相互捆绑、相对稳定的风险防控体系。

4.提高了地方政府的投融资效率

以地方国有投资公司为主体实现基础设施建设的投融资，有利于加强对政府投资的有效监督和管理，提高了政府的投资效率。以往地方政府的财政性建设支出基本上由政府各主管部门分别安排和管理，发改委和行业主管部门确定项目，财政负责安排资金，往往缺乏项目投资建设上的统筹安排，更缺少资金使用过程中的有效监督和跟踪管理。这样的资金管理体制造成了政府财政性资金使用分散、建设不配套、政府投资浪费。通过组建负责政府性投资的公司，将政府安排的财政性建设支出统管起来，由投资公司进行专职的经营和管理，原则上有助于消除现实中存在的财政资金分散安排、市政建设部门分割、政府投资缺乏有效跟踪管理的种种问题和弊端，从而提高了政府投资的效果和效率。另外，根据政府投资和国有资产管理体制改革的总体需要，地方政府组建起相应的基础设施建设投资公司，是整个国有资产经营管理体系中的一个重要组成部分和环节。建立政策性融资平台有利于完善地方政府投资与国有资产经营管理体系，实现国有资产保值增值。

四、地方政府融资存在的问题

（一）缺乏制度性设计和规范

近年来，我国地方政府融资体系逐步丰富与发展，凡是国外有的先进的融资方式和工具，我国的地方政府融资中都在吸收、运用和创新。但是，我国的地方政府融资又是一个矛盾与问题交织、风险和不确定性很大的领域，反映出政治、法律、财政、金融、土地等诸多方面的制度与政策缺陷。总体来讲，我国地方政府融资体系比较混乱，缺少全局性的、必要的制度设计和规范。中央政府对地方政府融资通常采取的是听之任之、得过且过的态度。只有在符合自己的宏观调控需要时，例如：2008年下半年中央投资扩张计划需要地方配套，或者是出现大的系统性问题时，如20世纪90年代后期信托投资公司出现债务危机，中央政府才会真正关注这一问题。但是，危机过去，一切照旧。由于对地方政府的融资需要缺乏法制化的保障，对地方政府的融资行为缺乏有效的约束，对地方政府融资日常违规行为缺乏必要的处罚，因此，每一次地方政府融资规模膨胀过后，都会导致商业银行大量呆坏账需要核销，对金融体系造成严重损害；导致耕地被大量乱占以及失地农民失去基本生活保障，对社会稳定造成不良影响。因此，有必要对地方政府融资进行体系性的完善。

（二）地方政府可支配财力不足

1994年分税制的目标之一是提高中央财政在财政收入中的比重，几个主要税种的大部分收入都划归中央，留给地方的多是一些增收潜力较小和征管难度较大的零散税种，其收入不仅不够稳定，而且增长缓慢。地方各级政府纷纷仿效中央的做法，上一级财政都将主体税源划归本级财政，最终形成了层层向上集中的收入分配格局。由于我国长期以来的官场政治规则，下级政府在财力划分比例、税种归属等问题上，不可能有与上级政府讨价还价的余地，只能被动地接受上级政府的财力分配，造成由省到市再到县，越往基层政府，日子越难过，可用于经济建设的资金越短缺的状况。与此同时，中央政府与地方政府、各地方政府之间事权没有明确的、正式的分工，导致支出责任层层下放。这就造成地方政府尤其是基层政府的收入能力与日益增加的支出责任表现出极大的不适应。可支配财力不足造成地方政府难以为自己直接投资的项目提供充足的资金,而在其市场化融资过程中,项目的资本金严重不足。也在很大程度上促成了地方政府融资债务化、债务信贷化等一系列问题。

(三)地方政府职能没有真正转变

政府出于独立的经济利益要求,官员出于政绩考核的需要,导致地方政府有着强烈的投资冲动。近年来,地方政府投资饥饿症愈发严重。地方政府热衷于本地区GDP和财税增长,在招商引资上展开恶性竞争,城市建设和工业园区开发成为工作重点。由于地方政府职能转变还不到位,普遍存在超职能范围的情况,承担的经济事务仍然比较多,没有真正管好自己应该管好的事情,这使得地方财力难以集中于公共服务这一政府核心职能领域。与发达国家相比,我国各级政府经济建设和行政公务支出占总支出的比重过大,而公共服务支出比重偏小。与此同时,政府投资职能和领域没有随着经济发展适时调整。尽管相当一批基础设施项目投资收益已经显著提高,但是,这些项目实质上仍然是由政府以所属或控股公司为平台独家垄断,对民间资本的开放程度较低。投资的市场化水平较低迫使地方政府不得不为基础设施建设大量负债,政府债务风险问题日益突出,而有这方面意愿的民间资本却没有得到有效利用。

(四)缺乏正规的融资方式和途径

根据《预算法》第26条的规定,"地方各级预算按照量入为出、收支平衡的原则编制,不列赤字";"除法律和国务院另有规定外,地方政府不得发行地方政府债券"。因此,地方政府不享有举债权。中国人民银行1996年发布的《贷款通则》第4章"借款人"第17条规定,"借款人应当是工商行政管理机关核准登记的企事业法人、其他经济组织、个体工商户或具有中华人民共和国国籍的具有完全民事行为能力的自然人"。根据这一规定,地方政府不能直接向国内的中资金融机构进行贷款。与此同时,由地方财政对债务提供担保也被禁止。地方政府既不能为建设性资本投入公开发债融资,也不能向银行借款,还不能为所属的投资公司担保借款。这使得地方政府基本上没有在法律上获得相应的融资权限,导致地方政府变着法子,绕着弯子,寻求各种变通的非正规的方式达到融资目标。

(五)政府性投资公司运作不规范

在地方政府投融资平台发挥积极作用的同时,其自身也面临着一些问题和困难。第一,法人制度不健全。在目前的政府投融资体系中,项目的决策、融资、建设、经营和管理由市政府的不同部门来执行，政府性投资公司事实上仅担当着“出纳”的角色，没有形成真正意义上的、符合风险收益一体化要求的投融资主体。第二，融资能力下降。政府投融资平台承担了大量的公益性项目，资金投入量大，基本无回报或收益极少。自身资产负债率普遍很高，有的甚至已超过了财务风险的预警线。企业资产质量不断下降，“造血”功能愈来愈差，早先成立的一些融资平台已经丧失了基本融资功能。第三，债务风险不断加大。多数政府投资公司没有建立还款约束机制和还款保障机制，没有形成在一定财政资金补贴下集自借、自用、自还于一体的负债经营、自我平衡体系，造成直接和隐性的债务风险都比较大。特别是2008年以后，一些平台因还款压力大而向银行提出贷款展期，甚至在宽限期后也将面临较大的还款压力。第四，融资平台滥用和透支了政府信用。通过平台企业负债的变相融资造成了债权债务关系的隐匿性和模糊性，使人们无法客观认识地方政府的真实规模，无形中放大了财政和金融风险。

（六）融资风险难以控制

随着政府背景贷款规模迅速扩大，相应的风险控制问题越来越突出。根据现行有关法规的规定，政府机关是不能作为借款人向银行申请贷款的，因此目前银行政府类贷款的借款主体大部分为政府所控制的事业法人或公司法人。这事实上造成了这样一种现象，即政府虽然是银行贷款实际使用者，但银行和政府之间在法律上却无直接的借贷关系。一旦贷款出现风险，银行往往无法依据借款合同向政府进行追索，相应的，这也给政府逃避银行债务提供了可能。从以往的经验看，一些政府部门利用行政权力逃废银行债务的事例不在少数，如有些地方，因政府换届等原因，出现了新任不理前任旧账的现象，原先的还贷承诺书变成了空头支票，造成贷款难以按时偿还。虽然目前政府的信用观念正在逐步增强，但银行相对于政府毕竟处于弱势地位，该类风险依然存在。近年来，各地公共工程大部分投资是利用银行贷款来完成的，这不可避免地造成了政府负债的持续攀升，财政支付能力风险处于累积过程之中。

（七）债务不公开且不透明

长期以来，地方政府建设性债务游离于现行财政体系之外，其使用和管理信息透明度严重缺失，利益相关各方都无法准确地掌握政府的所有投融资活动，往往是只有政府部门中的少数几个高层领导了解债务的真实情况。这导致中央政府无法获悉地方政府负债的准确情况，地方人大也没有对这部分债务融资履行监管职能。财政部门没有将这部分融资纳入预算管理，甚至审计部门也没有对这部分融资实施审计监督。由于负债形式除了银行贷款，还有各种资金信托、往来款拖欠等，负债总量难以控制，就连地方财政部门对自身的负债情况也未必完全了解。因而，地方政府债务作为公共投资的重要资金来源却长期处于公共资金监督体系之外，使得信贷资金的风险管理难以真正实现。

（八）债务危机处理缺乏硬约束

长期以来，我国在处理地方政府债务风险甚至危机方面，缺少完善的法律制度框架，地方政府产生的所有问题都可以通过“一事一议”的行政化方式处理。就像中央银行成为商业银行的“最后借款人”一样，中央政府也成了地方政府最后的“财政安全网”。地方政府经常以财权、事权不对等为由，在债务危机问题处理上与中央政府进行讨价还价，又常常以“中央为地方增加转移支付和提供再贷款”作为解决危机的最终方式。这种体制本身就意味着中央政府为地方政府各种财政活动或非财政活动提供了隐性担保，产生了很坏的示范效应，间接地鼓励了地方政府通过提供担保和过度举债来进行经济建设，这样容易产生严重的道德风险问题。

五、地方政府融资的新形势

（一）政府背景贷款迅猛增长

2008年3季度以后，国际金融危机对我国的不利影响明显加重，中央政府迅速推出两年4万亿元投资扩张计划。银行普遍把新一轮积极财政政策看作是重大机遇，向政府投资项目大量放款。2009年，我国中长期贷款新增5.15万亿元，同比多增2.99万亿元。主要投向了基础设施行业（交通运输、电力、水利、环境和公共设施）、租赁和商务服务业、房地产业、制造业，这4个行业的中长期贷款分别增加了2.5万亿元、6404亿元、6013亿元和5025亿元，分别占全部新增中长期贷款的50%、13.1%、12.3%和10.2%。[①] 由于基础设施行业是地方政府的主要投资领域，地方政府背景借款成为贷款增加的主要方面。

根据有关统计资料，2009年2~3月，国家开发银行先后与湖南、河北、浙江等13个省级政府签署开发性金融合作协议，以1.2万亿元的贷款额度支持

① 《2009年第四季度中国货币政策执行报告》，中国人民银行网站。

上述地方实施扩大内需战略。[①]2009年4月，中国建设银行与陕西省人民政府签订了战略合作备忘录，之后3年，该行将向陕西省重点建设项目提供1200亿元信贷支持。[②]根据工行湖北省分行的统计，2009年1月，省工行累计新发放人民币贷款78.7亿元，其中中长期贷款45.8亿元。在中长期贷款中，由中央政府投资项目拉动的为3.1亿元，由地方政府投资项目拉动的为35.7亿元，政府项目贷款占中长期贷款的85%。[③]据三大行公布的年报，2009年，工行投向地方政府融资平台的贷款余额为7200亿元，中行为4243亿元，建行为6463亿元。[④]

(二)融资平台债务风险随之扩大

贷款规模的迅速扩大，导致地方政府融资平台债务增长迅速。银监会的数据表明，到2009年6月末，全国各省、自治区、直辖市及其以下各级政府设立的平台公司合计达8221家，其中县级政府平台公司4907家，银行对这些地方政府融资平台授信总额达8.8万亿元，贷款余额超过5.56万亿元，几乎相当于中央政府的国债余额。从地方平台公司贷款债务与地方政府财力对比看，债务率为97.8%，部分城市平台公司贷款债务率超过200%。到2009年年末，地方政府融资平台贷款余额为7.38万亿元，同比增长70.4%，占一般贷款余额的20.4%，全年新增贷款3.05万亿元，占全部新增一般贷款的34.5%。[⑤]

2010年6月23日，在十一届全国人大常委会上，审计署公布了审计调查的18个省、16个市和36个县本级财政数据。结果表明，截至2009年年底，上述地方各级融资平台公司307家，其政府性债务余额共计1.45万亿元，分别占省、市、县本级政府性债务总额的44%、71%和78%。这些地方政府的债务总额近2.8万亿元。其中，2009年以前形成的债务余额约1.75万亿元，当年新增约1.04万亿元。审计还发现，各地融资平台公司的政府性债务平均占本级债务余额的一半以上。[⑥]

而据高盛公司的测算，截至2009年年底，中国政府的15.7万亿元负债主要包括中央政府国债、地方政府债务，以及在2000~2001年间商业银行剥离

① 朱安明:《银政合作助力积极财政政策》,《中国财经报》。
②《地方政府债务率远超风险警戒线，或陷破产困境》,《经济参考报》,2009-07-14。
③ 参阅国家发改委宏观院重点课题《地方政府融资研究》。
④《省市贷款债务率超100% 中央欲规范融资遭抵制》,《中国经济周刊》,2010-04-06。
⑤《地方融资欠债或超7万亿 危机隐现银监会清查》,《南方日报》,2010-05-11。
⑥《中央部门预算执行仍待规范》,《人民日报》,2010-06-25。

但仍体现在资产管理公司账面上的不良贷款三大部分。其中,中央政府国债占2009年GDP的20%;地方政府债务大致在7.8万亿元,约占GDP的23%;第三部分总额为1.6万亿元,接近2009年GDP的5%。[①]

2010年6月,银监会披露,目前占地方融资平台贷款总额27%的约2万亿元的贷款项目,可以偿还本息;而约占50%的4万亿元地方贷款存在还款源不足问题,属于可疑类贷款;另外,占23%比重的地方负债存在严重风险隐患,简易匡算其风险敞口达1.76万亿元,而同期银行系统拨备金仅1.3万亿元。按照7.38万亿元的贷款额、6%的年息来计算,地方政府2010年将为这笔巨额负债付出4428亿元的利息。[②]

(三)发展趋势判断

无论是监管部门还是专家学者,大多对当前地方政府融资平台债务持担忧心理,认为地方政府建设性债务不可持续,有形成银行大量坏账的可能性。但是,推测毕竟只是推测,到目前为止,我们还未看到有关融资平台或地方政府还不了债的情形出现。2010年8月,银监会相关负责人也表示,融资平台公司贷款的确存在一定风险,但目前整体风险可控,不会形成系统性风险。[③]原因在于:从贷款增速看,融资平台公司贷款增速逐渐下降。2010年上半年融资平台公司贷款新增额占上半年全部新增贷款的比例,比2009年全年下降约1/3。从风险程度看,多数贷款项目能够产生稳定、充足的现金流量,可覆盖贷款本息。另有部分贷款确实存在还款来源不足的问题,但通过变更贷款主体、增加押品或追加担保等风险缓释措施,其风险状况会得到进一步改善。从风险抵补看,我国银行业金融机构整体贷款拨备非常充足,拨备覆盖率都在150%以上,即使融资平台公司贷款中有一部分形成不良资产甚至损失,也有足够的拨备抵补。

不过我们根据上述统计资料,还是可以对未来地方政府债务发展趋势做出判断:第一,由于地方政府建设性债务暴涨出现在2008年下半年以后,所以,以3~5年的平均还款期计算,真正的还债高峰将出现在2012~2013年,对目前地方政府的支付不会产生太大影响。第二,债务危机不会是全局性的,而将只是局部性的。由于经济发达地区财力强,特别是土地收益多,出

① 《地方政府逾7万亿贷款压顶:将付高达4428亿利息》,《新民晚报》·新民网,2010-05-15。

② 《清理地方融资平台需深度变革》,《国际财经时报》,2010-07-30。

③ 《银监会称地方政府融资平台整体风险可控》,《羊城晚报》·金羊网,2010-08-23。

现问题的可能性小，而西部欠发达地区财力弱，债务规模受到来自银行的外部控制，问题也不会太大。可能出现问题的是被认为发展潜力大而现实财力弱的地区。第三，省一级政府财力雄厚，市一级政府依托的城市土地增值空间大，而县一级政府财力相对较弱，且土地收益少，需要办的事情又多，因此，随着国开行等商业银行逐步开拓县一级的政府融资平台，这级政府出现债务危机的可能性加大。第四，政府资产中比较好的部分早已注入各类融资平台；近期由于大规模债务融资的需要，地方政府开始把一些质量较差、公益性较强的资产打包成立新的平台，用于向商业银行贷款。这意味着缺乏现金流、单纯依靠地方财政支持的项目比例有明显的增加，对地方政府的财政压力增大。

即便出现了上述的情况，我们仍然认为建设性债务规模膨胀不是地方政府融资的核心问题。[①]这是因为，债务负担会随着地方经济的快速发展逐步得到化解，同时，地方政府还掌握着庞大的国有资产和公共资源，能够支撑债务在一定时期的增加。[②]对于地方政府融资的可持续发展来讲，债务规模的可持续只是表象，体制机制的可持续才是本质；我们既要重视"规模"问题，更要关注"规范"问题。因为，如果融资行为不规范，融入的资金不用于既定的目的，或只融资而不想偿还，则无论地方政府融资的规模多小，都有可能出现风险问题；如果地方政府融资行为规范，地方财政收支情况、融资目的、债务偿还能力、资金使用情况等各种信息公开、透明，能够及时接受市场和投资者的监督，融资规模大一些照样可以接受。因此，只有体制机制的完善才能形成恒久的防护网，使地方政府融资在满足发展需要的同时，得到持续有效的约束与控制。

六、地方政府融资的新思路

我们认为，地方政府融资体系创新需要基于以下基本原则：第一，坚持中央政府的统筹协调。地方政府融资创新涉及财税、土地、金融等方面的政

① 2008年，美国地方政府债券总和为2.69万亿美元，占同期GDP的18.8%。参见《以邻为鉴：美国地方债券市场对中国的启示》，新华网，2009-06-08。

② 根据陈志武的计算，2006年年底，国有土地加国有企业的总价值为79万亿元。假设土地和国有资产以同样于GDP的增速升值（资产升值速度一般高于GDP），则到2008年年底，政府资产将达到97万亿元，如果以地方政府占其中的一半计算，地方政府总资产有近50万亿元，大大超过其建设性负债规模。参见《中国的政府规模有多大》，中国经济网，2008-02-25。

策调整，调控权掌握在中央政府手里；我国是单一制国家，中央政府对地方政府债务负有最终的责任，必须形成有效约束。要充分发挥中央政府在地方政府融资创新中的统筹协调作用。

第二，坚持健全和完善体制机制。对地方政府融资实行法制化和规范化管理。赋予地方政府相应的融资权利，引导地方政府融资进入正常的发展轨道。完善地方政府投资责任制，将地方政府融资纳入政策与法规的严格监管，增强透明度，构建融资的内在约束机制。

第三，坚持滚动发展和良性循环。利用政府资金的杠杆作用和公共资源的支撑作用，合理、适度举债。通过具有一定强度的债务融资促进发展，并在发展的前提下增强融资能力，实现发展成本和受益间的时间错位和代际匹配。

第四，坚持政府主导和市场参与。充分整合政府资源和资产，通过政策引导和价格杠杆作用，通过市场化的公私合作方式达到为政府项目融资的目的，尽可能地减轻财政压力，提高政府投融资效率。

第五，坚持循序渐进和有序发展。要充分考虑地方经济发展的需要和现实的承受力，在试点的基础上有序推进。要在中央和地方政府之间，在财政、金融、土地、行政等领域进行统筹协调，把握政策和法律调整的时机和节奏，避免造成大的动荡和反复。

地方政府融资体系创新的总体思路是：开正门，堵后门，疏堵结合，强化约束。要以科学发展观为指导，以满足地方政府职能需要和强化地方政府行为约束为出发点，以实现"法制融资"、"阳光融资"和"可持续融资"为目标，在规范中发展，在发展中规范，不断完善融资体系，创新融资工具，畅通融资渠道，转变融资方式，优化融资结构，充分发挥财政拨款的引导和杠杆作用，不断促进债务性融资的理性和适度发展，深入挖掘资产（资源）性融资的潜力，积极探索公私合作和企业权益融资新模式，实现直接融资与间接融资、银行贷款和债券融资、土地融资与其他融资、政府投资和民间资金之间的合理搭配、相互协调，推动地方政府融资走上良性、健康的发展轨道。

地方政府融资体系创新的近期任务是要完善地方政府官员政绩考核标准，强化地方人大和公众对地方政府投资的监督与约束。对各级政府支出责任与财政能力进行系统优化调整，合理划分和依法规范各级政府的职能和权限。加大对县乡财政一般性转移支付力度，增加地方政府的自主财力配置规模。专项转移支付应根据实际情况,适当放弃需要地方资金配套的要求。调整土地收益分配,保障失地农民的权益,逐步缩小征地范围,严格限制在公益性用途,将地方政府土地收益纳入预算管理。逐步开放地方债市场,赋予省级政府相应的举债权,省以下地方政府是否可以举债,可将批准权限及相关责任交给省级政府。目前地方政府发债只能是收益债券,即以债券融资项目未来的收费收入作为对投资者还本付息的资金来源。中央政府应加快地方政府债务管理法规建设, 使地方政府债务管理有法可依。完善融资平台的治理结构,明确其职能定位,减少政府行政干预,赋予其真正的投资决策权。进一步打破行业性垄断,降低民间投资准入门槛。

远期任务是要建立自下而上的官员政绩评价体系与考核机制,运用公众的力量主动抑制地方政府投融资冲动。逐步强化地方政府财政自治能力。适度下放地方政府税收和公共收费的立法权限,使地方政府能够按照当地经济发展水平和不同的资源禀赋,有针对性地征收各种税费。从根本上改变土地一级市场地方政府独家垄断的局面,土地征用仅限于纯公益性用地,经营性土地不再经过政府征用环节,集体建设用地和农民宅基地可以直接进入一级土地市场进行交易。地方政府在发行收益债券的同时,可以发行一般责任债券,即以地方政府信用为担保,用政府的未来收入作为偿还债券本息的资金来源。随着经济和政治体制的完善,允许条件成熟的地方政府直接向商业银行贷款融资。实现政府性融资平台的市场化转型,政府的经营性项目由融资平台投资与建设,非经营性项目由政府出资投资与建设,实施“代建制”。继续发挥项目融资在政府投融资中的重要作用。

七、主要措施

(一)地方政府要集中力量办正事

地方政府的融资行为必须受到合理的约束。地方政府重要的“不是敢有所为,而要敢有所不为”。地方政府融资是其为弥补市场机制的缺陷和不足,加快基础设施建设而进行的一项经济活动,具有政策性、非盈利性的内在属性。因此,要完善地方政府投融资职能定位,努力创造有利于基础设施投融资的政策环境。政府应重新界定自己的职能范围,建立科学、民主的决策机制,防止政府职能的不合理扩张。随着基础设施和公共服务领域市场化改革的推进,服务价格理顺以及社会参与热情提高,政府直接出资的领域应逐渐减少,甚至退出。在有限的财政资源条件下,地方政府要更好地履行职责，就必须最大限度地把财力物力集中投放到关键性领域。要把财政投资拉回到政府分工的领域中来，真正实现从全能型政府向公共服务型政府的转变。这包括两个方面的战略性调整，第一，政府部门要全面收缩投资领域，围绕本职工作来确定投资方向；第二，要盘活政府性资产存量，实行“有进有退”的调整，从“越位”领域退出，填补“缺位”领域。

（二）改善地方政府的财政能力

通过调整高层政府与基层政府的事权与财力划分，可以大大改善基层政府的融资能力。适当上移部分基本公共服务事权。凡属中央和省级政府承担的财政支出，中央和省级财政应切实加大财力保障力度，不得转嫁给市、县财政。凡委托市、县政府承办的事务，要足额安排专项拨款，不留资金缺口或要求市、县财政配套。实行省管县体制，将公共服务领域的支出重心适当向省级政府上移。建立地方政府的稳定财源，一是提高税率。逐步提高城镇土地使用税、房产税、耕地占用税、资源税税率，使得与土地有关的税收和资源税真正成为地方财税的主税、强税。二是开征新税。财产税普遍是发达国家地方税收的主要税种。我国开征的财产课税税种中，只有房产税、契税、车船使用税和土地增值税。长期以来，不动产税征收范围狭窄、征收不足，遗产与赠与税没有开征，使财产税的收入作用受到很大的限制。未来要逐步扩大不动产税的征收范围，尽快开征遗产与赠与税，使之逐步成为地方政府主体税种。三是藏富于县。根据事权与财力匹配、与财权相适应的原则，将不动产税、遗产税等税种的收入主要留给县级政府，以提高基层政府的融资能力。

（三）完善银行信贷融资功能

改革项目资本金制度。目前，国有各商业银行已完成改制，银行内部风险控制明显增强，各银行完全能够根据项目风险、收益情况做出自主调整，降低项目资本金比例，甚至取消资本金比例要求，同时，不会给银行带来太大的风险。发放政府特定项目贷款。对商业银行招标方式发放政府特定项目贷款（类似于开行软贷款），用于充实项目资本金。这一政策的出台有利于增强地方政府的融资能力。允许地方大型政府投资公司以发行中期票据的方式融入资金，把中期票据发行期限从3~5年延长到8~10年，部分可以用作项目资本金。建立健全政策性担保服务体系，增强企业的投资意愿和银行的贷款意愿。中央政府和省级政府每年从财政预算中安排一定比例资金，对地方政策性担保机构因赔付造成的担保资金损失，按担保额一定比例实行补偿,以提高融资担保机构资信,增强其抗风险能力。考虑到担保行业高风险、低收益的特殊性质,可以在税收上给予一定的优惠政策。这一措施在经济或金融危机时期具有较好的刺激作用。

(四)创新地方政府融资工具

促进间接融资和直接融资、债务融资与项目融资相结合。继续利用信贷资金,积极争取商业性银行的支持,进一步提升政银企合作平台。发债权是分税制体制下城市政府普遍拥有的权力。应当为地方政府进行良好规范的借债活动松绑,允许资信能力强、还债有保障的地方政府发行债券,用于满足具有稳定收入来源的公共服务和基础设施的长期资金需要。由于地方债的资金主要用于资本性的建设项目,这些项目建设周期长,资金回收慢,要求具有足够长的还款周期,否则就会加重地方政府的现期支付负担。地方政府完全可以发行20~30年期的长期债券,从而大大提高其债务的可持续性。继续推动企业债券融资,探索以政府采购协议锁定的采购款,作为申请发行企业债的还款来源和质押担保。大力开拓信托融资渠道,探索发展产业投资基金,积极引导各类股权基金投资适合的政府项目。发行地方彩票为市政建设和公益事业筹集资金。随着各地基础设施建设和服务市场的不断开放,价格和收费制度的改革和创新,进一步推进项目融资。对于有稳定收益的项目,如水电设施、公路、桥梁等可以尝试积极策划推进ABS融资。

(五)规范发展政府融资平台

重点培育政府性投资公司的市场功能和企业信用,逐步弱化政府信用,强化公司信用,突出单个项目经营信用,强化直接融资功能。投资公司作为政府融资的责任主体,应实现借、用、管、还一体化。要切实加强融资平台的债务风险管控,防范各级融资平台的债务风险。要监督融资平台建立健全内部治理结构,规范投融资决策和管理,建立内部还款约束机制和还款保障机制。规范国有资产保值增值的考核制度和补偿机制。对政府融资平台资本运营建立规范的考核机制。一要推行市场化运作,准市场化考核。对融资平台承担的公益性项目,通过计算机会成本与机会收益,纳入核算,使企业的非市场行为与市场行为之间有可比性,以实现对企业运作的真实考核。二要建立动态考核的运作机制。通过完善相关的协调制度,实行对项目的事前核算、事中监督、事后考核的全过程管理。三要建立政府确定的公益性或非盈利性项目的补偿机制,提高政府融资平台项目投资建设的积极性。针对2008年以来地方政府融资平台出现的新情况，商业银行应对地方政府和融资平台信用评估体系做出调整和优化，对省、市、县融资平台实施差异化管理。[①]金融管理部门特别需要加强对商业银行县级政府背景贷款的监管。

（六）吸引民间资本进入政府投资领域

打破基础设施领域的行政垄断，建立政府投资退出机制。对于经营性基础设施项目，如高速公路、污水处理厂等，政府投资要适当退出，让市场发挥配置资源的基础性作用。对于准经营性项目，如轨道交通等有经营收入但不足以回收成本的项目，要在政府资金引导下，采取PPP模式吸引社会投资者合作建设。对于非经营性项目，如城区道路、公共绿地等不具有经营收益的项目，可按照BT方式吸引社会投资者建设，政府通过补偿机制和回购方式，回报投资者。不断完善价格机制。通过政府扶持，合理定价，建立科学的城市基础设施价费机制和投资补偿机制，灵活运用投资补助、贴息、价格、利率、税收等多种手段，引导社会投资，优化投资结构。要规范引进资本特别是外资的行为，防止地方政府通过改革"甩包袱"。完善基础设施产品和服务的价格听证会制度，根据基础设施产业的成本状况，科技进步，生产效率的提高潜力等因素制定管制价格。健全项目融资中的政府保证制度，明确政府在哪些方面可以做出哪些性质的保证；规定政府在项目中享有一些特权的同时，对政府的权利做出必要限制，明确规定政府出于公共利益需要提前收回项目的条件、程序及合理适当的补偿标准。

（七）促进地方政府债务的显性化

无论采取什么方式，发达国家地方政府举债的公开和显性化是一个基本的原则。[②]从我国的情况看，现有的法律制度限制了地方政府公开的债务融资，但是，却限制不了隐性和或有债务的膨胀。因此，还不如允许地方政府为建设性资本投资直接发债甚至向银行直接贷款，这样更容易约束地方政府行为以及控制债务规模。要先立法，后发债。应将《预算法》第28条规定"地方政府不得发行地方债"修改为"地方政府经过上级政府批准可以发行

---

① 目前，某些国有商业银行已出台相应政策，即省级政府融资平台贷款业务继续做，地市一级的进行名单制管理，县一级的有项目由总行批。

② 从发达国家地方政府举债方式看，美国州和地方政府主要通过发行市政债券举债，辅之以银行借款和融资租赁。法国20世纪80年代以前地方政府举债主要形式是银行借款，之后，地方政府自主权扩大，省级政府不需中央批准即可自主发行债券。日本地方政府债务资金来源主要包括中央政府、公营企业金融公库、银行和其他资金等。

地方债”。在《贷款通则》第4章“借款人”规定中加入省、市、县三级政府，赋予地方政府向银行贷款的借款人主体地位。要建立严格的债券发行审批、有效的监督约束机制。要提高债务的透明度。地方政府必须公开包括债务在内的政府财政状况，对债务进行确认、记录、报告。把分散在各个融资平台的投融资活动纳入公共财政资产负债表的整体框架之中，使投资来源与投资使用的方向、结构、总量等限制在资产负债的框架之内。下级政府要将借款融资及其使用情况，按照统一框架要求，严格进行季度报告和年度报告。

（八）强化地方政府债务的硬约束

国际经验表明，凡是中央政府对地方政府债务管理有序、控制较严的国家，其地方财政就会健康运行，经济就会平稳增长，反之，就会出乱子。考虑到我国中央集权制的政体，地方政府的发债要经由上级政府的严格审批。目前，尽管部分地方政府自行制定了本地区政府性债务管理的一些办法，但全国统一的管理机制和制度体系尚未建立。中央财政应尽快建立全国统一的债务管理体系，扭转当前多头举债、权责不清、调控不力的局面。要强化地方政府债务的内部硬约束，一方面，要建立投资决策的问责制，在各个环节解决好谁问责、问责谁和如何问责的问题，从根本上改变投资决策失误而无人负责的状况；另一方面，要通过立法形式，硬化地方政府的债务约束，避免地方政府过度举债并转嫁下届政府，防止地方政府将其债务风险向上级部门转嫁；再一方面，要建立地方政府建设预算。根据地方政府的可支配收入的变动情况编制统一的地方政府投资预算计划，包括各种投资来源与投资使用的统筹安排。

（九）改革“土地财政”的收益方式

地方政府热衷于土地融资不仅仅是我国特有的现象。“土地财政”在任何国家地方政府融资中都具有一定的重要性。但是，“土地财政”作用的发挥要在不损害广大农民基本权益和保护土地资源的基础上实现，不能无限放大和扩张其功能，以损害经济与金融的稳定健康发展为代价。要对政府土地收益进行横向和纵向分流。所谓横向分流是要保障土地出让中其他主体的利益不受损害。严格按照土地征用程序进行征地，尊重农民的利益，切实保障农民土地所有权的权益。在土地利用规划等限定的范围内允许农村非农建设用地进入市场，实现国有土地与集体土地的同地同权同价。所谓纵向分流是要保障不同时期政府均等享受土地收益。按照国有土地出让金收入的一定比例建立国有土地收益基金，并规定不得作为政府当期收入安排使用，避免地方政府在财政困难的挤压下“寅吃卯粮”。改土地批租制为年租制。把一次性收取70年全部土地出让金的“批租制”改为按年度分期征收土地出让金的年租制，以平衡不同任期地方政府的财税收入，同时享受土地增值带来的一部分收益。

附件3 湖北省财政资金与信贷资金配合使用情况调查报告

内容提要：

湖北省财政资金与信贷资金配合使用取得了很多好的经验，包括积极配合国家扩大内需政策的实施，政府与银行合作的领域不断扩展，财政与金融配合的方式更加多样，重视培育和打造政府融资平台。存在的主要问题是：资金供求的结构性矛盾依然存在，建设项目资本金缺乏，市县政府配套能力不足，财政与信贷投入存在重复与错配现象，信用担保和风险保障体系不完备，商业银行对政府信用能力缺乏深入了解。未来要不断完善政府性融资平台，创新经营性投资项目的财政补助机制，减少非经营性项目的地方政府配套比例，逐步完善建设项目资本金制度，建立健全担保服务体系，建立政府与银行之间的信息交流和磋商机制。

为了促进中央扩大内需政策目标的顺利实现，帮助地方政府解决融资困难和资金瓶颈问题，推动商业银行在风险控制的基础上实现业务扩张，2009年2月，我们到湖北的武汉、荆州和宜昌市，与省市发改委、财政和金融部门的同志进行了座谈，并走访了相关企业和开发区。广泛听取各地对促进财政资金与信贷资金配合使用的意见与建议。总体来看，湖北省财政资金与信贷资金配合取得了很多好的经验，具有一定的借鉴意义；但是，在实践过程中也出现了一些矛盾与问题，仍然需要不断地完善政策和创新机制。

一、基本经验

(一)积极配合国家扩大内需政策的实施

地方政府积极争取新增国债和国家预算内资金。2008年年底，中央新增1000亿元投资后，湖北省早做准备，迅速行动，积极应对，共争取追加国债投资资金50亿元，占全国的5%。新增国债投资项目2000多项，其中60%的项目资金已经解决。荆州市争取到2008年追加国债投资资金5.1亿元，争取的项目资金占全国的5‰，占全省争取国债资金的10%，居全省第二位。新增国债投资项目301项，总投资15.9亿元，本期投资计划13.5亿元。至2009年2月15日，新增中央投资项目开工建设295项，开工率98%，累计完成投资4.7亿元，占本期投资计划的35.3%。累计落实资金11.2亿元，占本期投资计划的83%。目前，荆州市已申报2009年正常的中央预算内投资项目214项，总投资215亿元，申请投资补助资金24.4亿元，拟争取中央预算内资金6亿元。

银行信贷资金在新增国债项目投资中发挥了重要作用。根据工行湖北省分行的统计，2009年1月，省工行累计新发放人民币贷款78.7亿元，其中中长期贷款45.8亿元，短期贷款33.2亿元。在中长期贷款中，由中央政府投资项目拉动的为3.1亿元，由地方政府投资项目拉动的为35.7亿元，与企业自主投资相关的为6.6亿元，政府项目贷款占中长期贷款的85%；在短期贷款中，由中央政府投资项目拉动的为9亿元，由地方政府投资项目拉动的为1亿元，与企业自主投资相关的为23.2亿元，政府项目贷款占短期贷款的30%。2008年年底，省工行与宜昌市签署了全面战略合作备忘录，拟在符合国家产业政策和信贷政策的前提下，未来3年内意向承诺融资150亿元以上。政银合作备忘录签订以来，省工行已累计向地方重点项目和企业净投放贷款4.2亿元，支持宜昌抢抓国家财政货币政策调整的机遇，有效满足了实体经济对金融服务的需要。

（二）政府与银行合作的领域不断扩展

国家开发银行成为银政合作的主力行。近年来，国开行以开发性金融为依托，不断扩展与地方政府的紧密型金融合作关系。以国开行湖北分行为例，其贷款投向分布日趋广泛。除主要投入电力、公路和公共基础设施三大行业以外，投向还涉及高新技术产业、教育、国企改造、不良资产处置等，早已突破了开行以往确定的“两基一支”的基本投资方向（见图1）。特别是省开行还参与了省属国企重组改造项目，涉及16个市州132个企业，以及不良资产处置项目，涉及华融、信达、长城、东方4家资产管理公司在湖北省1.5万家企业，不良贷款本息共计680亿元。这些项目地域分散，行业涉及面广，单体实施难度大。开行整体融资方案推动了长期困扰地方经济发展的难题的解决。

其他商业银行的业务范围也在迅速扩张。以工行三峡分行为例，近年来，其贷款方向得到很大拓展。包括积极支持宜昌市建设长江中上游区域性中心城市和"省域副中心城市",促进宜昌市城市快速拓展、城市功能和品牌提升,支持宜昌大交通建设,促进宜昌早日建成我国内陆综合交通枢纽和物流中心,推动宜昌"优强企业倍增工程"和"中小企业成长工程"发展,促进承担产业转移和产业升级,支持中小企业和"三农"经济发展,支持建立现代企业制度,促进企业增加融资渠道,提高融资能力,支持房地产开发和个人消费市场需求,满足企业进出口融资需求,促进宜昌区域金融中心建设。

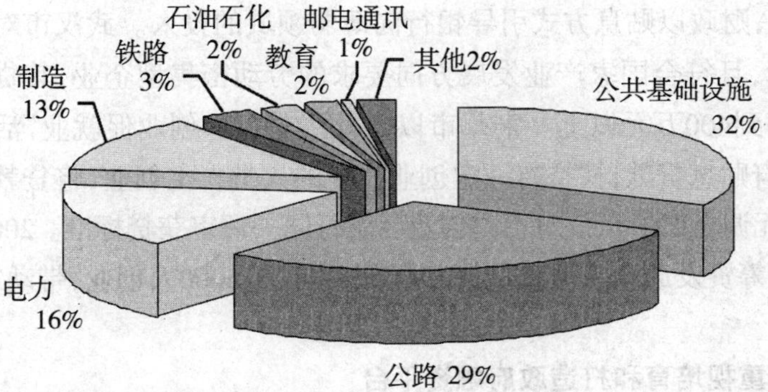

图1 国开行湖北分行贷款投向

资料来源:国家开发银行湖北分行。

(三)财政与金融配合的方式更加多样

近年来,湖北省财政资金与信贷资金配合的方式逐渐多样化。主要的配合方式有以下几方面。第一,商业银行为政府投资项目配套贷款资金。例如,2008年,宜昌市多家银行机构重点支持了三峡翻坝高速、宜巴高速、荆宜高速、三峡机场扩建、宜洋公路改扩建等重点地方基础设施建设,累计发放贷款15.7亿元,2009年还对以上项目追加信贷21.9亿元。

第二,利用土地资源筹资并吸引银行资金进入。荆州市和宜昌市政府投资公司以财政启动资金为基础,申请项目贷款和土地储备贷款,推进项目建设和土地储备。同时,开辟信托、委托贷款、土地债券、证券化等多种融资渠道,多方筹措资金。土地出让后,公司核算土地成本,实现的土地收益,分别拨付给对应的项目,用于基础设施建设项目还款和再投资。

第三,政府回购保证了公益性项目的收益。武汉城投公司通过与政府协商,明确非经营性项目为政府对公司负债。签订项目回购协议,约定政府回购时间和金额,并明确协议项下权益可以提供质押担保,由此增加了城投公司的信用度。由于地方财政对债务提供担保被严格禁止,近年来,政府回购为政策性和商业性银行投入公益性项目创造了条件。

第四，政策性担保公司推动了企业的贷款融资。自2004年以来，湖北省财政部门筹措3.6亿元，每个县500万元，分3年时间支持72个县（市、区）中小企业担保体系建设。省财政注入资金1.98亿元，支持成立农业产业化信用担保股份有限公司，3年来为50多家龙头企业提供12亿元贷款担保。宜昌市中小企业担保公司由市政府出资建立，截至2008年年底，公司累计融资担保5.1亿元，担保融资项目当年新增收入5.2亿元。

第五，财政以贴息方式引导银行向薄弱领域的投入。武汉市对需扩大生产经营，且符合国家产业发展方向要求的劳动密集型企业，其贷款贴息额度提高到400万元以上。荆州市以“百姓创家业、创业促就业”活动为推手，由政府贴息贷款，扶持有一定创业技能的人员自主创业，将贷款额度上限从5万元调至200万元，对不同创业者实行同一评审获贷标准。2009年，荆州市计划筹资发放政府贴息贷款1.1亿元，再扶持5000人创业，带动2万人就业。

（四）重视培育和打造政府融资平台

各地均十分重视发挥政府融资平台的作用。湖北省投资公司是省级综合融资平台，以统借统还的方式承担向国家开发银行申请政策性贷款，用于省政府确定的重点项目投融资工作。公司利用省基本建设投资和财政性资金所形成的20多亿元资产，以平台为纽带，将政府信誉、公司信誉与项目资产有机结合，通过市场运作方式，融通国家开发银行政策性贷款100多亿元，有效解决了重点项目建设资金需要，对支持全省经济和社会发展发挥了积极作用。到2008年止，国开行湖北分行已核准公司7个专项，即湖北省整体处置不良金融资产项目、支持县域经济发展项目、三环集团军工技改项目、高校建设项目、宜昌收购信达债权项目、湖北地方国企改制重组项目、农村安全饮水工程，核准贷款规模132亿元。

武汉城投公司是武汉市城建融资平台。2002年以来，公司利用政府信用、企业资产和城市资源，累计筹措资金556亿元，为加快城市基础设施建设提供了强有力的资金保障。公司资金实力强大，融资方式多样（见表1）。近年来，公司主要承担了城市供水、污水处理、燃气供热、轨道交通、桥隧设施、城市道路等14大类，共计216个城市基础设施项目，累计投资453亿元，项目投资规模占全市市政基础设施建设总量的一半。公司提出了城建公益性项目“城投投资，政府回购”投资运作模式，力求从运行管理机制上解决城建项目可持续融资问题。实施了城市路桥车辆通行费征收方式改革,为盘活路桥资产创造了条件。在国内首创了“统一管理,集中直付”的城建资金管理模式,显著提高了资金管理效率。

表1 武汉城投各类融资来源

融资来源	资金额度(亿元)	基本功能
市财政直接注资	67	项目资本金和还款主要来源
国家开发银行	215	开发性金融合作
工行、建行、农行	195	战略合作
土地开发	100	封闭运行、协议融资
企业债券	26	发债规模居全国城投公司前列
行政事业收费	36	征收城市污水处理费和城市路桥通行费
国外贷款	17	争取世行贷款、亚行贷款和外国政府贷款
企业上市	6.7	引导武汉控股收购污水处理设施、投资长江隧道

注:其中土地开发融资与其他融资方式有重复计算。

资料来源:武汉市城投公司。

宜昌市城投公司的基本职能是运用政府投资形成的城市资产和特许经营权,通过资本营运及优良资产运作,逐步增强公司的经营能力和偿债能力,实现城市建设可持续发展。2004年以来,公司累计筹集资金29亿元,其中,财政资金11亿元,银行信贷资金18亿元。建设了沿江大道延伸段、临江溪污水处理厂、城东大道等一批基础设施项目。宜昌市将基础设施项目设施分为公益性和经营性,并在财政与城投之间建立债务偿还内部责任机制。城市基础设施项目建设资金的筹集仍由城投公司筹集,但是,公益性项目的还本付息由财政负责,经营性项目的还本付息由城投自筹。城投公司通过实行项目建设、土地开发、项目拍卖、户外广告位等捆绑运营,统一运作,实现城市公共产品和非公共产品开发一体化、社会效益和经济效益一体化。

二、主要问题

(一)资金供求的结构性矛盾依然存在

按照《中华人民共和国商业银行法》对资产负债比例管理的规定,银行贷款余额与存款余额的比例（贷存比）不得超过75%。但是，从目前来看，一方面，银行业流动性比较宽裕，截至2009年1月末，湖北省金融机构人民币贷存比为63.3%，其中，国有商业银行人民币贷存比为48.8%，远远低于央行规定的75%的合理界限。省建行存款余额达到2000亿元，而贷款只有1000亿元左右，贷存比不到50%。另一方面，贷款需求却非常旺盛，以国开行湖北分行为例，全年总行核定的贷款限额只有200亿元，而客户需求却高达600亿元，如果按照正常程序，不考虑额度控制，1季度即可发放全年计划的70%~80%；再一方面，部分企业和项目融资依然困难，主要表现为财政投资的民生项目资金存在缺口，在2008年年底中央下达的新增国债投资中，湖北省的民生项目仍有40亿~60亿元的资金缺口。如果没有中央代地方发债资金的补充，这部分项目资金将难以解决。与此同时，中小企业融资难的问题仍然没有得到根本解决。

（二）建设项目资本金缺乏

1996年，国务院开始对固定资产投资项目试行资本金制度，如交通运输、煤炭项目，资本金比例最低为35%；钢铁、邮电、化肥项目，资本金比例最低为25%；2004年宏观调控时，国务院又将钢铁、电解铝、水泥、房地产开发行业建设项目资本金比例上调。当前，严格的资本金比例要求使一些好的项目因资本金不足而得不到银行的支持，从而限制了地方扩大投资的积极性。过去，国开行软贷款通常占资本金的一半，这在很大程度上减轻了地方政府的财务负担，随着这一政策的停止执行，地方政府投融资受到显著的影响。2005年以来，国开行湖北分行与省政府签署了《促进中部崛起开发性金融合作协议》，合作额度高达500亿元，其中，绝大部分项目都含有软贷款。政策调整后，过去的项目不能执行，项目软贷款只能转为硬贷款，地方政府筹资压力骤然增加，项目资本金不足的问题十分突出。而项目资本金不能按时足额到位将影响项目进度，进而导致建设期延长，最终也会导致贷款逾期，形成不良贷款。

（三）市县政府配套能力不足

经过多年的基础设施高强度投入，地方财力早已不堪重负。加上中西部地方政府多是“吃饭财政”，长期以来难以拿出更多的资金搞建设。随着中央投资力度的不断加大，市县政府的配套能力将经受严峻考验。从调研反映的情况看，湖北省除武汉市外，其他城市的地方配套都不可能达到基本的要求。以荆州市为例，针对2008年年底中央新增1000亿元投资，到2月中旬，全市已落实资金11.2亿元，占本期投资计划的83%，其中中央投资资金、银行贷款、企业自筹和其他资金落实资金规模均明显超过计划，只有省市县政府配套资金仅落实了1.7亿元，完成计划的38%。在省市县政府配套资金中，市县配套通常占2/3，地方政府配套资金完不成计划，主要体现在市县一级政府。2003~2008年，荆州市市本级预算内和预算外投资累计分别只有3.6亿元和4.6亿元，也就是说近5年以来，地方财政用于建设的资金只有8.2亿元，只占同期政府项目投资的2.8%，占全社会投资的0.8%。2004年以来，本级财政投资占政府项目投资的比例由3.36%下降到2.63%（见表2）。可见，市县财政对建设的支持能力十分薄弱，支持力度呈逐年下降趋势。

表2 荆州市地方财政投资及其占政府项目投资的比例

	地方预算内投资（亿元）	地方预算外投资（亿元）	本级财政投资合计（亿元）	全社会投资（亿元）	政府项目投资（亿元）	本级财政资金占政府项目投资的比例(%)
2003	0.3	0.3	0.6	96	28.8	2.08
2004	0.4	0.69	1.1	108	32.4	3.36
2005	0.5	0.63	1.1	116	34.8	3.25
2006	0.8	0.57	1.4	149	44.7	3.06
2007	0.7	1	1.7	211	63.3	2.69
2008	0.9	1.4	2.3	291	87.3	2.63

注：地方政府项目投资通常占全社会投资的30%~50%，我们以30%的低限计算荆州数据。

资料来源：荆州市财政局。

（四）财政与信贷投入存在重复与错配现象

虽然财政资金与信贷资金在众多领域中都需要相互配合发挥作用，但是，两者在功能、范围和目标上有着本质区别，不应过多出现重复与错配现象。湖北省一家从事农药生产的上市公司，总资产22亿元，销售收入20亿元，自有资金充足；在当前国际金融危机的背景下，企业效益却有较大增长，是中化集团几百家企业中唯一盈利的5家企业之一。但是，在2008年中央新增的1000亿元国债投资中，该企业仍获得数百万元的投资补助，而且，企业还在积极争取2009年中央新增预算内资金，对于这类企业，各商业银行也是趋之若鹜，争相为其贷款或授信。新增国家投资以及新增信贷资金过多投入国有垄断大企业，与此同时，无论是财政还是银行都对资金匮乏的中小企业缺少必要的资助。可见，财政与银行一样也存在嫌贫爱富的倾向，在某些领域介入过深，而在某些领域则浅尝辄止，没有实现雪中送炭，而是重在锦上添花。另外，大量国家投资资金通过投资补助而不是贴息方式发放给企业，对银行信贷资金也产生了排挤效应，没有发挥出财政资金的“杠杆作用”以及“发动器”和“调节器”作用。

（五）信用担保和风险保障体系不完备

湖北省省、市、县三级建立有多家担保机构，但是，很多担保机构的担保资金或资产规模小，或资金不到位。县区设立的担保基金大多只有几百万元，大部分企业互助基金实力较弱，很难得到银行的信任。目前，我国对担保资金或担保机构基本资产（资本金）的增资机制和补偿机制问题尚无相关的行业法规加以明确，这影响了金融机构对担保机构的持续经营能力的评定。担保资金放大倍数，我国目前最高比例是担保余额不超过担保资金或资产的10倍。但是湖北省不少银行在一些担保机构的资金放大倍数为2~3倍时便采取了审慎的态度，有些甚至只能放大1倍，使现有的担保资金很难发挥应有的信用扩大作用。在国际上，担保机构一般是根据贷款规模和期限进行一定比例担保，与银行风险共担。这一做法有助于加强银行的评审责任感，可进一步降低风险。我国担保机构尚处于不平等的地位，只有少部分担保机构与部分银行做到了比例担保，对于其本金的80%~90%承担责任。大部分担保业务均由担保公司承担全责。在这种情况下，若银行不合作，对借款企业的监督和控制就非常不容易。

（六）商业银行对政府信用能力缺乏深入了解

湖北省省、市两级银行部门同志普遍反映，地方政府的财政信息不公开、不透明，商业银行很难获得真实、准确的背景资料，在与地方政府的合作中处于被动地位。在各银行机构中，只有国开行长期从事开发性金融，与地方政府共建合作机构，推进制度建设，并在与地方政府的稳定合作中摸索了一套行之有效的财政信用评价系统，对地方政府的信息掌握得较为充分；其他商业银行大多不知道财政的底，财政到底已经给其他商业银行担保了多少，地方财政的承受力有多大，财政建设支出的潜力还有多少，对于这些问题，各商业银行都是一头雾水。而且，由于历史遗留问题较多，财政资金多部门管理，财政管理机制和收支结构调整也很快，就连地方财政部门自身也搞不清楚政府债务以及财政负担能力。在情况不明、信息不通的情况下,商业银行只能是摸着石头过河,于是就出现了其他商业银行紧紧跟随国开行的投向,力求最大限度规避风险的现象。这在一定程度上限制了商业银行的贷款扩张。

三、对策建议

(一)不断完善政府性融资平台

要通过融资平台整合政府资源,扩大商业银行贷款总额。地方政府应改革现有政府资源的分布格局,将分散的部门资源转化为政府资源,整合存量资源归并到国有投资公司,投资公司作为政府融资的责任主体,对资金进行统一筹措、使用和管理。不断调整政府投资公司现有的资产结构,将构成城市空间和城市功能载体的自然生成资本(如土地)和人力生成资本(如城市路、桥)以及相关的延伸资本(如城市路、桥的冠名权)等合理配置到投资公司,加大经营性资产置换公益性资产的力度,扩大经营性资产比重,增强公司“造血”功能,做大做强投资公司。使投资公司具有向金融机构大量融资的资源优势,提高政府的融资能力。

(二)创新经营性投资项目的财政补助机制

要建立财政补偿金融、金融扶植相关产业的良性循环机制。所谓财政补偿金融、金融扶植相关产业就是国家把扶植相关产业的部分资金,通过对金融机构的扶植和补贴,改善金融业的融资环境,增强金融机构抵抗风险的能力。把对金融的补贴,以降低利率、改善贷款条件、增加信贷额度、扩大贷款范围等方式,输导给需要扶持的相关产业部门,从而达到间接扶持的目标。因此,在具体操作上,要防止中央和地方财政在经营性领域的过度介入,促进其发挥“发动机”的作用。应更多通过国家财政向银行等金融机构提供贴息资金,或直接向政策性担保机构注资等方法,为银行业创造发展的有利环境,达到以少量财政投入拉动大量信贷资金的目的。国家应进一步增加各类财政贴息资金规模,适当扩大贴息范围,延长贴息期限,提高贴息标准,财政贴息资金应贴息给银行,提高银行开办业务的积极性,增强抵御风险的能力。

(三)减少非经营性项目的地方政府配套比例

目前,地方政府与土地相关的收益明显减少,而且近两年这一趋势还将延续。宜昌市土地纯收益由2006年的6.2亿元迅速下降到2008年的2.7亿元,下降了一半多。这与全国其他城市的情况基本一致。由于地方政府的土地出让金及其房地产税费收入占地方财政收入的50%~60%。土地及其相关收益的减少意味着地方财力的削弱，其配套能力也会明显降低。对于农业基础设施、水利工程、教育、医疗等民生工程等方面的项目，中西部地方政府特别是市县一级政府更加没有能力达到中央要求的配套比例。因此，建议国家应根据不同地区的经济实力，有区别地确定配套比例，使地方政府在力所能及的前提下，进行项目配套；国家还应减少中央投资项目数量，相应增加单个项目补助金额，或者一些项目由中央和省级财政全额投入，有多少钱就干多少事，以减轻地方政府的负担。

（四）逐步完善建设项目资本金制度

当初实施项目资本金制度的原因，一是要防止投资过度膨胀，二是要控制银行信贷风险。当前的经济形势已经发生了明显逆转，促进投资快速增长成为保增长、扩内需、调结构的重要手段。调低资本金比例要求，可以降低投资进入门槛，对扩大信贷资金规模有好处。目前，国有各商业银行已完成改制，银行内部风险控制明显增强，各银行完全能够根据项目风险、收益情况做出自主调整，有些项目资本金比例可以高于国家规定，有些则可以低于国家规定。湖北省市商业银行同志普遍反映，降低项目资本金比例，甚至取消资本金比例要求，由商业银行自主决策，将有利于当前的信贷扩张，同时，不会给银行带来太大的风险。银监会提出，允许针对非生产性项目发起人或股东发放搭桥贷款，相当于银行向项目发起人贷款用作资本金。同时，国家发改委有意推出建设项目软贷款招标制度。这些政策的出台有利于增强地方政府的融资能力，在保证安全性的前提下，吸引更多的银行信贷进入政府投资项目。

（五）建立健全担保服务体系

目前，地方政府已经建立起了多种政策性担保机构，中央政府可以每年从财政预算中安排一定比例资金，对政策性担保机构因赔付造成的担保资金损失，按担保额一定比例实行补偿，以提高融资担保机构资信，增强其抗风险能力。考虑到担保行业高风险、低收益的特殊性质，可以在税收上给予一定的优惠政策。担保公司是对中小企业增补信用，对银行是风险补偿而不是全部风险转嫁，比例担保有助于加强银行与担保公司合作的深度和广度。再担保具有风险分散、控制担保责任、扩大担保公司经营能力、提高担保机构偿付能力等作用，我国应加快建立相关机构。同时，要促进不同担保机构间的再担保或联保，从而扩大担保主体规模及风险承受能力。

(六)建立政府与银行之间的信息交流和磋商机制

进一步提升银行与政府合作的层次和水平。由政府牵头协调和提供服务工作,加强部门之间、部门与企业之间的协作与配合,及时向各金融机构通报经济运行情况和今后一段时间经济社会发展思路、重点和方向,定期向金融机构介绍当地经济发展规划和重点项目,帮助金融机构做好项目储备、开发和筛选,引导信贷资金投向,培育新的信贷增长点。应由发改委、财政、银行参加的政策协调联席会议制度,加强政策沟通,明确财政、金融的支持重点。要加强政府财政与债务的透明度,建立与完善政府债务统计报告制度,实现商业银行对政府债务的规模、结构和完全性进行动态监测和评估,从而为商业银行提供真实可靠的信息,方便商业银行的信贷决策。

第九章 政府投资调控及其政策

内容提要：

政府的投资调控偏重短期需求管理，是要通过对投资的调节，防止经济大起大落，是一种反周期的政策措施；从广义上理解，政府的投资调控不只限于运用财政货币政策，还包括运用规划、产业、地区、土地、环保等政策。由于受多种因素的影响，从数量上很难对一个国家某一时期的适度投资水平做出准确判断。结合我国的情况，尽管经济社会发展有需求，社会总供给也比较充足，投资有保持快速增长的必要性与可能性；但是，需要越来越关注资源环境等因素对投资的约束，关注人为压低生产要素价格对长期可持续发展造成的危害。在此基础上形成对适度投资的判断才是准确与客观的，才能有针对性地进行调控。未来法治化管理将为投资调控提供良好的体制基础，货币政策和财政政策的调控效能将进一步提高，投资的结构调控政策将逐步转变思路，土地、环保的调节功能将常规化、制度化。

一、内涵和工具

（一）内涵

投资调控是指政府从国民经济运行的总体目标出发，对整个投资活动进行的调节与控制。从狭义上理解，政府的投资调控就是运用财政和货币政策，调节投资需求，从而调节总需求，进而实现供求总量平衡。从这个意义上讲，政府的投资调控偏重短期需求管理，是要通过对投资的调节，防止经济大起大落，是一种反周期的政策措施；从广义上理解，政府的投资调控不只限于运用财政和货币政策，还包括运用规划、产业、准入、土地、环保等政策，调节投资的产业和地区结构，弥补经济发展的短板，促进公益性、基础性、战略性产业的发展与振兴。因此,投资调控是需求与供给、短期与长期、总量与结构的统一,是要通过对投资的调节,实现经济的长期稳定发展。

对于成熟的市场经济国家来讲,政府可以通过财政货币政策,影响产品和要素价格,达到间接调控投资的目的,效果往往不错;规划、产业、准入、土地、环保等政策属于长期管理工具,无论在经济周期的任何阶段都不会发生明显的强弱变化。而对于我国这样的转轨经济国家来讲,经济体制还存在诸多的不健全和不完善,政府职能存在缺位、错位和越位,单纯运用财政货币政策等短期政策影响产品与要素价格,间接调控投资往往起不到应有的作用,只能借助长期管理工具的功能,对经济和投资施加直接的影响。这也是现阶段我国更多依赖长期管理工具实现投资调控的主要原因。

(二)工具

1.短期调控工具

(1)财政政策。财政政策对投资的调控是通过财政预算、税收、国债和转移支付影响投资行为和投资运行。财政预算作为一种财政政策工具,主要通过年度预算的预先制订、在执行过程中追加或追减财政收支规模、调整不同预算支出在总预算支出中的比重来实现调节功能。具体来说,财政预算政策通过采取盈余预算、平衡预算、赤字预算3种方式实现调节作用,这3种预算分别体现的是紧缩性、中性、扩张性财政政策。税收对投资的影响,主要是通过调整有关税种税率、税前抵扣、税收减免等措施影响纳税人的投资收益、投资成本,即净收益率,进而影响其生产和投资行为。国债投资作为经济和投资调控的重要手段之一,主要通过以下几种效应对经济和投资运行产生影响:第一,国债投资乘数效应,以少量的国债资金投入带动更多的社会资金投入,发挥“四两拨千斤”的作用。第二,流动性效应,通过调整国债流动性程度来影响整个社会流动性状况,进而对经济运行施加扩张性或紧缩性影响。第三,利率效应,通过调整国债发行利率或实际利率水平,影响金融市场利率升降,进而对经济运行施加扩张性或紧缩性影响。政府间转移支付就是在各级政府之间财政收支初次分配基础上的再分配,主要通过以下两种基本功能对当地投资环境、投资总量产生长期的影响:一是保障功能,保障辖区内财政供养人员按照基本标准取得基本工资、社会福利,保障辖区内居民享有大致均衡的基本公共服务;二是资源配置功能,在市场机制对资源配置发挥基础性作用的基础上,国家通过政府间财政转移支付,配合产业政策、区域经济发展政策的实施,支持市场失灵的领域或薄弱环节快速发展。

(2)货币政策。货币政策对投资的调控是指中央银行根据货币政策目标,运用货币政策工具,通过金融机构的经营活动和金融市场的运行将货币政策的目的和影响传导至企业和居民，使其投资行为发生变化的过程。一般性货币政策工具包括法定存款准备金率、再贴现和公开市场业务。除上述三大政策工具外，中央银行还通过直接和间接信用控制调控投资需求。货币政策对投资的调控主要包括以下方面:第一,推行公开市场业务。中央银行通过公开市场业务,起到调节货币供应量,扩大或紧缩银行中长期信贷,进而调节投资的作用。第二,改变存款准备金率。中央银行通过调整准备金率,据以控制商业银行贷款,影响商业银行的信贷规模。第三,调整再贴现率。再贴现率是商业银行和中央银行之间的贴现行为。调整再贴现率,可以控制和调节信贷规模,影响货币供应量,进而影响投资资金供给。第四,直接信用管制。它是中央银行采取对商业银行的信贷活动直接进行干预和控制的措施,控制和调节对政府或企业的贷款。第五,选择性信用管制。它是对特定的对象分别进行专项管理,包括:证券交易信用管理、消费信用管理、不动产信用管理。货币政策对投资调控的传导机制包括以下几个方面。其一,预期效应。投资者根据货币政策工具的变化对未来的形势进行预测,调整自己的投资行为。第二,资产组合调整效应。货币政策工具的实施会引起货币供应量的变化，从而引起资产价格和收益率的变化,以及资产结构的调整,引起资源的重新配置。第三,授信限制效应,某种(扩张或紧缩)货币政策的实施,会改变授信条件,以至影响信贷规模,从而影响投资增长。

(3)汇率政策。汇率政策是指一国政府利用本国货币汇率的升降来控制进出口及资本流动以达到国际收支均衡之目的。汇率改革以后,我国开始实行以市场供求为基础、参考一篮子货币进行调节、有管理的浮动汇率制度。人民币汇率可以根据市场供求状况,不断地进行微幅调整以平衡国际收支,使中央银行的外汇干预有一定的调控空间,摆脱了为稳定汇率而在外汇市场上买入(卖出)外汇,从而被动地增加(减少)基础货币投放的困境,提高了我国货币政策的主动性。近年来,随着我国贸易与资本项目“双顺差”持续快速增长,大量外汇资金涌入境内,外汇储备不断积累,外汇占款大幅增加。在人民币升值预期的影响下,企业和个人纷纷选择卖出外汇,持有人民币。而为保持汇率稳定,央行只能被动购汇,由此投放的基础货币大幅增加，从而导致投资资金过于宽松。过多的流动性流向货币市场导致货币市场利率走低，推升房地产价格，导致投资过热和投资效率下降，潜在金融风险增加。低利率还使央行在执行货币政策时，其目标不得不游移于货币量（数量）与利率（价格）之间，两个目标不时产生冲突，一定程度上损害了我国货币政策的自主性。从我国当前的现实来看，更加灵活的汇率制度有助于抑制通货膨胀和资产泡沫。在浮动汇率制下，调整利率对国际收支产生的影响，可以通过汇率波动来进行反向平衡，从而增加利率政策的有效性。

2.长期管理工具

（1）法律法规。法律具有规范功能、制约功能、保障功能、导向功能和调节功能。广义上讲，无论计划手段、经济手段，还是行政手段都是法律手段，因为，政府出台的任何发展计划、经济政策及行政措施都需依法决策、依法实施。经济手段和行政手段只有依照法律程序实施，或者只有经过法律的认可，才有合法存在和运行的根据。行政干预尤其应充分考虑各方面的利益关系，在法律的范围内进行。而狭义上讲，投资调控中的法律手段，是特指以政府管理体制方面的法律法规以及市场规制方面的法律法规为依据，将政府与市场主体的行为纳入法制轨道，特别是通过加强市场规制方面的立法与执法，规范市场秩序，严格市场准入，使投资外部性成本内部化，以抑制政府的投资冲动及市场主体的盲目投资扩张。从政府管理来讲，也就是政府制定并执行宏观调控法律法规，权力机关依法作出有关投资的决策并运用强制性手段实施、执行这些决策。从市场规制来讲，也就是法律法规为投资主体间的竞争设置了公平竞赛的规则，有助于规范市场主体的投资行为，维护投资者的合法权益，而市场公平、公正秩序的建立，对改善投资软环境、增强投资者的信心至关重要。加强市场规制体现在强化对市场主体投资外部性的监管，在节能环保、安全、劳动保障等方面严格市场准入，这对于扶优限劣，优化投资结构，提高投资效益，抑制盲目投资扩张，往往起到十分重要的作用。

（2）发展规划。发展规划是经济发展与建设的基本依据，是调控各项资源（包括水、土地、能源等）、优化区域布局、促进结构调整、协调城乡发展、保护生态环境、维护社会公平、保障公共安全和公众利益的重要政策工具。在我国，发展规划是重要的投资调控工具之一，它对调控经济运行中各类主体的中长期投资行为发挥着重要作用。从1953年编制“一五”计划算起，到2011年“十二五”规划公布，我国先后共制定了12个中长期总体规划（计划）。目前，国民经济规划体系已经初步形成由国家级、省级、市县级“三级”，总体规划、专项规划、区域规划“三类”组成的“三级三类”规划管理体系。与投资调控相关，发展规划主要是对各类投资主体的中长期投资活动和行为进行引导和规范，进而调控中长期的投资总量和投资结构。首先，总体规划明确了未来5~10年的经济和社会发展总体目标、重点发展领域和重点推进的发展与改革政策，明确未来可能实现的投资规模和投资方向，引导和鼓励社会各类投资主体向这些重点领域进行投资。其次，专项规划对未来5年各级政府鼓励发展的重点发展领域及相关配套鼓励发展政策进一步细化，为进入这些重点领域的各类投资主体提供引导和决策依据。再次，区域规划主要是通过区域鼓励（限制）政策，对各类投资主体的投资区域流向和投资项目选址、区域之间的投资合作和协作产生引导和影响，从而对全社会投资的区域结构和投资布局结构进行调控。

（3）准入标准。所谓投资调控的准入标准是指对项目设定规模、技术、环保、能耗、资源综合利用、安全等方面的市场准入门槛。产能过剩是我国投资调控时时需要面对的棘手问题，具有顽固性和反复性的特征。2010年，我国新增粗钢产能3200万吨，产能达到7.5亿吨，而实际产量需求仅为5.9亿吨，钢铁工业的产能过剩已经成为常态。2009年，我国电解铝年产能已高达2000万吨，超过需求700万吨。截至2009年，我国在建水泥生产线418条，产能6.2亿吨，另外还有已核准尚未开工的生产线147条，产能2.1亿吨。这些生产线全部建成后，水泥产能将达到27亿吨，而市场需求仅为16亿吨。不单是传统产业出现产能过剩，即使是新能源也有隐忧出现。2008年，我国多晶硅产能2万吨，产量4000吨左右，在建产能约8万吨，产能已明显过剩。我国光伏发电市场发展缓慢，国内太阳能电池98%用于出口，相当于大量输出国内紧缺的能源。在一系列投资推动下，2015年，中国动力锂电池产能将达到39亿安时。而那时乘用车EV/PH EV和电动商用车需求在12万辆左右，需消耗锂电池约9亿安时，仅占当期产能的23%。2008年，我国多晶硅和电解铝的产能利用率分别仅为20%和70%。2009年，国内粗钢、水泥和传统化工产能利用率分别为75%、59%和70%。到目前为止，国家发改委、工信部等已经出台了一系列行业准入标准，力图扭转产能过剩的局面，调整优化产业结构，加快转变发展方式（见表9-1）。在经济体制转轨时期，地方政府行为极度不规范的情况下，在市场价格扭曲，不能准确反映要素稀缺程度的情况下，用一定的数量指标，特别是包含有环保、技术、安全等外部性要求的数量指标对投资进行调控，有其直接和明显的效果。当然，这种调控手段应当成为常规性的监管方式，而不应是短期和临时性的。

表9-1 国内主要行业准入标准

管理部门	管理办法名称	准入标准
工业和信息化部	2009年公布《现有钢铁企业生产经营准入条件及管理办法(征求意见稿)》	产钢100万吨以下的普通钢铁企业和年产50万吨以下的特钢企业需退出钢铁行业。在环境保护和能源消耗上，企业吨钢污水排放量不超过2立方米，吨钢烟粉尘排放量不超过1千克，吨钢二氧化硫排放量不超过1.8千克。
国家发改委	2007年公布《铝行业准入条件》	新建铝土矿开采项目，总生产建设规模不得低于30万吨/年。新建氧化铝项目，必须经过国务院投资主管部门核准。利用国内铝土矿资源的氧化铝项目起步规模必须是年生产能力在80万吨及以上。氧化铝项目要根据铝土矿资源情况选择采用拜耳法、联合法等生产工艺系统。现有的电解铝企业综合交流电耗应低于14450千瓦时/吨铝。
工业和信息化部	2009年公布《水泥行业准入条件(征求意见稿)》	新建水泥生产线必须采用新型干法生产工艺。新建水泥粉磨站和水泥配制站的规模必须达到年产水泥60万吨及以上。边远省份可适度考虑30万吨规模。新建水泥项目的装备要求采用先进成熟技术、节能环保技术，保证系统的安全、稳定和长期运转。
工业和信息化部	2008年公布《焦化行业准入条件》	新建顶装焦炉炭化室高度必须≥6.0米、容积≥38.5立方米；新建煤焦油单套加工装置应达到处理无水煤焦油15万吨/年及以上；新建焦炉煤气制甲醇单套装置应达到10万吨/年及以上。鼓励焦化生产企业采用煤调湿、风选调湿、干法熄焦、焦炉煤气制甲醇、苯加氢精制等先进适用技术。
国家能源局	2010年5月发布的《风电设备制造行业准入标准(征求意见稿)》	风电机组生产企业必须具备生产单机容量2.5兆瓦及以上、年产量100万千瓦以上所必需的生产条件和全部生产配套设施。风电机组生产企业生产的风电机组应采用变桨变速等先进技术和工艺。风电机组生产企业所制造的风电机组产品能源效率指标、噪声指标应达到国家和行业标准限值要求。

资料来源：根据相关网站资料整理。

(4)产业政策。产业政策是政府为了实现一定的经济和社会目标而对产业的形成和发展进行干预的各种政策的总和。产业政策的功能主要是弥补市场缺陷，有效配置资源，熨平经济震荡，发挥后发优势，增强适应能力。产业政策的本质是一种政府行为，是一种非市场性质的调控手段，是政府管理经济和调节经济运行的基本工具,其实施的手段既有间接诱导、法律规制,也有直接干预。在企业自主投资决策的前提下,政府为诱导企业的投资方向,使其资源配置活动服从政府的产业政策意图和目标所采取的政策措施,如提供行政指导、信息服务、产业发展规划、税收减免、投资补助、贷款贴息、财政补贴、关税保护、出口退税、政策采购等方式,属于间接调控手段,即经济手段。政府依托法律法规以规范企业的市场行为,引导企业的投资方向,保障预定产业政策目标的实现,则属于法律手段。如反垄断法、反不正当竞争法、环保法规、价格管制等,都属于产业结构调整和优化的法律手段。产业政策的基本作用是弥补市场失灵,但同时也存在政府失灵的可能性。在实施产业政策调控投资结构和经济运行时,不能把政府的作用估计过高,必须树立尊重市场的理念,发挥市场机制的基础性作用,发挥企业投资结构调整的主动性和积极性。从作用的效果看,特定的、局部的投资结构调整政策应短期化、临时化。如对某一行业一时的投资冲动和过热,比如钢铁、电力行业,只应在短期实施抑制政策,政策不能长期化,否则会使这些行业的投资和供给难以适应未来经济发展的要求,尤其是不让投资新建项目和新企业,会使现有企业在保护中产生惰性,阻碍行业技术进步。

(5)土地政策。土地政策参与投资调控,是指运用规划、计划等手段,调控土地供给量,对投资发展速度、规模、结构等进行宏观调控,以达到促进经济平稳、健康发展的目的。土地参与宏观调控,土地既是调控工具,也是调控对象。[①]土地在投资与建设中,发挥着双重作用:一方面,土地作为重要的稀缺资源,对投资起着保障作用;另一方面,土地作为重要资产,具有保值、增值功能。不同的土地供给方式可以对市场需求产生鼓励或抑制作用,可以有效引导投资方向和投资强度。政府利用土地政策参与投资调控,是我国投资调控的一大特色。在土地市场机制还不完善的条件下,财政、货币政策往往难以有效调控投资增长,通过控制建设用地供给等一系列土地政策"闸门",可以达到宏观经济稳定的调控目的。土地政策参与投资调控的方式有:建设用地供应总量调控;土地供应结构调控;对不同区域土地供应的调控;采用土地经济手段进行调控等。建设用地供应总量调控,即制定土地利用规划和计划,控制新增建设用地的数量和速度,对投放土地市场的土地进行控制等。如暂停农用地转用审批或严格控制土地审批节奏,从严

① 刘莹:《试论土地政策参与宏观调控》,《管理观察》,2009年5月。

从紧控制建设用地供应量等。土地供应结构的调控,即通过对土地不同用途的供应,引导投资方向。例如,对不符合国家产业政策的项目停止报批农用地转用,严格控制征地规模等。对不同区域土地供应的调控,即根据地区布局需要,制定不同区域的供地政策,引导产业的区域合理布局和协调发展,促进产业梯度转移。用土地经济手段进行投资调控,即调节土地出让收入的收支分配,调节土地价格和土地相关税费等,让市场来自发地配置土地资源,调节土地的使用方向。

(6)价格杠杆。价格杠杆主要从两个方面激励或抑制固定资产投资。一方面,价格变动直接影响企业的收益水平,进而影响其生产决策包括未来的投资意愿;另一方面,价格变动还影响企业预期的可利用的内部资金规模,从而影响其未来的投资、融资能力。比如,价格下降,意味着业内企业收益的下降和内部资金规模的减少,从而会对企业未来投资活动产生抑制作用。对外部投资者而言,价格下降将给出行业投资回报水平下降的信号,从而抑制其投资进入该行业;反之,价格上涨,则会激励业内企业扩大投资并进一步引导外部投资者进入。价格杠杆对投资调控的作用属于间接影响,调整价格并不是直接干预企业的投资行为尤其是企业的投资决策自主权,也不直接影响企业的投资要素和建设条件。尽管价格调整政策会直接影响企业投资所需的内部资金,但其更重要的作用是改变企业对投资回报的预期。例如,价格杠杆可以促进自主创新。价格是反映市场供求状况的灵敏信号,能够有效引导资源流向,推动形成激发全社会自主创新的体制机制和利益导向,从而促进结构调整。建立起能够充分反映供求关系变化、资源稀缺程度和环境损害成本的价格形成机制,对于促进结构调整具有重要作用。对高耗能行业中淘汰类、限制类项目实施加价政策,可以抑制高耗能行业发展。全面实施城市污水、垃圾处理收费制度,可以促进城市污水、垃圾处理设施建设和运营的产业化、市场化和投资主体多元化。按相当于现行电力行业的利润水平,制定核电、垃圾焚烧发电、风电、水电、太阳能电、地热能电、沼气发电等环保电能的价格,可以吸引各方投资,促进新能源、可再生能源的开发利用。推进工商业用水、用电、用气同网同价,可以促进现代服务业发展。

二、适度投资的判断标准

长期以来,我国投资持续高速增长,有关投资是否过热的议论一直在继续,由于争论各方依据的标准并不相同,所以,常常得出迥异的结论。那么,判断投资过热是否存在一个合理的标准,或者说投资调控是否具有明确的目标呢？这一问题的研究对投资调控的意义十分重大。

(一)适度投资的总量标准

从宏观经济的角度来看,投资增长应有利于实现社会总供给与总需求的均衡。在短期中,投资是社会总需求的重要组成部分,直接拉动经济增长;而在长期中,前期投资所形成的生产能力又成为总供给增加的重要来源。所以,从短期与长期、供给与需求、可能与必要的不同侧面探讨投资规模及其增长的适度性,就成为判断投资合理性的重要方面。

1.总需求与适度投资

在短期,投资是一种需求,投资的实现过程,就是不断运用货币资金购买物资和支付工资的过程,就是不断进行购买和建造的过程,这一过程必然引起对生产资料和消费产品的大量需求,进而引起需求的增加,这就是投资的需求效应。投资扩张可能会导致社会总需求扩张,从而形成通货膨胀压力。如果通胀水平已经很高,那么,投资继续扩大应受到抑制。因此,当期所能供给的社会资本或生产要素能否满足投资需求的扩张,投资扩张是否会引起经济失衡和通货膨胀,就成为判断新增投资是否过热的重要标准。

在2003年以来的一轮经济周期中,投资扩张导致需求扩张和通货膨胀的传导机制没有发生明显作用，物价水平一直保持在4%以下的较低水平。但是,需要特别注意的是,本轮投资增长是建立在土地、资金、劳动力和资源在内的生产要素价格被严重低估的基础之上。地方政府在政绩要求和财税利益的驱使下,廉价提供投资项目用地,在招商引资上展开恶性竞争,工业用地常常低价甚至无偿提供，土地价格无法对投资起到成本约束作用,无形中增加了企业投资收益。与此同时,在其他生产要素,包括水、电、气等基础产业和设施的价格调控中,政府没有按照市场供需状况对国内市场的要素进行合理的定价,使得较快的投资增长得不到要素成本提高的限制。

地方政府的行为相当大程度上扭曲了市场信号，从而实际上误导了企业(包括民营企业)的预期。这意味着即使在正常的市场条件下无利可图的投资机会和投资需求,在各地政府的优惠政策下,也变成有利可图的。企业市场行为的扭曲进一步刺激了从原材料到加工工业等行业非理性投资冲动,放大了相关产业投资过热的风险。因此,廉价的要素供给在很大程度上刺激了新一轮投资需求扩张,而在我国人均资源量非常有限的情况下,如此大规模的生产要素低价供给是不可能长期持续的，因此，这样的投资需求扩张明显存在不合理性，随着要素价格回归理性，投资需求必然受到有效抑制。

2.总供给与适度投资

投资也是长期的供给因素，投资的增长必须与消费需求的增长速度取得均衡。但是，近年来，我国的消费扩张速度始终明显落后于投资扩张速度。2001~2009年，我国消费品零售总额年均增长11.5%，而同期固定资产投资年均增长20.9%（均为可比价），消费增长明显赶不上投资增长。投资扩张在一定程度上引起了生产过剩问题。

从世界平均水平看，消费在总需求中的比重约为80%，投资占20%。而我国消费比重一直低于各国的平均水平，改革开放以来，我国的消费率平均为59.8%，并且呈逐步下降的趋势。1981年，在支出法核算国内生产总值中，最终消费率达到最高值的67.1%，之后，逐步下降到1995年的58.1%；1996年以后，消费率略有上升，到2000年达到62.2%，随后又开始下降到2009年的48%。而投资率基本上是一个与消费率逆向变化的过程。投资占总需求的比重由20世纪80年代初期的32%左右上升到2009年的47.7%。这表明在改革开放以来的需求结构中，投资率上升、消费率下降是一个大趋势（见图9-1）。特别是近年来，投资和出口成为我国经济增长的主要推动力，消费需求对经济的拉动作用明显不足，在总需求中，投资和消费的结构失衡较为严重。

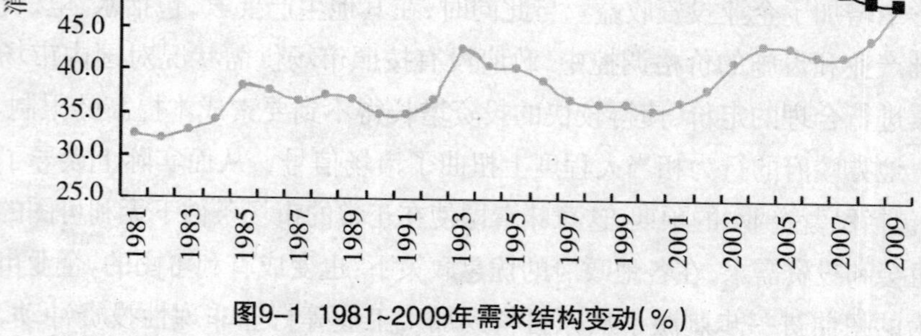

图9-1 1981~2009年需求结构变动(%)

资料来源：《中国统计年鉴》(2010)。

我国当前的消费不足有其制度性的原因。第一，收入分配制度存在明显缺陷,居民可支配收入增速明显低于GDP增速,居民收入在国民收入中的比重不断降低,国民收入初次分配向政府和企业倾斜,居民所拥有的财富相对较少,消费能力不足。第二,基本的社会保障体系没有建立起来,养老、失业、医疗等本应由政府支出或社会保险的领域转而需要大量个人支出。除少数官员和公务员以外,几乎全社会都需要认真面对未来可能到来的潜在危机和风险。增加储蓄和减少现期消费成为必然的选择。第三,收入差距不断拉大,社会财富不断集中。富人的边际消费倾向下降和穷人的消费能力不足,成为严重制约当前消费增长和消费率提高的重要原因。第四,政府在教育、医疗等公共服务部门过度退出或逃避责任,导致相关个人支出迅速增加,民众不得不节制其他方面的消费,从而导致"消费排挤(抑制)消费"现象的出现。第五,农民也存在子女教育、建房储蓄、防病养老等方面预期支出增加的负担,加上收入增长缓慢,农村消费增长明显落后于城市。如果上述情况没有根本性的改变,消费率仍将趋于下降或保持在较低水平之上。

尽管生产资料和投资品价格因为资源稀缺和运输瓶颈制约出现一定程度的上涨,但是,大量投资导致最终消费品产能的过度释放,市场供给远远大于被抑制了的需求,所以,上游产品价格上涨只是进一步提升了下游企业的生产成本,使得下游企业的利润空间进一步缩小。因此,投资需求扩张带来的生产资料价格上涨也就不太可能带来消费价格以及价格总水平的普遍上涨。应该说,高增长低通涨本是理想的经济发展状态,但是,我们又不能过于乐观。我国的低通涨形势与成熟市场经济国家因为大幅提高劳动生产率,促使成本降低而价格降低并不相同,而是可能表现出高投资—生产过剩—通货紧缩的局面。[①]基于上述分析,通涨水平不高反而可能会造成经济没有过热的假象,从而造成不断加大投资力度,不断释放过剩产能,不断扩大供大于求的局面,直至通货紧缩和经济严重衰退。所以,从总供给的角度分析,适度的投资增长还需要充分考虑消费和出口需求的适应性。

(二)适度投资的经验标准

由于经济发展阶段、目标、模式、途径不同,不同国家的消费—储蓄(投资)结构必然存在差别。如果不顾经济发展的基本条件,对投资率或消费率

①《当前我国投资总量的运行态势研究之一:关于中国经济的"投资过度"问题研究》,国家发改委投资研究所研究报告。

进行机械的国际比较，并由此得出某种标准，很可能是表象的、片面的。

我们对全球不同区域的、数据较为完整的82个国家和地区[①]的消费率与投资率进行了比较分析。结果表明，1971~2004年间，世界平均消费率为76.3%，平均投资率为23.6%。根据洲际平均水平分析，消费率较高的并不是经济发达国家以及经济最具活力的国家，而恰恰是经济最为落后以及经济波动较大的国家。投资率平均在30%以上的有11个国家，以亚洲国家为主，其中包括新加坡、中国、伊朗、韩国、日本、马来西亚和泰国。根据不同国家平均投资率与其平均经济增长率的散点图，总体来看，随着投资率的上升，经济增长率趋于上升，两者存在明显的正向运动趋势。即投资率越高的国家，经济增长率越高；而投资率越低的国家，经济增长率也越低，消费率较高不利于保持较高增长水平。按照平均经济增长率的高低将82个国家和地区进行排序，并计算不同经济增长区间内所有国家投资率的均值，结果如表9-2所示。平均经济增长率达到6%以上的国家的平均投资率为30.4%，而其他增长区间或平均投资率则没有高于24%的。可见要达到相对较高的增长水平，较高的投资率是必需的。

表9-2 不同增长区间的平均投资率 单位：%

经济增长率区间	投资率均值	经济增长率区间	投资率均值
6以上	30.4	3~4	23.1
5~6	22.6	2~3	20.8
4~5	22.5	2以下	21.6

资料来源：IMF, International Financial Statistics Yearbook, 2001, 2002, 2005.

我国现在处于一个经济高速发展的时期，而亚洲新兴工业国家的经济发展历程表明，经济腾飞要经历一个高投资率的阶段。在经济高速增长的20世纪60~80年代，日本的固定资产投资率一直很高，1961~1971年间为32.6%，1971~1980年间达33.2%；在韩国经济高速增长时期，投资率高出一般年份7个百分点左右；从70年代开始，新加坡投资率明显提高，由60年代的28%以下，提高到70年代的40%以上，80年代仍高达35%左右。1986~1995年，泰国和新加坡平均投资率达到37%和36.5%，同时伴随着较高的经济增

① 包括美国等22个工业化国家，孟加拉国等14个亚洲国家，匈牙利等3个欧洲国家，伊朗等5个中东国家，以及阿根廷等19个拉美国家。

长率——9.4%和8.2%。而且,直到2003年,韩国、印度、泰国的投资率仍然高达29.4%、23.8%和25.2%,作为发达国家的日本的投资率保持在24%的较高水平上。

1981~2009年,我国投资率高达38.1%,我国投资率偏高已是不争的事实。不过,我国投资率高也有其合理的一面,一是作为亚太地区的国家和受东方文化影响较深的国家,我国传统上存在重储蓄、轻消费的倾向。1960~2002年,世界储蓄率平均为23.8%;而亚太地区平均储蓄率为32.3%,比世界平均高出8.5个百分点;1981~2009年,我国的储蓄率为40.2%,而2001~2009年更高达46.6%,我国的储蓄率明显较高。二是我国土地、劳动、水电气等要素成本较低,具有比较优势,对外国资本有较高的吸引力,每年实际净流入我国的外资推动了我国投资率的提高。三是国际经验表明,许多国家和地区人均GDP达到1000美元之后的10年,平均投资率大体上比前10年的投资率高3~4个百分点;2002年,我国人均GDP超过1000美元,当年的投资率为38%左右,之后持续的高投资率也是符合历史经验的。四是就我国具体发展阶段来看,工业化的历史任务尚未完成,正处于工业结构的高加工度化和资本技术密集型工业加速发展的工业化中期阶段。我国第二产业在GDP中的比重较高,而第三产业的比重则较低。第二产业特别是制造业的生产过程较为复杂,需要大规模投资;而第三产业的生产过程相对简单,需要投资量较少。考虑到我国完成工业化任务的客观需要,在一定时期内保持适当高的投资率是必需的。

(三)适度投资的效益标准

投资增长及其结构变动会对宏观经济效益产生重要影响,因而宏观经济效益高低可以成为判定适度投资的重要标准。通常用边际资本产出率ICOR衡量宏观经济效益。$ICOR = I / \Delta GDP$,是指增加单位GDP或地区生产总值所需增加的资本(即投资额)。其数值越小,投资效益就越好。由于发展阶段不同,工业化和城市化的发展以及技术进步水平差异显著,边际资本产出率的简单比较缺乏说服力。这里,我们选择了美国、日本、韩国、以色列、瑞典,比较这些国家高速增长时期ICOR的变动情况以及与中国的不同。

整个60年代和70年代是美国经济增长特别快的时期,1960~1979年,美国GDP年均增速达到4%,ICOR值平均仅为2.43,其中,60年代中期、60年代后期、整个70年代,美国的ICOR值均在3以下,而70年代中后期甚至在2以下(见表9-3)。

表9-3 美国高速增长时期的宏观投资效益

年 份	GDP增长率	ICOR	年 份	GDP增长率	ICOR
1960	2.5	5.52	1970	0.2	3.70
1961	2.3	6.22	1971	3.3	2.51
1962	6.0	3.07	1972	5.4	2.24
1963	4.3	4.11	1973	5.8	2.09
1964	5.8	3.16	1974	-0.6	2.72
1965	6.4	2.87	1975	-0.4	2.36
1966	6.6	2.54	1976	5.6	1.95
1967	2.5	3.93	1977	4.6	2.02
1968	4.8	2.42	1978	5.5	1.90
1969	3.0	2.75	1979	3.2	2.15

资料来源：Economic Report of the President, 2009, UNITED STATES GOVERNMENT PRINTING OFFICE WASHINGTON: 2009.

日本高速增长时期为1952~1973年，GDP年均增长9%，ICOR值平均仅为2.58。除了1958年ICOR值达到11.66以外，其他年份的ICOR值均低于4，其中，50年代上半期、整个60年代的ICOR值大多在3以下（见表9-4）。

表9-4 日本高速增长时期的宏观投资效益

年 份	ICOR	年 份	ICOR
1952	1.95	1963	3.07
1953	1.86	1964	2.48
1954	2.30	1965	3.74
1955	2.89	1966	2.61
1956	2.70	1967	1.76
1957	2.48	1968	2.53
1958	11.66	1969	2.52
1959	2.71	1970	2.58
1960	2.15	1971	3.61
1961	2.31	1972	2.68
1962	3.37	1973	2.27

资料来源：Japan Statistical Yearbook 1975, Statistics Bureau, Management and Coordination Agency, Government of Japan.

韩国的高速增长期为1962~1992年，期间GDP年均增幅达到8%以上，

ICOR值平均仅为2.90。其中,1963~1964年、1966年、1968~1969年、1973年、1976年、1983年、1986~1987年的ICOR值在3以下(见表9-5)。

表9-5 韩国高速增长时期的宏观投资效益

年份	GDP增长率	ICOR	年份	GDP增长率	ICOR
1962	—	5.4	1978	9	3.75
1963	—	2.09	1979	7.1	5.52
1964	—	1.99	1980	-2.1	-20.45
1965	—	3.08	1981	6.5	4.95
1966	—	1.94	1982	7.2	4.07
1967	—	3.88	1983	10.7	2.90
1968	—	2.50	1984	8.2	3.92
1969	—	2.36	1985	6.5	4.56
1970	8.8	3.20	1986	11	2.93
1971	8.6	3.23	1987	11	2.92
1972	4.9	4.84	1988	10.5	3.15
1973	12.3	2.31	1989	6.1	5.10
1974	7.4	4.65	1990	9	4.35
1975	6.5	4.94	1991	9.2	4.49
1976	11.2	2.72	1992	5.4	6.51
1977	10	3.02			

资料来源:National Statistical Office,http://www.nso.go.kr/cgi-bin/sws_888.cgi.

另外,以色列的高速增长期为1954~1973年,期间GDP年均增幅达到10.3%,ICOR值平均仅为2.62。其中,1954~1956年、1961~1963年、1967~1973年间,ICOR值大多保持在3以下。瑞典的高速增长期为1959~1970年,期间GDP年均增幅达到4.6%,ICOR值平均仅为3.30。

中国改革以来的1981~2009年间,GDP年均增长9.8%,ICOR值却高达4.48。除略低于以色列高速增长期的平均速度外,中国的年均增速明显高于其他国家,但是,ICOR值也明显高于这些国家,中国的宏观投资效益分别只有美国、日本、韩国、以色列和瑞典的54%、57%、65%、58%和73%。这表明在经济的高速增长时期,较高的资本投入并未带来更为显著的收入提高,中国投资的宏观效益明显低于相关国家。无论是总量原因还是结构原因,从效益角度分析,中国的投资并未处在一个适度的水平之上(见表9-6)。

表9-6 各国高速增长时期的平均边际资本产出率

国　别	GDP增长率(%)	ICOR
美　国	4	2.43
日　本	9	2.58
韩　国	8	2.90
以色列	10.3	2.62
瑞　典	4.6	3.30
中　国	9.8	4.48

(四)适度投资的外部性标准

一般来说,如果企业或个人从事经济活动时给其他个体带来危害或利益,而该个人或企业又没有因为这一后果支付赔偿或得到报酬,则这种危害或利益称为外部效应。如果企业或个人不需要承担外部效应所造成的损失,则必然出现过度投资。因此,所谓适度投资的外部性标准就是指投资增长、项目建设和企业投入要符合资源合理利用、生态环境保护、安全生产的基本要求,符合科学发展观与和谐社会的理念。如果相当多的投资是以破坏资源、损害环境和人的生命为代价,再低的投资增长也是过度的。反之,在合理利用资源、保护环境和安全生产的基础上的投资增长,即使增长率高一些,也可以视为适度增长。

当前,我国污染气体排放水平高,每单位GDP产生的氮氧化物是日本的27.7倍,德国的16.6倍,美国的6.1倍,印度的2.8倍。大气、水资源、土壤等破坏严重。① 2008年,我国人均GDP超过了3000美元,但是,在此之前的10年前,就已经出现了发达国家人均3000~10000美元期间出现的严重污染。根据中国环境科学研究院对我国118个大中城市地下水监测资料的分析,这些城市的地下水已普遍受到污染,其中重污染的城市占64%,轻污染的城市占33%。根据国土资源部长期地下水监测资料,全国300多个城市由于地下水污染造成供水紧张。地下水污染不仅检出的成分越来越多,越来越复杂,而且污染程度和深度也在不断增加。据有关部门对我国500多个湖泊的调查结果,受污染的占23%,近乎所有的湖泊都出现了富营养化现象。每年因污染给我国水资源造成的经济损失高达377亿元。触目惊心的环境污染已经冲破了社会公众能够承受的底线,使人们对我国的经济与投资发展模式产生普遍的质疑。

① 何磊:《资源消耗"触目惊心",政府错位加剧"过热"》,《中国青年报》,2004-06-11。

目前,我国许多建设项目的环评往往流于形式,不具备上马条件却通过各种变通方式上马。国家环保总局已经查处了一大批违反环境影响评价制度擅自开工建设甚至投产的项目。2004年,取缔关停了6400多家违法排污企业、取缔了1.6万家违法矿山企业,尤其是关停了30个违反环保法的大型电力项目。2004年年底到2005年2月,国家环保局清查了电站项目388个,清理出违法开工项目共计139个。2007年7月,国家环保总局又对黄河、淮河、海河流域及长江安徽段水环境污染严重的六市二县5个工业园区实施"流域限批",暂停除污染防治和循环经济类以外所有建设项目的环评审批。按照国家发改委等5部委2006年8月1日出台的《关于印发新开工项目清理工作指导意见的通知》,各地要清理上半年总投资一亿元及以上的新开工项目。根据笔者对西部某省的调查结果,在环保和土地等方面存在问题的项目要占全部清理项目的70%以上。而规模以下项目问题更多,可以说几乎没有项目不存在这样或那样的问题。由此可见,如果按照严格、规范的环保标准进行即时和日常的管理,相当一批投资项目根本就不应该上马,频繁出现的投资膨胀和过热也就会得到有效控制。

长期以来,全国煤炭行业普遍存在安全保障不足、资源浪费严重等问题。安全设施方面的投入零增长甚至负增长,且开发方式简单、粗放,导致安全事故频发与资源的严重浪费。根据国家安全生产监督管理局研究中心和中国煤炭工业发展研究中心的调查,2003年,我国原煤产量为17.28亿吨/年,但是,全国共计上报具备生产安全保障能力矿井(含露天矿)生产能力只有约11亿吨/年。也就是说,2003年最少有6亿多吨的原煤产量仍然没有安全保障。[①]目前,山西一些中小煤矿的复采率仅达到20%,大型煤矿仅达到50%,这意味着50%~80%的煤炭尚未开采矿井就提前报废。既然可以完全忽略资源成本、环境成本、社会成本,对技术改造、安全设备以及社会保障方面的开支能减就减,能省就省,那么就会使许多本不具备投资能力和条件的资本进入了相关行业,造成相关行业的盲目扩张。

用科学发展观与和谐社会理念判断投资的适度增长问题是一个重大进步,它可以为投资宏观调控提供更为丰富与科学的决策依据。按照这一标准,对于任何投资项目,在考虑其未来经济效益的同时,必须重视其对资源与环境可能造成的伤害,将环境污染和资源能源消耗的社会成本纳入企

---

① 《超产是矿难频发"祸首",1/3产量无安全保障》,人民网,2005-02-20。

业投资成本中进行核算。

(五)适度投资的长期趋势

改革开放30年,我国经济大约经历了5个增长周期。在这5个周期中,只有80年代末治理整顿、90年代末亚洲金融危机等少数几年的投资增长低于经济增长。投资增长超前于经济增长仍然是这一阶段我国经济发展的基本态势。从1979~2009年的平均水平看,GDP实际增长率和投资实际增长率分别为9.9%和14.1%,投资率以及投资对GDP的增长弹性分别为34.9%和1.28;而在1993~2009年间,GDP实际增长率和投资实际增长率分别为10.3%和16.9%,投资率以及投资对GDP的增长弹性分别为42.3%和1.65。从近年的情况看,投资增长通常要快于经济增长,而且这种超前的程度还在不断扩大。

过去一般认为我国经济的潜在增长率应该在9%左右,当GDP增长率在8%以下时认为经济偏冷,超过10%时则认为经济出现过热。不过随着经济的持续走高,不少专家、研究机构纷纷提高了我国的潜在增长率水平,有的机构认为,目前我国潜在增长率水平在11%~12%之间。[①]《财经》杂志也预测,如果给定一个相对稳定的外部环境,中国的经济有可能在2007年和以后的若干年里维持11%左右的"超趋势"增长。[②]应该说,未来一段时间我国经济与投资高位平稳运行的条件是具备的,第一,20世纪末,我国已经初步建立社会主义市场经济体制,并正在进一步完善。我国早已"入世",2006年,"入世"过渡期已经结束。第二,我国正处于重化工业和城市化加速发展时期。第三,我国已经实现了由人口大国到经济大国的转变,表现在经济总量、制造业、对外贸易和外汇储备等方面。第四,我国已经积累了适应转轨时期市场经济要求的、全过程的、多方面的、系统的宏观调控经验。

如果我们以1993年以来GDP平均增长率10%作为潜在增长水平，投资对GDP的增长弹性的1.5作为未来长期趋势,则适应潜在经济增长水平的适度投资增长率应为15%。依据上述标准，投资增长适度的年份分别是1994年、1998年、2002年和2008年；增长过快的年份分别是1993年、2003~2007年、2009年；增长过慢的年份分别是1997年、1999年和2000年。还可以用1979~2008年投资年均增长率13.5%作为适度投资增长的下限,以2001~2008年投资年均增长率20%作为适度投资增长的上限。那么,出现投资过热的年份分别为1982年、1984年、1985年、1992年、1993年、2003年、2005年、2006年

① 胡少维:《我国潜在增长率12% 言经济过热无疑尚早》,《南方日报》,2007-05-08。

② 沈明高:《中国经济可能"超趋势"增长》,《财经》,2007-07-26。

和2009年；出现投资偏冷的年份分别为1979~1981年、1983年、1988~1991年和1995~2001年。可见，我国投资增长常常大起大落，真正能够实现适度增长的年份很少（见表9-7）。

表9-7 改革以来我国投资与经济指标（可比价） 单位：%

年 份	GDP增长率	投资增长率	投资率	投资增长弹性
1979	7.6	2.3	22.3	0.31
1980	7.8	1.2	20.9	0.15
1981	5.2	2.2	20.3	0.43
1982	9.1	25.2	23.3	2.76
1983	10.9	13.5	23.9	1.24
1984	15.2	23.2	25.6	1.53
1985	13.5	29.4	29.1	2.18
1986	8.8	15.3	30.9	1.74
1987	11.6	15.5	32.0	1.34
1988	11.3	10.5	31.7	0.93
1989	4.1	–14.5	26.1	–3.53
1990	3.8	–2.9	24.4	–0.77
1991	9.2	13.1	25.2	1.42
1992	14.2	25.3	27.7	1.78
1993	14	27.8	31.0	1.99
1994	13.1	18.1	32.4	1.38
1995	10.9	10.9	32.4	1.00
1996	10	10.3	32.5	1.03
1997	9.3	6.7	31.8	0.73
1998	7.8	14.1	33.6	1.81
1999	7.6	5.5	33.0	0.73
2000	8.4	9.1	33.2	1.08
2001	8.3	12.6	34.5	1.52
2002	9.1	16.7	36.9	1.83
2003	10	25.0	41.9	2.50
2004	10.1	20.1	45.7	1.99
2005	10.4	24.0	51.3	2.31
2006	11.6	22.1	56.2	1.90
2007	13.0	20.2	59.7	1.55
2008	9.6	15.6	61.2	1.62
2009	9.1	33.2	74.7	3.64

资料来源：《中国统计年鉴》(2010)。

(六)结论

判断适度投资标准需要充分考虑投资与经济的互动关系、储蓄与投资的相互影响,分析发达国家和新兴工业国家经济发展的经验,了解我国投资的宏观经济效率以及投资对资源和环境的影响。这些都构成了对适度投资的约束条件。相关约束条件既取决于宏观经济总量平衡等投资调控要求,也取决于科学发展的要求。不管投资总量的变化态势如何,这些约束条件或政策目标都不应轻易改变,而且还应不断丰富与发展。

可以说,有关适度投资标准的问题在很大程度上只是局限于理论与定性角度。由于投资形成机制的内在复杂性,由于不同发展阶段、经济体制、发展模式、人口结构、文化传统、资源环境等多种因素的影响,从数量上很难对一个国家某一时期的适度投资水平做出准确判断,也难以根据其他国家的经验对其进行推论,只能具体问题具体分析。结合我国的情况,尽管目前经济社会发展有需求,社会总供给也比较充足,通货膨胀水平也不高,投资有保持快速增长的必要性与可能性;但是,我们需要越来越关注资源环境等外部性因素对投资的制约,关注人为压低生产要素价格对长期可持续发展造成的危害。在此基础上形成对适度投资的判断才是准确与客观的,才能有针对性地进行投资调控。

三、政府投资行为及其调控

在我国现阶段,中央政府的投资调控在很大程度上是对政府自身投资的调控,而不是对社会投资的调控,即所谓正人先正己;而对政府投资的调控关键又在于对政府投资行为的调控,不解决政府投资行为的规范化与理性化问题,中央政府的投资调控就不可能落到实处,就不可能取得理想的效果。

(一)政府投资行为表现及特征

投资饥饿和扩张冲动。对于各级政府来讲,投资都是拉动经济增长的第一动力甚至是唯一动力,历次党代会、人代会都把投资增长作为最为重要的目标。尽管近年来中央政府不断强调消费、投资和出口的协调拉动作用,但是,一到经济增长出现不景气,一到就业形势不乐观,首先想到的还是扩大投资,特别是增加政府投资。从一定程度上讲,中央政府往往是投资过热的始作俑者。对于地方政府来讲,消费是市场化的东西,出口受国际市场影响较大,只有投资是政府可以掌控的工具和可以操作的手段。地方经济的翻几番、开门红依靠的都是投资，项目年和招商竞赛比的还是投资。在北京和省城设立办事处是各地普遍的办法，用于与上级部门沟通，争取财政专项资金，办事处也就成为权钱交易、寻租腐败的场所。地方政府官员的主要任务不是搞好公共服务，而是招商引资。在许多地区，每个政府部门都有招商的任务，连教育局、卫生局这样的公益性事业单位也有投资规模要求，有些地区甚至还规定了部门主要领导每年在外招商的天数，从而极大地混淆了政府的职能定位，使之不可能专注于本职范围内公共服务的提供。

恶性竞争和相互攀比。不同国家间存在激烈竞争不难理解，但是，一国之内的不同地区间有像中国现在这样的激烈竞争，历史上从未见过。正是这种激烈的地区间、政府间竞争，以及这种竞争产生的动力和活力，成为推动各地经济快速发展的源泉。但是，与此同时，过度竞争的负面效应也在不断凸显。资源、资本等生产要素极度短缺，政府间竞争的排他性就更加强烈，保护自己的地盘不受侵犯是各地政府官员的第一本能，“本地资源决不放弃，外来资金决不分享”是普遍现象。区域间的旅游、交通合作有成功的经验，但是，工业行业间的合作与分工却是难上加难。形象工程的攀比也是政府投资的重要特征之一。2007年，中科院陆大道院士拍摄了133张地方政府违规兴建豪华办公楼、规模惊人的开发区和疯狂占地的“大学城”等景象，引起社会强烈反响。近年来，建设竞争、攀比和大规划、大圈地之风越刮越大，“大××市”规划、“大新城”、数量巨大的各类开发区以及大马路、大立交、大绿地和豪华会展中心建设之风盛行。像贵州、宁夏和重庆等的一些市甚至县、区，都出现了类似“五角大楼”、“天安门”、“白宫”等豪华版的办公楼。而鄂尔多斯的康巴什新区的豪华建设则把这种比拼演绎到了极致。

重复建设和结构趋同。表现在横向与纵向两个方面。在横向方面，只要是价高利大的产业，各地均争先恐后上马。例如沿海不少地区不顾自然资源和产业基础条件，竞相上马重化工项目，形成“千军万马争上重化工”的局面，不但加剧重化工业未来更大的产能过剩，还给沿海生态环境和社会的可持续发展带来了巨大的压力。到目前为止，全国几乎所有副省级城市、省会城市都提出了建设区域性金融中心甚至国际金融中心的构想，为了吸引大型金融机构到本地落户，不惜出台非常慷慨的财政税收政策，其中包括资助金融机构高管，减免所得税等，甚至帮助金融机构补贴资本金。根据国家发改委的资料，我国新一轮汽车扩产潮已经开始。2009年，主要30家汽车企业形成整车产能1359万辆，2015年年底规划产能3124万辆。全国有27

个省、区、市生产整车。“十二五”末期规划产能已经远远大于市场需求。①在纵的方面，一个行政区内部，往往不考虑区位优势、资源条件、环境承载力等方面的差异性，要搞什么，上下一致。全国许多省都提出过“工业强省”战略，地市也就跟着提出“工业强市”战略，县区则随之提出“工业强县”战略，甚至有些乡镇还提出“工业强镇”战略。明明许多地区只适合发展旅游或只能进行生态保护，但是，这些地区也被要求搞工业集中区，搞工业项目。如果下级政府不与上级呼应，则被视为与上级战略相背离，官员的升迁将非常困难。

随意变更和违反规划。地方有一种说法，规划等于“鬼话”。五年经济与社会发展规划随意变动，成为地方官员显示个人执政理念的工具。各地定规划时都十分认真，希望本地的战略和项目能够尽可能多地纳入上一级政府的发展规划。但是，规划执行起来却非常随意，政府该怎么干就怎么干，几乎没有谁去关注是否违反了发展规划的要求，规划成了纸上画画、墙上挂挂的摆设。由于党代会和人代会换届相隔两年左右，本届政府制定的五年发展规划，随着下届党委一把手的上任，基本都要进行重新的修编甚至重写。各级地方政府通常都会按照新书记的意图，制订党委任期内的新的五年规划。规划的法律性和严肃性受到挑战。城市规划频繁“变脸”，规划调整急功近利，一个领导一张规划。在许多地方，规划跟着项目走，投资商意愿往往牵着规划的鼻子走。遇到比较大的招商引资项目，地方领导就竭尽全力满足投资者的利益，“官商规划”痕迹明显。城市规划在实际操作中，由于受到土地财政的利益驱动，规划控制指标往往成了可以讨价还价的筹码。城建官员与开发商权钱交易十分严重，任意更改规划指标，有的城市违法建筑总量已达建筑面积的1/3，改变建筑体量、高度和用途的现象屡见不鲜，与此同时，公共权利却不断受到侵害。

追求大项目和大企业。近年来，宁夏提出“大招商、招大商”战略，在能源化工、装备制造、新材料等产业大规模引进神华、华电、中色、大唐、国电等中央级大企业，建设了一大批投资几十亿元乃至上百亿元的重大项目，宁夏的煤炭等重点资料悉数被央企收入囊中。而央企对当地财政的贡献并不显著，迄今为止央企仍然拖欠宁夏几十亿元的资源税，即便是这样，当地政府仍然认为大企业成为带动宁夏产业结构升级、促进经济社会发展的主

①《汽车企业快速扩张加剧产能过剩风险》，《京华时报》，2010-09-05。

要支撑力量。揭阳因为成功引进中石油2000万吨炼油项目，以及中海油、中电投、中广核等大型国企，受到了广东省委主要领导的大力表扬，被誉为“揭阳模式”，并号召广东各地市向揭阳学习，大张旗鼓地鼓励这种发展模式。在地方官员看来，地区之间强弱的变化很可能仅仅取决于一两个重大决策、一两个重大项目。随着大企业、大项目落户给相关地区带来显著增长效应，就连民营经济发展势头良好的浙江，也觉得依托中小民营经济的发展潜力已经不大。新的省委班子上任以后，在全省范围内提出“大平台、大项目、大企业、大产业”的四大战略，希望加快建设一批具有全国战略意义的产业基地、研发基地，加快培育具有空间集聚规模优势的大产业，加快实施事关长远、经济支撑力强的大项目，加快引进一批中央企业和世界500强企业。

（二）政府投资行为扭曲的原因

财税体制机制存在缺陷。随着我国市场经济的不断发展，地方政府获得了较大的配置资源的权力，地方开始成为相对独立的行为主体和利益主体。与此同时，与地方经济和社会发展密切相关的基础设施和公共服务的投资责任也更多地落到地方政府的头上。特别是1994年的“分税制”改革，正式从制度上加快了财政联邦制的进程，财政分权使地方政府拥有一定的税收权力和支出责任范围，并允许地方政府自主决定其预算支出规模与结构，从而使地方政府拥有了合适与合意的(财政)自主权和决策权。随着地方政府经济和财政权力的增加，经济自主空间的扩展，以及发展地方经济、增加地方财政收入责任的加重，又进一步创造了地方政府积极主动地推动地方经济发展的强有力的动力机制。特别是在上级政府转移支付制度不完善的条件下，这种动力尤其强大。在追求利润的激励下，各地方想方设法、因地制宜地发展经济，竞相上马重化工项目，近年来，搞房地产、上汽车项目都与此有关。因为这些项目对一个地方的财政贡献度很高。

政绩考核的经济导向明显。长期以来，对地方政府负责人的政绩考核片面强调经济数量指标，而且注重各地之间的排名。上级政府就像考官，下级政府就像考生，经济指标表现就是考卷。地方官员为了谋求显赫政绩，都挖空心思争表现，希望在任职期间经济建设有所成就。为此，他们往往急功近利，热衷于那些税高利大的项目，卖地筹资搞政绩工程，盲目发展经济。这种政绩考核机制不但不能形成对重复建设、恶性竞争的抑制作用，反而导致了推波助澜的效果，对经济发展方式转变产生了极为明显的消极影响。在深入贯彻落实科学发展观的今天，仍然有相当多的地方政府仍未建立起一套符合“经济调节、市场监督、社会管理、公共服务”职能要求的官员考核和评价制度。在政绩考核体系中，经济增长指标分量较重、提法较实、要求较严，社会发展指标分量较轻、提法较虚、要求较松。这导致行政权力与具体的经济活动捆绑得太紧、纠缠得太深，并由此产生各种经济的扭曲行为，是造成招商引资恶性竞争、投资反复膨胀、资源消耗过大、环境污染严重、社会发展滞后的重要原因。

实用主义和机会主义。对于中央政府来讲，当经济不景气或危机出现时，其调控政策会明显趋于放松，此时，不单是财政货币政策宽松，而且准入、环保、土地政策也会放松。2008年，国际金融危机对我国经济的冲击加重，此后出台的一系列保增长、扩内需措施主要基调就是通过各种政策扩张，维持经济的稳定增长。所以，准入、环保、土地等政策明显放松，大量积压在国家发改委和相关部门的地方未被审批或核准的项目被突击放行。2008~2009年国家相继出台的钢铁、汽车、船舶、石化、纺织、轻工、有色金属、装备制造和电子信息、物流产业振兴规划，其中有相当多是生产过剩行业，规划内容与结构优化目标严重相悖；反之，当经济过热的时候，中央政府的准入、环保和土地政策又会迅速收紧，刚刚出台的规划和措施也就成了废纸一张，无人提及。对于地方政府来讲，当中央政府采取扩张性投资政策时，地方政府通常会积极配合；而在中央政府采取紧缩性投资政策时，地方政府通常会消极抵触。特别是在紧缩时期，地方政府往往会认为经济收缩是别的地区的事情，本地区总有这样或那样的理由不应被调控。沿海发达地区会强调自己的投资效率比较高，中西部欠发达地区则强调自己的发展严重滞后，谁也不愿意成为调控的目标。

违规处罚的随意性很强。在投资调控过程中，老实人吃亏、偷奸取巧获益的情况反复出现，导致中央政府调控的严肃性和权威性受到普遍的置疑。80年代中后期的宏观调控期间，别的省区都在老老实实地压缩基本建设项目，而东部某省却大搞高速公路等基础设施，结果在之后的很长时间里该省的交通设施水平是全国最高的。1998年，国内出现电力过剩时，当时的国家计委明文要求3年内不许开工火电项目，但某些地区仍顶风上马。结果证实，当时老老实实听话的地区，在很长一段时间里都缺电，而当时“顶风作案”的地区，却实现了电力供应平衡。2004年4月，国务院对江苏铁本钢铁有限公司违规建设钢铁项目进行了查处，铁本公司存在项目化整为零报批，越权、违规审批，非法征用、占用土地，违规组织实施征地拆迁，金融机构贷前审查不严、贷后监控不力等问题，理应受到处罚。但是，在铁本被严厉查处的同时，宝钢正在上投资65亿元的中国钢铁业最大合资项目，澳大利亚博思格投资17亿元的钢铁项目也热闹开工。更具有对比意义的是，同为民营重工业项目，同为违规审批，建龙集团和新希望铝业却绝地逢生。同为企业，在国家投资调控中却亲疏有别；同为民营企业，由于铁本公司不善于公关，打通各种关系，只能成为政策的牺牲品。国家宏观调控甚至成为某些国有垄断企业打压同行的工具。在这个过程中，中央政府、地方政府与铁本公司一样，没有赢家。

（三）政府投资行为规范与调控

笔者认为，我国转轨时期投资调控的重点不是市场，不是民间投资，也不是政府投资，而是政府行为本身。如果不严格约束和规范中央政府和地方政府的行为，投资调控只能是一出反复上演的"猫捉老鼠"的游戏，各方筋疲力尽且结果索然无味。

严格界定政府的投资权力边界。在市场经济条件下，政府一定是个有限政府。什么是政府应该做的、必须做的，什么是政府不能做的、不许做的，要有明显的法律界定。对于政府来说，除法律规定可以做的事情，其他都不能做，做了就要受到法律的惩罚。要坚持个人优先，市场优先，政府次之的原则，把政府权力限定在市场机制失效的领域，避免与民争利。

建立符合科学发展观的考核体系。要降低经济增长的目标要求，"让中国经济慢下来"也许是解决所有政府投资问题的最有效的方法。要大幅度削减经济指标的分量，增加社会发展、环境保护等方面的内容。要从中央组织部的层面明确，对经济指标不下达具体量化标准，对安全生产、维护稳定、廉政建设等应实行"一票否决"。[1]要树立以民为本的导向，扩大民主的含量，把群众是否拥护、赞成作为衡量政府政绩的重要标准。

保障公众在项目决策中的民主权利。只有基层民众有更多的话语权，

---

① 2010年9月，四川省政府对市州目标考核办法进行了调整，对地区生产总值增长率、规模以上工业增加值增长率、地方财政一般预算收入增长率、城镇居民人均可支配收入增长率等指标，年初省政府不下达具体指标，年终考核时，根据各市州在全省的排名情况综合考核；对全社会固定资产投资额、单位生产总值综合能耗下降率等指标，省政府在每年年初下达量化指标，年终时根据各地实际完成情况进行考核；省政府还确定了5项否决指标，包括计划生育、耕地保有量、安全生产、维护稳定、廉政建设，如果市州任何一项出现重大问题，即实行"一票否决"，取消评选先进的资格。这一变化有一定进步，但是，仍然未改变以经济指标为绝对主导、并最终排定位次的考核办法。

政府投资活动才能更多地反映当地群众的愿望,才能更有效、更直接地约束不合理的政府投资行为。要将受项目影响的周边民众的意见作为与规划、国土、节能、环保、安全同等重要的项目审批步骤和环节。达到一定比例的民众投反对票,就将对项目实施一票否决。充分发挥劳工组织、妇女组织、宗教组织、福利组织等公益性利益集团的决策参与作用。

强化各类规划的法律地位和效用。规划一经批准,不得随意修改,特别是不能因为地方领导人的变更而变更,更不能因为个别领导人的意见而擅自修改。对于经济与社会发展规划、城镇总体规划的修订,应当先向原审批机关提出专题报告,经同意后方可修改。修改后的规划应当按照原审批程序报批,报批后还要经本级人民代表大会通过。加大对政府官员违反规划行为的监督和查处力度。

重视发挥财税体制的正面引导作用。将增值税上收中央,并作为中央对地方的转移支付的固定来源,以利于解决增值税对地方的不当激励,推动各地转变经济发展方式。以房产税为重点,推动财产税制改革,将房产税等财产税作为地方政府的主体税种,形成有利于地方政府行为规范化的税收激励机制。

增强政府调控的严肃性和权威性。政府的调控力度要前后一致、宽严一致,不能前松后紧、时宽时严,从而给被调控者发出明确的信号,在上级政府的投资调控面前,不能投机取巧,不要抱有侥幸心理。政府投资调控要以整体经济稳定和大多数人的利益为重,不能屈从于强势利益集团的压力,政府政策要避免被大型国有企业操控。

中央政府要认真摆正自己的位置。中央政府并不是神,也是由形形色色的具有一定经济利益的"经济人"和"普通人"组成。他们往往依附于某一利益集团,他们掌握的信息也十分有限,不可能对投资调控作出公正、公平、科学、准确的判断。因此,中央政府部门不应总是摆出高高在上、一贯正确的姿态,必须通过人大讨论、专家咨询、民众参与、民主决策等方式对中央政府调控行为进行约束。

四、投资调控政策的演变

我国不同时期的投资调控政策变化较大,是一个逐步探索与完善的过程。在这个过程中,完全或基本成功的投资调控的例子比较少,但是,投资政策的思路、方法、手段及其组合还是不断成熟,效果也逐渐趋好。特别是

90年代中期以来，我国投资调控的内涵更为丰富，经验更值得总结。

（一）“九五”时期的投资调控

“九五”时期是积极的财政政策在我国的大规模、高密度、全面而系统运用的时期。这一时期，先是反过热、防通胀，以促进经济的“软着陆”；继而反过冷、反通缩，以保持经济的持续快速发展。在这两方面都形成了较为完整的投资政策体系。

1.投资调控政策内容

1998年，依据面临的通货紧缩局面，特别是亚洲金融危机对我国经济负面影响扩大的新形势，投资政策取向发生了一系列重大转折。主要是在调控目标上，由1993年以来以抑制经济过热增长和通货膨胀率过高为主转到以刺激需求、保持适度快速增长为主；在刺激需求方面，由依靠消费需求和扩大投资需求结合转到着力依靠投资增长，主要是政府投资增长；由适度从紧的财政政策转到积极的财政政策，由适度从紧的货币政策转到稳健的货币政策。

（1）通过积极财政政策扩大投资需求。所谓积极的财政政策，主要是指在经济增长乏力、通货紧缩的形势下，通过增加财政支出及调整税收政策，达到增加投资、促进消费、扩大出口的目的，从而更直接、更有效地刺激经济增长，促进经济社会稳定发展。1998年积极的财政政策主要包括以下5点内容，第一，向国有商业银行增发1000亿元国债，专项用于基础设施建设；第二，向国有独资商业银行发行2700亿元特别国债，专项用于补充国有商业银行的资本金，增强银行防范金融风险能力，有利于财政政策和货币政策的协调运作；第三，分批提高轻纺等产品的出口退税率；第四，调整进出口设备税收政策，降低关税率；第五，清理涉及企业的政府性基金和收费。1999年，积极财政政策力度继续加大，下半年，在年初确定的国债发行规模的基础上，由财政部再向商业银行增发600亿元长期国债。2000年，继续推行以积极财政政策为核心的调控政策。3年间，国债投资主要用于农林水利、交通、城市基础设施和环保、城乡电网建设与改造、中央直属储备粮库、经济适用房、重点行业的技术改造、重大项目装备国产化和高技术产业化、环保与生态建设、教育基础设施等方面的建设（见表9-8）。

（2）通过相对宽松的货币政策扩大投资需求。1996年开始，央行采取了一系列放松银根、刺激需求进而促进经济增长的扩张性货币政策，主要措施有：降低利率、降低存款准备金率，取消了固定资产投资贷款的指令性计

表9-8 1998~2000年长期建设国债规模及投向

年份	资金规模(亿元)	资　金　投　向
1998	1000	定向用于农林水利、交通、城市基础设施、环保、城乡电网、中央直属储备粮库、经济适用房等方面的建设。
1999	1100	继续安排在建国债项目，增加安排了重点行业的技术改造、重大项目装备国产化和高技术产业化、环保与生态建设、教育设施等方面的建设。
2000	1500	同1999年。

划管理，放宽商业银行资产负债比例要求，调整增加贷款指导性计划，鼓励对基础设施建设、外贸和外商投资企业、科技投入、农业等方面的信贷支持等项措施。尤其是从1996~2000年，我国曾一度连续7次下调银行利率，次数之多，降幅之大，频率之密集，历史罕见。

2.投资调控政策演变原因

从1997年第四季度开始，我国经济出现了通货紧缩的苗头，消费品和投资品的价格指数出现了负增长，表明投资和消费需求不足。1997年，席卷东南亚的金融危机导致世界经济普遍低迷，在促进我国经济增长方面具有重要作用的出口增速锐减。此时，国内企业普遍看淡市场，在投资预期不佳的情况下，缺乏投资信心与投资欲望。尽管金融机构采取了降低存款利率、准备金率，增加货币投放量等措施松动银根，企业一般也不愿贸然投资，扩大生产。商业银行出于风险防范的考虑，"惜贷"倾向严重。1998年，进出口总额出现了负增长，严重影响了外需对经济增长的拉动。

在内需与外需的双重萎缩下，1997年我国的GDP年均增长率回落至7.8%，处于近20年来的较低水平。居民消费价格水平在1998年和1999年连续两年下降，降幅分别为1.8%和2.4%。为应对亚洲金融危机与内需不足对我国经济的双重挑战，1998年年初，中央转发了《国家计划委员会关于应付东南亚金融危机，保持国民经济快速、健康发展的意见》，作出了扩大内需的决策。1998年年中，国家决定实施积极的财政政策，扩大中央举债规模和财政支出，增加公共投资，刺激消费，扩大出口，促进经济增长。

3.投资调控政策效果

我国实施以发行国债、投资基础设施为重点的积极财政政策，是社会主义市场经济条件下政府反周期政策调节的一次成功的尝试。积极财政政策的实施有效地抵御了亚洲金融危机对我国的冲击，抑制了经济下滑趋势，保持了经济的健康发展。1998~2000年，国家累计发行长期建设国债3600亿元，共安排国债项目6620个，投资总规模24000亿元，到2000年年底累计完成投资15000多亿元。各年国债投资对经济增长的贡献率分别达到1.5个、2个和1.7个百分点。据国家信息中心分析，如果没有国债投资以及所带动的社会资金投入，1998年和1999年我国经济增速将只能达到6.3%和4.5%。

国债投资促进了产业结构、地区结构的调整，改善了各地的基础设施条件和投资环境，为西部大开发战略的顺利实施及城镇化进程的逐步加快发挥了重要作用；国债投资促进了水利设施、生态保护建设，各省相继办成了一些多年想办而没有办成的大事；国债投资促进了企业技术改造，有力地配合了国有企业3年脱困目标的实现。国债政策效应的充分发挥，使国民收入及财政收入大幅度增加，赤字率趋于下降，国债负担率只略有上升，实现了通过经济发展不断化解政府债务风险的基本目标。2000年GDP增速回升到8%，宏观经济已经出现重要转机。但是，从当时的形势看，外需对经济增长的拉动作用继续减弱，内需不足的矛盾仍然较为突出。

（二）“十五”时期的投资调控

“十五”时期，我国投资调控政策显示出了不同的阶段性特征。2001~2003年，继续完善和实践了以反过冷、反通货紧缩、实现经济回暖为特征的投资促进政策；2003年下半年以来，又开始实施以反局部过热、实现“软着陆”为特征的投资调控政策。

1.投资调控政策内容

“十五”时期的投资调控具有灵活性、机动性和丰富性的特征。中央政府针对需求和供给两方面都存在既热又冷的状况，如需求方面存在部分领域的投资过热和消费需求不足，供给方面存在某些产业发展过快和社会事业等部门发展过慢，依据已经大大发展的市场经济环境和业已积累的较为丰富的宏观调控工具，采取了有松有紧、松紧结合，以及又保又控、保控结合的灵活的区别对待政策。

双稳健政策。2003年第四季度和2004年第一季度投资出现过热苗头，2004年的中央经济工作会议正式提出将“积极的财政政策”调整为“稳健的财政政策”，与“稳健货币政策”一起，形成“双稳健”政策。2004年，继续降低财政政策的积极度，缩减长期建设国债的发行规模，2004年，长期建设国债共发行了1100亿元，比上年减少300亿元。同时，为了建立正常的政府投资机制和稳定的资金来源，在逐年减少国债发行规模的同时，逐年适当增加中央预算内建设投资，2004年增加50亿元。总的考虑是，经过几年努力，在现有财政赤字规模不扩大的情况下，中央预算内建设投资逐步增加到一定规模，同时逐步减少发行建设国债。2005年，国家开始实施稳健的财政政策，安排长期建设国债800亿元，比上年减少300亿元，同时增加中央预算内建设投资100亿元。

国债投向转变。2004~2005年，长期建设国债的使用方向有了较大的调整，按照"五个统筹"的要求，有保有压，重点保证重大在建项目、农林水利、教科文卫、能源、县乡公路、环境保护、循环经济和资源综合利用等方面的需要，对其他投资项目宜缓则缓，特别是对部分过快增长行业的投资项目暂缓下达资金预算。应该说，2004年财政政策的转型不是简单的减发建设性国债，而是要从建立符合社会主义市场经济体制要求的公共服务型政府的需要出发，从调整财政支出结构入手，确立财政政策的稳健性。这不意味着财政从建设投资领域全盘退出，而是通过适当控制和减少财政赤字以及国债规模、优化国债支出方向、适当增加社会公共开支，达到有效地规避财政风险和减少国债资金使用中的负面影响的效果（见表9-9）。

表9-9 2001~2005年长期建设国债规模及投向

年 份	资金规模(亿元)	资 金 投 向
2001	1500	弥补前期基础设施在建项目后续资金不足，支持西部大开发等一些重大基础设施建设，不再上新项目。
2002	1500	在建的国债项目、西部开发项目、重点企业技术改造，以及南水北调、京津水资源保护工程、农村基础设施和教育、公检法等方面设施的建设。
2003	1400	首先用于续建和收尾项目，还要安排必要的新开工项目。具体投向体现"四个倾斜"：向农村倾斜，向结构调整倾斜，向中西部倾斜，向科技教育、生态环境建设倾斜。
2004	1100	其中950亿元纳入中央预算，150亿元代地方政府发行，同时拟增加中央预算内建设投资50亿元。国债项目资金重点用于：农村基础设施、公共医疗卫生、基础教育、基层政权和公检法司基础设施等建设；支持西部大开发和东北地区等老工业基地调整改造；加强生态建设和环境保护；保证续建国债项目，特别是青藏铁路、南水北调、西电东送等重大项目建设。
2005	800	同时增加中央预算内经常性建设投资100亿元。国债投资主要是为了全面落实科学发展观，按照"五个统筹"的要求，加强农业、教科文卫、社会保障、环境保护和生态建设等薄弱环节。

货币政策收紧。鉴于2003年以来贷款大幅度增加，9月份，央行采取了较为严厉的政策措施，提高存款准备金率0.5个百分点，希望减缓银行放贷速度。此外，央行还出台了一系列"窗口指导"措施。银监会也开始对四大国有商业银行贷款进行特别检查，以尽可能细致地掌握贷款风险状况。2004年年初，投资增速明显过高。为此，央行在4月上旬提高存款准备金率0.5个百分点。从2004年4月25日起，开始实行差别存款准备金率制度，金融机构适用的存款准备金率与其资本充足率、资产质量状况等指标挂钩，对资本充足率低于一定水平的金融机构实行相对较高的存款准备金要求，建立起正向激励与约束机制。为进一步巩固调控成果，经国务院同意，央行从2004年10月29日起上调人民币存、贷款基准利率。央行还认真贯彻了国务院"区别对待、有保有压"的宏观调控方针，在注重总量调控的同时，加强对商业银行的"窗口指导"和信贷政策引导，督促金融机构积极配合国家产业政策，限制对过热行业和不符合国家产业政策的企业的信贷投放，继续加大对农业、中小企业、扩大消费、增加就业、助学等方面的贷款支持力度，积极支持非公经济发展。为进一步减轻经济过热的压力，央行自2006年4月28日起，将金融机构一年期贷款基准利率上调0.27个百分点，由5.58%提高到5.85%。

切实把好土地闸门。2004年10月份，国务院下发了《国务院关于深化改革严格土地管理的决定》，提出为有效防止投资规模扩张，要将清理开发区和纠正违法违规占地的工作一抓到底，不符合土地利用总体规划和城镇建设规划的开发区，不得批准用地。要坚决贯彻有区别、有步骤地恢复农用地转用审批的要求，坚决防止一哄而起，防止突击批地占地，盲目集中上项目。各地要贯彻区别对待、有保有压的原则，优先保证国家重点建设项目、产业政策鼓励发展的项目和经济社会发展中薄弱环节建设项目的用地需要。国土资源部门要认真做好建设项目用地预审、农用地转用和土地征收审批工作，严格依据土地利用总体规划和土地利用计划审查建设项目用地，统筹安排各类建设用地。要在严肃查处地方擅自修改土地利用总体规划、非法占用基本农田、侵害被征地农民合法权益、减免和欠缴新增建设用地土地有偿使用费等违法违规行为的同时，严肃责任追究，并责令限期整改。2005年，国土资源部继续实行从严从紧的土地使用政策，控制农用地转为建设用地的总量。

其他投资调控措施还包括，2004年4月，国务院宣布调高钢铁、电解铝、水泥和房地产4个行业的固定资产投资项目资本金比例；4月28日，中央政府严查“铁本事件”；4月29日，国务院办公厅发出通知，对所有在建、拟建固定资产投资项目进行全面清理。银监会也发出通知，决定全面清理银行业金融机构对在建、拟建项目已发放或已承诺发放的固定资产贷款，重点是对总投资3000万元及以上项目发放的固定资产贷款。

2.投资调控政策演变原因

2000年上半年，国际和国内经济形势相对好转，宏观经济环境相对宽松，经济自主增长动力增强。在这种情况下，有关积极财政政策是否淡出的讨论增多。但是，2001年，国际经济形势发生重大变化，占世界经济总量一半以上的美国、日本和德国等国家，经济增长由减速继而出现衰退。中国的外贸出口受到明显的冲击，经济在2001年开始减速，1~4季度经济增长率分别为8.1%、7.9%、7.6%和7.3%。在上述背景下，继续实施积极财政政策仍然是必要的选择。应该说，扩大内需是“十五”时期经济发展的内在要求和必然选择，积极的财政政策和稳健的货币政策均是以扩大内需为基本出发点。特别是在国际经济动荡的情况下，扩大内需使我国获得更加广阔的发展机遇和空间。我国的内需不足主要是消费需求相对不足。受社会保障制度不健全等因素的制约，消费需求扩张的现实难度较大；而我国的储蓄率一直高于投资率，储蓄投资缺口始终存在，这意味着在我们这样一个资金紧缺的国家，还有相当部分的本国储蓄没有有效利用。因此，在消费增长缓慢的情况下，只有保持一定的投资增长速度，才能缩小储蓄投资缺口，从而保持经济的稳定增长。因此，“十五”时期，财政投资始终保持着一定的强度。

从2003年下半年开始，在各种有利因素的影响下，我国经济开始加速发展。到2004年前两个月，固定资产投资增幅超过了50%，全国范围内出现了开发区热、城建热、房地产热、汽车热、钢铁热。建设部统计显示，截至2003年年底，各类开发区(园区)达6015个，仅规划面积就已达3.54亿亩。以平均每亩10万元的最低开发成本计算，3.54亿亩的开发区，至少需要5万多亿元的启动资金。而2003年全社会固定资产投资只有5万多亿元。在新一轮投资扩张的推动下，2003~2005年，投资者的热情迅速膨胀，连续3年的投资增长率都在25%以上，GDP年均增速则高达10%。投资增速加快引发了市场对钢铁、水泥、塑料、橡胶等中间产品需求的增加及价格上涨。2003年前3季度，钢材价格持续上涨，中厚钢板上涨20.3%、薄钢板上涨13.1%、线材上涨14.3%。与相对薄弱的消费需求基础相比，许多行业的投资扩张缺少市场支撑，本身就带有过热倾向。2002年以来，我国电力供需矛盾有所加剧。尽管2003年上半年发电量增长15.4%，但仍有十几个省区市不同程度地出现电力供应紧张，拉闸限电较多。电力紧张在一定程度上佐证了投资存在一定的过热倾向。煤电油运等基础设施部门瓶颈的出现导致了国家投资政策的变化。

3.投资调控政策效果

2001~2003年间，通过坚持扩大内需、深化改革开放、加快经济结构等一系列重大政策措施，投资需求逐步回升，投资自主增长机制形成，对扩张性政策的依赖程度逐步降低。3年间全社会固定资产投资增速分别达到13%、17%和27.7%，呈逐年上升趋势，推动各年GDP分别增长8.3%、9.1%和10%。

到2003年，我国固定资产投资又进入了一个快速增长的新阶段。投资实际增长已经超过了90年代初期的经济过热时期，各地投资热情普遍较高，地方项目投资增长迅速。针对这一情况，2004~2005年间，国家采取了综合调控措施。从2004年当月投资变动情况看，城镇50万元以上固定资产投资增速由1~2月份的53%迅速下降到5月份的18.1%，平均每月下降11.6个百分点；之后又回升到7月份的31.5%，平均每月上升6.7个百分点；9月份之后，月度投资增速平稳下降，9~12月份，投资增速由27.7%逐步下降到21.2%。从2004年3月中旬以后，生产资料中的钢铁价格开始明显走软，表现出加速下滑的态势，水泥的价格也出现了下跌的趋势，表明宏观调控取得了较为明显的初步效果。但是，这种效果也只是初步的。2005年，全社会投资增速仍高达26%，2006年1~5月份，城镇投资累计增速达到了30%。虽然没有通胀出现，也没有瓶颈现象发生，但是，这样的高投资仍会带来较为明显的资源和环境压力，在这个过程中，政府和企业的投资行为也不尽合理。

（三）"十一五"时期的投资调控

由于国际、国内形势的复杂变化，"十一五"时期的投资调控表现为2006~2007年，反通胀、反过热；2008年国际金融危机暴发，投资调控又转为扩内需；2010年，经济特别是房地产领域出现明显过热趋势，针对房地产调控力度加大。

1.投资调控政策内容

2006~2007年，针对经济增长出现偏热苗头，投资增长过快、信贷投放过多、贸易顺差过大及资源环境压力加大，政府及时果断地采取了一系列以控制投资过快增长为重点的宏观调控政策。央行继续执行稳健的货币政策，采取综合措施大力回收银行体系过剩流动性，发挥利率杠杆的调控作用，加强货币信贷总量调控，着力优化信贷结构。针对因国际收支顺差持续增加导致的流动性过剩，央行综合使用公开市场操作和存款准备金等对冲工具，大力回收银行体系过剩流动性。一方面，以发行央行票据为主、回购操作为辅，加大公开市场对冲操作力度。2006年累计发行央行票据3.65万亿元，同比多发行8600亿元。另一方面，2006年，央行3次上调存款类金融机构人民币存款准备金率，2007年则8次上调存款准备金率。为抑制过度投资，引导投资和货币信贷的合理增长，2006年央行两次上调金融机构存贷款基准利率，2007年更是5次加息，金融机构一年期存款基准利率提高到3.87%，一年期贷款基准利率提高到7.29%。

综合运用多种财税手段，不断优化财政投入结构。一是较大幅度地调整和完善了相关税收政策。取消了多项高耗能、高污染、资源性产品的出口退税，降低了容易引起贸易摩擦商品的出口退税率，降低了能源资源性产品的进口关税，提高了高耗能、高污染、资源性产品的出口关税。二是较大幅度地削减财政赤字，优化中央建设投资结构。2007年，财政赤字在年初预算比2006年减少300亿元的基础上，执行中又削减450亿元，中央财政赤字2000亿元，占GDP的比重下降到0.8%。中央建设投资规模1344亿元，主要用于社会主义新农村建设、社会事业发展、生态环境保护、西部大开发等方面。这些措施体现了财政宏观调控的综合性、针对性和主动性，有力地推动了经济向宏观调控的预期方向发展。

全面清理新开工项目，从严控制新上项目。2006年，针对新开工项目管理中存在的突出问题，按照6大方面23项标准，对上半年新开工项目进行了全面清理。在土地方面，国务院发布了关于加强土地调控有关问题的通知，发布实施了工业用地出让最低价格标准，提高新增建设用土地有偿使用费等。从市场准入方面，先后出台了水泥、电解铝、钢铁等11个行业的结构调整指导意见，调整了这些行业市场准入门槛，特别是依法关闭了一批不符合产业政策的、污染比较严重、能源消耗比较高的小钢厂、小水泥、小煤矿等生产能力落后的企业。在外资外贸方面，对出口退税率进行了结构性调整，降低和取消部分高耗能、高污染和资源性产品的出口税率，对部分产品加大了出口关税，促进加工贸易转型升级。及时出台了关于加快推进产能过剩行业产业结构调整的通知，国务院作为文件下发到全国实施。

2008年上半年的货币政策操作主要着眼于国内的通胀压力和所谓的流动性过剩，为了冲销流动性和实施从紧的货币政策，2008年上半年，央行还先后多次提高法定存款准备金比率,法定存款准备金比率最高一度提高到了17.5%。2007年第四季度开始,央行采取了更为严厉的信贷规模控制政策。这一政策在2008年上半年得到了延续。到9月份之后,货币政策不仅有保国内经济增长、促进就业的需要,同时也是维护金融体系稳定,参与全球主要中央银行危机管制的协调政策行动的一部分。9月15日,央行4年来首次下调人民币贷款基准利率和中小金融机构人民币存款准备金率,中国开启新一轮降息周期,全力确保增长;10月8日,央行再次下调"双率";10月29日,央行一月内二度降息,宣布自10月30日起下调金融机构人民币存贷款基准利率;11月26日,央行宣布大幅下调"双率",国家通过持续快速货币政策调控提振市场信心、保持经济增长的政策意图日渐清晰。12月3日,国务院研究确定了金融促进经济发展的9条政策措施,首条措施直指"落实适度宽松的货币政策、保持银行体系流动性",在2008年剩下不足一个月的时间里,追加政策性银行2008年度贷款规模1000亿元。

2008年年初,财政适当减少中央财政赤字和国债项目资金,同时增加中央基建投资。预算执行中,根据抗震救灾需要,调整支出规模和结构,建立中央地震灾后恢复重建基金,大力支持灾区恢复重建。第四季度,为应对国际金融危机的影响,积极筹措资金,新增中央政府公共投资1040亿元,用于加快灾区恢复重建、实施保障性安居工程等民生工程和农业基础设施建设。年初,努力保障抗击南方部分地区低温雨雪冰冻灾害,全国财政拨付救灾资金479亿元,加大对受灾群众临时生活困难救助力度,着力保障受灾群众基本生活。大力支持恢复农业生产、重建倒塌民房,以及修复电网、交通、教育等方面的基础设施。"5·12"汶川特大地震发生后,迅速启动财政应急保障预案,积极采取有效措施,及时安排和切实保障抗震救灾资金。中央财政拨付抢险救灾资金384亿元,地方财政也投入抗震救灾资金243亿元。安排中央地震灾后恢复重建基金740亿元(见表9-10)。

2009年,国家实施适度宽松的货币政策,保持银行体系流动性充裕,引导金融机构扩大信贷投放,优化信贷结构,加大金融支持经济发展的力度。总体上,适度宽松的货币政策得到了有效传导,对扩张总需求、支持经济回升、遏制年初的通货紧缩预期发挥了关键性作用。加强货币政策与财政政策、产业政策的协调配合,引导金融机构加大对中央投资项目的配套贷款投放。严格控制对高耗能、高污染和产能过剩行业盲目发放贷款。同时,密切监测地方投融资平台贷款可能的系统性金融风险隐患。督促商业银行合

表9-10 2006~2010年长期建设国债投资的主要投向

年 份	规模(亿元)	投 向
2006	600	发挥政府投资对落实“五个统筹”、加强薄弱环节和促进协调发展的作用,优先支持农村建设、科教文卫、资源节约、生态环境保护、西部大开发和关系“十一五”规划顺利实施的重点项目建设。
2007	500	向经济社会发展薄弱环节倾斜,重点用于改善农村公共服务。
2008	300	改善农村生产生活条件,加强水利、生态环境保护,支持社会事业发展,以及重大基础设施建设。
2009	2000~3000	支持“三农”工程。重大环保生态和节能减排工程,重大能源、交通基础设施建设,廉租房建设和棚户区改造工程,自主创新、结构调整和产业转型项目,促进协调发展的重点项目。
2010	2000~3000	重点支持保障性住房、农村基础设施、教育和医疗卫生等社会事业、节能环保和生态建设,以及自主创新、结构调整等领域和欠发达地区。

理把握信贷投放进度,正确处理金融支持经济发展与防范风险的关系。努力应对国际金融危机冲击,坚持把保持经济平稳较快发展作为财政工作的首要任务,积极发挥财政职能作用,实施积极的财政政策,综合运用预算、国债、税收等政策工具,把握政策实施的力度和节奏,着力扩大内需,保障和改善民生,推动经济结构调整,促进经济回升向好。中央政府公共投资支出9243亿元,比上年预算增加5038亿元。发行2000亿元地方政府债券,保障地方政府的配套资金需要。

2010年以来,宏观政策在坚持连续性和稳定性的同时,提高针对性和灵活性,注意把握好调控的力度、节奏和重点,并采取了加强地方融资平台管理以及引导房地产市场健康发展等一系列措施。同时中央出台了一系列推动经济增长的新举措,着力振兴战略性新兴产业,加快保障房建设和棚户区改造,鼓励和引导民间投资,加快新疆地区发展,深入推进西部大开发,这些举措有利于加快经济结构调整,形成更可持续的经济增长点。2010年伊始,房地产行业便掀起一波严厉的政策调控风暴。1月10日,国务院出台“国十一条”,严格二套房贷款。4月15日,国务院又出台政策,二套房首付款不低于50%;首套房且建筑面积逾90平方米的,首付不低于30%。4月17日,新“国十条”发布,实行更为严格的差别化住房信贷政策,对商品房价格过高、上涨过快、供应紧张的地区,商业银行可暂停发放购买第3套及以上住房贷款。随后,又规定上述地区要在一定时间内限定居民家庭购买套数。

2.投资调控政策演变原因

到2006年，我国经济增长已连续4年超过10%，与此同时，为经济高速增长付出的代价也是高昂的：土地乱占滥用非常普遍，能源资源利用效率较低，环境污染相当严重，部分地区已经超过临界状态，经济社会发展和资源环境的矛盾相当尖锐。2006年上半年，城镇固定资产投资增速达到31.3%，自2004年4月国家实施旨在抑制投资过热的一系列宏观调控措施以来，投资增速首次重返30%以上。同时，前3个月的信贷规模达到1.26万亿元，超过央行全年内控规模2.5万亿的一半以上。上述情况说明，信贷规模和固定资产投资规模出现了双膨胀的迹象。党中央和国务院不失时机地出台了“坚持把好土地、信贷两个闸门和市场准入一个门槛”等一系列宏观调控政策措施。

2008年7月份以后，爆发于美国的次贷危机骤然升级，迅速演变成了全球性的金融危机，主要发达经济体陷入了衰退之中。国际市场担心经济衰退，包括能源、有色金属和钢铁等在内的国际大宗商品价格急剧下跌，这导致了全球通胀率的迅速下降，短期的通胀压力基本消除。我国也不例外。到11月份，中国的消费者物价指数(CPI)已下降到了2.4%，生产者物价指数(PPI)下降到了2%。前两年大幅上涨的房地产价格增长率也不断下降，部分城市的房地产价格出现了较大幅度的下降。价格水平的下降，使许多企业的利润增长受到了很大影响，银行信贷资产质量面临新的挑战，工业增加值持续下降，企业家信心持续回落。受金融危机的影响，美国和欧洲均陷入了衰退，失业率有所上升，消费受到了较大的影响，这极大地减弱了国外对中国产品的需求。加之从2007年9月份后至2008年上半年的人民币加速升值态势，给中国的出口企业带来了相当大的麻烦，出口增长率持续下降，外需对中国经济增长率的贡献有所下降。

除了面对“百年一遇”的国际金融危机，国内罕见低温雨雪冰冻和汶川特大地震也给我国经济带来严峻挑战。党中央、国务院总揽国内国际两个大局、立足当前、着眼长远、果敢决策，及时出台一系列宏观调控政策，并准确把握调控的节奏、方向和力度。我国宏观调控政策转变幅度之大，调整速度之快前所未有，先后经历了“双防”——防止经济增长由偏快转为偏热、防止价格由结构性上涨演变为明显通货膨胀、“一保一控”——保持经济平稳较快发展、控制物价过快上涨、“灵活审慎保增长”和“保增长扩内需调结构”等4个阶段。11月9日，国务院常务会议宣布对宏观政策进行重大调整，财政政策从“稳健”转为“积极”，货币政策从“从紧”转为“适度宽松”，公布了今后两年总额高达4万亿元的庞大投资计划。

2009年，我国经济发展仍然面临严峻挑战，国际金融危机仍在蔓延，全球经济增长减速与国内经济周期性调整叠加在一起，短期困难与长期矛盾相互交织，保持经济平稳较快发展的难度加大。9月份后，国际经济形势急转直下，对我国的不利影响明显加重，中央果断地把宏观调控的着力点转到防止经济增速过快下滑上来，实施积极的财政政策和适度宽松的货币政策。按照出手要快、出拳要重、措施要准、工作要实的要求，迅速推出进一步扩大内需、促进经济增长的10项措施，争分夺秒地加以落实；接连出台金融支持经济发展、促进重要工业健康发展、促进房地产市场健康发展、搞活流通扩大消费和保持对外贸易稳定增长、稳定就业等政策措施，加快制定重点产业调整振兴规划。

2010年年初，我国通胀压力再次显现。一方面，到9月末，M_1增速达到29.5%，并超过M_2形成“倒剪刀差”，11月的M_1同比增速达34.6%，“倒剪刀差”明显扩大。与此同时，物价指数逐月上涨，11月份，CPI同比上涨5.1%，PPI同比上涨6.1%。经验表明，M_1与PPI和CPI同步运动，货币扩张较快将成为未来通胀压力的重要基础性因素。另一方面，受美元贬值预期强化等因素影响，国际大宗商品价格上涨压力加大，国内输入性通胀压力增加。在国内、国际流动性都非常充裕的情况下，中国经济一旦较早较快回升，必定会成为资金追逐的对象。再一方面是资产价格的上涨。主要受流动性宽裕和经济回升、企业盈利改善及通胀预期的推动，资产价格重拾升势，2010年，资产价格尤其股价可能大幅上扬后形成明显泡沫，资产价格上涨过快进一步加大了未来通胀压力。

3.投资调控政策效果

2006~2007年，投资调控使经济偏热得到遏制，国民经济保持了“高增长、低通胀、高效益”的良好发展势头。与此同时，社会事业发展也取得明显进步。2006年，全社会固定资产投资同比增长24%，增幅比上年回落2个百分点。抑制了钢铁、水泥、电解铝、焦炭等增长过快势头，水泥、炼焦和铁合金投资同比下降4.1%、18.4%和23.5%。煤炭行业关闭了不具备安全生产条件和非法煤矿5931处，淘汰落后产能1.1亿吨。加快淘汰落后产能的同时，促进了这些行业产品结构和技术水平的升级。通过各种途径来推动大企业和中小企业加快兼并重组。但也要看到，银行资金流动性过剩的局面将维持相当长的一段时间，投资冲动的体制性、机制性原因没有得到根本解决，2007

年，投资又出现快速增长，不得不继续加大调控力度。

2008年，中央采取一系列促进经济平稳较快发展的政策措施，在复杂多变的形势下，积极应对国际金融危机的严重冲击，努力增强调控的预见性、针对性和有效性。这些措施对缓解经济运行中的突出矛盾、增强信心、稳定预期、保持经济平稳较快发展，发挥了至关重要的作用。国民经济实现了V型反转，继续保持平稳较快增长。2008年，我国GDP超过30万亿元，比上年增长9.6%，全社会投资增长25.9%，物价总水平涨幅得到控制，财政收入6.1万亿元，增长19.5%。但是，受国际金融危机的持续影响，我国经济增速下滑局面没有真正改观，已成为影响全局的主要矛盾。一些行业产能过剩，部分企业经营困难，就业形势十分严峻，财政减收增支因素增多，长期制约我国经济健康发展的体制性、结构性矛盾依然存在，有的还很突出。第三产业发展滞后，自主创新能力不强，能源资源消耗多，环境污染重，城乡、区域发展差距仍在扩大。

2009年我国经济经受了国际金融危机的严峻考验。面对极其复杂的国内外形势，我国坚持积极的财政政策和适度宽松的货币政策，2009年率先实现经济形势总体回升向好。全年实现国内生产总值34万亿元，同比增长9.1%，经济增速逐季加快。全社会投资增速提高到30%。居民消费价格下降0.7%。然而，随着就业的改善，产出缺口的修复接近尾声，货币供应量到物价之间的传导链条打通。2010年上半年，我国经济继续朝着宏观调控的预期方向发展，消费较快增长，投资增速高位回稳，对外贸易快速恢复，消费、投资、出口拉动经济增长的协调性增强，工业增长总体较快，企业效益大幅提高，居民消费价格上涨。行业复苏很快，经济回暖态势出现在各个行业中。但是，产能过剩问题的担忧日渐加重，从中央到各部委，抑制产能过剩相关的言论措辞越来越严厉。经济刺激计划使房地产投资复苏，房地产销量和价格一路走高。然而，资产价格上升过快，迫使政府出台较为严厉的政策，这不仅会影响到地产行业本身，还会对其上下游相关行业产生同样巨大的影响。

五、未来投资调控政策取向

（一）基本经验

1.投资宏观调控需要多种政策有机组合

由于单一政策工具作用有限，因此，应对日益复杂的宏观经济形势，需要借助于多种政策手段，必须多管齐下，形成合力。90年代以前的几次投资调控，操作上主要表现为压缩基建投资规模、控制贷款规模，国债政策、税收政策、利率杠杆等间接手段较少采用，政策的组合使用少。这种相对单一的行政手段主导的调控操作简便、短期见效，特别是面对占据投资主体地位的地方政府和国有企业的投资欲望比较有效，间接性的市场手段反而容易失效。随着我国市场经济体制的逐步建立，非公经济日益壮大，"一刀切"的做法虽然在一定程度上可以压制住地方政府的投资冲动，但是，却对非公经济造成损害。同时，这种方式也容易造成经济的大起大落。1992年以来的宏观调控，尽管仍然采用了行政手段，但是，行政手段的作用已转化为"发信号"、"打招呼"，在此基础上，国家越来越注重发挥经济手段和法律手段的主导作用，避免经济的大幅波动。财政政策与货币政策、土地政策和环保政策、投资政策与消费政策、扩大内需与结构调整的多种政策配合与协调使得政策组合更加丰富，更能应对复杂的局面，更能平衡各方的利益与诉求。这是未来投资调控应该遵循的方向。

2.充分估计行政性调控对经济造成的损害

如上所述，未来的投资调控具有复杂性的特征，由于微观经济主体结构发生了较大变化，政府的宏观政策最先伤害的往往不是国有企业，也不是地方政府，而是冲锋陷阵的民营企业，这些企业却恰恰是近年来我们采取各种政策措施进行扶持，希望其发展壮大的经济力量。从"铁本事件"可以清楚地看到，真正违规的不是企业，而是各级地方政府。这种地方政府生病、民营企业吃药的做法打击了民营企业持续发展的积极性和可能性，也在一定程度上损害了政府的信誉。行政方式的主要缺陷是政府部门掌握的信息不充分、不完全，容易造成调控上的"一刀切"与盲目性。由于行为能力和其他客观因素的制约，中央政府干预经济的结果往往不能实现预期的社会经济目标。许多行业的周期性发展规律表明，与中央政府调控方向相反的企业决策反而容易在未来某个时期获得成功。目前，中央政府严控其发展的钢铁、有色、水泥等行业，由于产业内部产品品种、规格、技术和质量水平不同，其中必然存在符合经济发展要求的投资机会，但是，行政调控很难区别对待，很难避免伤及无辜。

3.通过对要素价格调节有效调控投资需求

要更多运用经济杠杆调控投资，特别是要把扭曲的生产要素价格调节到正常水平，对投资起到正确的导向作用。应该对各地地价、水价和电价的减免政策进行清理，根据资源稀缺程度和环境与生态保护的要求，由中央政府及省级政府确定各地真实的要素基准价格，地方政府只能在规定的范围内进行调整。例如，在水资源稀缺的地区大幅度提高工商业用水价格，以抵制相关产业的过度发展。长期以来，我国各地区土地出让实行的是双轨制，即工业土地以低价协议出让方式为主，房地产等经营性用地实行招拍挂，并以拍卖为主。地方政府通常是用房地产用地拍卖所得弥补工业用地出让产生的亏损。现在需要对这种土地出让制度进行改革，即改变房地产经营用地100%被拍卖的局面，对部分用地实行招标或挂牌出让，以降低土地价格，降低房价。同时，要严格规定工业用地（特别是开发区用地）出让价格不能低于当地的基准地价，不能任意减免，以防止各地在招商引资中的恶性竞争。最重要的是要允许农村集体建设用地和宅基地进入市场，政府要获得建设用地，不再采取征用方式，而是与其他主体一样进入市场进行公平交易。从而在保护农民利益的同时，提高政府的用地成本，增强利益约束。

4.探索建立防止地方政府投资冲动的长效机制

地方政府的投资冲动在改革以来的多轮投资热潮中均表现得十分明显。在片面政绩观的支配下，各级政府必然会通过各式各样的土地、税收、基础设施等方面的优惠政策招商引资，以扩大本地的经济总量；由于地方政府的投资活动缺少必要的约束机制，导致地方政府主导的投资往往成为超越当地经济发展需要、恶性透支未来的无限制扩张。正确处理中央与地方的关系，充分调动地方政府的积极性和创造性、尊重地方政府发展本地经济的要求是我国经济发展的重要体制基础。但是，如果地方发展经济的愿望不加节制、恶性膨胀则会妨碍整体经济的健康发展。如果各地均强调自己发展的特殊性和必要性，则经济与投资的降温将成为一句空话；如果对地方政府违规现象查处概率极低，又缺乏一种使大家合作来遵守和执行的制度，则重复建设、盲目投资、结构趋同、无规模经济和过度竞争就仍将层出不穷。对地方政府行为的节制可以是来自于中央政府的纵向约束，也可以是来自于本地区内部的横向监督。如果单纯依靠中央政府的宏观调控，而来自于本地区的民主监督和制约机制没有建立起来，地方政府的投资冲动将会反复不断出现。因此，应在政府官员政绩考核中加入外部性及可持续发展、就业以及社会事业进步等方面的内容；增强地方人大对地方政府投资项目以及债务融资的民主监督与制约；提高社会公众对城市规划、建设的民主参与程度。

5.扩大投资需求与扩大消费需求相配合

扩大内需的当务之急是正确处理好投资和消费的关系、内需和外需的关系。处理好这两个关系，最根本的是扩大国内消费需求。近年来我国投资增长过快，消费相对不足。由于投资膨胀，而国内消费相对疲软，使一些行业产能过剩，不得不在国际市场上寻找出路，更加大了贸易平衡的压力，国际收支失衡矛盾进一步加剧。消费是生产的最终目的，适当提高消费率，既可以减缓相对储蓄过剩，又可以提高人民生活水平和质量，促进经济良性循环。因此，实现国民经济又好又快发展，必须努力调整投资与消费的比例，把工作着力点放在调投资、促消费、减顺差上。要围绕扩大消费来调整投资结构。对那些有利于增加消费的基础设施建设要加大投资力度，这样既能提高消费需求，又能提升投资效益。要增强产品有效供给，根据居民消费的整体情况，兼顾地区差异和不同消费群体，全方位扩大生产，使产业结构的调整符合消费需求的发展趋势。未来要加快养老体制、医疗体制、教育体制改革，改善消费预期，降低储蓄率，提高消费率。改变住房政策导向，不断丰富住房市场体系。尽快落实将城市土地出让金的一部分用于建设廉租房或用于对低收入家庭的住房补贴。大力发展住房租赁市场，降低自有住房持有率，使更多城市居民可以通过租房方式逐步改善居住条件，避免住房投资挤出或抑制其他消费。

（二）趋势展望

经历了30多年投资调控的实践，我国的投资调控经验不断丰富，方式方法更加合理适用，应对复杂局面的调节和控制能力有所提高，未来的投资调控可能进入一个良性的发展轨道。

1.法治化管理将为投资调控创造体制基础

投资调控的法治化趋势包括两方面的内容，其一，随着法律法规的逐步完善，投资将更大程度上在相关法规约束下有序运行，法律法规的完善将有助于提高投资调控的合法性，也可以逐渐避免调控过程中屡屡违反现行的法律法规。其二，既有的法律制度得到切实的遵守和执行，不仅企业不能在经济活动中进行违法活动，地方政府和部门也不能为了自身的经济利益不执行相关法律和中央的政策，从而保证法律不会流于形式。未来将更加注重对政府宏观调控行为本身的法律规制，制定一部宏观调控的一般性法律规定刻不容缓，这将提高中央宏观调控政策的权威性，加大其在地方的执行力度。随着财政和金融法律法规的完善，将进一步改善地方政府、国有企业的行为,使调控政策有效地传导到实体经济。权责统一、分工合理、决策科学、执行顺畅、监督有力的行政管理体制的形成,将使全社会投资自觉纳入法制化轨道,有效约束地方政府之间的恶性竞争和投资冲动。各级行政管理部门依法行政,影响投资平稳运行的行政性因素将会有所削弱,历次调控中经常使用的行政干预就可以逐步退出投资调控领域。

2.货币和财政政策效果将有所提高

随着市场经济体制的逐步完善,价格、税率、利率等价格杠杆将更加灵敏、有效。各类投资主体在充分竞争所形成的真实的、合理的投资收益率引导下,理性决策,由不合理的高收益引发的投资过热将大大减少,投资运行的平稳性显著增强。随着科学发展观的贯彻和落实,地方政府向公共服务型转型,财力与事权趋于对称,有关资源与环境的立法和执法进一步加强,地方政府和各类企业的行为进一步规范,投资冲动将有所减弱。这种情况下,货币和财政政策能够通过利率、信贷、税率、财政支出等方式直接或间接传导到实体投资,调节产品和服务的供求,有效作用于房地产和股票市场,影响资产价格的变化和资源的配置。货币和财政政策对包括投资需求在内的总需求的调控效力会大大提高。随着全球经济一体化程度的加深,我国将逐步实施更加灵活的汇率制度,适当通过汇率等价格手段调节贸易不平衡和国际收支失衡,从而缓解外汇流入和储备积累过快的压力,实现经济更加平稳、可持续的发展及货币供给平稳有序的增长,增强货币政策的独立性。另外,汇率的灵活性也有助于改善货币政策传导机制。

3.投资的结构调控政策将转变思路

政府通过产业政策干预某些产能过剩行业投资的实践表明,市场不能实现资源高效配置的事实,并不意味着政府的不断积极主动介入就可以使事情变得更好。市场信息纷繁复杂、千变万化,单凭国家部委少数司局的几个人就想准确把握和决定行业的进退,是不可能的,也是荒谬的。产业政策外在于市场机制,在本应由市场机制发挥作用,且相当程度上市场机制能够发挥一定作用的领域,产业政策的介入,也就意味着市场机制的萎缩。结构优化、升级是一个渐进的过程,在结构渐变中,市场比政府对结构的选择更有效率,这也正是我们放弃多年的计划管理的原因。转型期存在各种形式的垄断与禁入,资本在行业间流动不畅,因而,对非政府投资的行业结构,政府的主要任务是消除阻碍资本在行业间流动的体制性和机制性障碍,维护公平的市场竞争规则,充分发挥市场选择结构的功能。对政府投资的行业结构，则主要是提高政府投资规划、计划水准，项目决策的民主化、法治化和科学化水平。要在充分尊重市场机制的前提下，更多采用市场参数来调节，通过市场机制的"试错"来达到自动均衡，发挥市场"内在稳定器"功能。同时，通过依法管理，实现政府有限的结构调整目标。

4.政府规划将对投资产生长期稳定约束

外国许多城市和村镇建设得整齐美观、特色鲜明，规划是其强有力的保证。这些规划十几年甚至几十年不变，无论是高官权贵还是普通百姓，都不会违反规划，都能自觉遵守规划。如果政府规划能够保持长期稳定，基础设施和新城建设就可以避开人口聚集地区，从而减少拆迁等不必要的经济和社会成本。对于基层地方政府的规划来讲，通常会直接落实到具体地块的用途，成为对于社会公众行为最具约束力的规则。另外，还需要加强民众、企业、利益相关者对于规划编制的参与，这既可以保证规划充分反映社会各界的需求，体现绝大多数群众的利益，也使各界能够充分了解规划并达成共识，使政府意图能够有效地转化为市场经济主体的内在意志。①对于转轨时期的中国来讲，随着政治和经济体制改革的深入，政府官员的权力得到严格制约，公共利益得到最大限度的保障，规划的严肃性和约束力也将不断增强。有了规划的日常管理，因为少数官员的政绩冲动产生的政绩工程、因为政府换届产生的盲目投资、因为特权阶层的私欲膨胀产生的非法项目将会大为减少，全社会投资增长将更加平稳有序。

5.土地、环保政策仍将发挥重要调节作用

以土地政策参与宏观调控，是我国在特殊国情下的重大政策创新。调控好土地市场尤其是土地供应，就可能调控劳动力、资金、原材料、能源和其他资源的投入量和投入方向，实现资源的综合优化配置，最终有效调控投资运行。土地政策的投资调节作用将长期存在。国家将加大征地补偿安置费用的比重，提高新增建设用地土地有偿使用费缴纳标准，提高城镇土地使用税和耕地占用税征收标准，严格土地管理法律法规的执行，严肃惩处土地违法违规行为，完善责任内容、严格问责制度、明确考核依据、调整审批方式，建立节约集约用地的激励机制、责任机制、考核机制、用地全程监管机制，实现土地利用由粗放型向集约型转变，促进土地利用方式的根本转变。近年出台的大部分节能环保政策，其政策意图是要加强政府对微

① 申兵：《国外规划体制与规划政策的经验及启示》，《宏观经济管理》，2008年第11期。

观主体的外部性监管,提高资源、环保准入门槛,抑制投资的低成本扩张。从政策效果看,强化外部性监管确实起到了抑制投资局部过热的效果。从中长期看,这种强化监管力度的做法,不应依赖宏观调控的一时之势,不管投资过热还是不过热,都应该长期保持监管力度;因为依法监管微观主体、防止企业内部成本的外部化、维护公共利益无论在什么时候都是各级政府的重要职责。只要真正把住环境保护日常的管理口子,许多"两高一资"产业投资都将被自然淘汰。

附件4 投资宏观调控调研报告①

内容提要：

投资宏观调控在保持西部地区投资和经济稳定快速增长的同时，也使西部欠发达地区的社会发展迈上了新的台阶。与此同时，投资宏观调控越来越注意制度建设，通过法律法规约束各类市场主体行为，地方政府官员依法行政的意识明显增强。但是，地方政府考核与调控目标存在冲突，经济发展方式与资源环境保护矛盾很大，土地政策在促进发展与保护资源方面处于两难境地，投资高增长与管理不到位密切相关。完善投资调控，必须建立以公共服务为主、经济建设为辅的政绩考核体系，加强来自于本地区内部的横向监督，建立规范的生态环境补偿机制，解决好欠发达地区基本公共服务均等化供给问题。投资调控还应注意细节管理，注意部门间的协调配合。

为深入了解国家投资调控政策对西部欠发达地区的影响、针对性和有效性，以及西部地区对投资宏观调控的意见和建议，2007年5月，我们到西部某市进行了专题调研。该市属于典型的革命老区、边远山区和连片贫困地区。我们先后走访了该市的发改委、国土局、环保局、经贸委、人民银行以及开发区，并与县区相关部门的同志进行了座谈。

一、对国家投资宏观调控的总体评价

当地同志普遍认为，2003年以来，针对我国经济社会发展中出现的经济增速偏快，固定资产投资膨胀，信贷投放过多，国际收支不平衡问题加剧，以及经济增长方式转变缓慢，社会事业发展滞后，就业、资源和环境的压力很大等问题，国家采取了有保有压的调控政策和适度微调的调控方

① 本报告获得国家发改委宏观院2007年度优秀调查报告二等奖。

式，提出了严把土地审批和信贷投放两个闸门，以及环保、节能、技术安全等准入标准，对房地产、高耗能、高污染投资项目进行了重点调控。投资宏观调控贯彻了科学发展、和谐发展的理念，大力推进社会主义新农村建设，建设资源节约型和环境友好型社会，加快发展就业、住房、医疗、教育和社会保障。投资宏观调控在保持西部地区投资和经济稳定快速增长的同时，也使西部欠发达地区的社会发展迈上了新的台阶，使西部地区人民切实享受到了发展带来的实惠。与此同时，投资宏观调控比较注意制度建设，通过法律法规约束各类市场主体行为。地方政府官员依法行政的意识明显增强，上项目时，市县两级领导普遍关注环评是否作好，是否符合国家的土地政策。目前，在该市项目审批和企业注册过程中，国土、建设、工商部门都必须以环保为第一关，环保部门的环境评价通过后，才能够办理其他手续，投资管理上更为严格与规范。

当然，大家认为2003年以来的投资宏观调控也存在着一定的问题，有些属于调控方式方法不够灵活，例如，宏观调控并未体现出地区间的差异性，考虑到欠发达地区的特殊情况，往往一刀切；还有些则不是宏观调控所能解决的问题，例如，固定资产投资增长过快的根源是地方政府的投资冲动，这需要体制的改革和政府职能的转变。

二、投资宏观调控对当地经济与社会发展的影响

2003~2006年，该市GDP年均增长12.1%，高于全国平均水平1.8个百分点，地方财政一般预算收入年均增长21.7%，固定资产投资年均增长31.6%，高于全国平均水平3.5个百分点。1979~2002年，该市GDP年均增速仅7.2%，1991~2002年增速仅6.4%。与历史数据相比，此轮投资宏观调控以来，该市经济发展势头良好，并未出现大起大落的现象。特别是固定资产投资增幅较大，2005年和2006年增速都在37%左右，2007年1~4月份，投资又同比增长58%，增速居全省第一位（见表1）。从该市近年的经济与投资情况可以看出，第一，国家投资宏观调控考虑到我国处于重化工业发展阶段，投资增速和投资率高位运行有一定必然性的特点，没有采取急刹车的行政作法，而是更多运用相对和缓的经济手段，对地方经济的总体影响并不大；第二，宏观调控注重欠发达地区社会事业和公共服务投入与建设，在一定程度上弥补了由于土地、环保、金融政策限制对当地工业投资增长的影响。

表1 2003~2006年该市主要经济指标

	GDP（亿元）	GDP增长率（%）	地方一般预算收入（亿元）	地方一般预算收入增长率（%）	全社会投资（亿元）	投资增长速度（%）
2003	105	10	2.87	—	44.99	42.6
2004	127.7	13.3	3.05	6.3	49.35	9.7
2005	145.2	12.3	3.92	28.5	67.67	37.1
2006	166.5	12.8	5.11	30.4	92.7	37.0
平均增长	—	12.1	—	21.7	—	31.6

资料来源：2006年该市统计年鉴。

该市是西部的连片贫困地区，人均GDP只有全国的40%，工业化率和城镇化率分别仅有20%和25%，中心城区的25万人口中就有7万人吃低保。在投资宏观调控过程中，国家注重对西部地区的“三农”领域、社会事业和公共服务投入，这方面财政投资的增加，使该市这样的欠发达地区受益较多，有利于经济与投资的平稳快速增长。2005~2006年间，在该市基本建设投资中，农业平均占7.5%，水利占15.4%，教育占5.4%，卫生占3%，文体占2%；在全部财政支出中，农业平均占5%，林业占10.1%，文体占3.1%，教育占17.4%，医疗占3.9%，社会福利占5.6%。上述比例大多比以往年份有所提高。

近年来，该市的新农村建设步伐明显加快，2006年共投入“三农”资金近13亿元，同比增长17.2%。2005~2006年，围绕“四新一建”[①]启动建设生态小康新村300个、生态小康户6万户。基本农田建设、病险水库治理等力度加大，新增有效灌面6.1万亩，建设沼气池4.2万口。“两基”成果得到巩固，普通高中教育规模不断扩大，职业教育发展迅速，高等教育取得新突破，教育规划发展区建设正式启动。卫生事业快速发展，城乡卫生改革稳步推进，启动建设乡镇卫生院项目建设，新型农村合作医疗试点工作稳步开展。广播、气象、人防、体育等社会事业均取得了明显进步。

当然，对于以资源型和初加工产业为主、产品结构单一、有竞争力、成规模的企业很少的落后地区，国家投资宏观调控对该市工业发展的影响还是显而易见的，集中表现在招商引资的难度大大增加。该市一个主要工业

① “四新一建”是该市委、市政府结合农村和农村经济发展实际，在调查总结的基础上，提出的社会主义新农村建设基本思路，是指培植新产业，建设新家园，培育新农民，打造新环境，建设好班子。

县4×30万千瓦煤矸石坑口电厂正在项目论证阶段，首先遇到的是资源约束的问题，该市的煤炭资源主要供省内其他两座电厂，剩余部分才能用于满足新建电厂的需求。而现有煤炭储量能否同时满足新老电厂的资源需要还存在很大争议；其次是近期国家产业政策作出调整，不再审批30万千瓦以下火电厂。产业进入门槛的提高给这一对该市至关重要的大项目能否上马增加了很多变数。除火电项目以外，目前，国家要求煤炭新建项目规模也要在30万吨以上才能审批，而该市煤炭资源十分分散，根本无法达到国家产业政策要求，只能寄希望于对7万~8万吨左右的小煤矿的合并与重组。

随着货币政策转为稳健为主，央行逐渐收缩银行的流动性，以抑制货币投放过多。该市工业发展的融资渠道本来就十分狭窄，2006年1~4季度，该市新增贷款分别为2亿元、2.6亿元、2.8亿元和0.4亿元，宏观调控的紧缩效应开始逐步显现。调控后一些基层商业银行权限上收，交通银行已退出该市；农村信用社经营压力逐步增大，贷款投放进一步减少；加之贫困地区银行向发达地区外拆资金，下一步项目贷款特别是工业项目贷款难度将进一步加大，一些招商引资项目的流动资金配套贷款难度也明显增加，这在一定程度上给该市经济发展特别是工业发展带来不利影响。

三、投资宏观调控过程中存在的问题

（一）地方政绩考核与评价体系存在缺陷，与宏观调控目标冲突

从本质上讲，当前的投资过热更大程度上是体制性现象，是地方政府追求政绩和攀比竞争的必然结果。当前，地方政府之间在招商引资过程中的竞争是改革开放以来最激烈的，而这种竞争是不合理的政绩考核与评价体系导致地方官员决策与动力机制扭曲的真实反映。用地方同志的话说，宏观调控“降、降、降”，弱化了投资的作用，但是，地方政府政绩“升、升、升”，反而强化了投资的作用。到目前为止，我国各级政府均未建立起一套符合政府公共服务职能要求的官员考核和评价制度，经济增长指标分量较重、要求较实，社会发展指标分量较轻、要求较虚。这也是造成2003年以来投资反复膨胀，而目前仍居高不下的主要原因。

以该市为例，2007年度，市委下达给各县区开发区的工作目标中，经济发展目标占了60分（100分制），而社会发展目标仅占15分，党建、维稳工作目标占25分。经济发展目标15项，每项平均6.7分，而社会发展目标15项，每项平均1分。在经济发展目标中，GDP增长、地方财政一般预算收入增长和固定

资产投资增长分别占5分，工业强市目标占12分，招商引资目标任务7分。与经济与投资增长相关的目标得分就占了全部考核得分的44%。可见，市委、市政府对县区党委、政府的经济增长要求非常高，甚至不惜出现经济指标之间的相互交叉和重复统计计算。与此同时，和地方基本公共服务密切相关的领域，如就业、最低生活保障、教育、医疗、环保任务分别只占1分，这些公共服务好坏对地方官员政绩影响力较小、重要性较低、约束性较差（见表2）。

表2 该市某县2007年度工作目标

序号	目标内容	分值	序号	目标内容	分值
	一、经济发展目标（60分）			二、社会发展目标（15分）	
1	GDP增长14.5%	5	1	扶贫解困行动	1
2	地方财政一般预算收入增长13%	5	2	就业促进行动	1
3	固定资产投资增长30%	5	3	农民工和城镇失业人员培训	1
4	完成工业经济发展目标任务	12	4	最低生活保障行动	1
5	完成农村经济工作目标任务	10	5	实施农村安居行动	1
6	完成招商引资目标任务	7	6	农村基础设施建设行动	1
7	完成交通建设目标任务	7	7	安全饮水行动	1
8	双创及旅游工作目标任务	7	8	医疗保障行动	1
9	社会消费、民营经济、外贸出口	2	9	教育资助行动	1
			10	实施生态环境保护行动	1
			11	安全生产	2.5
			12	全面推进依法行政	0.7
				三、党建、维稳工作目标（25分）	

而且，这种政绩考核体系从省到市再到县层层分解。该市所在省区在考察辽宁和江苏经济发展成就后，提出工业强省，各地市也大多提出工业强市，各县随即提出工业强县，并写入各级“十一五”规划。根据《省第九次党代会上的报告》，未来五年，要一年有新进展，三年有新突破，五年上新台阶，实现全省生产总值和地方财政一般预算收入翻番。这意味着全省GDP年均增速要达到14.9%，而“十五”期间该省GDP年均也只增长了11%，“十一五”时期的经济增长必然大大加快。该市“十一五”规划GDP年均增长12%，现在看来这一目标也必须大大提高，否则无法跟上全省发展的步伐。即使实现与全省同步增长，按照简单比例关系推算，该市未来固定资产投资年均增速也要达到37%。

由此可见，如果地方政府政绩考核与评价机制不发生根本变化，追求投资增长的冲动就不会减弱，国家的投资宏观调控就很难达到既定的目标。

（二）经济增长方式难以在短期内转变，与资源环境保护存在较大矛盾

该市地处边远山区，与大城市的距离较远，周边地区经济普遍欠发达，基础设施长期得不到重视，经济发展有被边缘化的趋势。按照该市现实的区位条件和经济基础，要想实现跨越式的发展，只能依托本地资源，开发资源型和耗能型产业，引进发达地区禁止发展或淘汰的工业，否则经济增长只能是一句空话。转变经济增长方式，引进高技术含量的项目，不断优化产业结构也是该市的追求，但是，有技术含量的企业落户该市的可能性微乎其微。即使是现有企业的生存与发展也与资源环境保护存在较大矛盾。按照该市某县环保局领导的说法，如果严格按照国家节能减排方案的要求，该县所有企业都将因不符合国家产业政策和环保政策而被淘汰。而这又是不可能的，因为地方政府的正常运转会因此出现问题，相关企业关闭产生的失业人员也会给社会带来不和谐。

这些年该市在招商引资方面下了大工夫，但是，引进的项目有相当一部分仍然是高耗能和污染型企业。2005年，沿海地区某地的碳素公司准备整体搬迁到该市，它是沿海当地政府发文限期必须关闭的企业之一，该企业的二氧化硫、氯化物和粉尘污染均比较严重，仅一期工程半成品加工车间投产后对周边环境的影响就已较大；近期中铝集团下属的该市铝业公司正在申报技改扩能，希望形成30万吨电解铝生产规模，并延伸铝加工产业链条，发展铝型材、热轧板、铝合金棒等铝制品。而以目前铝业公司12万吨电解铝的产量，就已消耗了该市2/3的用电量，铝厂周边污染物排放超标，严重影响了居民的日常生活。该市引进的资源和能源型企业大多使用直购电，电价仅0.2~0.3元/度，而市场上工业用电价格为0.6元/度，如果严格按照国家节能减排要求，取消高耗能产业的优惠电价，那么，碳素公司和铝业公司这样的该市仅有的几个大企业的利润空间就将被大大压缩，企业生存将受到影响，还会影响其他类似企业的引进。

就此次国家投资宏观调控的作法来看，其核心是限制消耗高、污染重、技术落后的项目建设，抑制钢铁、水泥、电解铝、铁合金、焦炭等产能过剩行业盲目扩张，加快产业结构调整升级。而就该市实际而言，2005年，全市工业COD排放量为8710吨、氨氮1958吨、二氧化硫3.7万吨，而省下达2010年控制目标为工业COD排放降低到7500吨，氨氮排放降低到1200吨，二氧化硫

3.8万吨。这就意味着，在大力实施工业强市的背景下，一方面在现有情况下，要达到省下达的目标要求难度较大；另一方面一批重大工业骨干项目相继上马，将形成新的污染排放。该市环境容量空间实质上非常有限，远没有普遍认识的大。① 因此，该市遇到的现实问题就是：在经济仍十分落后、发展欲望十分强烈的情况下，环境容量却没有了。

（三）土地政策作用重大，但是在促进发展和保护资源方面处于两难境地

土地作为调控手段是具有中国特色的举措。由于土地是经济建设的重要载体，对土地供应进行调节能够对宏观调控发挥立竿见影的效果。随着《国务院关于深化改革严格土地管理的决定》（国发28号文件）、《国务院关于加强土地调控有关问题的通知》（国发31号文件）以及一系列文件的出台，国家从土地利用规划和计划、土地出让、土地审批、土地征用、土地收益分配、土地监管、耕地保护、土地管理责任制度等方面来全方位构建土地调控网，进一步严把土地闸门。

地方国土部门的同志普遍认为，上述政策会从两个方面影响未来投资发展。其一，提高了土地的取得和保有成本。被征地农民的征地补偿安置费用将提高，同时，提高被征地农民的社会保障水平，强调了凡社会保障费用不落实的不得批准征地，另外，城镇土地使用费也要相应提高征收标准。这些措施将提高土地要素价格，使土地价格回归到合理的水平之上，本身就能抑制投资增长；同时，还有利于提高土地的投资强度。其二，引导地方的招商引资活动进入理性和规范的轨道。《通知》规定工业用地出让最低价标准不得低于土地取得成本、土地前期开发成本和按规定收取的相关费用之和。工业用地必须采用招标拍卖挂牌方式出让，其出让价格不得低于公布的最低价标准。这将使该市工业用地的出让价格提高28%~35%，恢复到基准地价的水平。也使该市与全国其他地区处于同一政策平台之上。

尽管土地政策在投资宏观调控与管理中发挥了积极的作用，但是，遇到地方发展经济的迫切需要时，也处于政策执行的两难境地。对市县两级土地管理部门来讲，上面管帽子（上级垂直管理），下面管票子（同级财政负担工资），两个婆婆都得罪不起。所以，在国家政策框架下，寻求适宜地方经济发展的空间就成为市县国土部门的必然选择。对于工业用地来讲，市县

① 该市所在省的21个地级市中，有14个市已无水环境容量，9个市无大气环境容量。几大江河中，环境容量也已接近极限状态。酸雨量占全年总雨量的40.6%，属全国酸雨污染较重区域。

国土局会严格按照规定的基准地价挂牌，与此同时，政府投入一定资金，作好该地块的土地平整和部分基础设施，这样，政府投入与基准地价的差额就是政府补贴给业主的部分，通过这种方式吸引投资。尽管这种方式属于暗补，国家也不允许，但是，现在某些地方还是在按照这种方法操作。

从有效利用土地资源、促进欠发达地方经济发展的角度出发，现有土地政策还存在一定的问题。该市市中区，工业用地最低价格限制在9.6万元/亩，城区勉强可以接受，但是，距离较远的乡镇也执行同一价格，就非常困难；紧邻市中区的某区距离市中心很近，工业用地最低价格却只有5万元/亩，仅为市中区的一半。这种相对粗糙而缺少弹性的土地价格控制方式在实践中表现出较明显的局限性。目前，有关土地的调控政策变化较快，新政策不断出台，不利于地方政府开展工作。例如，给老百姓的每亩征地补偿金额一年一变化，每年上升5%~10%。国土部门在办理补偿时，兑现及时或不及时都会影响经济发展。提前兑付，政府缺少资金，而延迟兑付，则需要执行新标准，补偿金额又会提高，政府同样付不起。为征地农转非人群提供社会保障是2005年国家出台的政策，每人补偿1.58万元，2005年以前的项目及其拆迁人口也要求相同的政策，但是，却没有明确的政策规定，造成同样拆迁享受的待遇却不一样。

（四）投资管理程序混乱，投资调控成为某些部门的谋利工具

按照国家发改委等五部委2006年8月1日发布的《关于印发新开工项目清理工作指导意见的通知》，针对固定资产投资新开工项目在产业政策、项目审核、土地审批、环境评价、信贷政策等方面不同程度地存在的违反国家有关规定的问题，各地要清理上半年总投资一亿元及以上的新开工项目，其中，钢铁、电解铝、电力等行业要清理总投资3000万元及以上的项目。该市列入清理范围的项目共计8个，其中基本建设项目6个，更新改造项目2个。在这8个项目中，有7个存在未进行环评或土地违规使用等问题。而未纳入清理范围的规模以下的100多个项目问题更多，可以说几乎没有项目不存在这样或那样的问题。值得注意的是，作为投资宏观调控重要关口的市发改委，对上述项目违规情况并不完全掌握，直到此次项目清理，才对相关项目情况有所了解。

目前，各类行政管理部门之间的协调不够，对政策的理解也不一致，造成管理上的混乱。根据2004年10月国家发改委发布的《关于实行企业投资项目备案制指导意见的通知》（发改投资〔2004〕2656号），“环境保护、国土资源、城市规划、建设管理、银行等部门(机构)应按照职能分工,对投资主管部门予以备案的项目依法独立进行审查和办理相关手续。"即备案制是由发改委先发项目备案通知书,再办理土地和环保等手续。而国土资源部2004年11月发布的《建设项目用地预审管理办法》(国土资源部第27号令)却规定,"需核准、备案的建设项目在申请核准、备案前,由建设用地单位向国土资源部门提出预审申请。"即项目建设单位在向发改委等部门申报备案时,必须附国土资源部门预审意见。显而易见,两部门的规定互为前置条件,造成业主无所适从。再以外商投资项目的核准为例,按照规定,3000万元以下由市发改委核准,但是,工商、税务等环节仍要到省级部门办理,这给业主造成了许多不必要的麻烦。

当前,国家利益部门化现象比较严重。国家强调通过土地、环保手段进行调控,于是相关部门的收费权力大增,国家政策成为某些部门的摇钱树。以水电项目为例,从规划到建设,需要经过30~40道审批程序,比以前复杂了很多。再如在使用国家资金的公路项目的审批过程中,省发改委要组织省咨询院、省公路局反复踏勘、论证两遍。如果程度复杂后能够管好,也有价值,但是,实际上,在项目论证、评审和审批过程中,项目单位、业主要做通政府部门、各类机构和专家的工作,公关成本大大增加。通常一个项目可研报告平均需要20万元,评审又要花10万元,项目审批论证费用就占整个项目投资的3%~5%。对于欠发达地区来讲,项目资金的上级部门补助本来就有限,地方配套资金又难以落实,本地还没有符合资质的评审机构,只能到省上请专家,所以,负担非常重。另据地方同志反映,在国家出资项目建设过程中,要由审计部门和财政部评审中心分别进行建设资金的核定,作为招投标依据。审计部门相对公正与客观,而财政部的评审中心则倾向于更多审减项目资金,因为审减得越多,财政部评审中心就可以按比例获得更多的经费提成。

四、对未来投资宏观调控的建议

转变投资宏观调控的思路,完善投资宏观调控体系,改进投资宏观调控的方式方法,使之更加符合经济运行规律,符合公共利益的要求,符合各地的实际情况,不但是中央政府的想法,也是地方政府和民众的愿望。

(1)建立以公共服务为主,经济建设为辅的政绩考核与评价体系以及相应的政府问责制度。减少经济建设指标和分数在考核体系中的比重,大大提高社会事业指标和分数的比重。不仅要重点对地方政府在土地、环保和能耗上的决策和行为进行考核,而且要用基本公共服务的均等化标准来考核官员,强化政府对基本公共服务供给过程和结果的职责。要确立可靠的评价指标和测量方法,把权力赋予、奖励报酬真正与公共服务的绩效挂钩。

(2)对地方政府行为的节制可以是来自于中央政府的纵向约束,也可以是来自于本地区内部的横向监督。如果单纯依靠中央政府的宏观调控,而来自于本地区的民主监督和制约机制没有建立起来,地方政府的投资冲动将会反复不断出现。因此,应削减地方政府部门对项目的自由裁量权,相应增强地方人大对地方政府投资项目以及债务融资的民主监督与制约,提高社会公众对项目规划、评估与建设的民主参与程度。

(3)欠发达地区往往是生态敏感与脆弱的地区,大江大河的上流保护地区,在这些地区限制高耗能和高污染产业的发展有其合理性。但是,考虑到欠发达地区经济与社会发展的现实要求,必须建立规范的生态环境补偿机制,解决好生态投资者和生产者的合理回报问题,解决好这些地区的基本公共服务均等化供给的问题,否则相关政策是不会真正被这些地区所接受并转化为自觉行动。建议按照地方污染物减排量的多少,以及由此引起的税收减少,中央政府安排足够的转移支付,补齐这些地区的人均财力,同时,中央政府还要对当地关闭企业新增失业人员给予妥善安置。要完善地区之间横向转移支付机制,直接向受益主体收取适当费用来充实相应的生态补偿基金。

(4)宏观调控还应注意细节管理,注意部门间的协调配合。土地政策应在技术层面上做得更细一些,如工业用地的控制价能否有一定的弹性空间,最好区内能够再有个分级,下浮一定比例,以真实反映土地资源的稀缺性。中央各部委要加强信息沟通,政策要保持一致性,不应该相互打架,更不能互为前置条件。对于投资宏观调控和管理,该收的权力要收住,该简化的程序则要简化,不要让宏观调控成为某些部门的寻租手段。对于省市级政府来讲,要强化发改部门对项目的综合管理和监督职能。

(5)作为宏观调控的重要关口,基层环保、建设、规划、土地部门的管理体制要进一步完善。以基层环保部门为例,目前,县区一级环保局隶属同级人民政府,无法排除地方政府的干扰,专心致志地执法;同时,县区一级财力有限,编制经费普遍不足,执法装备落后,影响了环境监管工作的正常运转。因此，县级环保部门应收为省直管或市直管，机构、人员、编制，参照当地人口总量等因素配置。同时，中央和省级部门要加大对县区环境监测装备投入，加强对基层工作的指导和培训，提高基层部门应对突发事件的能力。

第十章 政府投资的效益

内容提要：

在政府投资效益中，社会效益是第一位的，这与其必须认真履行公共服务职能密切相关。对于政府投资来讲，就是要为经济社会发展创造优良的外部环境和基础条件。外部环境不断优化、基础设施不断改善，政府投资的效益就提高；反之，则下降。近年来，国家审计署对国家预算内投资、国债项目投资、地方政府投资项目的审计结果，暴露出我国政府投资浪费严重、资金使用效率低下、中间损耗和贪污腐败等许多问题，反映出政府项目建设和运行质量不高。判定国有经济投资效益非常困难，不能笼统地认为国家所有和经营就一定效率低下。近年来，国有垄断企业效益不断提高，但是，仍需加快结构升级步伐，提高国际市场竞争力，提高服务意识，增强社会责任感。

一、政府投资效益评价

政府投资效益评价是一个综合的范畴，涉及的内容比较广泛，主要表现为经济评价和社会评价两个方面，而经济评价又包括财务评价和国民经济评价两个层次。政府投资的特性和职能决定了政府投资必须将社会效益放在首要的位置，因此，对政府投资社会效益的评价是政府投资效益评价的主要内容。

(一)效益评价方法

1.财务评价

政府投资的财务评价是指在国家现行财税制度和价格体系下，从财务的角度分析测算项目直接发生的财务费用和收益，编制财务报表，计算评价指标，考察项目财务盈利能力和清偿能力等财务状况，对项目的财务可行性进行评价的一种活动。财务评价具有预测建设项目的盈利能力、清偿能力及抗风险能力；制订资金筹措方案，合理使用各项资金，提高投资效益；明确投资者的权益；安排盈利分配和资金运用等作用。财务评价包括盈利能力及清债能力分析。

(1)盈利能力分析。净现值(NPV)。净现值是反映项目技术方案在计算期内获利能力的动态评价指标。项目技术方案的净现值是指用一个预定的基准收益率，分别把整个计算期内各年所发生的净现值流量都折现到建设期初的现值之和。当NPV > 0时，说明该方案除了满足基准收益率以外还能得到超额收益，故该方案可行；反之，则不可行。净现值指标的优点是考虑了资金的时间价值，并全面考虑了项目在整个计算期内的经济状况。

总投资收益率。总投资收益率是指项目达到设计生产能力时的一个正常年份的年息税前利润或运营期内平均息税前利润与项目总投资的比率。其中，年息税前利润 = 年营业收入 - 年营业税金及附加 - 年总成本费用 - 补贴收入 + 利息支出；项目总投资 = 建设投资 + 建设期利息 + 流动资金。

内部收益率(IRR)。内部收益率是指在项目周期内或计算期内一系列收入和支出的现金流量净现值等于零的折现率。内部收益率的判断准则是：设基准收益率为i_c，若IRR > i_c，则项目在经济上可以接受，反之，则应予以拒绝。内部收益率取决于项目的净现金流量系列的情况，这种项目内部决定性，使它在应用中具有一个显著的优点，即避免了净现值指标需事先确定基准收益率这个难题。当要对一个项目进行开发，而未来的情况和未来的折现率都带有高度的不确定性时，采用内部收益率对项目进行评价，往往能取得满意的效果。

投资回收期。包括静态投资回收期和动态投资回收期。静态投资回收期是在不考虑资金时间价值的条件下，以方案的净收益回收项目全部投入资金所需要的时间。动态投资回收期是在计算回收期时考虑了资金的时间价值。判别标准是：若方案中的动态投资回收期小于基准动态投资回收期，项目可行；反之，则应予以拒绝。

(2)清债能力分析。利息备付率。利息备付率也称利息倍数，指项目在借款偿还期内各年可用于支付利息的息税前利润与当期应付利息费用的比值。利息备付率越高，表明利息偿付的保障程度越高。参考国际经验和国内行业的具体情况，一般情况下，利息备付率应大于1，并满足债权人的要求。

偿债备付率。偿债备付率是指项目在借款偿还期内,各年可用于还本付息的资金与当期应还本付息金额的比值。可用于还本付息的资金包括:可用于还款的折旧和摊销,成本中列支的利息费用,可用于还款的所得税后利润等。偿债备付率高,表明可用于还本付息的资金保障程度高。正常情况下,偿债备付率应大于1,并满足债权人的要求。

资产负债率。资产负债率指各期末负债总额同资产总额的比率,是反映投资项目债权人各年所面临的财务风险程度以及投资项目清债能力的指标。适当的资产负债率,表明企业经营安全、稳健,具有较强的筹资能力,也表明企业和债权人的风险较小。

2.国民经济评价

在市场经济条件下,大部分工程项目财务评价可以满足投资决策要求,但对于财务现金流量不能全面、真实反映其经济价值的项目,还需要进行国民经济评价。这些项目包括:具有垄断特征的项目,产出具有公共产品特征的项目,外部性显著的项目,资源开发项目,涉及国家经济安全的项目,这些项目大多属于政府投资范畴。因此,我国政府投资项目的取舍以国民经济评价结论为主,对那些国民经济评价好,财务评价不好但确实为国计民生所必需的建设项目,中央和地方政府可考虑给予优惠政策或进行补贴,使其在财务方面变得可行而加以实施。分析国民经济盈利能力的指标主要有经济内部收益率、经济净现值、经济净现值率和投资净效益率。①

经济内部收益率(EIRR)。经济内部收益率是反映项目对国民经济净贡献的相对指标,它是项目在计算期内各年度经济净效益流量的现值累计等于零时的折现率。经济内部收益率等于或大于社会折现率时,表明项目对国民经济的贡献达到或超过了要求水平,项目可以接受。

经济净现值(ENPV)。经济净现值是反映项目对国民经济净贡献的绝对指标,它是指用社会折现率将项目计算期内各年度的净效益流量折算到建设期初的现值之和。当经济净现值等于或大于零时,表示国家对项目付出的代价可以得到符合社会折现率的社会盈余,或除了得到符合社会折现率的社会盈余外,还可以得到以现值计算的超额社会盈余,项目可以接受。

经济净现值率(ENPVR)。经济净现值率是经济净现值与投资现值的比

---

① 刘晓君:《建设项目投资决策理论与方法》,第120页,北京,中国建筑工业出版社,2009。

值。它反映了项目单位投资为国民经济所作出的净贡献的相对指标。当经济净现值率大于或等于零时,项目可以考虑接受。

经济效益费用比。经济效益费用比是项目在计算期内效益流量的现值与费用流量的现值的比率,是经济费用效益分析的辅助评价指标。如果经济效益费用比大于1,表明项目资源配置的经济效益达到了可以被接受的水平。

3.社会效益评价

政府投资项目评价不仅要考虑项目的经济效益与费用,还要考虑项目以外的社会效益与费用。时代变迁使人们已经认识到社会发展应是以人为核心、以可持续发展为原则的。项目评价也应着重强调项目与社会的相互适应性,即项目与自然、社会等之间的协调发展。而这些问题是经济评价所不能解决的,故需要从社会层面对项目进行评价,使之成为经济评价的有益补充,这种评价就是项目的社会评价。即根据国家或地区的基本目标,把效益、公平、环境目标以及加速贫困地区经济发展等影响社会发展的其他因素通盘考虑,对项目进行多因素、多目标的综合分析评价,从而选出并实施那些有助于实现国家或地区最终目标的项目。

投资项目的社会影响既有正面影响又有负面影响。[①] 按照可持续发展的要求,政府投资的社会影响因素包括:第一,对项目所在地区居民收入的影响。主要分析居民收入增加或减少的范围、程度及其原因,收入分配是否公平。对于扶贫项目,要着重分析项目的实施是否能减轻当地的贫困,能带动多少贫困人口脱贫。第二,对项目所在地区居民生活水平和质量的影响。主要分析居民居住水平、消费水平、消费结构、人均寿命的变化以及产生这些变化的原因。第三,对项目所在地区居民就业的影响。主要分析项目建设和运营对当地居民就业结构和就业机会的影响。第四,对项目所在地区文化、教育、卫生事业的影响。主要分析项目的建设和运营期间可能引起的当地文化教育水平、卫生健康程度的变化和对当地自然景观、文物古迹的影响,以及对消除不良社会影响所发挥的作用。第五,对社会基础设施和公共服务的影响。主要分析项目的建设和运营期间,在合理设计方案内可能增加或挤占原有的可供当地使用的公共基础设施,包括道路、桥梁、供电、给排水、供气及商业、餐饮等。

---

① 牟涛、袁蕴:《政府投资的社会效益评价研究》,《财会月刊》,2007年第9期。

根据上述影响因素，政府投资项目的社会评价指标应该包括以下方面:①社会经济指标。重点考虑就业效益、收入分配效果和居民经济生活;②社会环境影响指标。重点考虑文化教育影响指标,例如文盲率、大专以上人口占总人口的比重、人均受教育年限,对居民卫生健康影响以及对社会安全和稳定的影响;③生态环境影响指标。从通过污染破坏所造成的费用损失和生态治理成本与效益两个方面考察;④自然资源影响指标。即项目对土地、水、能源等资源的消耗系数、自然资源综合利用效益等;⑤项目与国家和地区发展的适应性指标。即项目是否符合国家发展战略、地区经济发展趋势、城市发展需要;⑥当地人民需求适应性指标。用定性方法分析项目与当地人民需求的适应程度;⑦项目受损群体的补偿指标。主要评价补偿的合理性和公平性;⑧项目公众参与指标。了解公众对项目的参与方法、途径和程度。

(二)重要公共部门投资效益

1.教育投资效益

教育提高了受教育者的科学文化水平和劳动技能,提高了劳动生产率和资源使用率;教育的普及给普通人提供了机会,改变了国民收入的分配,有利于社会成员社会地位的平等化；教育可以提高劳动者的能力和素质,提高了人口的质量；教育的发展也有利于促进国家和地区科技水平的提高。教育投资的效益评价需要在个人与社会、不同等级学校以及不同收入水平国家(地区)等多个层面进行综合考察。

根据希腊学者乔治·萨卡罗波路斯(George Psacharopoulos)在《国际货币基金组织和世界银行季刊》1982年3月号上发表的文章,“无论社会还是个人,都可以从教育投资中得到很大的报偿。但是,要衡量所有这些报偿却很不容易,有很多收益,例如使社会有更好的选民,或是更有见识的消费者,虽然也很明确,但是难以计算。”

用于评价教育项目的一套方法是一个很有争议的问题。多年来,世界银行一直采用“人力需要”的办法,以确定某一国家要实现部门发展目标所需的技术人才的数量。因为人力需要是直接以部门对符合条件的人员的需要为依据的,而这些部门又往往是经济中的现代化部门,所以这种方法常常导致对高等教育和技术课程的大量投资。不过,世界银行也越来越多地利用有关不同等级的教育所需“成本和效益”的资料作为投资决策的依据。这种方法一般有利于初等教育和一般性课程，因为它们所需的成本较低。

要计算出成本，相对来说是很简单的，但无论是从经验或是从理论上来说，要算出对个人和对社会的收益率，特别是后者，并不是很容易。

估计教育投资的收益率，可以采用与测算其他任何经济活动收益率相同的方法。一定的费用是在数年内支出的，表现为教师的薪水，使用大楼和各种设施的投资，设备和材料的费用，以及学生在校期间不能从事的生产劳动的价值。收益的形式则是提高了文化程度和技术水平的人在一生中所增加的生产。

由于直接衡量文化程度不同的劳动力的边际劳动产品，或是某人在校学习而不从事生产的机会成本很困难，因此，可用工资收入来代表生产力。通常估算的是私人和社会这两种收益率。私人收益率可用以解释并预测私人对在某种学校求学的需求；社会收益率可用作将公共投资分配给教育的指南。

在计算私人收益率过程中，受教育的个人获得的效益表现为某人纳税后的一生收入中由教育所给予的额外价值；个人的开支——学费等各种费用，以及与受到的额外教育密切相关的其他必要的杂费，均为成本。举例说，计算一个大学学位的私人收益率时，奖学金应列入负的支出项目。在完全靠补贴的公立学校里接受初等教育的私人直接费用，在大多数国家中几乎等于零。相反，在计算社会收益率中，就要包括教育的全部社会费用，不管学校是否收费。所计算的收益（或工资收入）应为纳税前的数额，因为从社会的观点来看，税收代表一种转移。

从表10–1可以看出，第一，在发展中国家，对任何等级的教育的投资收

表10–1 不同收入水平国家教育投资收益率

国家	人均收入（美元）	社会收益率(%)			私人收益率(%)		
		小学	中学	高等教育	小学	中学	高等教育
低收入国家	299	23.4	15.2	10.6	35.2	19.3	23.5
中低收入国家	1402	18.2	13.4	11.4	29.9	18.7	18.9
中高收入国家	4184	14.3	10.6	9.5	21.3	12.7	14.8
高收入国家	13100		10.3	8.2		12.8	7.7
世界平均	2020	20	13.5	10.7	30.7	17.7	19.0

资料来源　乔治·萨卡罗波路斯:《教育投资》，见《国际货币基金组织和世界银行季刊》1982年3月号。

益率一般都超过10%，超过了世界银行对其他经济部门投资通常要求达到的标准。个人和社会都能获益；受教育的个人按其受教育程度挣得工资；而个人对于国民收入的贡献超过用于其教育的那部分公共资金，这就是社会的收益。第二，随着教育程度的提高，投资的收益率逐步下降。这就是说，小学应该是投资的重点（这也符合投资收益递减这一经济的基本命题）。第三，人们观察到，在发展程度各不相同的国家都表现出这种递减形式：在比较贫困的国家中，对学校投资的绝对收益在各种等级的教育中都是最高的。这个经验性的发现对教育项目的贷款具有重要意义。最贫困的国家在为它们的教育系统提供资金方面最需要帮助，因为花在这方面的钱能够得到最高的经济报偿。

因此，教育支出是一项社会收益很高的投资，这一全球性的论断得到了多年来积累起来的证据的有力支持。我们也可以很有把握地作出这一结论：教育，特别是较低等的教育，有助于减轻贫困，使收入的分配更加平等，以及改善社会环境。

2.铁路投资效益

(1)经济效益。根据铁道部经济规划研究院的研究结果，实施“十一五”铁路网规划需要上万亿元的投资，这么大的投入将产生巨大的效益。[①]铁路建设经济效益的特点是外部效益远远高于企业效益。将“十一五”规划当作一个大项目，采用项目评价方法作经济评价，评价方式及主要参数取值如下：

评价基本前提。采用项目评价方法对“十一五”规划作经济评价。基础设施投入12500亿元，机车车辆投入2500亿元。为使项目评价方法适用于对规划的评价，需要作一些基本假设，满足计算模型的要求。计算年度由2006年至2030年，按照有无对比原则，因原有铁路能力基本饱和，把规划运量增量的85%看作是由新投资项目所产生。

运输收入计算。运输收入包括客运收入、货运收入和其他收入。采用全路平均运价率水平，其他收入率取10%。

成本和支出计算。运营成本包括客运有关成本、货运有关成本和无关成本。固定资产年基本折旧率为4%，机车车辆年基本折旧率为6%，税金及附加取运输收入的3.2%。

---

① 铁道部经济规划研究院：《对铁路“十一五”规划若干问题的思考》，《铁道经济研究》，2006年第1期。

费用增量分析。直接费用增量主要包括铁路工程投资、机车车辆购置和运营成本及支出。目前铁路项目将相关的环保、土地占用费都已列入投资，没有其他间接费用。

间接效益增量分析。在间接效益增量分析中，主要考虑运输费用节约效益。

评价结果："十一五"规划的财务内部收益率高于6%的铁路基准财务收益率。在度过建设高潮期以后，铁路的企业效益还将不断提高。"十一五"规划的国民经济效果十分显著，经济内部收益率在20%以上。

（2）社会效益。根据中国铁道科学研究院科学技术信息研究所的研究结果，铁路与社会经济各部门密切联系，对经济发展作用显著。①

有利于城市圈的形成和集群效应的扩大。我国铁路经过近10年的发展，逐渐在经济发达地区形成了高速铁路网，使得环渤海地区、长江三角洲、珠江三角洲三大经济圈的时空距离大大缩短。城际列车是铁路提速后性价比较高的客运产品，成为城市化和区域经济一体化的加速器，是城市群经济发展的交通保障。铁路第6次大面积提速，开行总计212对时速200公里及以上的城际动车组快速列车，缓解了各城市之间的高密度客流，更有助于推进各大城市群的经济发展。发达的城际交通弱化了城市间距对企业布点的影响，城市之间的商务、文化交流更加紧密，分工协作和个性化发展成为区域经济发展的新模式。

有利于区域协调发展。"十一五"期间，铁道部加快建设客运专线的同时，重点加强了中西部的铁路建设。到2010年，西部铁路网规模将达到35000公里，中、西部铁路网规模将分别增长25%和27%。铁路作为重要的基础设施，对促进区域协调发展和社会主义新农村建设，将发挥巨大作用。青藏铁路通车和安全畅通，有力地拉动了西部特别是青藏两省区经济社会的发展：运输成本有望降低一半以上；旅游业、高原特色产业面临新的机遇；创造更多的就业机会。据估计，青藏铁路的建设，给西藏自治区带来直接和间接经济收入达40亿元。西藏自治区"十一五"发展规划，制定了农牧民人均收入年均递增13%的高目标，青藏铁路起到很大作用。

铁路发展引致产业链延伸。铁路客运的持续提速、路网规模的扩大和客货运输的高速发展，为国内铁路运输装备制造业的发展提供了广阔的市

---

① 吴迪、肖增斌：《铁路大发展的社会经济效益分析》，《中国铁路》，2009年第3期。

场空间。我国开行具有世界先进水平的“和谐号”动车组，主要由中国北车股份有限公司和中国南车股份有限公司生产，但也涉及众多其他生产企业，已形成相当规模的产业链。高速动车组所需零部件大约12000件，分类成子系统大概145个，仅国内就有12个省市的120多个企业直接参与动车组列车生产。铁路大发展给铁路产业链中上下游企业，如车辆及线路配件、车辆材料制造等企业，带来巨大收益。铁路建设为钢材产业，主要包括基建用钢、线上用钢、轨枕用钢、机车车辆用钢、铁路货车用钢、电气化铁路用钢，以及与铁路建设相关的装卸车、推土机、叉车、建筑机械、凿岩机械、挖掘机械等工程机械装备的发展带来机遇。

物流业从中获益。铁路提速加快了物流速度，并使物流成本降低，物流企业也越来越重视铁路便捷性带来的区位优势。总投资1.2亿元的福建旷远物流仓储项目，最终落户莆田秀屿区，主要原因是向莆铁路（南昌——莆田）莆田站设在秀屿区。莆田站是福（州）厦（门）铁路、向莆铁路、湄洲湾港口铁路支线的连接点，加上莆田高速公路、通港大道，极大地提升了区位优势，物流业将成为区域优势产业。铁路建设和运输发展，带动了大量人员的外流，也带动了公路客运的发展。铁路提速主要集中在大城市之间的干线，而处于交通末端的中小城市和支线所在地区受益较少。为了确保高速列车快速直达，大量中小城市沿途站点不再停靠，这给短途公路运输产生大量客流。

（三）投资效益综合评价

在政府投资效益中，社会效益是第一位的，这与其必须认真履行公共服务职能密切相关。对于政府投资来讲，就是要为经济社会发展创造优良的外部环境和基础条件。外部环境不断优化、基础设施不断改善，政府投资的效益就提高；反之，则下降。但是，政府投资使用的毕竟是纳税人的钱，不讲经济效益容易导致公共资金的滥用。

要合理评价政府经济活动，成本—效益分析是重要的方法。所谓成本—效益分析法，就是针对政府确定的建设目标，提出若干实现建设目标的方案，详细列举各种方案的全部预期成本和全部预期效益，通过分析比较，选出最优的政府投资项目。选择最优的投资项目的依据就是计算该项目的净社会效益。净社会效益等于效益减去成本后的余额。在计算政府投资的成本收益时，经常会遇到这样的问题，即许多公共产品或服务的成本和收益没有市场价格，是无形的或非市场化的。另外，由于市场失效和不完善，虽然某些公共产品和服务有确定的市场价格，但是，这些价格不能完全反映它们可能给社会带来的边际社会成本或收益。因此，在政府投资项目评价中，引入了影子价格的分析工具，即社会处于某种最优状态下，能够反映社会劳动消耗、资源稀缺程度和最终产品需求状况的替代价格。

这一分析所涉及的成本、效益和最佳的标准与私人部门的分析有着明显不同的含义。总的区别有三：其一，私人投资只考虑自身的内在成本和内在效益，政府投资还要考虑影响整个社会的外在成本和外在效益，因此，是否考虑投资的外溢性，是二者的第一个区别；其二，私人投资的取舍标准是货币收益，实现这种收益的最大化是其追求的唯一目标。政府投资的取舍标准则不限于货币收益，还有社会的标准，其所追求的目标是社会福利的最大化；其三，私人投资是纯市场行为，决策依据是市场价格。公共投资则要通过政治程序，决策依据也不完全是市场价格，采用更多的是影子价格。

在政府投资效益评价中，还要运用机会成本进行对比分析。机会成本是指将一种具有多种用途的有限资源置于特定用途时所放弃的收益。当一种有限的资源具有多种用途时，可能有许多个投入这种资源获取相应收益的机会，如果将这种资源置于某种特定用途，必然要放弃其他的资源投入机会，同时也放弃了相应的收益。在政府投资活动中，为获得一定的效益所耗用的资源代价，不能简单地以购买时的实际支出来计算，还应考虑决策时所放弃的收益。进行某项政府投资时，是以另一项或另几项政府投资可能获得的收益为代价，这种代价就是这项政府投资的机会成本。经过同机会成本的比较，如果该项政府投资备选方案的收益小于它的机会成本，那么，即使是一项有盈利的投资，也是不可取的。

二、政府项目建设成本与质量

政府投资项目成功与否，直接关系到老百姓的切身利益和财政资金的使用效益。政府投资项目的效益审计是对投资项目进行全过程效益审计，有助于评价投资项目的现状，降低项目建设成本，提高工程质量，并促使政府改善管理。我国国家投资项目效益审计并不只是单纯的财务收支审计，而是涉及建设管理、工程质量、材料采购、招标投标、合同管理等更多效益事项。

（一）国债投资

2003年，审计署组织对山西、河南、辽宁等28个省（区、市）的526个利用国债资金建设的城市基础设施项目建设效果情况进行了审计，重点检查了项目建设进展和建成后的运营情况。[①] 主要问题表现在：

第一，四分之一项目没能按建设责任书或计划建成。抽查的526个项目中，有136个未按照国家发展改革委与有关省（区、市）政府签订的建设责任书或项目计划建成，其中：污水项目68个，垃圾项目18个，供水项目29个，供气项目16个，供热项目5个。这些项目尚有85.4亿元投资未如期完成，占计划投资额的26.8%。这些项目逾期未建成的直接原因：一是前期工作薄弱，"三边"问题比较突出；二是配套资金不落实，一些地方政府没有完全落实建设责任，未及时足额落实配套资金。截至2003年6月，这526个项目中，中央补助国债和转贷地方国债已到位98%，而地方配套资金只到位78%，实际缺口近100亿元；三是部分利用外资项目，因对外谈判、招标程序复杂等影响了建设工期；四是因城市改造、拆迁等影响管网建设。

第二，部分已建成项目运营效果较差。在已建成的320个项目中，有32个基本未投入运营，18个长期处于试运营或开开停停状态，另有69个运营项目未达到当年设计生产能力。其中，污水、垃圾处理和供水项目平均实际生产能力分别只占当年设计能力的59%、56%和33%，设备闲置问题比较突出。造成项目不能正常运营和未达到设计能力的直接原因是：配套管网建设滞后；运营经费不足；工艺和设备设计不合理；设备质量存在严重问题；少数项目建设规模过大，超过了实际需要。安徽省巢湖市污水处理厂2001年6月一期工程完工后，因缺少运营资金仅试运行了一个月，二期工程完工后，也只进行了设备联动试运行。辽宁省鞍山市西部污水处理项目投产一年来，由于运营资金不足，仅能从事维护性运转，污水仍被直接排入太子河和大辽河。

第三，部分污水、垃圾项目处理指标不达标。在已投入运营的污水、垃圾处理项目中，有14个处理指标未达标。其直接原因是，项目设计不合理，擅自减少建设内容，降低建设标准，使项目功能和质量受到较大影响。安徽省合肥市建委等有关部门在建设南淝河治理项目过程中，一方面大幅度增加沿河两岸景观改造等建设内容，其中绿化与景观用地多征了80万平方米，超概算达1.72亿元，概算外增加灯饰景观费用3327万元；另一方面又大幅削减污水管网、河道清淤等必要的建设内容，少建污水管道60公里和1座

---

① 国家审计署：《部分城市基础设施国债项目建设效果的审计结果》，国家审计署网站。

泵站，比概算减少投资1.25亿元。山东省烟台市套子湾污水处理厂回用水处理工艺无法消除氯离子，生产的回用水氯离子严重超标，连绿化用水标准都难以达到。贵州省贵阳市高雁垃圾填埋场已投入使用近两年，渗透液处理指标一直未能达标。

第四，部分项目损失浪费严重。审计发现，有34个项目由于管理不善、设备不合格以及工程质量缺陷等原因，存在较为严重的损失浪费问题。如广西壮族自治区北海市白水塘垃圾处理项目在设备采购过程中把关不严，对代理商未进行资格审查，在签订合同时，多处违反国际通用惯例，付款方式、期限、索赔等条款明显不合理，已给国家造成直接经济损失约1900万元，还使价值近9200万元的设备和厂房闲置。河南省郑州市供水工程因前期勘察设计失误、建设管理不善等原因造成各种损失2716万元。投资5.6亿元的牡丹江煤气工程因盲目建设、管理混乱、损失严重而停产。

（二）水利建设

2004年，审计署对水利部及长江水利委员会等7个流域机构和湖南、湖北等15个省（区、市）2002~2003年水利建设资金管理、使用情况进行了审计，并抽查了15个国债投入较多的水利项目。审计资金总额716.4亿元，审计资金占2002~2003年全国水利建设投资总额的77%。①

审计结果表明，三分之一的项目未按期建成，少数项目存在质量缺陷。抽查354个项目，其中有109个未按计划建成。逾期未建成的主要原因：一是前期工作薄弱，设计变更多；二是配套资金未落实，在抽查的15个省（区、市）中，除广东、浙江两省落实较好外，其余13个省（区、市）有近119亿元配套资金未落实，占应配套的65%；三是投资计划批复及转发不及时、管理环节多。如山西省2003年应完工的20座病险水库，因地方配套资金不到位，实际仅完成8座，而且其中7座未达到设计要求，难以实现防洪、供水等预期目标。抽查305个项目，有21个存在质量缺陷。其主要原因：一是勘察设计工作深度不够；二是违规转分包，施工单位偷工减料；三是未经批准擅自降低建设标准；四是管理粗放。

35.8亿元水利建设资金被滞留。截至2003年年底，水利部及7个流域机构滞留资金13.8亿元，15个省级水利机构滞留22亿元，共计35.8亿元，占当

① 国家审计署：《部分水利建设资金和水利项目审计结果等五个审计结果》，2006年第1号（总第13号）（下），国家审计署网站。

年水利资金总额的11%，其中滞留一年以上的有11.8亿元。其主要原因是，计划、水利等主管部门对一些前期准备不足、不具备开工条件的项目下达投资计划，安排预算资金。此外，应急工程多、施工季节性强，客观上对水利投资计划和预算管理带来一定影响。如黄河下游治理、怀洪新河续建工程等10个水利项目，共结存闲置中央水利建设资金24亿元，部分资金闲置长达5年，投资效益难以发挥。

12.6亿元水利建设资金被挤占挪用和损失浪费。这次抽查的388个项目共挤占挪用资金10.1亿元，其中78个项目通过办经营性实体、违规提取管理费、关联交易、设立“小金库”以及编造虚假工程资料等手段挤占挪用水利资金，主要用于弥补行政（事业）经费、建楼堂馆所和发放补贴奖金等。1998~2003年间，陕西省财税部门从筹集的水利基金中提取业务费1.22亿元，占全省同期征收水利基金总额的10%，大多用于发放职工补贴、奖金。抽查25个项目因管理不善、工程返修等原因造成损失浪费2.52亿元。

违规征地28.7万亩，拖欠工程款及农民征地补偿款8.59亿元。抽查186个项目，有25个违规征地28.7万亩，其中27.3万亩未办理土地审批手续，其余为地方政府化整为零越权审批或扩大征地面积。抽查169个项目，有27个拖欠工程款4.88亿元，另有9个项目拖欠征地补偿款和农民工工资3.71亿元，有些地方还存在无偿让农民以劳折资抵顶配套资金，以及补偿标准过低等问题。如淮河干流陈族湾大港口圩区治理工程概算总投资2.13亿元，中央与省级资金全部到位，而市县配套的1070万元，全部让农民无偿出工抵顶。

（三）汶川地震灾后重建

2009年6月至11月，审计署和地方审计机关先后对72个重点项目、753所学校和22个县城乡居民住房重建项目进行了审计和审计调查。[①]出现的问题主要有以下几个方面：

(1)由于地址选择、产权关系等因素，截至2009年10月底，审计调查的3个受灾省22个重灾县中，有9个县城镇居民住房恢复重建达不到计划要求，其中一部分城镇居民住房尚未按计划开工建设，多数城镇居民重建户主要通过投亲靠友、租房或在板房居住的方式临时安置；四川省中江县、甘肃省

① 国家审计署：《汶川地震灾后恢复重建跟踪审计结果（第2号）——72个重点项目、753所学校和22个县城乡居民住房恢复重建跟踪审计结果》，国家审计署网站。

陇南市武都区和成县、陕西省宁强县和略阳县及宝鸡市陈仓区等6县，共有854户居民又重新住进了应拆除的房屋。

（2）截至2009年10月底，审计调查的甘肃省138所学校，仅建成投入使用27所，占抽查学校数的20%，而审计调查四川省319所学校和陕西省296所学校，已建成239所和214所，分别占抽查学校数的75%和72%。

（3）在72个重点恢复重建项目中，有3个项目超规划建设规模6.9万平方米，超规划投资1.5亿元。其中：甘肃省文县城关初级中学新校舍和体育场馆项目实际建筑面积4.3万平方米，是规划建筑面积2.4万平方米的1.8倍。甘肃省西和县体育场恢复重建项目，截至2009年10月已完成90%的工程量，累计完成投资2772.6万元，比省发展改革委批复投资超出1272.6万元。陕西省略阳县批复卫生系统重建医疗机构建筑面积6.8万平方米，投资1.8亿元，分别是省政府批复规划的3.6倍和4.6倍。

（4）违规安排使用灾后恢复重建资金2.3亿元。72个重点项目中，四川省绵阳市投资控股（集团）有限公司违规将永安大道1.4亿元灾后恢复重建资金，安排用于规划外的城南新区建设；甘肃省陇南通途公路工程处等单位将704.7万元灾后恢复重建资金，用于归还灾前工程银行贷款和日常经费支出等。3省22个重灾县中，四川省广汉市财政局等4个单位违规将8292.4万元城乡居民住房补助资金，安排用于扩大内需廉租住房建设项目、主街道楼群楼面装饰装修等规划外项目建设。

（5）重复申请灾后恢复重建资金2.4亿元。72个重点项目中，四川省广元市疾病控制中心、陕西省宝鸡市陈仓区宝虢路供水管网项目和排污管网项目、甘肃省成县城区生活垃圾处理工程和城关初级中学2号教学楼等5个项目，用灾前已落实资金的项目和设备重复申请灾后恢复重建资金7483.7万元；甘肃省康县迷坝乡马连小学教学楼和舟曲县村级卫生室2个项目，重复申请中央灾后恢复重建资金和社会捐赠资金共计208.7万元。

（6）在72个重点项目和753所学校恢复重建工程中，有14个项目存在违规转分包，151个项目存在工程管理技术人员未按合同要求到位，145个项目管理不符合国家规范，126个项目存在屋面渗水等问题，37个项目存在天棚吊顶安装不牢或脱落、室内护栏缺失、扶手松动等问题，5个项目存在钢筋间距不符合设计要求等施工缺陷。比如，彭州市白鹿小学教学楼78个基础承台中，有34个的轴线偏移超出国家规范要求，主体结构混凝土存在露筋、疏松和框架柱尺寸偏小等问题。

(四)结论

上述政府投资项目的效益审计发现的问题只是我国政府投资及运行效益的一个缩影,实际情况要严重得多。这里面有为了发展拼命上项目,在功利心的驱使下,违规建设各种项目,使工程质量低劣的原因;有党员领导干部违规插手干预工程建设,进行权钱交易的原因;有工程建设中的分包、转包和各种回扣现象严重,大量的工程费以管理费、中介费、利润等形式流入少数人腰包等原因。工程建设领域有"不花钱,拿不到工程"、"工程款的百分之多少可以用来送礼"等很多所谓的潜规则和行业内幕。政府资金平均只有少部分能够真正用于项目建设,其余的政府资金都被各类中间环节截留、挪用、贪污了。每年几千亿、上万亿的政府资金并未得到真正有效使用,工程质量不可能得到保障。这对全国的纳税人来讲,不能说不是一种悲哀。况且,这些严重问题年年出、年年审,但是,却很少有什么人对此负责。而广大民众对政府资金的来龙去脉却一无所知或知之甚少,更没有任何的决策权和监督权。可以预见,如果没有自下而上、公开透明的监督和制约,光是依靠国家审计署、国家发改委的稽查办、财政部的评审中心等几个中央部门,政府投资质量和效益的提高是非常困难的。

三、国有企业的投资效益

国有企业是指一个国家的中央政府或地方政府投资或参与控制的企业。国有企业的投资和运营效益是政府投资效益的重要反映。

(一)增量投资效益

2001~2007年,我国国有经济单位投资形成的工业增加值的增加额平均为0.13,只比集体经济高,却明显低于其他所有制经济,分别只有股份制经济、外商经济和私营经济的23%、45%和19%。从变化趋势分析,国有经济投资效益由2001年的0.05提高到2007年的0.17,效益提高了3.4倍。而与此同时,股份制经济一直保持着高收益水平,外商和港澳台经济的投资收益保持平稳,私营经济的投资收益则提高了2倍多(见表10-2)。2002~2007年,中央企业年实现利润从2405亿元增长到9968亿元,年均增长1500亿元。2008年,尽管遭受自然灾害、金融危机和政策性减利等多重因素的影响,中央企业总体仍保持了平稳发展,实现利润6653亿元。2009年,实现利润7977亿元,增长20%。国有企业特别是中央国企投资效益大幅度回升与近年来我国经济进入快速上升期,经济增长连续保持两位数增长,经济形势整体向好有关；也与国有经济经过战略性重组与改制，越来越大程度地集中于优势垄断行业，受到行政权力的保护关系密切。因此，对国企效益提高应进行客观、辩证的分析，不能简单归因于企业经营水平的提高。

表10-2 单位投资带来的工业增加值和增加额

年 份	合 计	国 有	集 体	股份制	外商及港澳台	私 营
2001	0.08	0.05	–0.09	0.73	0.19	0.29
2002	0.11	0.07	–0.01	0.53	0.22	0.35
2003	0.16	0.13	0.00	0.72	0.39	0.66
2004	0.18	0.17	0.03	0.77	0.37	0.87
2005	0.20	0.13	—	—	0.38	1.16
2006	0.17	0.15	—	—	0.21	0.60
2007	0.19	0.17	—	—	0.20	0.66
平均	0.16	0.13	–0.01	0.55	0.28	0.65

资料来源：各年中国统计年鉴。

再看不同所有制形式单位投资对就业产生的影响。1996~2005年，国有经济每亿元投资增加的就业人数平均为–284人，这意味着，在国有经济投资增加的同时，其就业人数却在下降。而且，在近10年中，国有投资增加均未带来就业的增加。集体经济每亿元投资增加的就业人数平均为–311人，就业人数下降程度高于国有经济，但是，近5年来，集体投资增加却带来了就业的增加。而私营个体、股份制、外商和港澳台经济投资增加的同时，都产生了明显的就业效应，其中，私营个体投资的就业效应最为明显，每亿元投资增加的就业人数平均为935人，其次是股份制经济456人，外商经济172人，港澳台经济125人。可见，国有经济投资实现一定增长，却没有对社会就业水平的提高做出自己的贡献，从这点来讲，其投资效益并不高（见表10–3）。

（二）存量投资效益

在工业行业中，私营企业和外资企业产出效益显著高于国有企业。从产值创造能力来看，2004年，全部工业固定资产产值率161.1%，其中内资企业为145%，外资企业为216.4%，外资企业总体优于内资企业。在内资企业当中，私营企业（302%）的产值创造能力远高于国有及国有控股企业

表10-3 每亿元投资增加就业人数 单位:人/亿元

年 份	总 计	国有经济	集体经济	私营个体	股份制经济	外商投资	港澳台
1996	386	−14	1410	1925	982	181	−84
1997	349	−153	−1535	1758	842	128	171
1998	288	−1292	−3418	2759	690	−43	97
1999	254	−305	−194	1045	552	89	101
2000	210	−285	−201	−1669	326	199	31
2001	253	−262	109	−4	313	94	97
2002	164	−253	55	1040	366	271	232
2003	125	−133	204	1015	192	248	181
2004	109	−66	191	677	128	283	194
2005	302	−75	266	807	163	268	231
平均	244	−284	−311	935	456	172	125

资料来源:《中国统计年鉴》(2006)。

(92.2%);在外资企业当中,外商投资企业(228.3%)要优于港、澳、台商投资企业(198.3%)。

从赢利能力来看,2004年,全部工业每百元固定资产实现利润9.5元,其中内资企业为8.7元,外资企业为12.3元。总体来说,在各所有制当中,私营企业(14.7元)的盈利能力最强,是同期国有及国有控股企业(7.2元)的两倍以上,其次是外商投资企业(13.8元)和港、澳、台商投资企业(10元)。就工业主要行业而言,国有经济采矿业、制造业和电力行业的每百元固定资产实现利润分别只有14.3元、8.2元和2.7元, 分别只有私营经济的54%、57%和81%(见表10-4)。

在第三产业中,外资企业盈利能力强于国有企业。2004年,第三产业平均每百元固定资产实现利润9.4元,其中内资企业为8.6元,外资企业为13.2元。在内资企业中,私营企业每百元固定资产利润额(10.2元)是同期国有企业(6.3元)的1.6倍。在第三产业的主要行业当中,交通运输批发和零售业、房地产业和科技等行业的国有企业盈利能力明显低于其他所有制经济,只是在信息传输业强于其他所有制经济(见表10-5)。

表10-4 2004年工业行业每百元固定资产产值、利润额 单位：元

	合计		内资企业		其中：私营企业		其中：国有及国有控股企业		外资企业		其中：港澳台资企业		其中：外商投资企业	
	产值	利润	产值	利润	产值	利润	产值	利润	产值	利润	产值	利润	产值	利润
工业合计	161.1	9.5	145.0	8.7	302.0	14.7	92.2	7.2	216.4	12.3	198.3	10.0	228.3	13.8
采矿业	79.7	16.4	77.3	15.7	220.5	26.2	58.9	14.3	312.7	86.8	419.2	131.3	139.5	14.3
制造业	218.6	10.8	207.0	10.0	315.8	14.3	142.3	8.2	246.1	12.8	228.3	9.5	257.3	14.8
电力、燃气	47.3	2.9	48.4	2.3	36.4	3.3	48.3	2.7	40.3	6.7	40.2	6.4	40.4	6.9

资料来源：国家统计局第一次经济普查资料。

表10-5 2004年第三产业主要行业每百元固定资产利润额 单位：元

	合计	内资企业	国有企业	私营企业	外资企业	港澳台商	外商投资
第三产业合计	9.4	8.6	6.3	10.2	13.2	11.5	14.8
交通、仓储和邮政	5.9	5.2	3.3	6.3	9.6	11.9	7.9
信息传输和软件	9.9	8.6	18.3	5.1	11.9	10.1	13.9
批发和零售业	20.1	18.8	15.5	20.3	43.9	31.6	48.3
住宿和餐饮业	–0.4	–0.7	–1.8	0.0	0.5	–0.6	1.7
房地产业	19.0	19.8	5.6	23.8	15.7	11.4	21.2
科技服务和地质	8.6	8.3	5.0	16.3	16.9	14.5	17.6
水利管理业	0.6	0.5	–0.1	2.2	2.9	3.9	1.3
居民服务	7.5	7.5	7.4	7.5	7.4	8.6	7.0
卫生、社会保障	0.2	0.2	0.1	0.3	–0.4	–0.4	–0.4
文化、体育和娱乐	2.5	3.2	3.7	0.2	–3.3	–4.4	–2.5

注：扣除教育业、公共管理和社会组织两个行业。

资料来源：同上。

国有企业就业吸纳能力相对较弱。2004年，国有及国有控股企业平均就业吸纳能力为274人/亿元，仅为内资企业平均水平的39.1%，相对于民营企业而言其就业吸纳能力较弱。在外资企业中，港、澳、台商投资企业平均就业吸纳能力为598人/亿元，每亿元固定资产存量就业吸纳能力比国有企业平均水平高324人（见图10-1）。

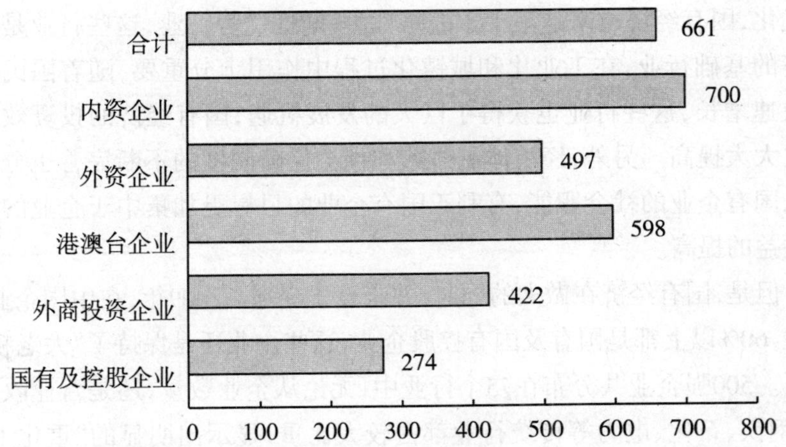

图10-1 2004年第二、三产业不同所有制资产吸纳就业能力(人/亿元)

资料来源:同上。

(三)国有经济投资效益评价

新中国成立以后,我国国有经济获得了巨大的发展,但是和其他经济成分相比,国有经济长期以来的投资与经济效益都不好,这与国有经济治理结构存在明显缺陷,激励约束机制不健全,企业缺乏创新动力,管理人员和工人缺乏积极性密切相关。但是,另一方面的原因同样重要,即国有经济具有多重目标。对应利润目标,它为所有者提供利润;对应非利润目标,它提供社会产品,包括充分就业、社会保障和稳定、社会公平、产业发展等等。这就使我们无法仅仅根据某些数量指标,衡量国有经济的投资效益,我们需要历史地、辩证地看待这一时期国有经济的作用。正如休·史卓顿和莱昂内尔·奥查德所说,"公共企业往往有多重目标,因此,应从全部目标而不是一个目标的效率来进行判断。而判断其总体效率则取决于对不同目标的相对重要性的社会判断。"①

近年来,我国国有经济的效益迅速提高。以2007年为例,国有经济单位工业增加值实现利润和税收分别达到0.27和0.15, 均高于私营经济和三资经济。国有经济不单是在石油开采等资源性产业效益优异,而且在资本密集型的钢铁、有色工业实现高收益,甚至在竞争性较强的饮料加工、家具制造的经济效益也强于其他所有制经济。应该说,随着国有经济战略性改组

① 休·史卓顿、莱昂内尔·奥查德:《公共产品、公共企业和公共选择》,第105-107页,北京,经济科学出版社,2000。

与优化，国有经济越来越集中于战略性、垄断性优势行业，这些行业是国民经济的基础行业，在工业化和城镇化过程中作用十分重要，随着国民经济的快速增长，这些行业也获得了巨大的发展机遇，国有经济的投资效益也随之大大提高。另外，经济体制改革和社会保障制度的不断完善也分担了原来国有企业的社会职能，有利于国有企业的目标更加集中于企业的发展和效益的提高。

但是，国有经济在做大的同时，并未真正变强。2009年，在中国企业500强中，60%以上都是国有及国有控股企业，这些企业还是保持了"大老粗"的特征。500强企业共分布在75个行业中，无论从企业数量，还是营业收入来看，钢铁、石化、电力等传统行业都占较大比重，显示出明显的"重化工"特征。500强企业中只有220家涉及海外业务，国际化程度在30%以下的企业占86%，中石油的跨国程度只有可怜的2.7%，基本上是"窝里横"、"内赚内行、外赚外行"。这说明，面对高成本时代，中国国企经营能力依然比较弱，大多数企业尚未走出国门，尚未在全球范围内实施资源配置，依然以低成本优势处于全球产业链的低端。正如有些专家所说，[①] 500强中具有特殊核心竞争力的企业很少，特别是有自身产品优势、品牌优势、技术优势的企业更少，大而不强，其中不少企业的业绩靠的是行业红利、资源红利和政策红利，而非技术红利、管理红利。

国有企业不适应"走出去"战略要求。在中国对外投资的存量中，国有企业占70%，民营企业只占1%左右。而国有企业对外投资又多由中央企业完成，2009年，央企对外投资额占到对外投资总额的78%。[②] 但是，国企（央企）在对外投资中表现出严重的水土不服。在一些海外收购项目中，屡屡发生国企之间的恶性价格竞争。这些企业财大气粗、过于高调，导致收购成本不断提高，国家利益受到损害。在刚刚过去的国际金融危机中，68家央企爆出114亿美元的海外业务巨额浮亏，原因就在于，这些央企拿国家的钱不当回事，将原本对冲风险的套期保值业务变成了高风险的外汇衍生产品投机。很多央企把国外投资当成了自己的"面子工程"，甚至是炫耀的资本，贸然出手，最终折戟自然不可避免。中国铁建承建的沙特麦加萨法至穆戈达莎轻轨项目实施过程中，因实际工程数量比签约时预计工程量大幅增加等

---

① 郝洪：《500强不能总是"大老粗"》，《人民日报》·人民网，2009-09-07。

② 李众敏：《海外投资需理性应对保护主义》，《第一财经日报》，2010-02-09。

原因，导致大额亏损人民币41.5亿元。在这一事件中不难发现中国大型国企的一些固有的毛病——投资前风险意识不足、对当地情况不熟悉、项目运作中更多依赖政府力量而非市场规则、缺少责任追究制度等。

国有企业没有承担起应尽的公共责任。在成熟市场经济国家，只有私企不愿做或做不好的领域国企才能进入，国企存在的核心意义，绝不是盈利，不是为政府创收，而是提供公共服务；国企资金都列入各级政府预算，分配由议会说了算，钱赚的多少都是作为国企红利由全民分享。而在我国，垄断国企既是公共服务的最大提供者，也是公众利益的最大损害者。据两大巨头年报显示，中石油在2009年获得净利润1031多亿元；而中石化获得613亿元，比2008年增加了115.5%，在全国应对国际金融危机冲击的关键时期，中石油和中石化却趁火打劫，从中渔利。2009年，中国移动以1484.7亿元利润高居企业榜首，但是，这是靠收取垄断性高资费取得的。据统计，2008年，我国宽带用户平均月资费83.8元，相当于每兆位每秒每月46.6元，是韩国宽带价格的18倍、日本的51.5倍。如果考虑到收入差距的话，我国的宽带资费水平相当于韩国的124倍。[①] 即使赚成这样，也没见这些国企向国家上缴什么红利，反而是国家不断向这些企业进行补贴。

近年来，中央企业在地方攻城略地，抢占各类优质资源，这也迎合了地方政府做大做强的愿望。但是，央企的一枝独秀并没有换来地方经济的百花齐放，反而在某种程度上限制了当地企业的发展空间，影响了当地投资效益的提高。一是产业龙头带动作用不强。央企投资当地主导产业之后，上中下游封闭运行，产供销自成一体，不仅控制了产业链的主要环节，而且全面垄断了核心资源，使地方企业被排除在央企的运行体系之外，央企根本没有发挥龙头带动作用。二是对本地企业产生挤出效应。央企落户地方，本地土地、财税、金融部门竭尽全力提供支持，使央企迅速获得优势资源和要素支持，得到了超国民待遇；与此同时，政策面对本地资本发展关注不够，本地企业的发展空间被无形中挤压了；三是对地方经济的贡献小。央企往往投资几十亿、上百亿元，资本有机构成高，对当地就业拉动十分有限，甚至排挤当地就业；央企税收主要是国税，对地方财政的支撑作用不大，有些央企还利用自己的强势地位欠缴地方税收。

---

① 国家信息中心信息化研究部：《中国信息社会发展报告2010》，《经济参考报》，2010-08-10。

（四）促进国有经济投资效益提高

从本质上讲，国有企业要做的是“啃骨头”的事情，而不是“吃肥肉”的事情，啃骨头啃得好，收益再少也没关系，吃肥肉吃得嘴里流油，也只是废物一个。国有企业如果不加快结构升级步伐，提高国际市场竞争力，提高服务意识，增强社会责任感，迟早要垮，而且垮的影响也许会更大。

调整优化国有投资结构。从世界各国国有经济发展演变的历程可以看出，作为一种社会化的经营组织形式，国有企业的特殊职能所提供的潜在效益是国民经济发展的必要基础，它的特殊作用也是其他经济形式无法替代的。一般来说，除了政治体制、意识形态、民族文化、历史传统等因素的影响外，国有经济在国民经济中的比重会随经济发展成熟程度的变化而变化，同样也会随民间资本积累和投入水平的提高而缩小，但这些变化都不会从根本上改变国有经济在国民经济体系中的性质和地位。改革开放以来，我国国民经济的所有制结构也发生了很大的变化，伴随着其他经济成分的迅速发展，20年中国有经济的比重下降了30个百分点。实践表明，经济结构的这种增量调整方式具有明显的优势，国有经济比重的下降，其他经济成分投资的大幅度增加，保持了经济较高的增长率。但这种增量调整也具有较大的局限性，一方面，不需要国有经济大量存在和进入的领域，国有经济比重过高；另一方面，一些对整个国民经济发展具有重要意义的部门，国有经济的进入又严重不足。其结果不仅影响了国有经济主导作用的发挥，而且也降低了国有资本的配置效率。因此，应该借鉴市场经济国家国有企业的行业分布，根据我国经济所处的发展阶段和社会主义市场经济体制要求国有企业担负的经济职能，对我国国有经济的部门结构进行战略性的调整。

带动区域经济的协调发展。努力在区域经济的发展中增强国有经济的带动力和影响力。目前，我国长江三角洲、珠江三角洲、环渤海经济圈等区域经济发展迅速，并逐步形成了我国经济发展的主要增长板块。这些区域随着民营经济、外资经济的进入与发展，形成了快速的发展势头。国有经济应当抓住这个机遇，充分利用自身优势，打破过去传统基地模式，重新进行新的产业布局。当前和今后一个时期主要是在重点经济区域进入能够带动区域经济发展的主导产业，掌握支持区域产业升级的关键技术，形成促进区域持续发展的核心竞争力，从而使国有经济能够在区域经济的发展中真正起到积极的带动促进作用。随着西部欠发达地区资源开发力度不断加大，这些地区资源优势转化为产业优势和经济优势的呼声也不断增大。水电能源、矿产资源类的大型国有企业在主导资源勘探和开发的同时，不应一味赚取超额利润，把欠发达地区仅仅当作一个能源和原材料基地，从而将本地产业结构继续锁定和固化在低端。更不应该挤占“本不宽裕”的地方民企的发展空间，进而削弱民企的自主研发等能力，而应更多考虑当地民众的发展意愿和诉求，将资源开发的直接收益以及后续产业发展机会更多留在当地，要充分利用自己的市场、技术、人才和网络优势，带动当地产业集群的迅速发展。要充分利用央企的融资便利及其在国家宏观调控中的有利地位，促进当地的结构升级和优化，实现与当地经济的激励共赢、融合发展。

对国有企业实行分类管理。对国有企业的运营绩效进行考核与评价，需要以一定的目标为准则。从整体上讲，国有企业不仅具有一般企业的盈利性目标，而且还应具有多重的社会目标，两种目标间的矛盾在很多情况下往往难以兼顾。正因为如此，几乎所有的发达国家政府都将国有企业按竞争性部门和非竞争性部门分开，实行不同的管理模式。对于非竞争性部门的国有企业，国家一般采取控制程度极强的独资经营方式，其目标函数是多重的，而盈利往往是次要的目的。这一部分国有企业的生命力和生存空间并不在于它自身的高经济效益，而在于它对整个国民经济发展提供物质、技术、环境基础，对长期、稳定、持续发展所做出的贡献。至于竞争性部门的国有企业，其经营的目的主要是为了盈利，因而这一类企业必须把竞争能力、经营效率放在第一位，而不承担其他社会目标。国家在这些企业中的角色类似于一个普通的股东，主要采取控股方式进行间接控制。

促进国有企业参与公平竞争。随着我国国有企业改革的不断深入，由传统体制造成的国有企业冗员多、离退休人员多、社会负担沉重的问题日益突出。采取积极措施，化解国有企业的冗员负担和社会负担，为国有企业轻装上阵、平等参与市场竞争创造条件，已成为国有企业改革和整个经济体制改革的一项重要内容。从国外的情况看，各国政府都非常重视国有企业改组的善后处理工作，从而为国有企业改革的成功和社会运行的稳定提供了必要的保证。我国在深化国有企业改革的过程中，也必须加速建立健全社会保障体系，加强对下岗职工的职业培训，大力增加就业机会，同时在较短的时间内分离国有企业内部承担的社会职能，以提高改制后国有企业的竞争力。国有企业发展的实践证明，提高效率的决定因素是竞争性的市场结构，国有企业必须像私营企业一样面对国内外竞争性市场环境，才能产生活力，提高效益。各国为改善国有企业的竞争环境，主要采取减少进入市场限制，引进新的竞争主体；对原有垄断企业实行切块分割，加大行业内部竞争；对国有企业贯彻商业化原则等措施，收到了良好的效果。我国的国有企业改革，也应该优先引入竞争机制，尤其是要促进那些垄断性的基础设施产业，诸如石油、电信、电力、供水、铁路等行业的内部竞争。

参考文献

1.[英]亚当·斯密.国民财富的性质和原因的研究.北京:商务印书馆,1974.

2.[美]布坎南.自由、市场和国家.北京:北京经济学院出版社,1988.

3.[美]曼昆.经济学原理.北京:北京大学出版社,1999.

4.[美]坎贝尔,斯坦利.经济学——原理、问题和政策.北京:北京大学出版社,2000.

5.[澳]休·史卓顿.公共物品、公共企业和公共选择.北京:经济科学出版社,2000.

6.[意]N.阿克塞拉.经济政策原理:价值与技术.北京:中国人民大学出版社,2001.

7.[美]E.S.萨瓦斯.民营化与公私部门的伙伴关系.北京:中国人民大学出版社,2002.

8.世界银行.1994年世界发展报告.北京:中国财经出版社,1994.

9.世界银行.1997年世界发展报告.北京:中国财经出版社,1997.

10.杨之刚.公共财政学:理论与实践.上海:上海人民出版社,1999.

11.曾培炎.中国投资建设50年.北京:中国计划出版社,1999.

12.袁东.公共债务与经济增长.北京:中国发展出版社,2000.

13.刘溶沧,赵志耘.中国财政理论前沿.北京:社会科学文献出版社,2000.

14.桂世镛,周绍朋.宏观经济调控政策协调研究.北京:经济管理出版社,2000.

15.张成福,党秀云.公共管理学.北京:中国人民大学出版社,2001.

16.高培勇,崔军.公共部门经济学.北京:中国人民大学出版社,2001.

17.汪海波.新中国工业经济史(1979~2000).北京:经济管理出版社,2001.

18.汪海波.我国“九五”、“十五”宏观经济分析.北京:经济管理出版社,2002.

19.鲁照旺.政府经济学.郑州:河南人民出版社,2002.

20.刘立峰.国债政策可持续性与财政风险问题研究.北京:中国计划出版社,2003.

21.杨灿明,李景友.公共部门经济学.北京:经济科学出版社,2003.

22.黄佩华等.中国:国家发展与地方财政.北京:中信出版社,2003.

23.李齐云.分级财政体制研究.北京:经济科学出版社,2003.

24.雎国余等.中国国有经济效益分析.北京:中国经济出版社,2005.

25.沙安文,沈春丽.地方政府与地方财政建设.北京:中信出版社,2005.

26.樊丽明.中国地方政府债务管理研究.北京:经济科学出版社,2006.

27.曾伟.地方政府管理学.北京:北京大学出版社,2006.

28.马建春.市政债券市场发展与基础设施融资体系建设.北京:经济科学出版社,2007.

29.汪同三.中国投资体制改革30年研究.北京:经济管理出版社,2008.

30.杨庆育等.基础设施建设投融资理论与创新.重庆:重庆大学出版社,2008.

31.刘晓君.建设项目投资决策理论与方法.北京:中国建筑工业出版社,2009.

32.吴亚平等.中国投资30年.北京:经济管理出版社,2009.

33.安秀梅等.中央政府与地方政府间的责任划分与支出分配研究.北京:中央财经大学研究报告,2006.

34.马晓玲,成丽英.完善转移支付制度.推进农村基本公共服务均等化.财政部财科所研究报告,2007(11).

35.陈维青.我国农村义务教育中的转移支付问题研究.中国农业大学博士论文,2005年.

36.周莉.对政府起源问题的历史透视.湖北大学成人教育学院学报,2000(6).

37.马拴友.政府规模与经济增长:兼论中国财政的最优规模.世界经济,2000(11).

38.李静.关于农村合作基金会的研究综述.中国农村观察,2002(6).

39.宋立根.划分政府间财政支出责任的国际经验.经济研究参考,2003

(34).

40.孔祥利.政府公共支出最优规模的理论与实证研究评述.社会科学评论,2004(1).

41.江孝感,王伟.中央与地方政府事权关系的委托—代理模型分析.数量经济技术经济研究,2004(4).

42.陆少青.公共选择理论对我国行政决策机制改革的启示.广西民族学院学报(哲学社会科学版),2004(12).

43.国家发展改革委外事司.德国联邦政府投资项目的决策与管理、中国经贸导刊,2004(16).

44.周天勇.中美财政支出结构和公共服务程度比较.光明观察,2005-07-04.

45.张明喜,陈志勇.促进我国经济增长的最优财政支出规模研究.财贸经济,2005(10).

46.田成川.稳健财政政策绩效评价与展望.宏观经济管理,2006(1).

47.铁道部经济规划研究院.对铁路"十一五"规划若干问题的思考.铁道经济研究,2006(1).

48.寇铁军.政府间事权财权划分的法律安排——英、美、日、德的经验及其对我国的启示.法商研究,2006(5).

49.赵祥.建设和谐社会过程中地方政府代理行为偏差的分析.中国行政管理,2006(5).

50.沈荣华.各级政府公共服务职责划分的指导原则和改革方向中国行政管理,2007(1).

51.孙茂颖,胡蓉.政府投资范围再界定.合作经济与科技,2007(2).

52.赵连友.美、日地方公债制度的比较研究及其借鉴.郑州经济管理干部学院学报,2007(3).

53.陶光胜.治理理论视角下的我国政府决策走向.理论界,2007(4).

54.闫焱,彭玫.布坎南公共选择理论与我国政府决策行为.社会科学论坛,2007(4).

55.刘立峰.适度投资.中国经贸导刊,2007(5).

56.纪彦军,雷飞伦.我国PPP模式及其运作研究.产业与科技论坛,2007(6):8.

57.黄佳.基础设施ABS融资模式研究.国际经济合作,2007(7).

58.金风.我国政府投资项目监管存在问题分析.唯实,2007(9).

59.苏明，王常.我国财政转移支付制度的现状分析与对策.中国经济时报，2007-12-25.

60.杨辉.市政债券发行的金融支持与制约.信息导刊，2008(1).

61.王铁山.PFI项目融资：英国和日本模式的比较研究.国际经济合作，2008(1).

62.侯作前，刘明明.从"土地财政"看我国地方财税制度的问题与完善.社会主义研究，2008(3).

63.张功杭.我国政府投资项目管理存在的问题及解决对策.广东行政学院学报，2008(4).

64.王耀辉，马荣国.BT融资模式在工程建设中的应用研究.铁路运输与经济，2008(5).

65.刘薇.公共选择理论对我国改革和完善公共政策制定机制的启示.科技创业月刊，2009(1).

66.谢旭人.健全中央和地方财力与事权相匹配的体制.促进科学发展和社会和谐.财政研究，2009(2).

67.吴迪，肖增斌.铁路大发展的社会经济效益分析.中国铁路，2009(3).

68.李齐云，刘小勇.我国事权与财力相匹配的财政体制选择.山东社会科学，2009(3).

69.中央党校地厅级进修班课题组.当前我国征地制度存在的主要问题及对策建议.中国党政干部论坛，2009(4).

70.刘莹.试论土地政策参与宏观调控.管理观察，2009(5).

71.吴灿燕，陈多长.浙江省土地财政问题实证研究.财经论丛，2009(5).

72.高玉强，董黎明.政府间事权优化配置的基本思路——基于财政支出结构的分析.当代经济管理，2009(5).

73.陈昆才，蒋云翔.地方政府融资要"开正门".21世纪经济报道，2009-09-22.

74.马海涛.政府间事权与财力、财权划分的研究.理论视野，2009(10).

75.王一中.地方债券的各国财政制度比较.财会研究，2009(11).

76.王世君、王涯茜.PPP模式下的政府信用问题.合作经济与科技，2009(11).

77.徐磊.治理理论与我国政府管理创新.理论前沿，2009(12).

78.闫煜喆.内蒙古基础设施投资方式选择.内蒙古科技与经济，2010(1).

79.叶进等.如何构建BOT融资模式的运行机制.商业时代,2010(3).

80.杨飞虎.公共投资腐败治理的国际经验与借鉴作者.经济社会体制比较,2010(4).

81.纪慧松,荣艺华.主要发达国家地方债制度比较.中国货币市场,2010(5).

82.中央纪委监察部驻国家发展和改革委员会纪检组监察局.建立政府投资责任追究制度研究.中国纪检监察报,2010-06-25.

83.财政部财政科学研究所课题组.政府间基本公共服务事权配置的国际比较研究.经济研究参考,2010(16).

84.贾康等.关于发展中国地方政府公债融资的研究.中国论文下载中心,2006-08-12.

85.周忠明.地方政府融资模式的现状问题和改革.金融时报—金时网,2007-04-23.

86.徐萍.政府规模与国民福利增长:一个研究综述.中国改革论坛网站,2010-09-26.

87.改革开放30年报告之一:大改革 大开放 大发展.国家统计局网站,2008-10-27.

88.城市建设60周年成就回顾.人民网——房产频道,2009-08-20.

图书在版编目（CIP）数据

政府投资理论与政策 / 刘立峰著. —太原：山西经济出版社，2011.4

ISBN 978-7-80767-409-2

Ⅰ.①政... Ⅱ.①刘... Ⅲ.①政府投资-研究
Ⅳ.①F830.59

中国版本图书馆CIP数据核字（2011）第061982号

政府投资理论与政策

著　　者：刘立峰
责任编辑：李慧平
助理责编：李春梅
装帧设计：陈　婷

出 版 者：山西出版集团·山西经济出版社
社　　址：太原市建设南路21号
邮　　编：030012
电　　话：0351-4922133（发行中心）
0351-4922085（综合办）
E-mail：Sxjjfx@163.com
Jingjshb@sxskcb.com
网　　址：www.sxjjcb.com

经 销 者：山西出版集团·山西经济出版社
承 印 者：山西出版集团·山西新华印业有限公司

开　　本：787mm×1092mm　1/16
印　　张：19.75
字　　数：322千字
印　　数：1-3000册
版　　次：2011年4月第1版
印　　次：2011年4月第1次印刷
书　　号：ISBN 978-7-80767-409-2
定　　价：42.00元